D0735691

À mes enfants Hélène et Gilbert

qui ont surveillé attentivement mon travail de caricaturiste

mon épouse Claire

*qui aurait mieux aimé que je "finisse" le sous-sol, mais qui m'a
quand même dispensé d'essuyer la vaisselle depuis que je travaille
à ce volume et surtout depuis qu'elle a une laveuse automatique.*

STATISTIQUE

EN

SCIENCES HUMAINES

M. Guy Châtillon est professeur de statistique appliquée et d'échantillonnage à l'Université du Québec à Trois-Rivières. Il est diplômé de l'Université de Montréal. M. Châtillon a débuté sa carrière comme professeur au niveau collégial. Depuis qu'il est à l'emploi de l'UQTR, il a été directeur du module de mathématiques pendant 6 ans. Dans son enseignement, il a porté une attention spéciale aux applications de la statistique dans les sciences humaines. Il a participé comme statisticien-conseil à plusieurs sondages dans la région de Trois-Rivières et il collabore à différents projets de recherche en sciences de l'éducation. Il a contribué à l'élaboration d'un cours de probabilités et statistique dans le cadre de PERMAMA et a signé deux articles dans la revue QUÉBEC-SCIENCE. Il a fait des communications en échantillonnage à divers congrès de mathématiciens. En juin 1975, il a gagné le premier prix au concours organisé par le Canadian Mathematical Congress avec un texte intitulé: *Les objectifs de l'enseignement des mathématiques dans les programmes de premier cycle.*

DU MÊME AUTEUR

Éléments de statistique descriptive, Trois-Rivières, Les Éditions SMG, xviii et 178 pages.

STATISTIQUE

EN

SCIENCES HUMAINES

6ième Édition
revue et corrigée

Guy Châtillon
Université du Québec à Trois-Rivières

LES ÉDITIONS S M G
Science - Mathématique - Gestion
Trois-Rivières, P.Q.

ISBN 2-89094-014-4

Statistique en Sciences Humaines
Copyright © 1977, 1982, Guy Châtillon

Les Éditions SMG

Dépôt légal - 4e trimestre 1982
Bibliothèque nationale du Québec
Bibliothèque nationale du Canada

Les Éditions SMG, C.P. 1954, Trois-Rivières, Qué. G9A 5M6

AVANT-PROPOS

Il existe actuellement sur le marché différents manuels d'initiation à la statistique pour des étudiant(e)s dont la formation en mathématique comprend une base élémentaire en calcul différentiel et intégral et des notions suffisantes en mathématique dites "modernes".

Il est difficile toutefois de trouver du matériel didactique adéquat pour un cours d'initiation à la statistique qui s'adresse à des étudiant(e)s dont le programme d'étude ne comprend pas une base aussi solide en mathématique. Or ces étudiant(e)s ont justement besoin d'une pédagogie et de documents appropriés parce qu'ils n'ont pas en général une attitude très positive à l'égard de la statistique. Est-il besoin d'insister? Tout professeur réalise très rapidement que ces élèves ne brûlent pas d'un amour ardent pour tout ce qui ressemble à des mathématiques.

Avec le présent manuel nous espérons apprivoiser ces étudiant(e)s en leur montrant que la statistique peut être utile, qu'elle n'est pas si compliquée et qu'elle peut même être amusante. Dans ce but, trois caractéristiques principales distinguent cet ouvrage.

LA STATISTIQUE UTILE

Pour bien faire voir l'utilité de la statistique, nous avons choisi pour chaque notion des exemples nombreux, réalistes et répartis dans plusieurs disciplines.

LA STATISTIQUE SIMPLIFIÉE

Nous avons essayé de réduire le plus possible les difficultés d'apprentissage de la statistique. Les notions sont toujours exposées de façon simple, de nombreux exercices sont présentés avec les solutions, et chaque section se termine par une série de problèmes dont les réponses sont à la fin de l'ouvrage.

Nous avons aussi opté résolument pour l'utilisation du mini-calculateur. Cette merveilleuse invention, vendue maintenant à bas prix, soulage l'étudiant(e) de bien des hantises et modifie l'enseignement de la statistique. Dans la suite de ce cours, *il est donc préférable que l'étudiant(e) possède son petit calculateur en main*. Il n'est pas nécessaire que ce dernier soit extraordinairement puissant. Il suffit qu'il sache extraire une racine carrée et qu'il permette d'effectuer facilement des sommes de carrés $(12^2 + 17^2 + 20^2 + ... + 52^2)$ et des sommes de produits $((5 \times 13) + (25 \times 42) + ... + (50 \times 41))$.

LA STATISTIQUE AMUSANTE

Une des principales innovations de cet ouvrage, c'est qu'il a un fond très sérieux, dissimulé sous une forme humoristique. Le lecteur ou lectrice découvrira très tôt que le badinage, les blagues, les gags et les exemples farfelus font partie intégrante de ce volume. Cette façon de procéder a au moins trois conséquences heureuses.

1ère conséquences heureuse

Plusieurs étudiant(e)s abordent leur cours de statistique avec un état d'esprit qui frôle la terreur panique! Quelques blagues inattendues réussissent parfois à détendre l'atmosphère. Si le ton de l'étude devient et demeure marqué par l'humour, certains étudiant(e)s originellement réfractaires finissent par y prendre goût pour le plus grand bien de tous.

2e conséquence heureuse

Les étudiant(e)s d'un programme ont tendance à exiger des exemples le plus proche possible de leurs centres d'intérêts, ce qui est bien normal. Il est difficile alors de trouver un exemple qui puisse satisfaire en même temps *des étudiant(e)s de disciplines variées*. Les exemples farfelus sont ceux qui réussissent le mieux ce tour de force.

3e conséquence heureuse

Nous avons eu l'occasion de constater souvent que si une page contient par exemple 8 exercices dont 2 sont farfelus, les étudiant(e)s commencent presque tous par résoudre ces deux exercices. C'est un fait remarquable. Ces exercices sont *généralement plus motivants* que le plus sérieux exemple, pris dans la discipline même de l'étudiant(e).

★

★   ★

L'idée de donner des exercices farfelus et comique s'est donc avérée très brillante (en toute modestie, bien sûr), même si elle peut sembler fort excentrique au départ. C'est comme l'oeuf de Christophe Colomb: il suffisait d'y penser! D'ailleurs l'histoire de Christophe Colomb jouera un certain rôle dans la suite de ce volume, aussi je me permets de vous rappeler l'anecdote en question. Vous verrez que ce n'est pas plus en dehors du sujet que le reste de ce volume.

On raconte que lorsque Christophe Colomb soumit à la reine Isabelle et au roi Ferdinand d'Espagne son projet de rejoindre les Indes par l'ouest, ceux-ci trouvèrent cette idée saugrenue. Pour démontrer qu'une idée même excentrique peut être valable, Christophe dit:

"Croyez-vous qu'il soit possible de faire tenir un oeuf verticalement sur une surface plane?" Après que les auditeurs aient bien cherché, Christophe prit l'oeuf dans sa main, le tint verticalement et le frappa légèrement sur la table, écrasant ainsi la partie inférieure de la coquille et l'oeuf se tint debout. Christophe déclara: "Vous voyez, il ne s'agissait que d'y penser!" Mais nous reparlerons plusieurs fois de cet épineux problème.

Le ton farceur de cet ouvrage en fait donc un manuel strictement réservé à ceux et celles qui ont le sens de l'humour. Les autres qui ne seraient pas contents n'ont qu'à faire comme Christophe: aller se casser un oeuf!

Signalons que les six premiers chapitres de cet ouvrage ont fait l'objet d'une publication séparée, sous le titre **Éléments de statistique descriptive**, disponible chez le même éditeur. Cette publication convient spécialement aux étudiant(e)s qui n'ont besoin que de la statistique descriptive.

Qu'il me soit permis de remercier ceux qui ont contribué à la réalisation de ce chef-d'oeuvre. Tout d'abord mes deux savants collègues Gérald Baillargeon et Jacques Rainville qui m'ont encouragé, poussé, épaulé, bousculé, corrigé avec l'énergie d'une vague de fond et avec cette mauvaise habitude d'avoir toujours raison! Je désire remercier aussi madame Jacqueline Hayes qui a réussi à déchiffrer mon manuscrit et à le dactylographier aussi habilement, sans jamais perdre son sourire. Mes remerciements vont également à Mesdames Éliane Saint-Cyr-Pelletier, Marianne Glofcheski et Paule Choquette pour leur précieuse collaboration de la 6e édition. Grâce à leurs suggestions, j'espère avoir réussi à donner au sexe féminin une place égale, juste et respectueuse dans cet ouvrage.

Guy Châtillon

NOTE DE L'ÉDITEUR

Suite à des remarques de quelques lectrices, l'auteur, Guy Châtillon, nous a soumis un manuscrit renouvelé où la femme joue un rôle égal à celui de l'homme et vice-versa... Ainsi les exemples, exercices et caricatures mettent en situation des personnes des deux sexes.

Toutefois nous n'avons pas admis comme corrections cette tendance de mettre, dans le cours du texte et entre parenthèses, la terminaison féminine des mots. Cette façon d'écrire encore marginale et qui, espérons-nous, le demeurera, alourdit le texte (voir l'avant-propos), n'ajoute rien à sa compréhension et, ce n'est pas le fait de mettre le féminin entre parenthèses qui rendra justice au rôle que joue la femme dans la société. Il y a des noms que l'usage du français met au masculin pour représenter des personnes des deux sexes. La recherche de noms neutres (gens, élèves, congénères, etc..) ne rend pas toujours justice à l'idée de l'auteur.

L'Office de la langue française du Québec nous a d'ailleurs confirmés dans nos prétentions.

Voici donc un texte modifié où tous les éléments de la société jouent un rôle et où ils sont aussi quelquefois la cible d'un humour mordant.

TABLE DES MATIÈRES

CHAPITRE 3 - MESURES DE TENDANCE CENTRALE

CHAPITRE 4 - MESURE DE DISPERSION: L'ÉCART-TYPE

CHAPITRE 5 · MESURES DE POSITION: LES QUANTILES, LA COTE STANDARD ET LES STANINES

CHAPITRE 6 · CORRÉLATION ET RÉGRESSION

CHAPITRE 7 - LES PROBABILITÉS

CHAPITRE 8 - VARIABLE ALÉATOIRE DISCONTINUE

CHAPITRE 9 - DEUX MODÈLES DISCONTINUS: BINOMIAL ET POISSON

CHAPITRE 10 - VARIABLE ALÉATOIRE CONTINUE ET MODÈLE NORMAL

CHAPITRE 11 - INFÉRENCE ET ESTIMATION

CHAPITRE 12 - TESTS D'HYPOTHÈSES

1

SOMMAIRE

CHAPITRE 1

L'ENQUÊTE

1.1 QU'EST-CE QUE LA STATISTIQUE?

Il y a quelques années, un humoriste donna, de la statistique, cette définition qui ne manque pas de sérieux:

Science exacte qui, à partir de données imprécises, arrive à des résultats faux!

Cette définition pessimiste est tout de même remplie de sagesse puisque l'on y retrouve une distinction très importante, c.-à-d. d'une part, l'exactitude de la théorie de base, et d'autre part, le caractère parfois relatif des résultats, dû à l'imprécision de l'enquête. Mais avant d'examiner plus en détail cette distinction, citons une définition un peu plus rassurante de la statistique:

DÉFINITION: La statistique est une science qui étudie la manière de choisir des individus que l'on va mesurer; de compiler les résultats, de les présenter clairement, de les analyser; de tirer certaines conclusions au sujet non seulement de l'échantillon choisi, mais même de l'ensemble de la population concernée.

Dans cette définition, on peut distinguer trois opérations différentes:

1.1.1. CHOISIR DES INDIVIDUS QUE L'ON VA MESURER

Il faut d'abord aller chercher les mesures qui nous intéressent.

Cette recherche se fait parfois de façon très simple et exhaustive. Par exemple, si l'on désire les âges de tous les étudiants d'un CEGEP on peut consulter les dossiers du régistraire. Si les dossiers sont condensés sur ordinateur, les résultats seront fournis en entier, dans un rien de temps.

Généralement toutefois, il n'est pas possible d'obtenir aussi facilement tous les résultats espérés, et l'on doit recourir à un sondage. Si on veut connaître la proportion des montréalais qui fument tel type de cigarette, il est impossible de rencontrer tous les montréalais.

Le présent chapitre sera consacré à ce difficile et délicat problème de la cueillette des mesures qui nous intéressent.

1.1.2. COMPILER, PRÉSENTER, ANALYSER LES RÉSULTATS

Une fois la pile de mesures sur la table, que doit-on en faire? Ces mesures ont été recueillies dans le but de connaître quelque chose. Comment les faire parler? Comment les rendre expressives? En effet, si on a ramassé 2 000 nombres indiquant les âges de tous les étudiants du CEGEP, à quoi cela nous avance-t-il? La statistique descriptive étudie justement l'art de faire parler le tas de nombres récoltés dans l'enquête.

1.1.3. CERTAINES CONCLUSIONS AU SUJET DE LA POPULATION

La dernière opération consiste à tenter de faire dire à nos mesures plus de choses qu'elles n'en disent à première vue. Par exemple, si l'on n'a recueilli les opinions que d'une centaine de gens sur 2 millions de sujets concernés, peut-on généraliser les résultats mesurés à partir de ces 100 personnes? A quel point peut-on le faire? Est-ce très risqué? Nous apporterons certaines réponses à ces questions dans les derniers chapitres de ce volume.

Mais revenons à cette première opération: l'enquête. Comme le soulignait la définition humoristique du début, même la science la plus exacte ne peut pas faire dire la vérité à des mesures fausses! Or, tous les développements ultérieurs sont basés sur ces mesures que l'enquête nous apporte. Et parfois, l'enquêteur est un amateur qui ne soupçonne pas à quel point il lui est facile de fausser les mesures qu'il va recueillir. Les agences spécialisées dans les sondages connaissent bien les risques inévitables de la cueillette des données, aussi ils engagent des gens qui présentent le maximum de sécurité. Mais il y a beaucoup d'enquêtes qui sont faites par des non-spécialistes: articles de revues, travaux de recherches, consultations d'organismes auprès de leurs membres, études internes dans certaines compagnies, etc... Voyons quelques dangers qu'il faut particulièrement surveiller.

1.2 DANGERS RELATIFS AU QUESTIONNAIRE

1.2.1. LE QUESTIONNAIRE NE DOIT PAS ÊTRE TROP LONG

Les commanditaires qui payent les frais de l'enquête ont ordinairement le désir légitime d'en apprendre le plus possible pour leur argent. Tant qu'à envoyer des enquêteurs courir après les gens, autant en profiter pour recueillir le plus d'informations possible, c.-à-d. poser le plus de questions possible! On en vient ainsi à concevoir des questionnaires qui sont parfois très longs. On en rencontre qui contiennent au-delà de 60 questions élaborées! Pour la majorité des gens, répondre à un tel questionnaire est un ouvrage fastidieux qui prend plusieurs heures. Les gens sont découragés avant de commencer. Ils retardent cette corvée le plus possible et parfois négligent de répondre. Souvent aussi les dernières questions sont bâclées. Finalement, on y perd du temps et de la précision.

D'ailleurs, cette longueur du questionnaire se retourne contre son auteur lorsque vient le temps de compiler les réponses. Très souvent, on laissera de côté certaines questions faute de temps et d'intérêt. Il aurait été bien préférable d'émonder le texte avant. Souvenons-nous donc que

plus il y a de questions, moins sérieuses sont les réponses.

1.2.1.

1.2.2. LE QUESTIONNAIRE DOIT PERMETTRE L'UTILISATION DES TECHNIQUES STATISTIQUES

Lorsque l'on conçoit une question, il faut savoir d'avance ce que l'on fera avec les réponses. Cette observation peut paraître banale, pourtant une question bien construite peut dire beaucoup si elle rencontre certaines hypothèses nécessaires à l'utilisation de la théorie statistique. Malheureusement, il arrive très souvent que l'enquêteur amateur vienne consulter un statisticien une fois l'enquête terminée, parce qu'il se sent un peu dépassé et qu'il ne sait trop quoi faire avec cette montagne de résultats. Il est souvent trop tard puisque les questions n'ont pas été conçues de manière à rencontrer les hypothèses requises. Si le statisticien avait été consulté avant, les questions auraient pu être légèrement modifiées et les mêmes efforts auraient produit des résultats bien meilleurs. La règle d'or est la suivante:

Il faut consulter le statisticien avant et non après l'enquête.

1.2.3. LES QUESTIONS NE DOIVENT PAS INFLUENCER LES RÉPONSES

Tout le monde sait que les questions ne doivent pas influencer les réponses, mais peu de gens savent à quel point la tournure de phrase utilisée peut modifier les attitudes des répondants. En effet, dans un groupe assez grand, il y a deux catégories de gens: ceux qui ont déjà une opinion arrêtée sur le sujet concerné, qu'ils soient pour ou contre; et ceux qui n'ont pas encore d'opinion. Le premier groupe est assez peu touché par les tournures de présentation, mais la masse de ceux qui hésitent est étonnamment sujette aux influences, même les plus subtiles. Il est instructif, à cet égard, d'écouter certaines émissions radiophoniques à ligne ouverte où le commentateur pose lui-même des questions aux gens qui avaient appelé pour parler d'un autre sujet. En général, le commentateur réussit facilement à imposer son point de vue sur une question à laquelle son interlocuteur n'a pas spécialement réfléchi.

Lorsqu'une question influence les réponses, c'est souvent parce qu'elle associe l'une ou l'autre des opinions présentées, à une valeur étrangère à la question, mais qui peut valoriser ou rabaisser cette opinion. Par exemple :

"N'est-il pas raisonnable de croire ...(A)..., ou pensez-vous, comme certains journalistes que...(B)...?"

On associe la "raison" à l'opinion A, et "certains journalistes" à l'opinion B. Il est bien évident que la question tend à valoriser l'opinion A! On imagine difficilement qu'une formule aussi bête puisse avoir de l'influence. Il semble bien pourtant que oui.

Une autre façon d'influencer les répondants est de leur demander de choisir un sujet parmi une liste donnée. Il faut savoir que les premiers sujets énumérés dans la liste sont généralement valorisés par rapport aux derniers.

EXEMPLE 1.   "Placez dans l'ordre d'importance les 10 items suivants: religion, culture, travail, étude, famille, amis, loisirs, amour, politique, organisations de jeunes".

Les sujets sont donnés dans un ordre si édifiant, qu'une personne hésitante et peu sensibilisée sera peut-être amenée à ne faire que des changements mineurs à cette liste.

EXEMPLE 2.   "Advenant une élection provinciale demain, quel parti favoriseriez-vous? Le Parti Québécois de René Levesque, le Nouveau Parti Démocratique, le Crédit Social, le Parti Communiste, les libéraux, U.N.?"

Cette merveilleuse question présente les deux formes d'influences puisqu'elle énonce en premier le Parti Québécois, qu'elle associe avec son prestigieux chef; et que les deux principaux partis de cette époque-là sont gardés pour la fin où d'ailleurs ils sont énoncés incorrectement "les libéraux" pour le Parti Libéral et "U.N." pour l'Union Nationale.

Une bonne façon de corriger les influences dues à l'énumération des sujets est de prévoir plusieurs versions du questionnaire présentant les sujets dans des ordres différents de manière à ce que les diverses influences s'annulent les unes les autres.

Il est difficile de croire que des influences aussi subtiles puissent porter des fruits tangibles. Effectivement, ces fruits dépendent

1.2.3.

du pourcentage des "flottants", c.-à-d. du problème étudié. Si on demande aux gens "aimez-vous votre mère?" on peut bien utiliser la formule qu'on voudra, les réponses ne changeront guère. Par contre, si l'on
demande à des Québécois s'ils favorisent ou non la politique canadienne
d'exportation du blé, les réponses pourront changer, selon que l'on ac-
cole à cette politique le nom d'un premier ministre adoré, ou que l'on
présente cette politique comme trop favorable à l'ouest du Canada, au
détriment du Québec. Supposons en effet que 60% des Québécois interrogés ne soient pas sensibilisés à ce problème du blé dans l'Ouest, et
qu'un de ces "flottants" sur trois en moyenne soit influencé par la forme de la question, que vaudront les résultats de cette enquête? 20% des
réponses ne seront pas significatives!

1.2.4. LE QUESTIONNAIRE DOIT ÉVITER LE PHÉNOMÈNE DE L'ACCOUTUMANCE

Certains questionnaires demandent aux gens de répéter plusieurs
fois une même opération, en faisant varier à chaque fois, l'une des conditions de l'expérience.

EXEMPLE 1. Pour savoir s'il y a une relation entre le fait d'être droitier ou gaucher, et l'habileté à dessiner un cercle dans le
sens horaire ou anti-horaire, on demande à un groupe d'étudiants de dessiner d'abord un cercle dans le sens horaire,
ensuite un cercle dans le sens anti-horaire, puis d'écrire
s'ils sont droitiers ou gauchers.

Sur l'énorme majorité des copies, le deuxième cercle était mieux
dessiné que le premier, sans aucun lien avec le fait d'être droitier ou
gaucher. Qu'est-ce que cela prouve? Simplement que si l'on n'a pas
dessiné de cercle depuis longtemps, le premier cercle que l'on dessine
ressemble à une patate, le deuxième est mieux fait, le troisième serait
encore meilleur et ainsi de suite. En effet, quand on répète une opération relativement nouvelle, on s'améliore un peu à chaque fois, et les
dernières épreuves ont tendance à être meilleures que les premières.
C'est le phénomène d'accoutumance.

EXEMPLE 2. Une réclame publicitaire pour la télévision se passe dans
une buanderie. L'annonceur demande à madame St-Onge de laver son linge en trois brassées, chacune avec un savon dif-

férent, dans des boîtes dont la marque est dissimulée. La troisième brassée est bien supérieure aux premières. Madame St-Onge n'aurait pas cru ça possible. On découvre les trois boîtes, et la troisième boîte justement, par hasard, contient la marque de savon qui paye la réclame.

Supposons que la réclame en question est honnête, que l'annonceur est sincère, que les boîtes de savon ne sont pas truquées, que madame St-Onge ne répète pas un texte écrit sur le mur derrière la caméra. Supposons l'idéal.

Cette réclame serait vraiment plus convaincante si la boîte gagnante était la première! En effet, il est facile d'entrer dans une buanderie,de choisir une personne qui ne semble pas familière avec les laveuses, et le tour est joué. Le premier lavage n'est pas très bon car les machines de buanderie ont un comportement souvent assez différent des laveuses usuelles. Inconsciemment, à la deuxième brassée, la personne ajustera la température de l'eau, la quantité de savon et de linge, et elle obtiendra un lavage un peu meilleur. Il en sera de même pour la troisième brassée qui sera probablement meilleure que les précédentes. Cela ne prouve pas la supériorité d'un savon sur un autre, cela prouve plutôt qu'il faut trois ou quatre expériences avant de réussir un bon lavage avec les robustes laveuses des buanderies.

EXEMPLE 3.   Une éducatrice physique soumet des étudiants à des tests d'équilibre dans le silence. Elle recommence les mêmes tests avec une douce musique d'ambiance, puis de nouveau avec une musique très bruyante. Si les résultats des derniers tests sont meilleurs que les précédents, elle ne devrait pas se hâter de conclure que la musique "pop" favorise l'équilibre! Il y a peut-être simple accoutumance, et on devrait recommencer les tests en intervertissant l'ordre des différents genres de musique.

1.2.5. LE QUESTIONNAIRE DOIT ÊTRE SERVI LÀ OU IL A ÉTÉ CONÇU

Il arrive qu'un test, conçu dans un milieu donné soit utilisé dans un milieu très différent et que ce changement de lieu fasse en sorte que le test ne mesure plus ce que l'on voudrait qu'il mesure.

EXEMPLE 1. Un test de quotient intellectuel conçu pour des enfants de ville, et que l'on administre à des enfants d'une campagne un peu éloignée.

1.2.5.

Le champ de connaissance des enfants est très différent selon qu'ils vivent dans l'un ou l'autre de ces milieux. Si le questionnaire est conçu à partir des connaissances usuelles d'un enfant montréalais moyen, il utilise peut-être des expériences qui sont inconnues à un enfant de Ste-Perdue des Laurentides! Le contraire serait aussi vrai. Un petit cultivateur est peut-être capable de réparer le tracteur de la ferme alors que le petit citadin joue encore avec des tracteurs de bois! Un test d'aptitudes intellectuelles doit donc être corrigé et adapté au contexte dans lequel on l'utilise.

EXEMPLE 2.   Une compagnie française d'automobiles s'installe au Québec et fait passer à ses nouveaux employés les tests d'aptitudes à la mécanique automobile qu'elle utilise d'ordinaire en France.

Si les résultats sont plus faibles au Québec qu'en France, il ne faudra pas se hâter de conclure à la supériorité française, mais il faudra peut-être soupçonner que ces tests sont difficiles à lire pour un mécanicien qui a toujours travaillé dans notre très bilingue Québec. Nous savons bien que les mécaniciens d'ici utilisent la terminologie américaine et non celle de France.

1.3 DANGERS RELATIFS AU CHOIX DE L'ÉCHANTILLON

1.3.1. POPULATION ET ÉCHANTILLON

Nous en avons déjà parlé un peu, un second problème grave se pose lorsque l'on ne peut pas rejoindre tous les objets que l'on voudrait mesurer, ou les gens que l'on voudrait interroger. L'ensemble total de ces objets ou de ces gens qui nous intéressent sera appelé la *population*.

En fait, la plupart du temps, il est impossible de rejoindre la population, soit parce que les populations en question sont trop grandes (citoyens d'un pays, d'une ville, produits sortant d'une usine, etc.), soit parce que le test auquel on les soumet détériore ces objets (durée d'une lampe, force de rupture d'une corde, dissection d'un animal,...). Il faut alors se contenter d'un *échantillon*, c.-à-d. d'une petite partie seulement de la population.

1.3.1.

1.3.2. COMMENT CHOISIR UN ÉCHANTILLON

Mais voilà! Comment choisir cet échantillon de façon à ce que les mesures qu'on y fera soient voisines de celles de la population? Il faut faire en sorte que l'échantillon soit une réplique en miniature de la population, c.-à-d. contienne les mêmes catégories d'objets, et dans les mêmes proportions.

Il y a toute une collection de méthodes valables pour choisir un échantillon. On peut choisir délibérément des individus représentatifs des différentes tendances. On peut classer les individus dans des groupes homogènes, et choisir au hasard un certain nombre de gens dans chaque groupe. Toutes ces méthodes compliquées sont intéressantes, mais leur étude déborderait de beaucoup le cadre de cet ouvrage. Nous limiterons nos ambitions à la méthode la plus simple et la plus répandue, celle du *choix aléatoire simple,* c.-à-d. au hasard.

Elle consiste tout bêtement à écrire le nom de chacune des personnes de la population sur un petit bout de papier, de mêler tous ces papiers dans une boîte, et de tirer autant de noms que l'on veut, sans tricher bien entendu! Une méthode moins folklorique consiste à attribuer un numéro à chaque membre de la population, et à tirer des numéros dans une table de nombres aléatoires. De telles tables se trouvent à la fin de nombreux volumes de statistiques.

1.3.3. VALEUR D'UN ÉCHANTILLON ALÉATOIRE SIMPLE

Comment peut-on être certain qu'un échantillon aléatoire simple constitue une miniature valable de la population? Justement, nous ne pouvons pas en être certains. Toutefois, nous savons bien que le hasard ne fait pas trop mal les choses, et que, si l'on prend suffisamment de gens dans notre échantillon, toutes les tendances ont de bonnes chances d'y être représentées. De plus, la science des probabilités nous permet d'évaluer quelles sont les chances que l'échantillon soit bon ou moins bon.

On sait bien que si je lance trente pièces de monnaie sur le plan-

cher, il faudrait être sorcier pour n'obtenir que des "faces" par exemple. On sait même que si on lance mille pièces, la proportion de "faces" ne sera pas bien loin de 50%. Et plus j'en lance, plus mon résultat s'approche de 50%. De même, si une population se compose par exemple de 40% de gens favorables à un projet de loi, 30% de gens défavorables et 30% d'indifférents, un échantillon aléatoire assez grand aura
tendance à contenir les mêmes proportions de chaque groupe. Il n'est
pas impossible d'obtenir un échantillon très mauvais de temps en temps
(par exemple 20% pour, 60% contre, 20% neutre), mais c'est très improba-
ble dès que l'échantillon est assez grand. Et nous pouvons même estimer
ce risque dans certains cas.

1.3.4. MÉTHODES D'AMATEUR ET SÉLECTION DES SUJETS

Il n'est pas toujours facile ni possible de trouver les noms de
tous les gens de la population, et de procéder comme indiqué avec de
petits papiers ou des numéros. Prenons l'exemple d'un ingénieur qui
doit contrôler continuellement la production d'une machine. Ce serait
une perte de temps et d'argent que d'empiler les objets, les numéroter
et choisir ensuite l'échantillon. Il n'est pas défendu de se servir de
sa tête, et d'autres moyens peuvent permettre d'obtenir un bon échantillon à moins de frais. Ce que l'ingénieur fera probablement, c'est de
prélever de temps à autre un objet au moment même où il sort de la machine, le mesurer et le remettre en circulation, sans interrompre la
production, et sans accumuler la marchandise inutilement. Lorsqu'il en
aura mesuré suffisamment, il réunira ces résultats et constituera ainsi
son échantillon. Il faut remarquer toutefois que cette méthode peut donner de mauvais résultats dans certaines conditions.

Supposons par exemple que l'ingénieur fasse le choix de son échantillon dans une période de temps assez restreinte, par exemple au début
de l'avant-midi. Il se peut que les objets ainsi mesurés soient bien
mieux réussis que dans l'ensemble de la population entière. Il n'est
pas impossible en effet que l'après-midi, les objets soient moins bons

par suite de l'échauffement des machines ou de la fatigue des opérateurs. Donc, il faudrait que le sondage s'étende sur une période assez longue. Mais même dans ce cas, il y a encore des risques. Supposons que l'ingénieur soit plutôt méticuleux, qu'il précise l'heure exacte à laquelle un objet sera mesuré dans les jours suivants et qu'il décide de prélever un objet à toutes les huit heures. Il se peut que le moment où il prélève l'objet soit en concordance avec les horaires des ouvriers; par exemple, l'heure fixée est peut-être quelques minutes seulement avant les changements d'équipes qui se produisent à toutes les huit heures également, dans cette usine. Dans ce cas, il est possible que l'échantillon contienne beaucoup trop d'objets défectueux étant donné la lassitude des opérateurs dans les dernières minutes de leur quart.

Tout ça pour dire que si l'on s'éloigne de la méthode "du chapeau simple", on se met à prendre des risques qui se résument ainsi: *une sélection des sujets.*

En effet, toute méthode de sondage que l'on peut mettre au point soi-même avec de la bonne volonté pour sauver du temps ou de l'argent peut favoriser très subtilement un type particulier de répondant au détriment d'un autre, et fausser ainsi le sens des réponses. Une sélection des sujets consiste à choisir d'une certaine manière des types privilégiés de répondants. Voici quelques exemples:

EXEMPLE 1. *Les sondages par courrier.* Il y a quelques années, l'association des médecins du Canada voulut connaître l'opinion de ses membres sur un problème de socialisation de la médecine. On envoya un questionnaire à tous les médecins et on reçut environ 20% des réponses. Ces réponses étaient très défavorables au projet.

C'est un phénomène bien connu: quand on laisse les gens libres de répondre, les modérés négligent souvent de répondre, augmentant ainsi la proportion des gens agressifs parmi les répondants. C'est une sélection très forte des sujets. Dans notre exemple, les médecins sont des gens très occupés et qui ont toujours des tas de papiers à remplir bien plus urgents que ce sondage. Pour prendre la peine de répondre au questionnaire dans les délais requis, le médecin devait avoir une motivation

1.3.4.

assez forte. Comme il est peu vraisemblable qu'un médecin soit agressivement favorable à une socialisation de la médecine, il est plus que probable que le groupe de médecins qui a répondu au sondage contenait une proportion exagérée de mécontents, donnant ainsi aux résultats un caractère peu représentatif.

EXEMPLE 2. *Les interviews sur le trottoir.* L'animatrice se tient sur le coin de la rue avec son micro, arrête les gens au passage et leur pose une question.

Imaginez que vous êtes M. Toulemonde et que vous sortez de votre travail à 5 heures avec deux de vos collègues de bureau. Vous apercevez sur le coin du trottoir ce que nous ne voyons pas à la télévision, c.-à-d. le gros camion de Radio-Canada surmonté des caméras. Vous demandez ce qui se passe et quelqu'un vous dit qu'il y a une journaliste qui arrête les gens pour les questionner. Par timidité, vous traversez de l'autre côté de la rue et vous regardez qui est-ce qui va se faire prendre.

1.3.4.

"Regardez le petit Albert! Il s'en va en plein dessus! Je vous parie
qu'il va s'effacer en tremblant si le reporter l'attrape!" Effectivement, le petit Albert timide découvre qu'il va passer dans le champ
d'une caméra de télévision. Il baisse les yeux et file à grandes enjambées malgré le reporter qui l'appelle. "Regardez la grande g... à Miche-
line qui sort du bureau! Elle ne manquera sûrement pas sa chance de montrer sa "fraise" à la télévision! Ellectivement, cette bonne Micheli-
ne se retrouve devant la caméra, une main en l'air, le doigt pointé
vers le ciel, en train de régler le sort du monde. C'est à peu près
ainsi que cela se passe. On voit bien que ce procédé élimine souvent
les timides et favorise souvent les grandes g... C'est donc un procédé
qui sélectionne les sujets et qui, par conséquent, donne des résultats
qu'on ne peut pas considérer comme reflétant l'opinion générale.

EXEMPLE 3. *Les sondages par radio.* L'animateur d'une émission-à-ligne-
ouverte pose à ses auditeurs la question suivante: pour ou
contre la peine de mort? Les auditeurs téléphonent à l'animateur, donnent leur opinion brièvement, et à la fin de la
période d'émission, on calcule la proportion de ceux qui
sont pour et la proportion de ceux qui sont contre.

Il y a deux facteurs qui font que cet échantillon n'est pas une
bonne miniature de l'ensemble des adultes de la région. Le premier facteur est celui de l'exemple précédent: les gens timides sont écartés de
l'échantillon puisqu'ils ne téléphonent pas en général. Et au Québec,
beaucoup de gens sont timides! Le second facteur et le plus grave, c'est
la sélection due à l'auditoire particulier de cette émission, à ce poste.

Précisons un peu. Si cette question était posée à Radio-Canada
sur l'heure du midi, les auditeurs seraient probablement majoritairement
contre la peine de mort. En effet, l'heure de l'émission, la réputation
du poste, le haut calibre des animateurs, le haut niveau des discussions
habituelles, contribuent à sélectionner un auditoire plus instruit, plus
civilisé que la masse de la population. Les éléments plus "épais" de la
dite population écoutent plutôt d'autres postes de radio. Et lorsque
cette question fut posée à un poste plus "épais" lors d'une émission du
matin, les opinions recueillies étaient non seulement favorables à la

1.3.4.

peine de mort, mais encore recommandaient parfois un soupçon de torture pour agrémenter l'exécution! C'est la grande règle du "qui se ressemble se rassemble" que l'on pourrait reformuler ainsi: "tel animateur, tel auditoire". Ainsi les opinions recueillies sont peut-être le reflet des éléments les moins timides parmi les auditeurs habituels de ce programme, mais on ne peut pas les considérer comme le reflet de l'opinion populaire.

EXEMPLE 4.   Un exemple farfelu: *Les rats jeunes et les rats vieux contre un virus*. Un médecin faisait des expériences dans le but de montrer que les rats jeunes résistaient mieux à un certain virus que les rats vieux. Les rats jeunes étaient ensemble dans une grande cage et de même pour les rats vieux. Les uns comme les autres furent contaminés par le virus. De temps en temps, le médecin attrapait un rat jeune et un rat vieux, les examinait attentivement puis les remettait dans leur cage respective. A la grande déception du médecin, les expériences donnèrent des résultats opposés à ses convictions: les rats jeunes semblaient résister plus mal que les vieux.

Le médecin consulta un éminent statisticien qui, après étude, découvrit la clef de l'énigme. Le médecin avoua qu'il avait les rats en sainte horreur et qu'il les attrapait un peu au hasard, sans trop les regarder. Or les rats jeunes sont peureux; ils fuient dans tous les sens la main gantée qui plonge dans leur cage pour attraper un des leurs. Les moribonds sont ceux qui se laissent le plus facilement attraper alors que les "athlètes" s'échappent facilement. Donc le docteur ne sortait de la cage des rats jeunes que les plus mal en point!

Au contraire, les rats vieux sont plutôt hargneux! Quand ils se sentent coincés, ce qui était bien le cas, ils cherchent à mordre pour se défendre. Les rats les plus robustes et les plus agressifs étaient ceux qui mordaient le gant en premier, et c'est ceux-là que le docteur attrapait, laissant les malades écrasés au fond de la cage. Donc le docteur ne sortait de la cage des vieux que les rats les plus robustes. Rien d'étonnant alors que les résultats attribuent une meilleure résistance aux vieux qu'aux jeunes. La légende dit que les expériences furent reprises correctement, c.-à-d. en donnant aux rats des cages individuelles et en étudiant tous les rats à tour de rôle; les résultats

furent, cette fois, conformes aux espérances du docteur qui se maria et
eut de nombreux enfants!

1.4 DANGERS RELATIFS AU CHOIX DES ENQUÊTEURS

Pour faire une bonne enquêteuse ou un bon enquêteur, il faut avoir
un certain nombre de qualités précises. En voici quelques-unes:

Il faut d'abord avoir *un physique agréable et rassurant*. La première impression doit mettre les gens en confiance. Certains types de
personnes sont donc à éliminer au départ: les hommes trop costauds, les
gens mal habillés, les jeunes femmes trop "évaporées", ceux qui ont des
coiffures ou des barbes un peu excentriques, ainsi de suite.

Il faut aussi avoir *une facilité d'élocution et une grande rapidité intellectuelle*. En effet, l'enquêteur aura parfois devant lui des
gens qui sont un peu réticents à répondre: il doit alors entamer la con-
versation et les convaincre de l'utilité du sondage. A d'autres moments,
il rencontrera des gens qui ne comprennent pas facilement les questions.
L'enquêteur doit alors réaliser, dans une fraction de seconde, que son
interlocuteur a mal compris la question. Il doit la reprendre et la
lui expliquer, sans influencer les réponses. Tout cela demande beaucoup
de maturité, de confiance en soi, de rapidité de l'esprit, d'objectivité.

Il y a donc des catégories de gens qui font en général de piètres
enquêteurs. Ce n'est peut-être qu'un préjugé, mais on rapporte parfois
que les étudiants, par exemple, peuvent être mal perçus dans certains
milieux. Ils ont souvent tendance à influencer les réponses: la jeunes-
se est passionnée! Les chômeurs chroniques manquent parfois de cette
vivacité d'esprit nécessaire pour bien réussir une entrevue. Bref, on
ne recrute pas des enquêteurs en lots: il faut les choisir un à un avec
beaucoup d'attention. Et il y a relativement peu de gens qui ont les
qualités requises. Quels sont donc les meilleurs enquêteurs? Eh bien,
il semble que *les dames dans la fleur de l'âge* soient celles qui donnent
les meilleurs résultats. Les gens n'ont pas peur de leur ouvrir leur
porte, elles ont souvent la parole facile et beaucoup sont remarquablement

1.4.

intelligentes et diplomates. Pour toutes ces raisons, les agences spécialisées engagent généralement des dames de ce type: c'est sûrement la
meilleure stratégie.

2

SOMMAIRE

CHAPITRE 2

SÉRIES STATISTIQUES

2.1 NOTION DE SÉRIE STATISTIQUE ET COMPILATION

Supposons que dans une rue, une enquêteuse fait un recensement pour connaître le nombre d'enfants par famille. Il passe d'une maison à l'autre, et enregistre ses résultats sur une feuille:

1ère famille: 2 enfants

2e   famille: 0 enfant   et ainsi de suite

3e   famille: 4 enfants

C'est la coutume d'écrire les résultats en ligne, d'où le nom de *série statistique*. Supposons que les résultats donnent la série suivante:

une donnée

Série no 1

```
2 0 4 3 1 4 1
3 2 1 3 1 5 3
2 3 1 0 7 1 2
3 6 4 1 0 3 4
3 2 2 1 3 6 0
```

Les mesures relevées dans l'enquête et qui constituent la série s'appellent *les données*. Dans notre série ci-dessus, il est facile de compter qu'il y a 35 données; on écrit $n = 35$.

On remarquera que les mêmes chiffres reviennent souvent dans la série. On dit que les données prennent les mêmes *valeurs*. Ainsi, la première donnée et la neuvième donnée ont la même valeur 2. La troisième donnée et la sixième prennent la même valeur 4, ainsi de suite. Si on les énumère, on trouve qu'il y a 8 valeurs différentes prises par les données de la série no 1, ce sont les chiffres 0, 1, 2, 3, 4, 5, 6, 7.

Pour ne jamais confondre les notions de "données" et celles de "valeurs", il suffit de retenir la phrase suivante: "les données prennent souvent les mêmes valeurs".

Cela nous amène à la notion de fréquence.

DÉFINITION: Le nombre de fois qu'apparaît une valeur particulière dans une série est appelée la fréquence de cette valeur.

EXEMPLE.   Ainsi, comptons combien de fois le 0 apparaît. On obtient le nombre 4. La fréquence de la valeur 0 est donc 4. De même, la fréquence de la valeur 1 est 8, etc...

En effet, après avoir regardé une série comme la série no 1 et a-voir constaté que, parmi les 35 données, il y en a plusieurs qui prennent les mêmes valeurs, la question naturelle est de se demander combien de fois apparaît chaque valeur, c.-à-d. quelle est sa fréquence. Mais ces différentes fréquences ne sont intéressantes que les unes par rapport aux autres, ainsi une vue globale sous forme de tableau est déjà éloquente.

Tableau 2.1

valeur : nombre d'enfants	fréquence : nombre de familles
0	4
1	8
2	6
3	9
4	4
5	1
6	2
7	1

$n = 35$

En effet, ce tableau nous montre par exemple que les familles de 3 enfants sont les plus nombreuses, suivies de près par les familles de 1 et de 2 enfants. Un utilisateur averti pourra peut-être, à partir de ce seul tableau, soupçonner que la rue en question est un quartier assez neuf et d'aisance moyenne. Si la même enquête avait été faite dans un

2.1.

rang de campagne, en 1950, les grosses familles auraient probablement été beaucoup plus nombreuses. On voit que ce tableau est déjà plus utile que la série seule. Etant donnée son utilité, on lui a donné un nom.

DÉFINITION : Le tableau qui donne les valeurs d'une série, accompagnées de leur fréquence respective, s'appelle la distribution de cette série.

Un truc particulièrement utile pour établir la distribution d'une série est la méthode des "bâtonnets". On écrit d'abord la colonne des valeurs possibles, puis on lit les données une par une. A chaque donnée qu'on lit, on fait un bâtonnet vis-à-vis de la valeur correspondante. Le truc consiste à faire le cinquième bâtonnet à l'horizontale sur les quatre bâtonnets précédents, de façon à faire un paquet de cinq, ce qui facilite la lecture finale des fréquences.

EXEMPLE.   1   2   3   4   5   6   7   8
             /   //   ///   ////   ++++   ++++ /   ++++ //   ++++ ///

              9   10   11
         ++++ ////   ++++ ++++   ++++ ++++ /

Pour compiler la série no 1, on obtient donc

tableau 2.2   tableau 2.3

après la première donnée   après la deuxième donnée

v	f
0	
1	
2	/
3	
4	
5	
6	
7	
8	

v	f
0	/
1	
2	/
3	
4	
5	
6	
7	

2.1.

tableau 2.4   tableau 2.5

après la dixième donnée   après la dernière donnée

v	f
0	/
1	///
2	//
3	//
4	//
5	
6	
7	

v		f
0	////	4
1	####///	8
2	#### /	6
3	####////	9
4	////	4
5	/	1
6	//	2
7	/	1

n = 35

Comme on le voit dans les tableaux ci-dessus, il est usuel de n'é-crire que "v" pour "valeurs" et de même "f" pour "fréquences".

EXERCICE. Lancer 30 fois un dé, établir la série des résultats et faire la distribution.

EXEMPLE. Voici une série obtenue pour 30 lancers d'un dé.

```
3  4  4  1  3  3
2  3  3  4  5  6
5  5  4  3  3  1
4  6  3  6  1  3
6  1  1  2  6  1
```

Voici le tableau de la distribution:

tableau 2.6

v		f
1	#### /	6
2	//	2
3	####////	9
4	####	5
5	///	3
6	####	5

n = 30

PROPRIÉTÉ : La somme des fréquences donne toujours n.
En effet, la somme des fréquences est (le nombre de fois que la première valeur apparaît) *plus* (le nombre de fois que la deuxième valeur apparaît) et ainsi de

2.1.

suite. Si l'on y pense, c'est bien le nombre de données.

2.2 GROUPEMENT DES DONNÉES PAR CLASSES

Dans plusieurs séries, pour ne pas dire dans la plupart des séries, le nombre de valeurs est trop grand pour que la compilation se fasse tel qu'indiqué: le tableau aurait beaucoup trop de lignes. Prenons l'exemple suivant:

EXEMPLE. A la fin de l'année, les résultats de mathématiques d'une classe A de 21 étudiants donnent la série suivante (n = 21) :

Série no 2

```
77,0  81,4  92,4  60,0  69,8  78,4  78,4
95,6  84,8  63,2  79,6  69,4  86,8  74,8
88,8  71,8  76,0  83,4  64,8  69,0  88,0
```

Ces résultats sont des moyennes de plusieurs devoirs et tests, aussi ils ont souvent une partie décimale. Ces décimales ont été arrondies à la première décimale. Seulement, c'est tout de même suffisant pour compliquer notre compilation: il y a 20 valeurs différentes pour 21 données. Seule la valeur 78,4 est répétée. Le tableau donnerait:

tableau 2.7

v	f
60,0	1
63,2	1
64,8	1
69,0	1
69,4	1
69,8	1
71,8	1
74,8	1
76,0	1
77,0	1
78,4	2
79,6	1
81,4	1
83,4	1
84,8	1
86,8	1
88,0	1
88,8	1
92,4	1
95,6	1

C'est un tableau long et qui ne nous apporte presque pas de renseignements.

Ce qui serait plus intéressant, ce serait par exemple de savoir combien ont entre 60 et 70, combien entre 70 et 80, etc.

On peut se choisir arbitrairement des classes comme ceci:

de 60 à 70
de 70 à 80
de 80 à 90
de 90 à 100

2.2.

L'inconvénient de telles classes, c'est que si par exemple, une é-
tudiante obtient 70, on ne saura pas si on doit la classer dans la première ou dans la deuxième classe.   La convention la plus répandue consiste à écrire:

$60 \leq X < 70$
$70 \leq X < 80$
$80 \leq X < 90$
$90 \leq X < 100$

la première classe contiendra tous les résultats qui
sont plus grands ou égaux à 60, mais plus petits que
70.   Puisque les résultats que nous considérons ne contiennent qu'une décimale, cette première classe contiendra tous les résultats de 60,0 à 69,9 inclusivement.

Une fois ces classes choisies, on compile la série avec la même méthode
que dans la section précédente, c.-à-d. on compte combien il y a de données dans chaque classe (c.-à-d. les fréquences).   On détermine ainsi les
fréquences.   On obtient alors le tableau suivant:

Tableau 2.8

Classes		f
$60 \leq X < 70$	‖‖ /	6
$70 \leq X < 80$	‖‖ //	7
$80 \leq X < 90$	‖‖ /	6
$90 \leq X < 100$	//	2

n = 21

*DÉFINITION : La fréquence d'une classe est le nombre de données
dans cette classe.*

On peut choisir les classes que l'on veut, selon le but fixé.   La
fantaisie la plus totale est permise.   On peut, par exemple, désirer accorder les cotes A, B, C et D de façon à ce que la cote A caractérise
ceux qui ont 85 et plus, B caractérise ceux qui ont 75 et plus, mais
moins de 85, etc. comme dans le tableau 2.9 qui suit.

2.2.

Tableau 2.9

cotes	classes	fréquences	
D	$0 \leq X < 65$	///	3
C	$65 \leq X < 75$	++++	5
B	$75 \leq X < 85$	++++///	8
A	$85 \leq X < 100$	++++	5

On peut aussi désirer des classes plus nombreuses comme dans le tableau suivant:

Tableau 2.10

classes	fréquences	
$60 \leq X < 65$	///	3
$65 \leq X < 70$	///	3
$70 < X < 75$	//	2
$75 \leq X < 80$	++++	5
$80 \leq X < 85$	///	3
$85 \leq X < 90$	///	3
$90 \leq X < 95$	/	1
$95 \leq X < 100$	/	1

On voit que chaque tableau nous donne certains renseignements, et que le changement des classes modifie beaucoup les fréquences. Dans ce tableau-ci, on peut voir un renseignement que ne donnaient pas les trois tableaux précédents; les élèves semblent se diviser en deux groupes; une certaine concentration en bas de 70 et un groupe important au-dessus de 75.

2.3 FRONTIÈRES ET LONGUEUR DES CLASSES

Les nombres qui servent à délimiter les classes s'appellent *les frontières des classes*, et la différence entre ces frontières donne la *longueur* de chaque classe. Par exemple, si on regarde le tableau 2.9, les frontières sont : 0, 65, 75, 85, 100. Les classes ont pour longueur 65, 10, 10,15 respectivement.

2.3.

Par contre, dans le tableau 2.8, les frontières sont 60, 70, 80, 90, 100. Les classes ont toutes même longueur 10.

2.4 REPRÉSENTATION GRAPHIQUE D'UNE DISTRIBUTION

2.4.1. DIAGRAMME EN BÂTONNETS

Tableau 2.11

v	f
0	4
1	8
2	6
3	9
4	4
5	1
6	2
7	1

Reprenons la série no 1 dont la distribution est donnée par le tableau 2.11, ci-contre. Nous allons représenter cette distribution dans un système d'axes analogue à celui de la géométrie analytique.

Sur l'axe horizontal, écrivons les valeurs:

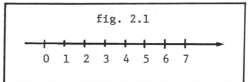

fig. 2.1

0 1 2 3 4 5 6 7

Sur chaque valeur, on élève un bâtonnet dont la hauteur est proportionnelle à la fréquence, comme ci-dessous. On indique les fréquences au sommet de chaque bâtonnet. Une telle figure s'appelle un *diagramme en bâtonnets*.

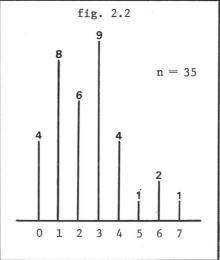

fig. 2.2

n = 35

2.4.1.

2.4.2. POLYGONE D'UNE SÉRIE SANS CLASSE

Une autre façon de représenter graphiquement une série non groupée en classes, c'est de faire un polygone comme ci-dessous. Au-dessus
de chaque valeur, on met un point dont la hauteur est proportionnelle à
la fréquence. On joint ensuite ces points.

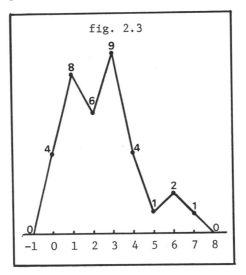

fig. 2.3

REMARQUE.   On ferme le polygone en le faisant revenir sur l'axe: on attribue la fréquence 0 à deux valeurs particulières:
1. la valeur qui précède la plus petite valeur de la série;
2. la valeur qui suit la plus grande valeur de la série.
Ainsi, pour la série qu'on étudie, la valeur précédant 0, qui
est la plus petite valeur, est −1 (puisque les résultats sont
entiers). La valeur qui suit 7, la plus grande valeur, est 8.
On attribue une fréquence nulle à ces deux valeurs.

Un tel tableau s'appelle *polygone de fréquences*. Il a l'avantage immédiat de faire saisir du premier coup d'oeil l'allure générale de
la distribution en question.

EXERCICE.   Lancer 36 fois un dé, établir le polygone des fréquences.

2.4.3.   HISTOGRAMME D'UNE DISTRIBUTION GROUPÉE EN CLASSES D'ÉGALES LONGUEURS

Considérons la série no 2 dont la distribution est la suivante
(section 2.2).

2.4.3.

Tableau 2.12

Classes	f
$60 \leq X < 65$	3
$65 \leq X < 70$	3
$70 \leq X < 75$	2
$75 \leq X < 80$	5
$80 \leq X < 85$	3
$85 \leq X < 90$	3
$90 \leq X < 95$	1
$95 \leq X < 100$	1

Découpons l'axe horizontal en 8 sections égales représentant chacune une classe. Il est important ici que toutes les classes aient *même longueur*.

Sur chacune de ces classes, élevons un rectangle dont la hauteur sera proportionnelle à la fréquence, et on écrit cette fréquence en haut du rectangle.

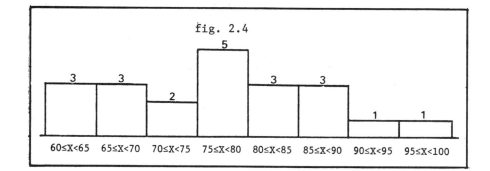

fig. 2.4

Ce tableau s'appelle *l'histogramme* de la distribution.

Tel quel, l'histogramme présente un inconvénient: les chiffres sous l'axe horizontal sont trop encombrants. Les statisticiens ont donc imaginé des conventions d'écriture qui vont nous permettre de sauver de l'espace et du temps et d'y regagner en clarté et en beauté. Nous utiliserons deux de ces conventions: - les frontières des classes

- les points milieux des classes

2.4.3.

2.4.3.1. LES FRONTIÈRES DES CLASSES

La première convention consiste à n'écrire sous l'axe horizontal que les frontières des classes. On les écrit juste sous les lignes qui forment les côtés des rectangles, comme ci-dessous. En examinant cette figure, il ne faut pas oublier que la première classe inclut 60 mais n'inclut pas 65 qui appartient plutôt à la seconde classe, et ainsi de suite.

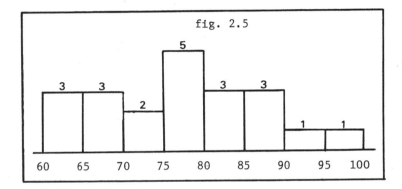

fig. 2.5

2.4.3.2. LES MILIEUX DES CLASSES

Le point milieu d'une classe s'obtient en additionnant ses deux frontières et en divisant le résultat par deux.

EXEMPLE. Ainsi le milieu de la première classe est :

$$\frac{60 + 65}{2} = \frac{125}{2} = 62,5.$$

Le milieu de la deuxième classe est :

$$\frac{65 + 70}{2} = \frac{135}{2} = 67,5.$$

On obtient ainsi les autres points milieux :

72,5   77,5   82,5   87,5   92,5   97,5.

La seconde de nos conventions consiste à n'écrire sous l'axe que les milieux des classes. On fait alors un petit trait au milieu de la base de chaque rectangle, et on écrit le point milieu en-dessous.

A partir de la figure 2.6, on peut retrouver facilement les fron-

2.4.3.2.

tières:

$$\frac{62,5 + 67,5}{2} = \frac{130}{2} = 65.$$

La valeur 65 sépare les deux premières classes et appartient à la seconde classe comme convenu.

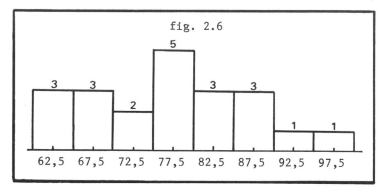

fig. 2.6

2.4.4. POLYGONE D'UNE SÉRIE GROUPÉE EN CLASSES D'ÉGALES LONGUEURS

Au lieu de faire un histogramme, on peut faire aussi *un polygone*. On commence par pointer sur l'axe *les milieux des classes*. Au-dessus de chacun de ces milieux, on marque un point dont la hauteur est proportionnelle à la fréquence de cette classe. On joint ces points et on ajoute les prolongements à chaque bout. Ces prolongements touchent l'axe sur les milieux des classes suivantes dont les fréquences sont 0. C'est comme si on ajoutait les classes:

$$55 \leq X < 60$$
....
$$100 \leq X < 105$$

dont les fréquences seraient nulles.

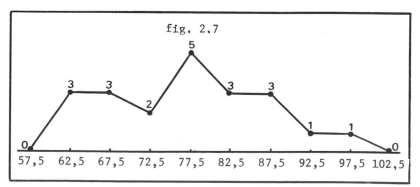

fig. 2.7

2.4.4.

2.4.5. UN PICTOGRAMME

Une autre façon de représenter graphiquement une série consiste simplement à se fixer des repères sur un axe horizontal, puis à lire la série en posant pour chaque donnée un bon gros point à la bonne place, au-dessus de l'axe. Prenons à nouveau la série no 2:

$$
\begin{array}{ccccccc}
77{,}0 & 81{,}4 & 92{,}4 & 60{,}0 & 69{,}8 & 78{,}4 & 78{,}4 \\
95{,}6 & 84{,}8 & 63{,}2 & 79{,}6 & 69{,}4 & 86{,}8 & 74{,}8 \\
88{,}8 & 71{,}8 & 76{,}0 & 83{,}4 & 64{,}8 & 69{,}0 & 88{,}0
\end{array}
$$

Si nous choisissons les repères 60, 65, 70, 75, ..., 100, nous obtiendrons la figure suivante que l'on appelle *un pictogramme*.

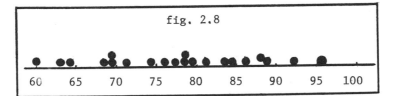

fig. 2.8

L'avantage d'un pictogramme, c'est que l'on peut voir la place approximative de chaque point. Et même si l'on changeait de repères sous l'axe, la distribution des points garderait la même forme. Dans certains contextes, les pictogrammes peuvent être fort utiles. Dans d'autres cas, comme par exemple s'il y a trop de données, le pictogramme devient une montagne de petits points, ce qui n'est pas très clair. Il y a aussi des gens qui ne trouvent pas cela beau: ça ressemble un peu à ce que les chevaux laissent derrière eux...!

2.5 EXERCICES ET SOLUTIONS

1. a) Pour la petite série suivante :

$$
\begin{array}{ccccc}
57 & 54 & 58 & 52 & 55 \\
58 & 51 & 39 & 58 & 58 \\
60 & 51 & 45 & 49 & 58
\end{array}
$$

calculer les fréquences des classes: $38 \leq X < 43$, $43 \leq X < 48$,...

b) Trouver les milieux de ces classes.

c) Dessiner l'histogramme en n'écrivant que les frontières.

2.5.

   d)   Dessiner le polygone

   e)   Faire le pictogramme.

SOLUTION.

   a)

Classes		f
38 ≤ X < 43	/	1
43 ≤ X < 48	/	1
48 ≤ X < 53	////	4
53 ≤ X < 58	///	3
58 ≤ X < 63	₩₩ /	6

   b)

$$\frac{38 + 43}{2} = \frac{81}{2} = 40,5$$

$$\frac{43 + 48}{2} = \frac{91}{2} = 45,5$$

$$\frac{48 + 53}{2} = \frac{101}{2} = 50,5$$

50,5 + I = 50,5 + 5 = 55,5   où I est la lon-

55,5 + I = 60,5   gueur des classes

   Donc les milieux de ces classes sont: 40,5; 45,5; 50,5; 55,5; 60,5.

   c)

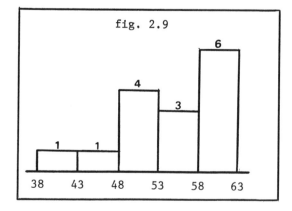

fig. 2.9

2.5.

d)

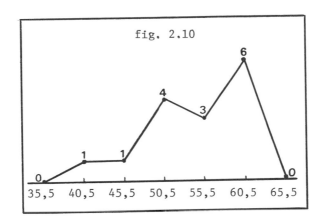

fig. 2.10

| 35,5 | 40,5 | 45,5 | 50,5 | 55,5 | 60,5 | 65,5 |

e)

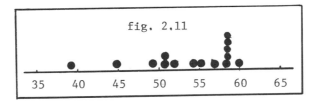

fig. 2.11

| 35 | 40 | 45 | 50 | 55 | 60 | 65 |

2. Une série de 43 parties de YUM a donné les résultats suivants :

154	173	195	81	147	198	197	160	128
130	203	111	167	186	135	112	198	188
135	136	181	135	195	158	189	222	150
176	161	110	108	194	175	180	196	
165	191	151	152	173	167	202	124	

a) Trouver les fréquences des classes de longueur 15, dont la première commence à 77, c.-à-d. $77 \leq X < \ldots, \ldots$

b) Dessiner le polygone.

c) Dessiner l'histogramme en n'écrivant que les frontières.

d) Dessiner le pictogramme.

SOLUTION.

a) Les frontières sont: 77; 77+15=92; 92+15=107; ...

2.5.

Classes		f
77 ≤ X < 92	/	1
92 ≤ X < 107		0
107 ≤ X < 122	////	4
122 ≤ X < 137	⁄⁄⁄⁄⁄ //	7
137 ≤ X < 152	///	3
152 ≤ X < 167	⁄⁄⁄⁄⁄ /	6
167 ≤ X < 182	⁄⁄⁄⁄⁄ ///	8
182 ≤ X < 197	⁄⁄⁄⁄⁄ ///	8
197 ≤ X < 212	⁄⁄⁄⁄⁄	5
212 ≤ X < 227	/	1

n = 43

b)   Les milieux sont: $\frac{77+92}{2} = \frac{169}{2} = 84,5$; $84,5+15 = 99,5$;

99,5+15 = 114,5; ...

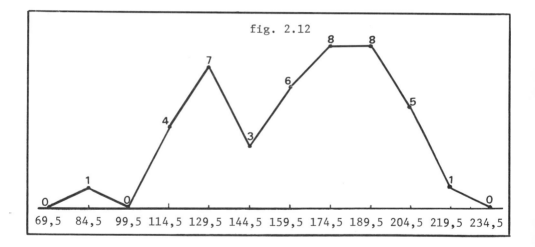

fig. 2.12

2.5.

c)

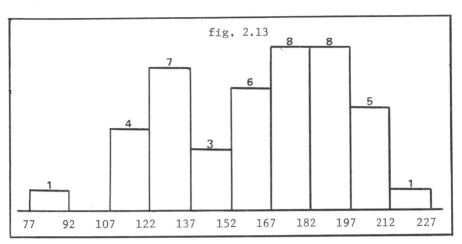

fig. 2.13

d)

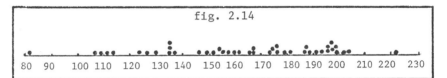

fig. 2.14

2.6 EXERCICES

1. Peu après le début de la session, on fait passer un examen dans une classe de 42 étudiants; les résultats, sur 100, donnent la série suivante:

```
75  76  75  85  70  39  71  74  95
10  60  45  83  79  95  20  64  76
41  68  70  44  56  95  70  73
91  55  55  71  60  64  69  71
40  65   3  60  94  55  45  90
```

   a) Calculer les fréquences des classes $0 \le X < 10$; $10 \le X < 20$; ...

   b) Trouver les milieux de ces classes.

   c) Faire le polygone.

2.6.

2. Au milieu de la session, on soumet le même groupe de 42 étudiants à un autre examen; les résultats, sur 100, donnent la série suivante:

```
50  50  85  100  54   25  45  95  85
59  60  15   95  65  100  96  65  65
84  89  90  100  75   84  80  85
94  95  95   65  95  100  59  55
84  84  60   80  99  100  85  90
```

a)   Calculer les fréquences des classes $10 \leq X < 20$; $20 \leq X < 30$;...

b)   Trouver les milieux.

c)   Faire le polygone.

d)   En comparant ce polygone avec celui du problème précédent, peut-on voir le fait qu'à mesure que la session avance, la classe tend à se partager en deux groupes?

3. Voici la taille en cm de 53 étudiants du Cégep de Trois-Rivières:

```
168  157  170  161  162  167  157  154  163
160  165  162  153  151  153  147  155  166
155  155  154  157  168  154  156  158  166
154  161  157  158  160  158  160  160  164
157  163  153  172  166  159  167  159  168
158  153  165  161  158  160  158  162
```

a)   Compiler avec les classes de longueur 5 et qui commencent par $145 \leq X < ...$

b)   Faire l'histogramme avec les milieux.

4. Pour la série du no 1, ci-haut, calculer les fréquences des classes $0 \leq X < 15$; $15 \leq X < 30$; ... et dessiner l'histogramme avec les points milieux.

5. En 1962, l'âge des finissants au Séminaire de Nicolet donnait la série suivante:

```
20  20  21  20  20  20  19  19
21  18  20  21  20  20  19  20
20  19  19  19  20  19  20  17
21  21  20  22  20  20  22  21
20  20  20  21  18  19  20  18
```

Compiler et faire le polygone.

2.6.

6. En 1968, l'âge des finissants au Séminaire de Nicolet donnait la série suivante:

```
22  21  19  20  20  22  20  19
20  20  19  19  20  19  20  22
20  19  19  19  19  20  20  18
19  19  18  21  19  19  18  20
19  21  17  18  20  20  19  19
21  21  21  20  19  20  20  20
```

Compiler et faire le polygone. Comparer avec le numéro précédent.

7. Voici une série de factures mensuelles de téléphone:

```
5,92  10,41  6,30   6,34   7,83  8,89
6,03   4,28  7,42   9,12   6,22  5,91
7,51   5,07  9,20  10,28   5,72  7,29
8,34   8,21  9,63   6,75   7,38  6,16
```

a) Compiler avec les classes dont les frontières sont:

4,25; 5,15; 6,05; ...

b) Calculer les milieux.

c) Faire l'histogramme en n'indiquant que les frontières.

8. On donne la série suivante:

```
55  47  62  59  55  57  61  60
63  45  49  60  55  61  45  55
50  60  60  66  44  65  65  52
65  66  61  38  46  55  54  53
40  60  44  49  65  60  45  40
```

a) Compiler avec les classes dont les milieux sont:

40,5; 45,5; 50,5; 55,5; ...

b) Faire l'histogramme en n'indiquant que les frontières.

9. Voici une série de factures d'huile à chauffage au dollar près:

```
27  34  14  22  19  35  22
23  17  30  24  21  27  17
28  24  31  20  27  29  26
```

a) Compiler avec des classes de longueur 4, commençant à 13,
c.-à-d. $13 \leq X < ...$

b) Calculer les milieux.

c) Faire l'histogramme en n'indiquant que les milieux des classes.

10. On donne la série suivante:

```
121  158  147  138  119  150  124  118
132  113  126  138  123  139  129  146
136  135  129  115  135  142  131  139
154  142  130  156  111  153  133  125
141  150  125  127  147  156  118  150
```

a) Compiler avec les classes dont les frontières sont:

110, 117, 124 ...

b) Dessiner l'histogramme et le polygone dans un même plan.

11. Un test d'adaptation familiale, passé par 35 élèves d'Ottawa, de niveau de 10e année, en 1964, donne la série des résultats suivants:

```
 8   4  17   3   7  11   1
 3   5   5  11   2   7  23
 2   4  24   6   3  18   8
15   7   4   5   6   6   1
14   6   6   8   6  24   9
```

Dans ce genre de test, plus le nombre obtenu est petit, meilleure est l'adaptation familiale.

a) Compiler cette série avec les classes: $1 \leq X < 5$; $5 \leq X < 9$;...

b) Faire l'histogramme en n'indiquant que les milieux des classes.

12. On raconte que Christophe Colomb était préposé au pesage des oeufs, dans un poulailler du Portugal. Un jour il obtint les poids ci-dessous: (ces poids étaient autrefois exprimés en ferdinands, un ferdinand valant approximativement $\dfrac{\pi^2 \sqrt{212 \ tg \ 26^0}}{(35,2073275)^{\pi}}$ livres; aussi le lecteur ou la lectrice pourra très facilement convertir ces mesures en livres, puis en grammes, s'il le désire).

```
91  93  127  110  109  78   76   89   90   99   94
74  75  103   84   99  83  113   95   99  107  105
82  95  109   86   77  80   99  101  102  106
90  95  119   96   83  81   89   73  115   77
66  76   85   77   96  90  108   86   98   87
```

Alors qu'il essayait de compiler ces poids avec des classes dont les milieux étaient 69,5, 78,5, 87,5,..., on raconte qu'un de ces oeufs lui tomba sur la tête et y resta en position verticale. C'est alors que lui serait venue cette idée qu'il est possible de faire tenir un oeuf

debout. On sait que Christophe Colomb se servit de ce truc pour convaincre la reine Isabelle et le roi Ferdinand qu'il était capable de découvrir l'Amérique. Il découvrit effectivement l'Amérique, et mourut pauvre. Compilez donc la série des poids en question sans vous échapper un
oeuf sur la tête, vous risqueriez de mourir pauvres!

3

SOMMAIRE

CHAPITRE 3

MESURES DE TENDANCE CENTRALE

Dans le chapitre précédent, nous avons vu comment compiler une série, en établir la distribution et en donner une représentation graphique. Nous avons vu plusieurs exemples, et nous savons maintenant que les polygones ou les histogrammes peuvent prendre les formes les plus variées. La question la plus naturelle que l'on peut se poser maintenant est : comment comparer deux séries; comment évaluer ou mesurer les différences entre les deux distributions?

Prenons un exemple. Imaginons que tu es professeur, que tu fais passer un examen à tes 25 élèves; tu obtiens les résultats qui donnent le pictogramme ci-dessous:

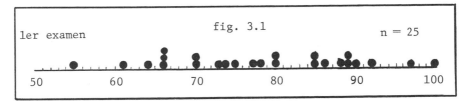

Quelques semaines plus tard, tu leur fais passer un nouvel examen, et tu obtiens le pictogramme suivant:

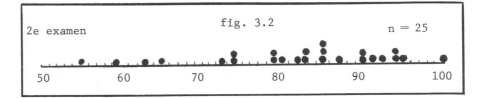

Peux-tu les féliciter ou les grondër (GRRR!)? Comment savoir si tes élèves sont plus forts maintenant qu'au premier examen? Bien sûr, si on y regarde de plus près, il y a plus d'élèves dont les résultats sont supérieurs à 80, ce qui peut être un bon critère. Mais une comparaison basée sur ce seul critère est-elle justifiée?

Dans le présent chapitre, nous allons développer des outils qui vont nous permettre de comparer plus efficacement deux distributions, de façon à savoir si les résultats de l'une sont plus forts que ceux de l'autre. Pour cela, il faut avoir une idée du *centre d'une distribution*. Il n'est pas facile de préciser maintenant ce qu'on entend par le "centre d'une série", car il y a plusieurs définitions. Nous en verrons deux dans ce chapitre: la moyenne et la médiane. On les appelle des mesures de centre ou de tendance centrale, parce qu'elles nous permettent de mesurer ou de calculer où se trouve le centre d'une série.

3.1 LA MOYENNE ARITHMÉTIQUE $\overline{X}$

3.1.1. DÉFINITION

La première de ces mesures s'appelle la moyenne arithmétique, ou simplement la moyenne, et on utilise le symbole $\overline{X}$ pour la caractériser. Comme on le verra dans la définition suivante, il s'agit de la moyenne ordinaire et bien connue.

> *DÉFINITION: La moyenne arithmétique $\overline{X}$ est la somme des données divisée par le nombre de données.*

EXEMPLE. Si notre série est 7; 8; 10; 5; 4; 6, ce qui est une toute petite série avec n = 6 données seulement, on obtient $\overline{X}$ en additionnant d'abord 7+8+10+5+4+6 = 40, puis en divisant cette somme par 6, c.-à-d.

$$\overline{X} = \frac{7+8+10+5+4+6}{6} = \frac{40}{6} = 6,66667$$ si on se contente de 5 décimales, en arrondissant convenablement la dernière.

Formule abrégée. Si x représente les données de la série, et si le symbole $\sum$ signifie "la somme des...", alors on peut écrire:

$$\overline{X} = \frac{\sum x}{n}$$

En effet, cette formule se lit: "$\overline{X}$ égale la somme des x (c.-à-d. des données), divisée par n(qui est le nombre de données)".

3.1.2. EXERCICES ET SOLUTIONS

1. Calculer la moyenne de la série no 1, page 21.

SOLUTION.

$$\overline{X} = \frac{\sum x}{n} = \frac{2 + 0 + 4 + 3 + \ldots + 3 + 6 + 0}{35} = \frac{87}{35} = 2,49$$

2. Calculer les moyennes des résultats indiqués sur les figures 3.1 et 3.2.

SOLUTION.

1er examen:

$$\overline{X} = \frac{55 + 61 + 64 + \ldots + 97 + 100}{25} = \frac{1\ 956}{25} = 78,24$$

2e examen :

$$\overline{X} = \frac{55 + 59 + 63 + \ldots + 95 + 100}{25} = \frac{2\ 037}{25} = 81,48$$

Le second examen a une moyenne plus forte que le premier: il faut donc féliciter tes élèves!

3.1.3. SIGNIFICATION GÉOMÉTRIQUE DE LA MOYENNE

On est généralement habitué aux moyennes scolaires, comme dans l'exercice précédent. Mais dans le cas d'une série comme celle du premier exercice, on peut éprouver un certain malaise à dire que le nombre moyen d'enfants par famille est 2,49! Y aurait-il quelque part des fractions d'enfants? Il faut naturellement rejeter cette explication sadique. Pour comprendre le sens de cette moyenne fractionnaire, il faut savoir ce que représente géométriquement la moyenne $\overline{X}$, ce que nous allons regarder.

Prenons la petite série suivante 1; 0; 5; 0; 3; 4; 7; 6; 3; 3; 6; 3.

Supposons que chaque donnée représente un petit cube ☐ que l'on va déposer sur un axe sans masse, à l'endroit exact de la valeur de cette donnée. Ainsi la 1ère donnée se représente comme suit:

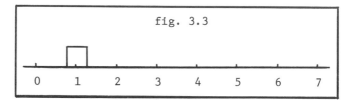

fig. 3.3

La petite série peut donc se voir de la façon suivante. C'est tout simplement un pictogramme, mais avec des petits cubes plutôt qu'avec des points.

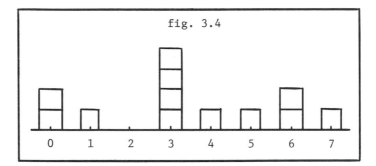

fig. 3.4

La moyenne $\overline{X}$ de la série est l'endroit où il faudrait placer un petit pivot ▲ pour que ce système, composé d'un axe sans masse et de petits cubes de masses identiques, se tienne parfaitement en équilibre, sans basculer à gauche ni à droite. Simplement à l'oeil, on peut voir que le pivot devra probablement se trouver entre 3 et 4, et donc $\overline{X}$ aura une valeur fractionnaire! En fait:

$$\overline{X} = \frac{1+0+5+0+3+4+7+6+3+3+6+3}{12} = \frac{41}{12} = 3,41667$$

Si l'on joint les sommets des colonnes, et qu'on ajoute les prolongements, on a le polygone de fréquence, et d'une certaine manière, $\overline{X}$ est aussi le centre de gravité du polygone.

3.1.3.

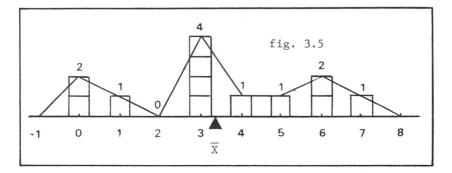

fig. 3.5

Donc géométriquement, $\overline{X}$ est le centre de gravité du pictogramme de la série.

Cette connaissance explique pourquoi $\overline{X}$ peut être fractionnaire, même lorsque les données de la série ne sont que des entiers. De plus, elle permet de déceler des erreurs de calcul. En effet, si on avait obtenu $\overline{X} = 4,5$, une simple vue du polygone ci-dessus nous indique que cette valeur est trop grande. Le polygone basculerait par la gauche.

3.1.4.   QUELQUES ASTUCES POUR FACILITER LES CALCULS DE $\overline{X}$

Bien sûr, additionner une cinquantaine de données n'est pas un gros problème lorsqu'on utilise un mini-calculateur. Il y a tout de même des cas où cette opération peut être fastidieuse, par exemple, si l'on doit

3.1.4.

refaire la somme plusieurs fois pour vérifier les calculs, ou encore s'il y a trop de données, ou encore si les nombres sont trop grands. En général, il est possible de réduire nos peines en utilisant des astuces.   En voici quelques exemples.

3.1.4.1.   UTILISER LE DIAGRAMME EN BÂTONNETS

Supposons que je veux calculer la moyenne de la petite série de 15 données suivante: 3; 4; 2; 7; 6; 5; 2; 3; 4; 7; 6; 3; 3; 6; 3.   Il suffit de calculer:

$$\overline{X} = \frac{3+4+2+\ldots+6+3}{15} = \frac{64}{15} = 4,26667$$

Ca ne change rien évidemment si je commence par mettre les données en ordre croissant; et la somme $(2+2)+(3+3+3+3+3)+(4+4)+(5)+(6+6+6)+(7+7)$ donne toujours 64.   Mais au lieu d'additionner bêtement ces 15 données, il est plus rapide de calculer:

$2(2)+5(3)+2(4)+1(5)+3(6)+2(7)$
   $4 + 15 + 8 + 5 + 18 + 14 = 64$

Cette façon de procéder consiste à considérer les valeurs 2; 3; 4; 5; 6; 7, leurs fréquences respectives: 2; 5; 2; 1; 3; 2. multiplier chaque valeur v par sa fréquence f pour obtenir fv.   On additionne ensuite ces fv pour obtenir $\sum fv$

Alors
$$\overline{X} = \frac{\sum fv}{n}$$

EXEMPLE.   Calculons la moyenne $\overline{X}$ de la série dont le diagramme en bâtonnets se trouve à la section 2.4.1.   (page 28)

SOLUTION.
$$\overline{X} = \frac{\sum fv}{n} = \frac{4(0)+8(1)+6(2)+9(3)+4(4)+1(5)+2(6)+1(7)}{35}$$
$$\overline{X} = \frac{0+8+12+27+16+5+12+7}{35} = \frac{87}{35} = 2,48571$$

3.1.4.2.   SI LES VALEURS SONT TROP GRANDES: SOUSTRAIRE UNE CONSTANTE

Supposons que je veux calculer la moyenne de la série suivante: 758; 759; 761; 766; 770; 771; 771; 775; 778; 780.   Au lieu d'additionner

tous ces nombres, on peut enlever à chacun une même constante. Par
exemple, je peux ici enlever à chacun la constante 750. La série de-
viendra: 758-750 = 8; 759-750 = 9; ... soit 8; 9; 11; 16; 20; 21; 21;
25; 28; 30 qui est beaucoup plus simple. On fait la moyenne de cette
petite série:

$$\frac{8+9+11+16+20+21+21+25+28+30}{10} = \frac{189}{10} = 18,9$$

Il suffit de rajouter la constante 750, qu'on avait enlevée, pour
retrouver la moyenne de la série initiale :

$$\overline{X} = 750+18,9 = 768,9$$

EXEMPLE. Calculons la moyenne $\overline{X}$ de la série ci-dessous:
97; 100; 101; 105; 108; 111; 115; 120; 121; 122.

SOLUTION.

Enlevons 100 à chaque donnée. On calcule

$$\frac{-3+0+1+5+8+11+15+20+21+22}{10} = \frac{100}{10} = 10$$

Rajoutons 100; alors

$$\overline{X} = 100+10 = 110$$

3.1.4.3. SI LES DONNÉES SONT TROP NOMBREUSES: UTILISER L'HISTOGRAMME

Supposons qu'on a une série qui contient 500 données représentant
des salaires annuels, c.-à-d. des nombres pouvant varier de \$6 000 à
\$40 000 environ. Comme ces valeurs sont grosses (elles contiennent beau-
coup de chiffres, comme par exemple \$12 647,52) et nombreuses, un mini-
calculateur n'est pas assez puissant pour faire cette somme avec agré-
ment. On peut, bien sûr, utiliser un ordinateur, mais on peut aussi se
contenter d'une approximation de $\overline{X}$. Commençons par choisir des classes
et trouver les fréquences de ces classes. Par exemple, supposons que
l'on a la distribution suivante:

3.1.4.3.

classes	f	m
6 000 ≤ X < 8 000	170	7 000
8 000 ≤ X < 10 000	135	9 000
10 000 ≤ X < 12 000	85	11 000
12 000 ≤ X < 14 000	59	13 000
14 000 ≤ X < 20 000	34	17 000
20 000 ≤ X < 30 000	12	25 000
30 000 ≤ X < 40 000	5	35 000

n=500

On détermine le milieu m de chaque classe. Au lieu d'additionner tous ces 500 salaires au long, on peut avoir une idée approximative de $\overline{X}$ en supposant que la somme des salaires des gens qui sont dans une classe donnée est à peu près f x m. Par exemple, les 5 personnes qui gagnent entre 30 000 et 40 000 ont peut-être les salaires suivants: \$31 200; \$34 600; \$36 000; \$37 500; \$39 000. La somme de ces données donne 31 200+34 600+36 000+37 500+39 000 = \$178 300, ce qui est assez proche de fm = 5(35 000) = \$175 000. De même pour chaque classe, on calcule fm, et on additionne ces quantités pour obtenir $\sum fm$. On aura alors une bonne approximation de $\overline{X}$ avec la formule:

$$\overline{X} \simeq \frac{\sum fm}{n}$$ (le signe ≃ veut dire "à peu près égal à")

EXEMPLE.   Voici une série de 55 données:

```
55  63  50  65  40  47  36  45  60  66  60
62  49  60  61  70  59  47  60  66  38  49
55  55  44  69  65  57  41  61  65  55  60
61  45  65  54  45  60  44  55  52  53  40
50  48  62  50  45  55  51  43  51  61  56
```

Si je suis vraiment courageux, je peux calculer exactement $\overline{X}$:

$$\overline{X} = \frac{55+63+50+\ldots+61+56}{55} = \frac{2981}{55} = 54,2$$

Mais si je sais que l'histogramme de cette série est le suivant, je peux calculer approximativement $\overline{X}$ de façon plus simple avec la formule $\overline{X} \simeq \frac{\sum fm}{n}$, c.-à-d.

$$\overline{X} \simeq \frac{5(39,5) + 12(46,5) + 15(53,5) + 15(60,5) + 8(67,5)}{55} = \frac{3\ 0005,5}{55} = 54,645$$

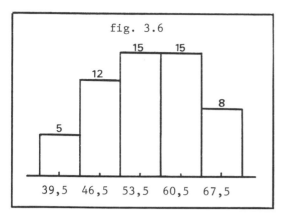

fig. 3.6

Comme on le voit, cette méthode ne nous donne pas la
vraie valeur $\overline{X} = 54,2$, mais
l'erreur n'est pas grande.

REMARQUES.

1. *Formule corrigée*

Si les données ne prennent que des valeurs entières (c.-à-d. les
données de la série n'ont pas de partie fractionnaire), on a généralement une meilleure approximation de $\overline{X}$ avec la formule:

$$\overline{X} \simeq \frac{\sum fm}{n} - 0,5$$

L'exemple précédent est un bel exemple de cette règle:

$\overline{X} \simeq \dfrac{\sum fm}{n} - 0,5 = 54,645 - 0,5 = 54,145$ qui est plus près de la vraie

valeur $\overline{X} = 54,2$.

Convention: Convenons de n'enlever ce 0,5 que *lorsqu'on est sûr* que les
données de la série sont entières (c'est mentionné dans le
problème ou on voit les données). Dans le doute, on n'enlève pas 0,5.

2. *Précision de cette approximation*

Si toutes les classes ont même longueur I, l'erreur entre la formule
$\dfrac{\sum fm}{n}$ (ou $\dfrac{\sum fm}{n} - 0,5$ selon le cas) et la vraie valeur de $\overline{X}$ sera presque toujours inférieure à $\dfrac{I}{\sqrt{3n}}$. Cette quantité s'appelle *l'erreur maximum probable* et on la note EMP.   On a donc

$$EMP = \frac{I}{\sqrt{3n}}$$

3.1.4.3.

Dans le problème précédent, on a EMP $= \dfrac{7}{\sqrt{3 \times 55}} = 0,5449$.

En fait, notre erreur est seulement $54,2 - 54,145 = 0,055$.

3.1.5.   EXERCICES ET SOLUTIONS

1.   Au numéro 3, section 2.6, on a présenté la série des tailles en centimètres de n = 53 étudiants. Revoici cette série :

```
168 160 155 154 157 158 157 165 155 161 163 153 170 162
154 157 153 165 161 153 157 158 172 161 162 151 168 160
166 158 167 153 154 158 159 160 157 147 156 160 167 158
154 155 158 160 159 162 163 166 166 164 168
```

a)   Calculer exactement $\overline{X}$.

b)   On a compilé cette série avec des classes dont les milieux sont: 147,5; 152,5; 157,5; 162,5; 167,5; 172,5, et dont les fréquences sont: 1; 9; 17; 14; 10; 2. Calculons approximativement $\overline{X}$ comme si on ignorait la série, c.-à-d. avec l'histogramme seulement.

c)   L'erreur entre a) et b) est-elle compatible avec la formule de l'EMP?

SOLUTION.

a)   On peut enlever 100 à chaque donnée, et l'ajouter ensuite:

$$\overline{X} = 100 + \frac{68+60+55+\ldots+64+68}{53} = 100 + \frac{3165}{53} = 100 + 59,717 = 159,71$$

b)   On peut enlever et rajouter par exemple 150:

$$\overline{X} \simeq 150 + \frac{1(-2,5)+9(2,5)+17(7,5)+14(12,5)+10(17,5)+2(22,5)}{53} -0,5$$

$$\overline{X} \simeq 150 + \frac{542,5}{53} -0,5 = 150+10,236 - 0,5 = 159,735$$

c)   EMP $= \dfrac{I}{\sqrt{3n}} = \dfrac{5}{\sqrt{3 \times 53}} = \dfrac{5}{12,6095} = 0,396$

Notre erreur devrait donc être moindre que 0,396. Or, en réalité, elle n'est que $159,735 - 159,717 = 0,018$. Tout est donc "sous contrôle".

2.   Une certaine série de n = 72 données entières est compilée selon un histogramme dont les points milieux sont: 1232,5; 1235,5; 1238,5; 1241,5, et dont les fréquences sont 8; 24; 33; 7.

a) Avec ces seuls renseignements, calculer approximativement $\overline{X}$.

b) En utilisant l'EMP, trouver A et B tel que $\overline{X}$ soit presque sûrement entre A et B.

c) Si la série est la suivante, calculer exactement $\overline{X}$.

```
1 234  1 236  1 235  1 237  1 239  1 235  1 233  1 234  1 240  1 236  1 237  1 239
1 232  1 236  1 236  1 234  1 240  1 233  1 237  1 238  1 238  1 239  1 235  1 237
1 234  1 236  1 236  1 231  1 237  1 238  1 233  1 235  1 237  1 236  1 235  1 234
1 233  1 237  1 238  1 234  1 232  1 236  1 237  1 238  1 236  1 232  1 234  1 234
1 235  1 236  1 237  1 241  1 237  1 237  1 239  1 240  1 237  1 238  1 239  1 237
1 238  1 237  1 241  1 240  1 238  1 237  1 239  1 237  1 238  1 237  1 242  1 237
```

L'affirmation faite en **b)** était-elle correcte?

SOLUTION.

a) $\overline{X} \simeq 1230 + \dfrac{8(2,5)+24(5,5)+33(8,5)+7(11,5)}{72} - 0,5$

$\overline{X} \simeq 1230 + \dfrac{513}{72} - 0,5 = 1230 + 7,125 - 0,5 = 1236,63$

b) $EMP = \dfrac{I}{\sqrt{3n}} = \dfrac{3}{\sqrt{3 \times 72}} = 0,204$

$\overline{X}$ sera presque certainement entre 1236,63 − 0,204 et 1236,63 + 0,204 puisque l'erreur est probablement inférieure à 0,204.

Donc A = 1236,426 et B = 1236,834.

c) Il est préférable de commencer par compiler la série comme ci-dessous:

v		f
1 231	/	1
1 232	///	3
1 233	////	4
1 234	//// ///	8
1 235	//// /	6
1 236	//// ////	10
1 237	//// //// //// ///	18
1 238	//// ////	9
1 239	//// /	6
1 240	////	4
1 241	//	2
1 242	/	1

n = 72

3.1.5.

$$\overline{X} = 1\ 230 + \frac{1(1)+3(2)+4(3)+\ldots+2(11)+1(12)}{72}$$

$$\overline{X} = 1\ 230 + \frac{467}{72} = 1\ 230 + 6,4861 = 1\ 236,4861$$

Et cette valeur est bien entre A = 1 236,426 et B = 1 236,834. L'affirmation faite en b) était donc correcte.

3.1.6. EXERCICES

1.   a) Calculer la moyenne de la série que vous êtes supposés avoir compilé au no 6, section 2.6. Pour le bénéfice de l'étudiante Pancracette qui, comme d'habitude, n'a pas fait cette compilation, revoici cette série:

```
22  20  20  19  19  21  21  20  19  19  21  21  19  19  19  20
18  17  21  20  19  19  21  18  20  20  20  19  19  20  19  19
22  19  20  19  20  20  20  20  20  18  19  20  19  22  18  20
```

(L'âge des finissants au Séminaire de Nicolet en 1968).

b) En comparant avec la série compilée au no 5, section 2.6, que revoici, dire si les finissants du Séminaire de Nicolet étaient plus âgés en 62 qu'en 68.

```
20  21  20  21  20  20  18  19  21  20  21  20  19  20
20  20  21  19  22  21  20  20  20  20  18  20  20  19
20  19  19  19  20  22  20  19  20  17  21  18
```

(L'âge des finissants en 1962).

2. Pour les classes $20 \le X < 25$; $25 \le X < 30$; etc., on a les fréquences 3; 7; 12; 11; 8; 4, respectivement. Calculer approximativement la moyenne $\overline{X}$ et indiquer l'erreur maximum probable.

3. La série ci-dessous donne les quotients intellectuels de 28 étudiants de niveau secondaire. Ces résultats sont exprimés en stanines; nous verrons plus loin ce que cela signifie.

```
2  4  5  5  3  6  4
6  2  2  6  5  2  5
7  4  4  4  8  6  2
3  4  5  2  5  2  5
```

Calculer le quotient intellectuel moyen $\overline{X}$ de ce groupe.

4. Les valeurs d'une série sont 143; 144; 145; ...; 150. Les fréquences sont 2; 0; 4; 12; 23; 11; 0; 7 respectivement. Quelle est la moyenne de la série?

5. Nous avons déjà parlé de cette série de 43 parties de YUM au chapitre précédent.

```
154  130  135  176  165  173  203  136  161  191  195  111  181
110  151   81  167  135  108  152  147  186  195  194  173  198
135  158  175  167  197  112  189  180  202  160  198  222  196
124  128  188  150
```

  a) Calculer la moyenne $\overline{X}$.

  b) A la section 2.5, no 2, on a compilé cette série avec des classes dont les milieux sont : 84,5; 99,5; 114,5; 129,5; 144,5; 159,5; 174,5; 189,5; 204,5; 219,5. Les fréquences de ces classes étaient 1; 0; 4; 7; 3; 6; 8; 8; 5; 1. Avec cet histogramme, calculer approximativement $\overline{X}$.

  c) L'erreur entre la vraie valeur de $\overline{X}$ et le calcul approximatif est-elle compatible avec la formule de l'EMP?

6. A l'exercice 1, section 2.6, nous avons étudié la série ci-dessous:

```
75  91  60  65  70  85  71  79  94  95  71  69  64  90
10  40  68  75  55  83  60  56  39  64  20  45  73  95
41  76  55  45   3  44  70  60  95  55  70  74  71  76
```

Pour les classes $0 \leq X < 10$; $10 \leq X < 20$; ..., vous êtes supposés avoir trouvé les fréquences suivantes: 1; 1; 1; 1; 5; 4; 8; 13; 2; 6.

  a) Calculer approximativement la moyenne avec ces classes.

  b) Calculer la vraie moyenne $\overline{X}$.

  c) Montrer que l'erreur est exceptionnellement grande.

7. A l'exercice précédent, on a une mauvaise approximation de la moyenne, à cause du fait que les données se terminent souvent par un 0 ou du moins par un petit chiffre. Montrer que l'on obtient une bien meilleure approximation si l'on prend des classes dont les milieux sont : 5,5; 10,5; 15,5; 20,5; 25,5; ...

3.1.6.

8. Calculer approximativement la moyenne de la série qui est supposée avoir été compilée à l'exercice 2, section 2.6. Pour l'élève Pancrace qui (comme de raison!) n'a pas fait son devoir ce jour-là, je donne les résultats qui auraient dû être obtenus : Pour les classes $10 \leq X < 20$; $20 \leq X < 30$; ... les fréquences sont 1; 1; 0; 1; 6; 6; 1; 11; 10; 5.

Comparer avec la valeur exacte de la moyenne qui est 77.

3.2 LA MÉDIANE MD

3.2.1. NOTION DE MÉDIANE

La section précédente était consacrée à la moyenne arithmétique $\overline{X}$ qui est, comme nous l'avons vu, le centre de gravité des données, ou du polygone des fréquences. Le centre de gravité est une excellente façon de définir ce qu'est le "milieu" d'une série. En effet, le centre de gravité tient compte de la valeur de chacune des données: si une seule donnée augmente, le centre de gravité subit aussi une augmentation; de même si une donnée diminue, le centre de gravité diminue; le centre de gravité est une excellente synthèse de l'ensemble des données. Pourquoi alors introduire d'autres mesures de centre d'une distribution?

Eh bien, toute excellente qu'elle soit, la moyenne donne parfois une curieuse image du "centre" d'une distribution; il est bon alors de prendre plus d'une mesure de centre. Examinons l'exemple humoristique que voici. Supposons que, dans une bonne petite usine d'une bonne petite région du bon petit Québec, à une certaine époque, les salaires annuels se répartissent ainsi:

le patron   : $120 000

le fils du patron : $ 70 000

le gérant général : $ 35 000

cinq contremaîtres et techniciens : $17 000   chacun

quarante ouvrières et ouvriers   : $ 8 000   chacun

dix concierges   : $ 5 000   chacun

Le salaire moyen de cette charmante usine serait:

$$\overline{X} = \frac{120\ 000+70\ 000+35\ 000+5(17\ 000)+40(8\ 000)+10(5\ 000)}{58} = \$11\ 724.$$

Imaginons qu'un bon jour, le fils du patron en question entre en vi-ve discussion avec une jeune "contestataire chochialiste et même chochio-logue", et que celle-ci lui reproche d'exploiter les ouvriers. Le fils du patron pourrait lui répondre:

"Nos ouvriers sont bien payés! Le salaire moyen à l'usine est de $11 724 par an! C'est un bon salaire pour un ouvrier non spécialisé!"

On peut imaginer la réponse de la contestataire:

"Le salaire moyen! Le salaire moyen! C'est bien beau, le salaire moyen! Avec les gros salaires que les patrons se prennent, la moyenne ne veut pas dire grand-chose!"

Et si la sociologue a retenu quelque chose de son cours de statis-tique, elle pourrait gagner l'engagement en ajoutant:

"Quelle est la médiane des salaires de ton usine?" Ce à quoi le fils du patron devrait honnêtement répondre: "$8 000", si l'on suppose que lui aussi sait ce qu'est une "médiane".

3.2.1.

La médiane dans ce cas donne donc une meilleure idée du centre de la série des salaires, puisque la majorité des ouvriers gagnent $8 000. La moyenne $\overline{X}$ donne une mauvaise idée du centre puisque 50 des 58 membres de l'usine gagnent moins de $11 724. Cela se comprend. Les salaires du patron et de son fils sont tellement disproportionnés que le centre de gravité est rendu presque à l'extrémité de la série!

Voyons maintenant la définition de la *médiane* dont le symbole est Md.

DÉFINITION. En plaçant la série dans un ordre ascendant (ou descendant), la médiane Md est un nombre qui partage la série en deux parties contenant chacune le même nombre de données comme dans les deux exemples suivants:

EXEMPLE 1: n impair

Soit la série suivante: 10; 11; 12; 14; 15; 17; 19, c.-à-d. n = 7. La médiane est alors la donnée du centre, c.-à-d. Md=14. De chaque côté de 14, en effet, il y a 3 données exactement.

$$\underline{10; 11; 12} \ \Big| \ 14 \ \Big| \underline{15; 17; 19}$$
$$\text{Md}$$

EXEMPLE 2: n pair

Soit la série suivante: 9; 9; 10; 13; 14; 16; 17; 19, c.-à-d. n = 8. La médiane est alors la moyenne des deux données du centre, c.-à-d.

$$\text{Md} = \frac{13 + 14}{2} = 13,5.$$

De chaque côté de ce nombre, il y a en effet exactement 4 données.

$$\underline{9; \ 9; \ 10; \ 13} \ \Big| \ \underline{14; \ 16; \ 17; \ 19}$$
$$\text{Md} = 13,5$$

REMARQUE. La médiane Md est donc la donnée du milieu, ou la moyenne des deux données du milieu, selon que n est impair ou pair.

3.2.2. EXERCICES ET SOLUTIONS

1. Calculer la médiane de la série des salaires de l'usine de la page 56.

SOLUTION.

Il faut d'abord placer les données en ordre ascendant ou descendant. Je choisis l'ordre descendant.

$$\overbrace{}^{\text{5 données}} \qquad \overbrace{}^{\text{40 données}} \qquad \overbrace{}^{\text{10 données}}$$
120 000; 70 000; 35 000; 17 000;...;17 000; 8 000;...;8 000; 5 000;...;5 000

Donc n = 58 est pair. Et il faut trouver les deux données du centre, c.-à-d. la 29e et la 30e.

120 000◄── 29 données ──►8 000 | 8 000◄── 29 données ──►5 000.

La valeur de Md est alors:

$$Md = \frac{8\ 000 + 8\ 000}{2} = \frac{16\ 000}{2} = 8\ 000$$

2. Calculer la médiane de la série :

100; 98; 98; 98; 94; 93; 93; 90; 87; 86;85; 74; 70; 69; 66.

SOLUTION.

Il y a 15 données et elles sont déjà ordonnées. La médiane sera la donnée du centre, celle qui laisse 7 données de chaque côté d'elle-même.

100; 98; 98; 98; 94; 93; 93 | 90 | 87; 86; 85; 74; 70; 69; 66

Md

A titre de comparaison, la moyenne de cette série est 86,7333. Donc les deux mesures placent le centre à peu près au même endroit.

3.2.3.   EXERCICES

1.   a)   Trouver la médiane de la série suivante:

57; 58; 60; 54; 51; 51; 58; 39; 45; 52; 58; 49; 55; 58; 58.

b)   La médiane Md est-elle voisine de la moyenne $\overline{X}$?

2. Voici à nouveau la série de la section 2.4.5.:

77,0	81,4	92,4	60,0	69,8	78,4	78,4
95,6	84,8	63,2	79,6	69,4	86,8	74,8
88,8	71,8	76,0	83,4	64,8	69,0	88,0

a)   Trouver Md

b)   Calculer aussi $\overline{X}$ et comparer

3. Trouver la médiane de la série ainsi compilée:

v	f
13	5
14	7
15	4
16	3
17	2
18	3

3.2.3.

4.   a) Trouver la médiane de la série vue au no 6, section 3.1.6
          dont les données sont:

```
75  91  60  65  70  85  71  79  94  95  71  69  64  90
10  40  68  75  55  83  60  56  39  64  20  45  73  95
41  76  55  45   3  44  70  60  95  55  70  74  71  76
```

          b) Comparer avec sa moyenne qui est 64,214

5. Pour la série compilée ci-contre:

v	f
1	5
2	3
3	4
4	1
5	0
.	.
.	.
.	.
19	0
20	12

$n = 25$

a) Trouver la moyenne $\overline{X}$

b) Trouver la médiane Md

c) Expliquer l'écart entre ces deux mesures de centre

3.2.4.   QUELQUES ASTUCES POUR TROUVER LA MÉDIANE

Trouver la médiane Md d'une série est un jeu d'enfant lorsque la série est placée en ordre croissant.   Toutefois, l'opération qui consiste
à mettre les données en ordre croissant peut être assez longue lorsque
nous avons une série qui contient beaucoup de données.   Encore ici, la
ruse peut sauver beaucoup de temps.   Voici deux astuces pour trouver une
médiane.

3.2.4.1.   UTILISATION DU PICTOGRAMME

Supposons par exemple que notre série représente les résultats de
37 personnes à un test quelconque, et qu'elle donne le pictogramme ci-
dessous.

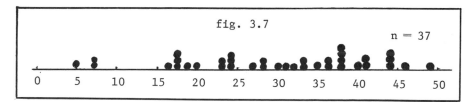

fig. 3.7

n = 37

3.2.4.1.

Puisque $\frac{n}{2} = \frac{37}{2} = 18,5$ et que n est impair, c'est donc la 19e donnée qui sera la médiane. Si on se rapporte au pictogramme, la 19e donnée se situe à 31. Donc Md = 31.

Parfois, il est plus facile de faire le pictogramme que de mettre les données en ordre croissant. Toutefois, cette technique n'est pas parfaite parce qu'il arrive, comme on l'a vue, que le pictogramme ne soit pas très clair parce qu'il y a trop de points. Dans ce cas, le pictogramme ne nous donne qu'une bonne approximation de Md.

EXEMPLE. Supposons que l'on a le pictogramme ci-dessous.

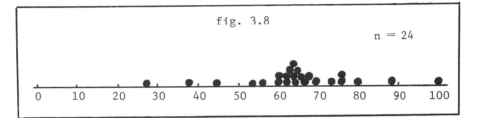

fig. 3.8

n = 24

Puisque $\frac{n}{2} = \frac{24}{2} = 12$ et que n est pair, alors Md sera entre la 12e et la 13e donnée. Le pictogramme ne nous permet pas de dire quelle est la valeur exacte de Md, mais il est bien certain que Md se situe autour de 64, c.-à-d. Md $\simeq$ 64.

3.2.4.2. UTILISATION DE L'HISTOGRAMME *pas à faire nécessairement*

Si l'on ne dispose que de l'histogramme d'une série, on peut calculer approximativement la médiane en retenant bien la règle suivante: *la médiane partage l'histogramme en deux parties de surface à peu près égales.* Mais voyons comment procéder avec un exemple particulier.

On sait, bien sûr, que la surface d'un rectangle est le produit de la base par la hauteur. Ainsi, le premier rectangle a pour hauteur 8 et pour base 5. Sa surface est donc:

$S_1 = 5 \times 8 = 40;$ de même $S_2 = 5 \times 12 = 60;$ (voir fig. 3.9)

$S_3 = 5 \times 18 = 90;$ $S_4 = 5 \times 11 = 55$

$S_5 = 5 \times 5 = 25$

3.2.4.2.

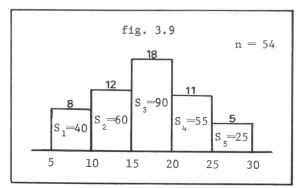

La surface totale S est donc:

S = 40 + 60 + 90 + 55 + 25 = 5(8) + 5(12) + 5(18) + 5(11) + 5(5)

= 5[8 + 12 + 18 + 11 + 5] = 5[54] = 270

Ce raisonnement est tout-à-fait général. Avec n'importe quel histogramme, on peut refaire ce calcul et on obtiendra toujours que la surface d'un histogramme égale la longueur des classes (I) multipliée par la somme des fréquences (n):   S = In

La médiane se trouve donc approximativement à l'endroit où une coupure verticale partagerait cette surface S en deux parties égales c.-à-d. $\frac{S}{2} = \frac{270}{2} = 135$ de chaque côté de Md.

On voit que l'on doit couper la classe centrale de façon à partager la surface $S_3 = 90$ en deux tranches de 35 et 55 respectivement pour obtenir des surfaces de 135 de chaque côté de Md.

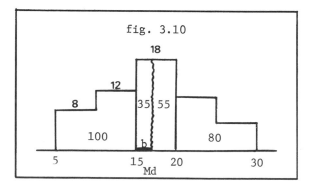

3.2.4.2.

Pour trouver Md, il suffit de trouver la base b telle que

$$b \times 18 = 35 \quad \text{Donc } b = \frac{35}{18} = 1,9444$$

La médiane se trouve donc approximativement égale à

$$Md \simeq 15 + b \simeq 15 + 1,9 = 16,9$$

AUTRE EXEMPLE. Trouvons approximativement la médiane de la série dont voici l'histogramme.

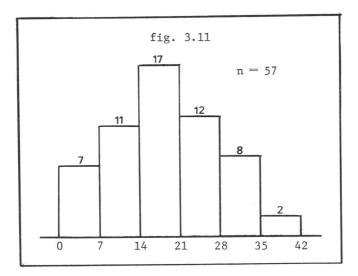

fig. 3.11

SOLUTION. La surface S = In = 7 × 57

$$S = 399$$

$$\frac{S}{2} = 199,5$$

La médiane est sûrement dans la classe dont la fréquence est 17, puisque les surfaces sont:

$$S_1 = 7 \times 7 = 49$$
$$S_1 + S_2 = 49 + 7(11) = 49 + 77 = 126$$
$$S_1 + S_2 + S_3 = 49 + 77 + 7(17) = 126 + 119 = 245$$

qui dépasse 199,5. Il faut donc partager cette surface de 119 (S_3) comme dans le tableau qui suit, c.-à-d. en deux sections de 73,5 et de 45,5 respectivement de façon à ce que la

3.2.4.2.

surface à gauche de Md soit 126 + 73,5 = 199,5 exactement.

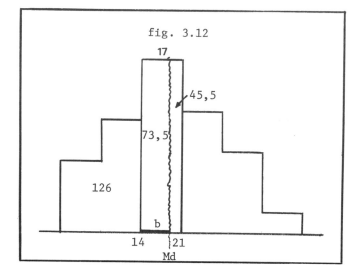

fig. 3.12

Trouvons la base b:

$b(17) = 73,5$

$b = \dfrac{73,5}{17} = 4,3235$

$Md \simeq 14 + 4,32 \simeq 18,3$

3.2.4.2.

3.3 COMPARAISON ENTRE MOYENNE ET MÉDIANE

Examinons un peu plus en détail ce qui différencie les mesures de centre que nous venons de voir, soit la moyenne $\overline{X}$ et la médiane Md. Regardons le pictogramme ci-dessous.

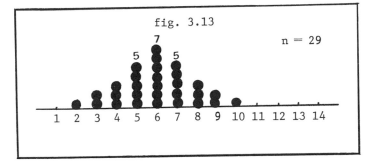

fig. 3.13

n = 29

Puisque $\overline{X}$ est le centre de gravité, il est évident que $\overline{X} = 6$. De même, puisque n = 29, Md est la 15e donnée, c.-à-d. Md = 6 aussi.

On peut se rendre compte qu'on aura toujours $\overline{X}$ = Md lorsque le polygone a une forme symétrique comme c'est le cas ici. En effet, le pictogramme précédent donne le polygone symétrique suivant.

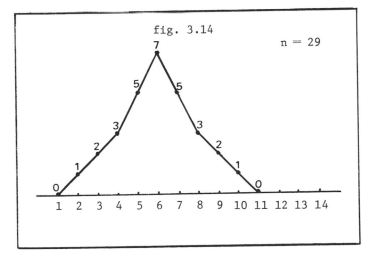

fig. 3.14

n = 29

Qu'advient-il si, dans le pictogramme, on prend quelques points à droite du centre, et qu'on les éloigne vers la droite.

3.3.

La médiane, qui est la 15e donnée, n'est pas affectée par ces changements. D'autre part, pour garder le pictogramme en équilibre, la
moyenne doit se déplacer vers la droite. En effet, avec le pictogramme
de la figure 3.15, $\overline{X} = 6,7241$.

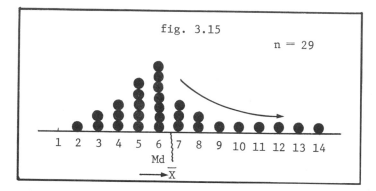

fig. 3.15

n = 29

Et l'on voit bien que les cas où le polygone est dissymétrique sont
ceux où $\overline{X}$ et Md diffèrent sensiblement. Voici quelques exemples où l'on
ne présente que la forme générale du polygone.

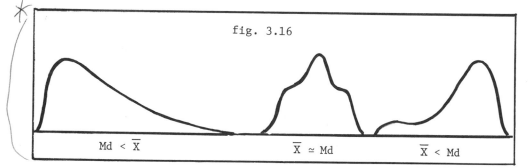

fig. 3.16

Md < $\overline{X}$ $\overline{X} \simeq$ Md $\overline{X} <$ Md

Donc, lorsque le polygone est raisonnablement symétrique, les deux
mesures sont voisines, et il n'est pas nécessaire, en général, de calculer les deux. Par contre, si le polygone est dissymétrique, les deux
mesures diffèrent, et on conseille de calculer et d'indiquer ces deux
mesures.

Un cas fréquent est l'étude des salaires d'un groupe de gens (par
exemple, les salaires des ingénieurs du Québec en 1974). Le polygone est

3.3.

presque toujours dissymétrique avec un "étirement" vers la droite, ce qui donne Md < $\overline{X}$, comme dans l'exemple de gauche de la figure 3.16. La moyenne $\overline{X}$ n'est pas alors une mesure satisfaisante. Il faut aussi donner la médiane Md.

3,4 EXERCICES ET SOLUTIONS

1. En mars 1968, au Séminaire de Nicolet, nous avons organisé un petit sondage intitulé "Etude sur les centres d'intérêt" dans lequel nous demandions: "Quelle importance attachez-vous aux huit sujets suivants dans votre vie personnelle? Assignez à chacun la cote de votre choix. (les "ex aequo" sont permis)."

1: haine, 2: indifférence, 3: peu important, 4: un peu important; 5: moyennement important, 6: important, 7: très important, 8: très, très important, 9: la seule chose vraiment importante.

Liste des sujets: Loisirs..., Politique..., Religion..., Etudes..., Amour..., Famille..., Amis..., Organisations de jeunes. (L'ordre des sujets changeait d'une copie à l'autre).

Un échantillon de n — 38 étudiants fut "savamment" choisi par la méthode aléatoire simple et on a établi ensuite le polygone des fréquences des différentes cotes, pour chacun des items. Voici trois polygones choisis parmi les plus caractéristiques:

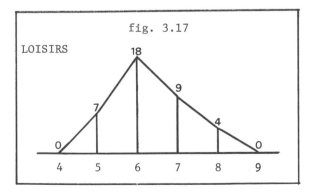

fig. 3.17

LOISIRS

l'unanimité est grande!

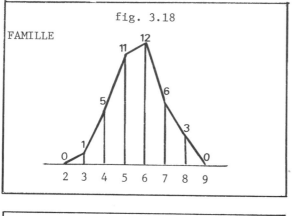

fig. 3.18

FAMILLE

les opinions sont plus
partagées!

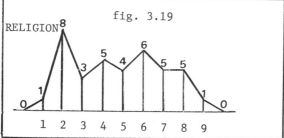

fig. 3.19

RELIGION

"Souviens-toi, ô! homme,
que tu es poussière... ! "
On dirait une chapelle
moderne!

En utilisant les deux mesures de centre, comparer l'importance
de ces trois sujets.

SOLUTION.

a) LOISIRS:

Calculons $\overline{X} = \dfrac{7(5) + 18(6) + 9(7) + 4(8)}{38} = \dfrac{238}{38} = 6,2632$

Calculons Md: n = 38   Md est entre la 19e et la 20e donnée.

$Md = \dfrac{6+6}{2} = 6$

b) FAMILLE:

On obtient $\overline{X} = 5,6842$

$Md = 6$

c) RELIGION:

On obtient $\overline{X} = 4,8947$

$Md = 5$

3.4.

On voit que la médiane ne mesure pas de différence entre LOISIRS et FAMILLE, mais décèle une baisse pour LA RELIGION. La moyenne semble plus précise et mesure une baisse de LOISIRS à FAMILLE et à RELIGION.

Morale: En moyenne, ces étudiants seraient prêts à renier leur religion et à torturer leur famille pour se procurer des loisirs!

2. Voici une série de 35 commandes d'épicerie faites en 1966-67. Comparés avec les coûts actuels, ces montants ont un petit cachet un peu vieillot!

$$\begin{array}{ccccccc}
27,62 & 22,07 & 26,55 & 25,98 & 16,77 & 22,85 & 36,60 \\
27,07 & 27,05 & 20,70 & 20,11 & 22,91 & 34,59 & 21,53 \\
15,02 & 18,96 & 19,57 & 30,02 & 20,60 & 27,24 & 27,75 \\
18,11 & 24,38 & 15,78 & 25,24 & 16,69 & 16,51 & 23,70 \\
23,78 & 26,64 & 24,00 & 16,50 & 19,47 & 23,10 & 29,71
\end{array}$$

a) Faire 8 classes de longueur 3 commençant à 15,00 et compiler.

b) Calculer approximativement $\overline{X}$ avec ces classes et calculer exactement $\overline{X}$ avec la série.

c) Calculer approximativement Md et comparer avec la vraie médiane trouvée avec les classes et la série.

SOLUTION.

a)

Classes		f
$15 \le X < 18$	///// /	6
$18 \le X < 21$	///// //	7
$21 \le X < 24$	///// //	7
$24 \le X < 27$	///// /	6
$27 \le X < 30$	///// /	6
$30 \le X < 33$	/	1
$33 \le X < 36$	/	1
$36 \le X < 39$	/	1

35

b) Calculons $\overline{X}$ avec ces classes

$$\overline{X} \simeq \frac{\sum fm}{n}$$

3.4.

$$\overline{X} \simeq \frac{6(16,5)+7(19,5)+7(22,5)+6(25,5)+6(28,5)+(31,5)+(34,5)+(37,5)}{35}$$

$$\overline{X} \simeq \frac{820,5}{35} \simeq 23,4$$

Calculons exactement $\overline{X}$ avec la série:

$$\overline{X} = \frac{\sum x}{n} = \frac{27,62 + 27,07 + \ldots + 23,70 + 29,71}{35}$$

$$\overline{X} = \frac{815,17}{35} = 23,2906$$

L'erreur $23,4 - 23,29 = 0,11$ est effectivement plus petite que

$$1'EMP = \frac{I}{\sqrt{3n}} = \frac{3}{\sqrt{3 \times 35}} \simeq 0,29$$

c) Trouvons Md approximativement avec l'histogramme

$$\frac{Surface}{2} = \frac{nI}{2} = \frac{35 \times 3}{2} = 52,5$$

Or $S_1 = 3(6) = 18$

$$S_1 + S_2 = 18 + 3(7) = 18 + 21 = 39$$

$$S_1 + S_2 + S_3 = 39 + 3(7) = 39 + 21 = 60$$

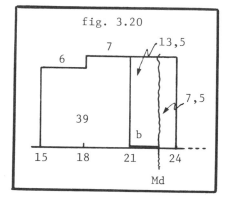

fig. 3.20

Donc la médiane est dans la 3e classe dont il faut partager la surface $S_3 = 21$ en deux parties de façon à avoir 52,5 de chaque côté de Md, c.-à-d. $21 = 13,5 + 7,5$. On trouve b tel que $b(7) = 13,5$ c.-à-d. $b \simeq 1,93$ Donc Md $\simeq 21 + 1,9 \simeq 22,9$

Trouvons la valeur exacte de Md: Puisqu'il y a $n = 35$ données, Md est la 18e donnée. De plus, nous savons que Md est dans la 3e classe. Il y a $6 + 7 = 13$ données dans les deux premières classes. Il suffit donc de regarder la série et de sortir les 7 données qui sont dans la 3e classe, c.-à-d. $21 \leq X < 24$. Les

3.4.

voici: 22,85 23,70 23,78 22,07 22,91 23,10 21,53.

Plaçons-les en ordre croissant et localisons la 5e donnée:

21,53 22,07 22,85 22,91 $\boxed{23,10}$ 23,70 23,78.

Cette donnée 23,10 est bien la 18e donnée puisqu'elle est la 5e dans cette classe et qu'il y en a 13 dans les classes précédentes. Donc Md = 23,10.

Il n'existe donc qu'une légère différence entre cette valeur exacte et l'approximation effectuée avec l'histogramme.

3.5 EXERCICES

1. Il y a quelques années, une série de 28 factures d'électricité donnait:

18,65 17,11 23,14 19,44 20,09 30,35 30,68
17,66 14,36 13,74 26,14 21,60 21,17 45,47
21,19 17,60 19,73 20,85 25,06 21,82 37,16
17,54 26,55 16,64 17,72 36,62 23,55 30,24

a) Compiler avec des classes de longueur 5 commençant à 13.

b) Calculer approximativement $\overline{X}$ et calculer l'EMP.

c) Calculer approximativement Md.

d) Déterminer la valeur exacte de Md.

2. Revoici la série vue à la section 2.2 (n = 21):

77,0 81,4 92,4 60,0 69,8 78,4 78,4
95,6 84,8 63,2 79,6 69,4 86,8 74,8
88,8 71,8 76,0 83,4 64,8 69,0 88,0

Après compilation, on obtient:

classes : 60 ≤ X < 65; 65 ≤ X < 70; ...

fréquences: 3; 3; 2; 5; 3; 3; 1; 1.

a) Calculer approximativement Md avec ces classes.

b) Calculer exactement Md.

3. La série ci-dessous a été vue au numéro 3, section 2.6.

168 157 170 161 162 167 157 154 163
160 165 162 153 151 153 147 155 166
155 155 154 157 168 154 156 158 166
154 161 157 158 160 158 160 160 164
157 163 153 172 166 159 167 159 168
158 153 165 161 158 160 158 162

Après compilation, on obtient:

classes   : $145 \leq X < 150$; $150 \leq X < 155$; ...; $170 \leq X < 175$

fréquences: 1; 9; 17; 14; 10; 2.

a) Calculer approximativement Md avec ces classes.

b) Calculer la vraie valeur de Md.

4. Un test d'adaptation émotionnelle, passé par 35 élèves de 10e année, à Ottawa, donne la série ci-dessous:

```
 5  15  25  15  17  20  12
19   5  19  15   8   4  30
 8   8  12  14  10  10  11
30  12  10   7  20  27  12
18   7  16  11  12  16  17
```

Dans ce genre de test, plus le résultat est faible, meilleure est l'adaptation.

a) Compiler cette série avec les classes: $4 \leq X < 8$; $8 \leq X < 12$...

b) Calculer approximativement la moyenne $\overline{X}$.

c) Calculer l'EMP sur $\overline{X}$.

d) Calculer approximativement Md.

e) Calculer exactement Md.

5. A la régionale Provencher, dans le comté de Nicolet, les conseillers en orientation scolaire ont fait passer à 830 élèves de Secondaire II (1969-70), le test d'aptitudes intellectuelles IPAT (forme A, échelle 2). Ce test non verbal est composé de 46 questions exprimées sous forme de dessins dont voici un exemple. Il s'agit de choisir celle des 5 réponses qui complète logiquement l'ensemble des trois dessins de gauche:

Je voudrais bien vous donner la bonne réponse, mais je ne suis pas assez intelligent! De toute façon, les élèves reçoivent 1 point par chaque question réussie. Voici la compilation des résultats obtenus:

3.5.

valeurs	13	14	15	16	17	18	19	20	21	22	23	24	25	26	27	28	29	30
fréquences	2	2	1	4	7	10	10	24	14	34	21	45	39	39	61	49	78	77

valeurs	31	32	33	34	35	36	37	38	39	40	41	42	43	44
fréquences	50	66	56	47	33	22	19	5	6	4	2	2	0	1

a)   Compiler cette série avec les classes: $13 \leq X < 17$; $17 \leq X < 21$;

b)   Calculer approximativement la moyenne $\overline{X}$.

c)   Evaluer l'EMP sur $\overline{X}$.

d)   Calculer approximativement Md.

e)   Calculer exactement Md.

6.   Pour la distribution de la figure 3.21, calculer approximativement :

a)   la moyenne $\overline{X}$

b)   la médiane Md

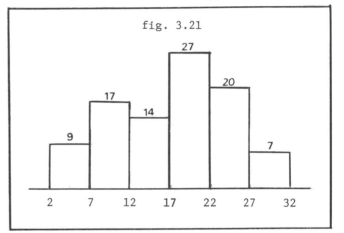

fig. 3.21

7.   Les résultats de $n = 43$ personnes à un test donne la série ci-dessous:

```
18    8   15   17   18   17   13   18   17
 7   17   18   18   17   12   15   13   15
16    9   19   18   18   17   20   19   18
17    7    8   19   20   17   16   18
 8   14   16   15   20   20   18   18
```

a)   Faire un pictogramme.

b)   Calculer $\overline{X}$.

c)   Déterminer Md.

8.   A un certain test d'aptitude, 41 personnes obtiennent les résultats suivants:

3.5.

```
 7   6   7  11  20  11   5
 1   7  19   9   8   5  14
 7   9  11  15   7   8   5
10   7   7   8   7  14   9
 7   8   9  14  13  10   5
 4  12  17  12   7  15
```

a) Faire le pictogramme.

b) Calculer $\overline{X}$.

c) Déterminer Md.

9. Sans aucun calcul, indiquer où doivent se trouver la moyenne et la médiane de l'histogramme de la figure 3.22, choisissant ainsi l'une des 4 affirmations ci-dessous:

$\overline{X}$ < Md; $\overline{X}$ = Md; $\overline{X}$ ∼ Md; $\overline{X}$ > Md.

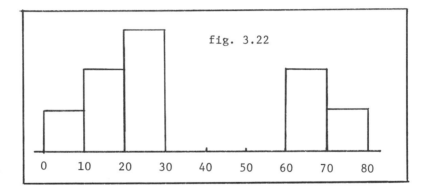

fig. 3.22

10. Dans une école, 112 élèves passent un examen d'aptitude physique dont les résultats, après compilation, sont les suivants:

v	f
0	22
1	30
2	27
3	14
4	9
5	6
6	3
7	1

3.5.

a) Calculer $\overline{X}$.

b) Calculer Md.

11. Les 35 professeurs d'une section ont été évalués par les élèves. Ceux-ci ont donné à chacun une cote variant de 0 à 100, exprimant ainsi la qualité pédagogique du professeur. Voici ces cotes:

```
44 36 66 60 77 50 74
60 77 92 81 71 78 37
78 48 77 74 63 70 77
59 65 85 14 77 82 63
76 70 53 45 88 70 53
```

a) Faire un pictogramme.

b) Calculer $\overline{X}$ la moyenne de la section.

c) Déterminer Md.

12. Les étudiants d'un module ont attribué une cote d'adéquation aux 41 cours qui leur étaient offerts dans leur programme. Ces cotes vont de 0 à 25 et la cote 25 exprime que le niveau du cours est parfait. Voici les résultats:

a) Faire un pictogramme.

b) Calculer $\overline{X}$.

c) Trouver Md.

```
13 14 19 11 12 12 23
13 16 19 14 16 19 18
21 19 22 24 20  0 16
19 19 11 24 19 23 12
10 21 14 16 13  0 16
15 12 23 14 13 14
```

13. Pour l'histogramme de la figure 3.23, indiquer sans aucun calcul, où se situent vraisemblablement $\overline{X}$ et Md, choisissant ainsi l'une des trois affirmations suivantes:

$\overline{X} < $ Md

$\overline{X} \simeq $ Md

$\overline{X} > $ Md

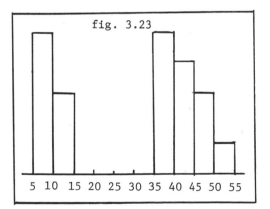

fig. 3.23

14. Christophe Colomb, après avoir classé une série d'oeufs selon leur

3.5.

poids (en ferdinands, bien sûr!) obtint l'histogramme de la figure 3.24.

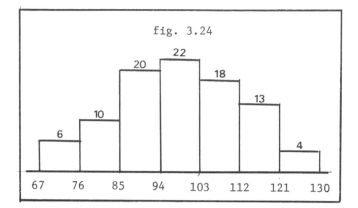

fig. 3.24

Un témoin oculaire m'a raconté que c'est au moment où Christophe calcu-
lait : a) approximativement la moyenne $\overline{X}$; b) l'EMP sur $\overline{X}$; c) approximativement la médiane Md, que tous les oeufs lui tombèrent dessus, et que
l'un de ces oeufs resta debout sur sa tête. C'est ainsi que lui serait
venue cette idée qu'un oeuf peut se tenir debout. Veuillez donc oublier
le problème no 12, section 2.6, cette nouvelle version étant légèrement
plus amusante, et refaites les calculs de ce brave Christophe.

4

SOMMAIRE

CHAPITRE 4

MESURE DE DISPERSION: l'écart-type

4.1 IMPORTANCE DE LA DISPERSION

Dans la plupart des cas, les mesures de centre ne sont pas suffisantes pour nous donner une bonne image des résultats obtenus. Imaginons l'exemple ci-dessous.

Vous faites une étude pour savoir quelle proportion de son temps un directeur de loisirs doit consacrer à du travail strictement administratif. Dans une première région A, vous contactez 7 directeurs et directrices, et leurs réponses donnent le pictogramme ci-dessous. Vous pouvez en conclure allègrement que les directeurs dans cette région consacrent en moyenne 50% de leur temps à des tâches administratives, car $\overline{X} = 50$ et Md = 50, et tout le monde est à peu près dans cette situation. Les 7 données sont très *concentrées* autour du centre 50.

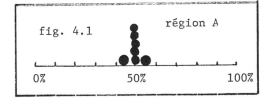

fig. 4.1   région A

0%   50%   100%

Si dans une deuxième région B, vous interrogez 7 autres directeurs et directrices et que vous obtenez le pictogramme suivant, vous aurez encore $\overline{X} = Md = 50$. Serait-il encore raisonnable de dire que les directeurs de

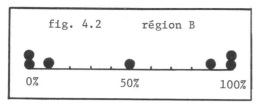

la région B consacrent en moyenne 50% de leur temps à des tâches administratives? Ce serait un peu farfelu puisque, en réalité, il n'y a qu'un seul directeur qui divise ainsi son travail. Les autres sont soit des administrateurs à temps plein, soit des gens dégagés d'administration. Les données sont bien centrées à 50, mais elles sont trop loin du centre, c.-à-d. *trop disper-sées* pour que les mesures de centre soient utiles.

On voit, avec cet exemple, l'importance de mesurer la dispersion. En fait, les mesures de centre ne prennent de valeur que par rapport à une certaine mesure de dispersion. Mais voyons un autre exemple.

Vous venez de prendre votre retraite et vous désirez aller soigner vos rhumatismes dans une région où la température est plus clémente. Vous hésitez entre les Bermudes et la vallée du Mississipi car les dé-pliants touristiques proclament que la température moyenne est 21°C dans les deux cas. Vous cesserez vite d'hésiter si l'on vous dit que la tem-pérature des Bermudes va de 8°C à 30°C, ce qui est très tempéré, alors que celle de la vallée du Mississipi va de -26°C à 40°C. On y gèle en hiver et on y cuit en été! On voit bien qu'il n'est pas suffisant de connaître la moyenne autour de laquelle gravitent les températures; il faut aussi savoir à quel point ces températures s'écartent de leur moyen-ne, c.-à-d. leur dispersion.

Dans ce chapitre, nous ne verrons que deux façons de mesurer la dis-persion:

1) l'étendue

2) l'écart-type, appelé aussi la déviation standard

4.2 L'ÉTENDUE

4.2.1. NOTION

DÉFINITION. L'étendue d'une série est la différence entre ses va-leurs extrêmes.

4.2.1.

Par exemple, si l'on regarde les deux pictogrammes précédents, on aura:

étendue dans la région A $\simeq$ 55 - 44 $\simeq$ 11

étendue dans la région B = 100 - 0 = 100

L'avantage principal de cette mesure est son extraordinaire simplicité. On trouve la valeur la plus grande ainsi que la plus petite, et on fait la soustraction.

A cause de sa simplicité, l'étendue est une mesure commode qui est très utilisée dans beaucoup de domaines.

4.2.2. INCONVÉNIENT DE L'ÉTENDUE

La faiblesse de l'étendue, c'est qu'elle ne tient compte que des deux extrêmes, et qu'elle ignore complètement ce qui se passe entre les deux. Et souvent, les extrêmes sont justement des exceptions. Par exemple, dans une classe, il y a souvent un petit génie (99%) et une "super-cruche" 5%. L'étendue juge de la dispersion avec ces deux seuls individus, et ignore si les étudiants normaux sont tous autour de 70%, ou s'ils s'étendent de 40% à 80%! C'est pourquoi il faut une mesure, plus sérieuse, qui tienne compte de chacune des données: tel est le cas de l'écart-type.

Cette faiblesse de l'étendue est très évidente dans le cas des deux séries suivantes:

1 9 9 9 9 9 9 9 9 9 9 9 9 21

1 1 1 2 2 2 2 19 19 20 20 21 21 21

Dans les deux cas, l'étendue est 21 - 1 = 20. Il est pourtant bien clair que la deuxième série est plus dispersée que la première. Dans celle-ci en effet, toutes les données sont 9 sauf les deux extrêmes. Passons donc à l'étude d'une autre mesure plus sérieuse et plus compliquée aussi, hélas! Comme disait ma grand-mère: "On n'est pas sur la terre pour s'amuser!"

4.3 L'ÉCART-TYPE

4.3.1. NOTION

DÉFINITION. Si on désigne notre série par x_1, x_2, x_3, ..., x_n,

4.3.1.

alors l'écart-type de cette série, dénoté s, se calcule ainsi:

$$s = \sqrt{\frac{(x_1 - \overline{X})^2 + (x_2 - \overline{X})^2 + \ldots + (x_n - \overline{X})^2}{n - 1}}$$

où, bien sûr, $\overline{X}$ est la moyenne de cette série.

Calme-toi, ma soeur ou mon frère! Ne laisse pas ton coeur céder à la panique devant cette formule qui te semble monstrueuse. Fais-moi confiance! Monsieur va tout t'expliquer cela avec l'exemple ci-dessous:

4.3.2. EXEMPLE.

Explications générales

1) On a une série $x_1 ; x_2 ; x_3 ; \ldots ; x_n$

2) On commence par calculer:

$$\overline{X} = \frac{\sum x}{n}$$

3) On calcule les écarts ou les distances:

$$(x_1 - \overline{X}); \ (x_2 - \overline{X}); \ \ldots; \ (x_n - \overline{X})$$

4) On met chaque écart au carré

$$(x_1 - \overline{X})^2 ; (x_2 - \overline{X})^2 ; \ldots ; (x_n - \overline{X})^2$$

5) On additionne ces carrés pour obtenir $\sum (x - \overline{X})^2$

6) On divise cette somme par n-1

7) On extrait la racine carrée pour obtenir :

$$s = \sqrt{\frac{\sum (x - \overline{X})^2}{n - 1}}$$

Cas particulier

1) Par exemple: 6 8 9 10 11 12 14 dont le pictogramme est:

| 6 | 7 | 8 | 9 | 10 | 11 | 12 | 13 | 14 |

2) Ici, il est évident que:

$$\overline{X} = 10 \text{ (centre de gravité)}$$

3) (6-10); (8-10); (9-10); (10-10); (11-10); (12-10); (14-10)

-4; -2; -1; 0; 1; 2; 4

4) 16;   4;   1; 0; 1; 4;16

5) $\sum (x - \overline{X})^2 =$

16+4+1+0+1+4+16 = 42

6) $\dfrac{\sum (x - \overline{X})^2}{n - 1} = \dfrac{42}{6} = 7$

7) $s = \sqrt{7} = 2,6458$

Cet exemple nous permet d'écrire plus brièvement ce qu'est *l'écart-type* d'une série avec la formule ci-dessous:

Et vive l'inventeur des mini-calculateurs!

FORMULE:

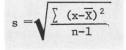

$$s = \sqrt{\frac{\sum (x-\overline{X})^2}{n-1}}$$

4.3.3. AUTRE EXEMPLE

Prenons la série de l'exemple précédent : 6; 8; 9; 10; 11; 12; 14, et changeons le 9 pour un 7, ainsi que le 11 pour un 13. On aura le pictogramme suivant:

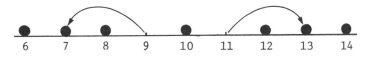

Cette nouvelle série a encore la moyenne $\overline{X} = 10$, mais elle est plus dispersée que la précédente puisque deux données se sont éloignées du centre.

On aura:

$$\sum (x-\overline{X})^2 = (6-10)^2+(7-10)^2+(8-10)^2+(10-10)^2+(12-10)^2+(13-10)^2+(14-10)^2$$
$$= 4^2 + 3^2 + 2^2 + 0^2 + 2^2 + 3^2 + 4^2$$
$$= 16 + 9 + 4 + 0 + 4 + 9 + 16 = 58$$

(au lieu de 42).

Donc:

$$s = \sqrt{\frac{\sum (x-\overline{X})^2}{n-1}} = \sqrt{\frac{58}{6}} = \sqrt{9,666667} = 3,1091 \quad \text{(au lieu de 2,6458)}.$$

Cet exemple nous montre que plus la série est dispersée, plus son écart-type est grand.

4.3.3.

4.3.4. COMPRENDRE L'ÉCART-TYPE

Il existe une autre mesure de dispersion qui a beaucoup servi aux statisticiens, mais qui a maintenant été supplantée par l'écart-type, c'est l'écart-moyen qu'on définit ainsi:

$$\text{Ecart-moyen} = \frac{\sum |x-\overline{X}|}{n}$$, où $|x-\overline{X}|$ est la différence positive entre chaque x et le centre $\overline{X}$.

Cette différence $|x-\overline{X}|$ est en fait la distance entre x et $\overline{X}$. Aussi l'écart-moyen est tout simplement la moyenne des distances entre chaque x et le centre $\overline{X}$, ou la distance moyenne, ou l'écart-moyen.

L'écart-moyen est plus facile à comprendre que l'écart-type car c'est une moyenne de distances. Plus les données x s'éloignent du centre $\overline{X}$, plus les distances $|x-\overline{X}|$ augmentent, et plus la moyenne de ces distances augmente.

Pour des raisons que tu ne pourrais pas comprendre, O cher élève, les statisticiens ont voulu modifier cette formule de l'écart-moyen. D'abord, ils ont voulu se débarrasser de l'opération qui consiste à enlever le signe négatif lorsqu'il apparaît: $|x-\overline{X}|$ par exemple $|8-10| = |-2| = 2$ (on enlève le -). Pour cela, ils ont remplacé $|x-\overline{X}|$ par $(x-\overline{X})^2$ par exemple $(8-10)^2 = (-2)^2 = 4$; le signe négatif est disparu, mais le résultat est plus grand. Pour compenser cette augmentation de chacun des termes, on prend la racine carrée à la fin.

Attention, ces deux cheminements ne sont pas équivalents. En effet, examinons l'exemple ci-dessous:

$$|6-10| + |7-10| + |13-10| + |14-10| = 4 + 3 + 3 + 4 = 14$$

$$\sqrt{(6-10)^2+(7-10)^2+(13-10)^2+(14-10)^2} = \sqrt{16+9+9+16} = \sqrt{50} = 7,0711$$

Finalement, on a remplacé n par (n-1) pour obtenir la formule $s = \sqrt{\dfrac{\sum (x-\overline{X})^2}{n-1}}$ au lieu de $\dfrac{\sum |x-\overline{X}|}{n}$, encore pour des raisons que tu ne peux comprendre, pauvre petit! Comme me le disait mon ami Confucius: "Pourquoi se compliquer la vie à vouloir se la simplifier, alors qu'il est si simple de se la compliquer".

4.3.4.

Bref, il faut retenir de tout cela que:

D'une certaine façon, l'écart-type se comporte comme la moyenne des distances entre chaque x et la moyenne X.

Donc plus les données x sont loin de $\overline{X}$, plus s est grand. Plus les données x sont proches de $\overline{X}$, plus la distance moyenne est proche de zéro et plus l'écart-type s est proche de zéro.

4.3.5. L'ART DE CALCULER UN ÉCART-TYPE

La formule $s = \sqrt{\dfrac{\sum (x-\overline{X})^2}{n-1}}$ ne sert que dans les problèmes où les données sont peu nombreuses: elle sert à comprendre ce qu'est un écart-type, mais elle n'est pas très efficace pour effectuer les calculs. On peut encore ici sauver beaucoup de temps avec de la ruse! Voici quelques trucs.

4.3.5.1. SI LES VALEURS DE LA SÉRIE SONT TROP GROSSES: ON ENLÈVE UNE CONSTANTE

Supposons qu'on a la série suivante: 106; 108; 109; 110; 111; 112; 114. La moyenne est $\overline{X} = 110$. Si on calcule le s, on aura:

$$s = \sqrt{\frac{(106-110)^2+(108-110)^2+\ldots+(114-110)^2}{6}} = \sqrt{\frac{16+4+1+0+1+4+16}{6}} = \sqrt{\frac{42}{6}} = 2,6458$$

Enlevons 100 à chacune des données. On obtient alors 6; 8; 9; 10; 11; 12; 14 dont la moyenne est 10 et dont l'écart-type donne exactement:

$$s = \sqrt{\frac{16+4+1+0+1+4+16}{6}} = \sqrt{\frac{42}{6}} = 2,6458$$

Les deux valeurs de s coincident donc. Cette coïncidence des résultats se réalise quelle que soit la série. En effet, si on enlève une constante c à chaque x, on aura (x-c). On sait qu'alors la moyenne $\overline{X}$ diminue aussi de c pour devenir $(\overline{X}-c)$. Donc les termes $(x-\overline{X})^2$ deviennent $\left[(x-c) - (\overline{X}-c)\right]^2 = (x-c-\overline{X}+c)^2 = (x-\overline{X})^2$: le résultat final sera donc inchangé.

Bref la valeur de l'écart-type s, ne change pas si on enlève la même constante à chacune des données.

EXEMPLE. Calculons l'écart-type de la petite série ci-dessous:
153; 155; 157; 154; 159; 161.

4.3.5.1.

SOLUTION.

Enlevons 150 à chacune des données; on obtient:

3; 5; 7; 4; 9; 11. Alors, $\overline{X} = \dfrac{39}{6} = 6,5$

$s^2 = \dfrac{\sum (x-\overline{X})^2}{n-1} = \dfrac{(3-6,5)^2+(5-6,5)^2+(7-6,5)^2+(4-6,5)^2+(9-6,5)^2+(11-6,5)}{5}$

$s^2 = \dfrac{(-3,5)^2+(-1,5)^2+(0,5)^2+(-2,5)^2+(2,5)^2+(4,5)^2}{5}$

$\quad = \dfrac{12,25 + 2,25 + 0,25 + 6,25 + 6,25 + 20,25}{5}$

$s^2 = \dfrac{47,5}{5} = 9,5$. Donc $s = \sqrt{9,5} = 3,0822$

REMARQUE.   Dans l'exemple précédent, on préfère calculer s^2 pour ensuite extraire la racine carrée. Cela évite d'écrire $\sqrt{}$ à chaque ligne de développement. La quantité s^2 s'appelle *la variance* de la série.

4.3.5.2.   LA FORMULE LA PLUS UTILE AVEC UN MINI-CALCULATEUR

On peut démontrer facilement l'égalité ci-dessous:

$$s^2 = \dfrac{\sum (x-\overline{X})^2}{n-1} = \dfrac{\sum x^2 - n\overline{X}^2}{n-1} = \dfrac{\sum x^2 - \dfrac{(\sum x)^2}{n}}{n-1}$$

Les deux dernières formules sont plus faciles à calculer car la plupart des mini-calculateurs peuvent effectuer très facilement $\sum x^2$ qui est la somme des carrés des données.

EXEMPLE.   Calculons l'écart-type s de la série ci-dessous:
27; 29; 31; 32; 30; 28; 42; 56; 65.

SOLUTION.

Commençons par trouver $\sum x = 27 + 29 + 31 + \ldots + 65 = 340$

On calcule ensuite:

$\sum x^2 = 27^2 + 29^2 + 31^2 + \ldots + 65^2$

$\quad = 729 + 841 + 961 + \ldots + 4\,225 = 14\,364$

On doit ensuite mettre ces ingrédients dans la recette et effectuer les opérations:

$$s^2 = \dfrac{\sum x^2 - \dfrac{(\sum x)^2}{n}}{n-1} = \dfrac{14\,364 - \dfrac{(340)^2}{9}}{8}$$

Ces opérations se font très facilement si on débute par $(340)^2$, comme suit:

$$(340)^2 = 115\ 600 \longrightarrow \div\ 9 \longrightarrow 12\ 844,444 \longrightarrow -12\ 844,444+14\ 364$$
$$= 1\ 519,5556 \longrightarrow \div\ 8 \longrightarrow 189,9444.$$

Il ne reste qu'à calculer:

$s = \sqrt{189,9444} = 13,782$ qui est la valeur de l'écart-type s.

4.3.5.3. AVEC UN DIAGRAMME EN BÂTONNETS

Si la série donne un diagramme en bâtonnets comme la figure 4.3, on sait
que $\sum x = \sum fv$. (voir section 3.1.4.1)
Par un raisonnement analogue, on aura:

$$\sum x^2 = \underbrace{10^2+10^2+10^2}_{3\ \text{fois}} + \underbrace{11^2+...+11^2}_{6\ \text{fois}} + \underbrace{12^2+...+12^2}_{8\ \text{fois}} + \underbrace{13^2+...+13^2}_{4\ \text{fois}}$$

$$\sum x^2 = 3(10^2) + 6(11^2) + 8(12^2) + 4(13^2) = \sum f(v^2) = \sum fv^2$$

On aura donc les formules suivantes:

$$s^2 = \frac{\sum fv^2 - n\overline{X}^2}{n - 1} = \frac{\sum fv^2 - \frac{(\sum fv)^2}{n}}{n - 1}$$

EXEMPLE. Calculons l'écart-type de la série dont le diagramme est représenté à la figure 4.3.

SOLUTION.

$\sum fv = 3(10) + 6(11) + 8(12) + 4(13 = 244$

$\sum fv^2 = 3(100) + 6(121)+ 8(144) + 4(169) = 2\ 854$

$$s^2 = \frac{2854 - \frac{(244)^2}{21}}{20} = \frac{2854 - 2835,0476}{20} = 0,9476$$

$$s = \sqrt{0,9476} = 0,9734$$

4.3.5.3.

4.3.5.4. S'IL Y A TROP DE DONNÉES DANS LA SÉRIE: UTILISER L'HISTOGRAMME

Si la série contient vraiment trop de données pour que les calculs exacts soient humainement faisables, on peut calculer s^2 approximativement avec l'histogramme de la série. Parfois aussi, on veut estimer la variance et on ne dispose que de l'histogramme. Dans les deux cas, on procède comme à la section 3.1.4.3. On sait qu'en général, $\sum x \simeq \sum fm$, où les m sont les milieux des classes. De la même façon, on a que $\sum x^2 \simeq \sum f(m^2) = \sum fm^2$. On pourra donc utiliser la formule suivante:

$$s^2 \simeq \frac{\sum fm^2 - \frac{(\sum fm)^2}{n}}{n - 1}$$

Cette formule ne donne, bien sûr, qu'une approximation de s^2. Et cette approximation est d'autant plus fiable que n est grand et que la longueur I des classes est petite.

EXEMPLE.   Supposons qu'on ne dispose que de l'histogramme de la figure 4.4 et que l'on veut évaluer l'écart-type de cette série.

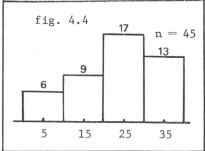

fig. 4.4

n = 45

SOLUTION.

$$\sum fm = 6(5) + 9(15) + 17(25) + 13(35) = 1\ 045$$

$$\sum fm^2 = 6(5^2) + 9(15^2) + 17(25^2) + 13(35^2) = 28\ 725$$

$$s^2 \simeq \frac{28\ 725 - \dfrac{(1045)^2}{45}}{44} \simeq \frac{28\ 725 - 24\ 267,2}{44} \simeq \frac{4\ 457,78}{44} \simeq 101,31$$

$$s \simeq \sqrt{101,31} \simeq 10,06 \simeq 10,1$$

4.3.6.   QUE REPRÉSENTE GRAPHIQUEMENT L'ÉCART-TYPE?

Il y a une question que tu te poses peut-être à ce moment-ci, Ô valeureuse lectrice: "Un écart-type, ça représente quoi, graphiquement?" On se souvient que la moyenne $\overline{X}$ a une signification précise: c'est le centre de gravité du polygone. Si je te dis que j'ai une série dont la moyenne est 50 et dont le polygone a une forme de cloche, tu peux tracer un axe horizontal et imaginer que le polygone de cette série peut prendre l'une ou l'autre des formes ci-dessous: c'est une cloche, mais on peut la dessiner plus ou moins évasée.

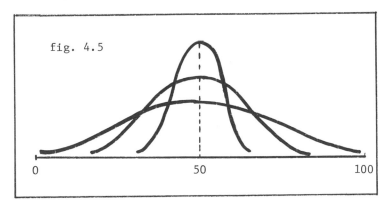

fig. 4.5

Si je te donne aussi le renseignement suivant: l'écart-type de cette série est s = 10, alors tu pourras dessiner le polygone de façon beaucoup plus précise. En effet, voici une propriété très intéressante de l'écart-type:

PROPRIÉTÉ DE L'ÉCART-TYPE : D'une manière générale, presque toutes les données d'une série se trouvent entre $\overline{X}$ – 3s et $\overline{X}$ + 3s.

Cette propriété est valable quelle que soit la forme du polygone.

4.3.6.

Mais lorsque le polygone a une forme de cloche, on peut dire plus que cela. En effet, dans ce cas, les limites du polygone sont voisines de $\overline{X} - 3s$ et $\overline{X} + 3s$.

Dans le présent exemple, $\overline{X} = 50$ et $s = 10$. Tu peux donc en conclure que le polygone commencera près de $\overline{X} - 3s = 50 - 3(10) = 50 - 30 = 20$, pour se terminer environ à $\overline{X} + 3s = 50 + 3(10) = 80$ (voir figure 4.6).

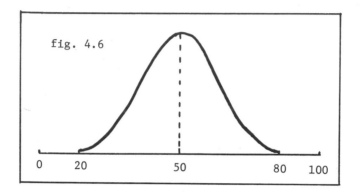

fig. 4.6

On voit que la connaissance de la moyenne $\overline{X}$ et de l'écart-type s nous donne de bons renseignements au sujet de la distribution de la série: $\overline{X}$ nous indique où est le centre de gravité et s nous permet d'avoir une idée (pas toujours très précise!) du minimum et du maximum de la série.

4.3.7. PEUT-ON TROUVER L'ORDRE DE GRANDEUR D'UN ÉCART-TYPE?

Puisque je pose la question, tu dois bien te douter, Ô astucieux ami, que la réponse sera : "Oui!" Mais voyons, à l'aide d'un exemple, comment on peut "deviner" l'ordre de grandeur d'un écart-type. A la section 3.4, au problème 1, on a obtenu la figure suivante (figure 4.7):

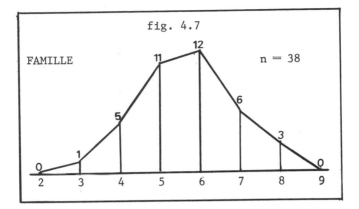

fig. 4.7

FAMILLE   n = 38

Supposons que tu calcules l'écart-type de cette série, et que tu obtiennes s = 12,104. Je pourrai te dire immédiatement, et sans aucun calcul, que tu as commis une erreur et que ton s est 10 fois trop grand. (Ce qu'il est futé, ce prof!)

En effet, puisque la forme du polygone est assez voisine d'une cloche, je sais que $\overline{X} - 3s \simeq 2$ et $\overline{X} + 3s \simeq 9$. De plus, l'étendue du polygone est $9 - 2 = 7 \simeq (\overline{X} + 3s) - (\overline{X} - 3s) \simeq 6s$.

Donc $s \simeq \dfrac{7}{6} = 1,16667$.

Ainsi, je sais que l'écart-type doit être de l'ordre de 1 ou 1,1 ou 1,2. En général, ce truc n'est pas très précis; il ne remplace pas le calcul de l'écart-type. Toutefois, il permet sûrement de rejeter une valeur comme 12,104. Après vérification, tu t'aperçois que la réponse exacte est s = 1,2104 et non 12,104: simple distraction en recopiant ta réponse!

Voici donc trois trucs qui peuvent nous permettre d'avoir une idée de l'écart-type à partir du polygone de la série. Je répète que cette idée n'est pas précise: elle ne peut pas remplacer un calcul!

4.3.7.

RÈGLES POUR TROUVER L'ORDRE DE GRANDEUR D'UN ÉCART-TYPE

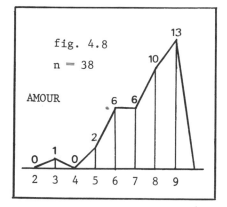

1) Si le polygone a plus ou moins une forme
    en cloche, comme ci-contre, alors:

    $$s \simeq \frac{B - A}{6}$$

2) Si le polygone a plus ou moins la
    forme ci-contre, alors:

    $$s \simeq \frac{B - \overline{X}}{3}$$

3) Si le polygone a plus ou moins la
    forme ci-contre, alors:

    $$s \simeq \frac{\overline{X} - A}{3}$$

EXEMPLE. Dans l'étude sur les centres d'intérêt dont il a été question
au problème no 1, section 3.4, on a
obtenu le polygone que voici pour
l'item AMOUR.

a) Trouvons l'ordre de grandeur de
    l'écart-type s.

b) Calculons cet écart-type.

SOLUTION.

a) On a à peu près la forme

   On peut deviner que $\overline{X} \simeq 7,5$

   Alors $s \simeq \dfrac{7,5 - 2}{3} = \dfrac{5,5}{3} = 1,8333$

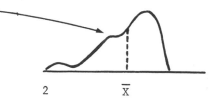

4.3.7.

b) On calcule:

$$\textstyle\sum fv = 1(3)+2(5)+6(6)+\ldots+13(9) = 288$$

$$\textstyle\sum fv^2 = 1(3^2)+2(5^2)+6(6^2)+\ldots+13(9^2) = 2\ 262$$

$$s^2 = \frac{\sum fv^2 - \dfrac{(\sum fv)^2}{n}}{n-1} = \frac{2\ 262 - \dfrac{(288)^2}{38}}{37} = \frac{2\ 262 - 2\ 182,7368}{37} = 2,1422$$

$$s = \sqrt{2,1422} = 1,4636$$

On voit que la réponse trouvée en a) n'est pas très précise. Elle ne peut remplacer le calcul du s. Toutefois, si on s'était trompé, et que l'on arrive avec une réponse comme s = 0,482 ou encore s = 5,643, on saurait tout de suite qu'on a commis une erreur.

4.4 EXERCICES ET SOLUTIONS

1. Calculer l'écart-type de la série que voici:

233; 234; 235; 238; 239; 242; 245; 247; 251; 252.

SOLUTION.

Enlevons 230 à chaque donnée. On obtient:

3; 4; 5; 8; 9; 12; 15; 17; 21; 22.

On calcule:

$$\textstyle\sum x = 3 + 4 + 5 + \ldots + 22 = 116$$

$$\textstyle\sum x^2 = 3^2 + 4^2 + 5^2 + \ldots + 22^2 = 1\ 778$$

$$s^2 = \frac{\sum x^2 - \dfrac{(\sum x)^2}{n}}{n-1} = \frac{1\ 778 - \dfrac{(116)^2}{10}}{9} = \frac{1\ 778 - 1\ 345,6}{9} = 48,04444$$

$$s = \sqrt{48,0444} = 6,9314$$

2. A la section 2.1, on a vu une série de n = 35 données qui représentent le nombre d'enfants dans 35 familles. A la section 2.4.2, cette série nous a donné le polygone de la figure 4.9.

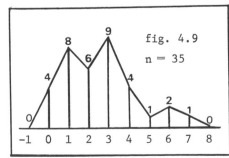

fig. 4.9

n = 35

a) Cherchons l'ordre de grandeur de s, sachant que $\overline{X}$ = 2,4857.

b) Calculons s.

SOLUTION.

a) Comme on a une forme voisine de

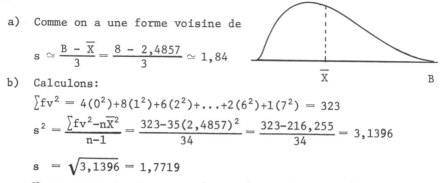

$$s \simeq \frac{B - \overline{X}}{3} = \frac{8 - 2,4857}{3} \simeq 1,84$$

b) Calculons:

$$\sum fv^2 = 4(0^2)+8(1^2)+6(2^2)+\ldots+2(6^2)+1(7^2) = 323$$

$$s^2 = \frac{\sum fv^2 - n\overline{X}^2}{n-1} = \frac{323-35(2,4857)^2}{34} = \frac{323-216,255}{34} = 3,1396$$

$$s = \sqrt{3,1396} = 1,7719$$

Notre approximation trouvée en a) est fort bonne!

3. Au numéro 3, section 2.6, on a obtenu l'histogramme de la figure 4.10 qui représente la taille en centimètres, de 53 étudiants.

a) Evaluons l'ordre de grandeur de s.

b) Calculons approximativement ce s.

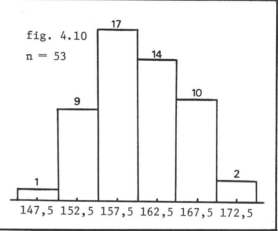

fig. 4.10

n = 53

SOLUTION.

a) La courbe étant pratiquement en forme de cloche, on obtient:

$$s \simeq \frac{177,5 - 142,5}{6} = \frac{35}{6} = 5,8333$$

b) Avant de calculer $\sum fm$ et $\sum fm^2$, enlevons la constante 157,5 à chaque milieu. Les milieux deviendront: -10; -5; 0; 5; 10; 15.

$$\sum fm = 1(-10)+9(-5)+17(0)+14(5)+10(10)+2(15) = 145$$

$$\sum fm^2 = 1(100)+9(25)+17(0)+14(25)+10(100)+2(225) = 2\ 125$$

$$s^2 \simeq \frac{\sum fm^2 - \dfrac{(\sum fm)^2}{n}}{n-1} = \frac{2\ 125 - \dfrac{(145)^2}{53}}{52} = \frac{2\ 125 - 396,6981}{52} = 33,2366$$

$s \simeq \sqrt{33,2366} = 5,765$

Donc $s \simeq 5,8$.

Encore ici, l'approximation en a) est très bonne. Mais il ne faut pas trop s'y fier car ce n'est pas toujours ainsi. A titre de comparaison, pour voir à quel point la réponse approximative de b) est valable, sache donc que la vraie valeur de s est 5,3507, si on fait le calcul au long avec la série.

4.5 EXERCICES

1. Calculer l'écart-type de la série vue au no 5, section 2.6 et dont voici le polygone. Comparer avec l'approximation obtenue à partir de 1'étendue.

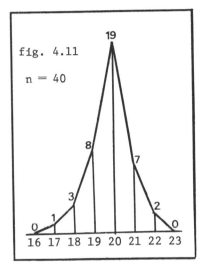

fig. 4.11

$n = 40$

2. Calculer l'écart-type de la série que nous avons vue à la section 2.6, no 6. On demandait alors de compiler la série. Comme encore une fois, l'é-lève Pancrace n'a pas fait ce devoir, je suis obligé de redonner ici le ré-sultat qui aurait dû être obtenu.

a) Calculer l'écart-type.

b) Vérifier si (l'étendue du po-lygone) ÷ 6 est une bonne as-tuce ici.

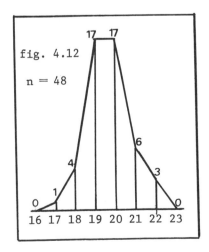

fig. 4.12

$n = 48$

4.5.

3. A la section 2.2, on a présenté la série des n = 21 résultats ci-dessous:

$$
\begin{array}{ccccccc}
77,0 & 81,4 & 92,4 & 60,0 & 69,8 & 78,4 & 78,4 \\
95,6 & 84,8 & 63,2 & 79,6 & 69,4 & 86,8 & 74,8 \\
88,8 & 71,8 & 76,0 & 83,4 & 64,8 & 69,0 & 88,0
\end{array}
$$

Calculer l'écart-type s.

4. Voici une série de n = 15 résultats dans une classe de mathématiques:

$$
\begin{array}{ccccc}
100 & 98 & 93 & 86 & 70 \\
98 & 94 & 90 & 85 & 69 \\
98 & 93 & 87 & 74 & 66
\end{array}
$$

(Des bollés!) Calculer l'écart-type.

5. A la section 2.5, on a présenté la petite série n = 15 données que voici:

$$
\begin{array}{ccccc}
57 & 54 & 58 & 52 & 55 \\
58 & 51 & 39 & 58 & 58 \\
60 & 51 & 45 & 49 & 58
\end{array}
$$

Calculer l'écart-type.

6. Au numéro 11, section 3.5, on a donné la série que voici. Cette série donne les cotes de qualité pédagogique de n = 35 professeurs d'une section. Calculer l'écart-type.

$$
\begin{array}{ccccccc}
44 & 36 & 66 & 60 & 77 & 50 & 74 \\
60 & 77 & 92 & 81 & 71 & 78 & 37 \\
78 & 48 & 77 & 74 & 63 & 70 & 77 \\
59 & 65 & 85 & 14 & 77 & 82 & 63 \\
76 & 70 & 53 & 45 & 88 & 70 & 53
\end{array}
$$

7. a) Calculer l'écart-type de la série dont le diagramme apparaît à la figure 4.13.

b) La réponse trouvée en a) vous semble-t-elle d'un ordre de grandeur acceptable?

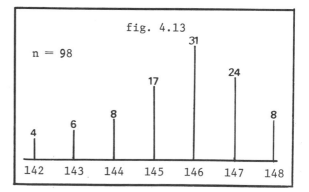

fig. 4.13

n = 98

4.5.

8. a) Calculer l'écart-type de la série dont le diagramme est présenté à la figure 4.14

    b) Cette réponse vous semble-t-elle d'un ordre de grandeur acceptable?

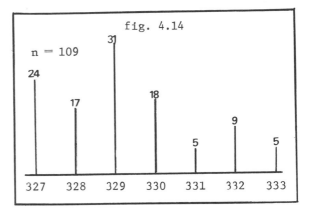

9. A l'exercice no 1, section 2.6, on a obtenu le polygone de la figure 4.15.

    a) Calculer approximativement l'écart-type.

    b) L'ordre de grandeur vous semble-t-il convenable?

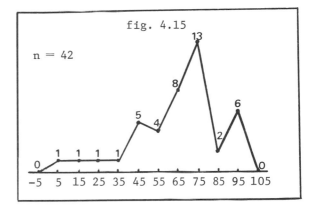

10. Le no 2, section 2.6, donnait l'histogramme de la figure 4.16.

    a) Calculer approximativement l'écart-type.

    b) L'ordre de grandeur vous semble-t-il convenable?

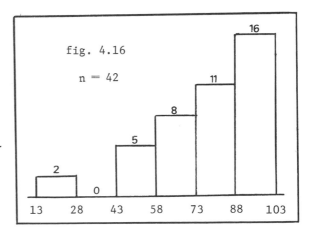

4.5.

11. *Nouvelle astuce.* On a vu que si le polygone a la forme du chapeau

de Napoléon comme ceci: 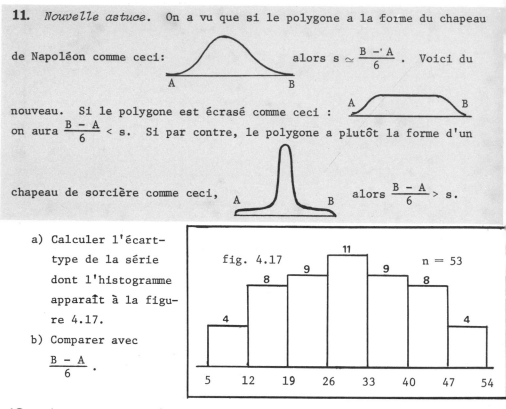 alors s $\simeq \dfrac{B - A}{6}$. Voici du

nouveau. Si le polygone est écrasé comme ceci :
on aura $\dfrac{B - A}{6} < s$. Si par contre, le polygone a plutôt la forme d'un

chapeau de sorcière comme ceci, alors $\dfrac{B - A}{6} > s$.

a) Calculer l'écart-
   type de la série
   dont l'histogramme
   apparaît à la figu-
   re 4.17.

b) Comparer avec
   $\dfrac{B - A}{6}$.

fig. 4.17

n = 53

12. a) En utilisant l'astuce du numéro précédent, trouver l'ordre de
        grandeur de l'écart-type de la série dont l'histogramme est ce-
        lui de la figure 4.18

     b) Calculer approximativement l'écart-type. Est-ce conforme à l'as-
        tuce?

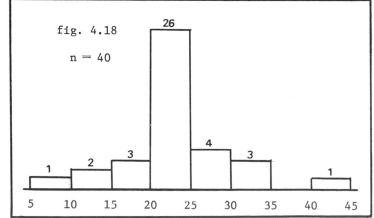

fig. 4.18

n = 40

4.5.

13. Au no 5, section 3.5, nous avons parlé d'un test d'aptitude IPAT, passé par 830 élèves de secondaire II de la régionale Provencher en 1969-70. Nous avons obtenu l'histogramme de la figure 4.19. Nous avons calculé alors $\overline{X} \simeq 28,75$ et Md = 29.

a) Evaluer l'ordre de grandeur de l'écart-type avant de le calculer.

b) Calculer s.

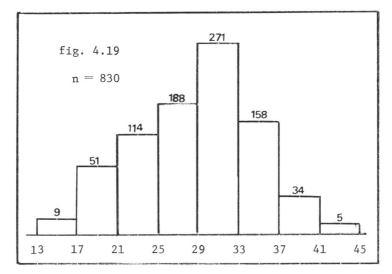

14. Selon un manuscrit récemment découvert, il semble que nous devions corriger un peu l'histoire de Christophe Colomb. Ce texte raconte en effet que Christophe Colomb ayant compilé une série d'oeufs selon leur poids (en ferdinands, bien sûr!) avait obtenu l'histogramme de la fig.4.20.

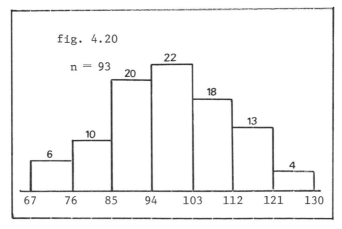

4.5.

Jusqu'ici, le manuscrit confirme ce que nous avions appris au problème no 14, section 3.5. Mais imaginez un peu l'erreur grave que nous avions commise! Ce n'est pas en calculant des mesures de centre, mais bien en calculant un écart-type, que l'étincelle de génie se produisit! En effet, alors que Christophe calculait le s de cet histogramme, il se trompa en extrayant la racine carrée. Cela le mit dans une telle colère qu'il donna un violent coup de poing sur la table. Les oeufs qui se trouvaient au bout de la table furent alors projetés sur lui, ainsi que sur sa patronne, la propriétaire du poulailler. Et c'est à cet instant précis que Christophe comprit que l'on peut faire tenir un oeuf debout. Cette nouvelle version étant vraiment plus amusante que les précédentes, oublie ces dernières, et calcule le s en question, en vérifiant l'ordre de grandeur de ce s.

4.5.

5

SOMMAIRE

CHAPITRE 5

MESURES DE POSITION: les quantiles, la cote standard et les stanines

En plus des mesures de tendance centrale (chapitre 3) et des mesures de dispersion (chapitre 4), il existe plusieurs autres mesures qui permettent d'évaluer différentes caractéristiques d'une série, comme par exemple la symétrie, la kurtose (aplatissement), etc. Une étude approfondie de ces mesures serait intéressante mais dépasserait le cadre de cet ouvrage. Nous devons en effet nous limiter aux mesures les plus utiles et les plus répandues.

Le présent chapitre se consacre à l'étude de trois mesures qui ont de nombreuses applications, surtout dans le domaine de la pédagogie. Je pense que le "petit statisticien amateur" se doit d'avoir déjà entendu parler de ces sujets, aussi nous ne pouvons pas les passer sous silence.

Le chapitre sera donc divisé en trois sections:
- les quantiles
- la cote standard
- les stanines

Ces mesures ont un point commun: elles permettent de situer un individu par rapport à son groupe; elles permettent de dire si, par exemple, l'étudiante X est une génie par rapport à sa classe, et de mesurer à quel point elle est supérieure au restant de sa classe. C'est pourquoi on les appelle *mesures de position*: elles donnent la position de l'individu par rapport à son groupe.

5.1 LES QUANTILES

On désigne par le mot *quantiles* un ensemble d'outils qui permettent de localiser un individu dans son groupe à partir du nombre de ses confrères ou consoeurs qui ont un résultat moins bon ou égal au sien. Tels sont les *rangs centiles, les centiles, les déciles et les quartiles.*

5.1.1. LES RANGS CENTILES

5.1.1.1. NOTION

Dans plusieurs écoles ou collèges, lorsque l'on t'envoie ton bulletin, celui-ci indique pour chaque cours non seulement le résultat en pourcentage, mais aussi un autre nombre appelé *rang centile*, et dont la valeur est un entier entre 0 et 100.

Par exemple, supposons qu'en mathématique, tu as eu le résultat 64%, avec un rang centile de 83. Qu'est-ce que cela signifie? Eh bien, pratiquement, cela veut dire qu'environ 83% de tes consoeurs et confrères dans ce cours avaient un résultat moindre ou égal au tien. Ton résultat de 64%, qui, à première vue, ne semblait pas très impressionnant, constitue donc une "performance" intéressante. Résumons cette propriété:

Signification du rang centile:

Le rang centile d'un individu dans un groupe indique d'une certaine manière le pourcentage des gens de ce groupe qui ont un résultat inférieur ou égal à celui de cet individu.

5.1.1.2. COMMENT CALCULER LE RANG CENTILE D'UN INDIVIDU

Il y a une règle fort simple que l'on peut exprimer ainsi:

Règle : Le rang centile d'une valeur v est :

$$100 \times \frac{\begin{bmatrix} \text{nombre de gens dont le} \\ \text{résultat est} < v \end{bmatrix} + \frac{1}{2}\begin{bmatrix} \text{nombre de gens dont le} \\ \text{résultat} = v \end{bmatrix}}{n}$$

5.1.1.2.

Illustrons l'application de cette règle avec un exemple. Supposons le pictogramme suivant. Il y a n = 7 données, et l'on cherche le rang centile de la valeur v = 12.

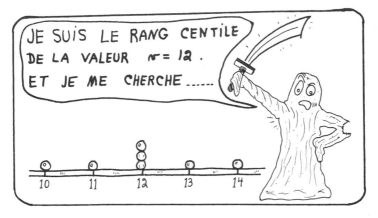

On doit diviser en deux la fréquence f de cette valeur. Ici, f = 3 et alors $\frac{f}{2} = 1,5$.

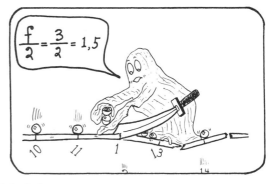

5.1.1.2.

On y ajoute les deux individus qui ont moins de 12,, et cela donne

2 + 1,5 = 3,5 que l'on doit diviser par n = 7 et multiplier par 100.

$$100\left(\frac{3,5}{7}\right)= 50$$

Le rang centile de 12 est donc 50. Ainsi 50% des individus de ce groupe ont un résultat inférieur ou égal à 12.

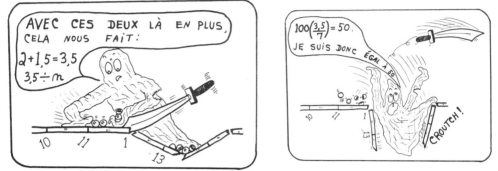

De même, le rang centile de la valeur 11 est :

$$100\left(\frac{1 + \frac{1}{2}}{7}\right) = 100\left(\frac{1,5}{7}\right) = 21,4286 \simeq 21.$$

On arrondit toujours les rangs centiles à des valeurs entières.

EXEMPLE.

Quel est le rang centile de la valeur 7, dans le groupe dont le diagramme est indiqué à la figure 5.1?

n = 56

fig. 5.1

SOLUTION.

Il y a: 6 + 9 + 5 + 10 + 4 = 34 personnes qui ont moins de 7.
Il y en a 8 qui ont 7.

5.1.1.2.

Donc, rang centile de $7 = 100\left(\dfrac{34 + \dfrac{8}{2}}{56}\right) = 100\left(\dfrac{38}{56}\right) = 67,8571 \simeq 68$

5.1.2. LES CENTILES

DÉFINITION. Les centiles d'une série sont 99 points C_1, C_2,...,
C_{99} qui, sur l'axe des valeurs, peuvent servir de repères de la
façon suivante:

à gauche de C_1, il y a environ 1% des membres du groupe

à gauche de C_2, il y a environ 2% des membres du groupe

à gauche de C_{35}, il y a environ 35% des membres du groupe

à gauche de C_{99}, il y a environ 99% des membres du groupe

Cette définition peut sembler claire. Les centiles sont des repères, c.-à-d. des petits drapeaux que l'on va planter sur l'axe, et qui
indiqueront le pourcentage des gens qui sont à gauche de ce repère.
Toutefois, certaines difficultés peuvent se présenter comme l'indique
l'exemple suivant:

EXEMPLE.

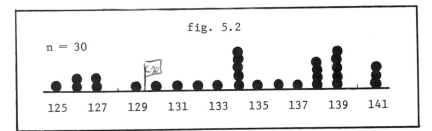

fig. 5.2

n = 30

125   127   129   131   133   135   137   139   141

a) Supposons par exemple que l'on cherche le 20e centile C_{20}. La
propriété qui définit C_{20}, c'est le fait que 20% des données de la série
doivent être à la gauche de C_{20} c.-à-d. $0,20 \times 30 = 6$ données. Or la 6e
donnée se trouve à 129. C_{20} doit donc être à droite de 129, et avant
130. On convient de choisir le milieu entre 129 et 130, c.-à-d.
$C_{20} = 129,5$ (voir figure 5.3).

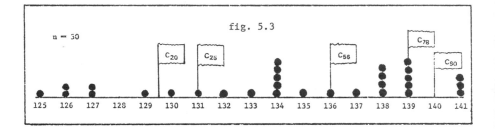

fig. 5.3

b) Cherchons maintenant C_{25}. Ce repère doit laisser 25% des 30 données à sa gauche, c.-à-d. $0,25 \times 30 = 7,5$ données. Il faudra donc couper une donnée en deux. C'est ce qu'on fait. On se rend à la 8e donnée, qui est 131, et on plante notre drapeau en plein milieu, ce qui laisse bien 7,5 données à gauche (voir figure 5.3). Cela donne $C_{25} = 131$.

c) Cherchons maintenant C_{56}. Ce repère laisse $0,56 \times 30 = 16,8$ données à sa gauche. Encore ici, on compte 16 données et on va planter le drapeau dans la 17e donnée en la fractionnant. On convient de prendre $C_{56} = 136$. En fait, dès qu'il y a une partie fractionnaire, que ce soit 16,2 ou 16,5 ou 16,8, on prend la 17e donnée et $C_{54} = C_{55} = C_{56} = 136$.

d) Cherchons C_{78}. Ce repère laisse $0,78 \times 30 = 23,4$ données à sa gauche. Comme les 23e et 24e données sont égales à 139, il n'y a pas de difficulté, on prend $C_{78} = 139$.

e) Cherchons C_{90}. Ce repère laisse $0,90 \times 30 = 27$ données à sa gauche. Il doit donc se trouver entre la 27e donnée qui est 139 et la 28e donnée qui est 141. Conformément à la règle donnée en a), on obtient:

$$C_{90} = \frac{139 + 141}{2} = 140$$

REMARQUE.   La façon de définir le rang centile et les centiles varie d'un auteur à l'autre. Toutefois ces définitions donnent toutes des résultats approximativement égaux. La présentation que je fais de ces notions n'est pas nécessairement la meilleure, mais c'est celle qui me semble la plus simple.

5.1.2.

5.1.3. LES DÉCILES

DÉFINITION. Les déciles d'une série sont 9 points D_1, D_2,..., D_9 qui, sur l'axe des valeurs peuvent servir de repères de la façon suivante:

à gauche de D_1, il y a environ 10% des membres du groupe

à gauche de D_2, il y a environ 20% des membres du groupe

à gauche de D_9, il y a environ 90% des membres du groupe

Ainsi, $D_1 = C_{10}$; $D_2 = C_{20}$; ...; $D_9 = C_{90}$

5.1.4. LES QUARTILES

DÉFINITION. Les quartiles d'une série sont 3 points Q_1, Q_2, Q_3 qui, sur l'axe des valeurs peuvent servir de repère de la façon suivante:

à gauche de Q_1, il y a environ 25% des membres du groupe

à gauche de Q_2, il y a environ 50% des membres du groupe

à gauche de Q_3, il y a environ 75% des membres du groupe

On peut présenter tous ces repères dans le tableau ci-dessous:

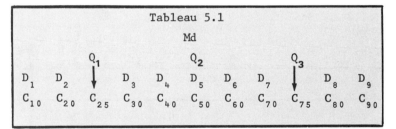

Tableau 5.1

5.1.4.

5.1.5.   EXERCICES ET SOLUTIONS

1.   Supposons que tu es professeur et que, avant l'examen final, tes 35 étudiants ont accumulé des points sur un total de 75, selon le pictogramme ci-dessous:

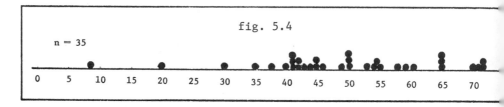

fig. 5.4

L'étudiante Pancracette, elle, a 41 sur 75 comme résultat de ses travaux. Tu donnes un examen final sur 25 points, mais Pancracette ne peut s'y présenter.   Cet examen donne le pictogramme ci-dessous.

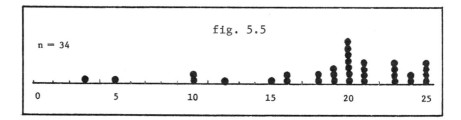

fig. 5.5

Comme Pancracette avait une raison très valable de s'absenter de l'examen (le 7e anniversaire de la mort de la grand-mère de son premier chum), tu veux lui attribuer un résultat juste pour l'examen final.   Trouvons quel résultat on pourrait donner à Pancracette de façon à ce que son rang centile soit à peu près le même dans les deux séries.

SOLUTION.

Puisque son résultat est 41 dans la première série, son rang centile est: $100 \times \left[\dfrac{6 + 3/2}{35} \right] = 21,4286 \simeq 21$

Cherchons C_{21} dans la 2e série. C_{21} laisse $0,21 \times 34 = 7,14$ donnée

5.1.5.

à gauche. C_{21} sera donc égal à la 8e donnée soit 16. Il faudrait donc lui donner 16 dans la deuxième série. Si on regarde son résultat total: 41 + 16 = 57%! Si la note de passage est 60%, Pancrace vient de couler!

2. Par une méthode analogue à celle de la section 3.2.4.2, trouvons la valeur approximative de C_{30} pour la série dont nous ne connaissons que l'histogramme (figure 5.6).

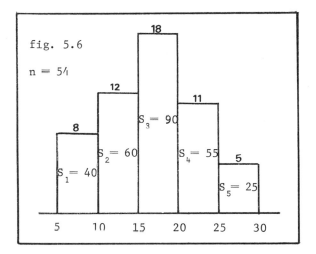

fig. 5.6

n = 54

SOLUTION.

On sait que la surface totale de l'histogramme est In = 5×54 = 270. La médiane Md, qui n'est autre que C_{50}, partage cette surface en deux parties à peu près égales c.-à-d. en deux sections de surface égale à 50% de 270, soit 135. De même C_{30} va partager la surface totale de 270 en deux parties: 30% à gauche de C_{30} et 70% à sa droite. Donc à gauche de C_{30}, on doit trouver à peu près 30% de la surface 270 c.-à-d. une surface de $0,30 \times 270 = 81$. On voit que C_{30} doit se trouver dans la 2e classe qui doit être partagée ainsi: 60 = 41 + 19 pour que la surface à gauche de C_{30} soit 40 + 41 = 81.

5.1.5.

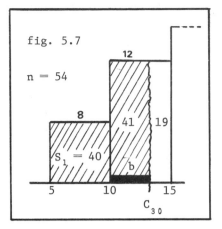

Il reste à trouver la base b telle que:

b × hauteur = 41

b × 12 = 41

$b = \frac{41}{12} \simeq 3,42$

$C_{30} \simeq 10 + 3,42 \simeq 13,4$

3. A partir de l'histogramme du problème précédent, pouvons-nous trouver approximativement le rang centile d'un individu dont le résultat est 18?

SOLUTION.

Basons-nous sur la surface à gauche de 18.

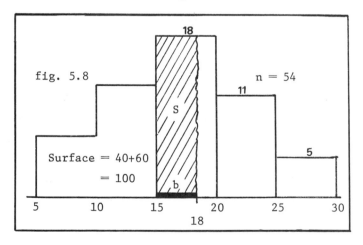

La base b = 18 − 15 = 3. La hauteur de cette surface S est 18. Donc S = b × 18 = 3 × 18 = 54. Alors la surface totale à gauche de 18 est 60 + 40 + 54 = 154. Par rapport à la surface totale de 270, cela représente $\frac{154}{270} = 0,57037$ c.-à-d. environ 57%.

5.1.5.

Donc l'individu dont le résultat est 18 aura un rang centile de 57.

5.1.6. EXERCICES

1. Si, dans l'exercice 1, section 5.1.5, Pancracette avait eu le résultat 55 pour ses travaux (au lieu de 41), quelle note devrait-on lui attribuer pour l'examen final? Quel serait alors son résultat total sur 100 pour préserver son rang centile?

2. Si, dans le même exercice 1, section 5.1.5, Pancracette avait eu le résultat 65 pour ses travaux, quelle note devrait-on lui attribuer pour l'examen final? Quel serait alors son résultat final?

3. Dans une classe de 10 élèves, les résultats d'un examen sont les suivants:

résultats	15	46	2	26	14	26	22	38	33	48
rangs centiles	25	85	4	50	15	50	35	75	65	95

Calculer le rang centile de chaque élève.

4. Dans une classe de 12 élèves, les résultats d'un examen sont les suivants:

résultats	40	19	32	3	24	29	38	10	32	19	21	32
rangs centiles												

Calculer le rang centile de chacun.

5. Au numéro 5, section 3.5, on a présenté cette série de n = 830 quotients intellectuels. Trouver D_1, D_3, D_5, D_7, D_9.

valeurs	13 14 15 16 17 18 19 20 21 22 23 24 25 26 27 28 29 30
fréquences	2 2 1 4 7 10 10 24 14 34 21 45 39 39 61 49 78 77

valeurs	31 32 33 34 35 36 37 38 39 40 41 42 43 44
fréquences	50 66 56 47 33 22 19 5 6 4 2 2 0 1

6. Au numéro 11, section 2.6, on a présenté la série suivante qui représente 35 résultats obtenus à un test d'adaptation familiale. Trouver Q_1, Q_2, Q_3.

5.1.6.

```
 8  4 - 17   3 - 7  11   1 -
 3 - 5   5  11   2 -  7  23
 2 - 4 - 24   6   3 - 18   8
15  7   4   5   6   6   1 -
14  6   6   8   6  24   9
```

7. Les résultats d'un test donnent l'histogramme de la figure 5.9.

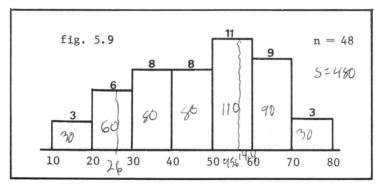

fig. 5.9   n = 48 $S = 480$

a) Calculer approximativement C_{72}.

b) Quel rang centile donneriez-vous à une personne dont le résultat est 26?

8. D'après l'histogramme du numéro précédent (figure 5.9),

a) Calculer approximativement C_{35}.

b) Quel rang centile donneriez-vous à une personne dont le résultat est 48?

9. D'après l'histogramme de la figure 5.10,

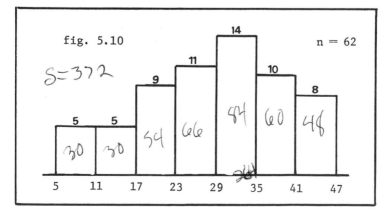

fig. 5.10   n = 62 $S = 372$

5.1.6.

a) Calculer approximativement Q_3.

b) Quel rang centile donneriez-vous à une personne dont le résultat est 27?

10. D'après l'histogramme du numéro précédent (figure 5.10),

a) Calculer approximativement D_6.

b) Quel rang centile donneriez-vous à une personne dont le résultat est 43?

5.2 LA COTE STANDARD

Nous venons de voir que les centiles permettent de situer un individu par rapport à son groupe. Ainsi, lorsque je calcule que ma note 65 me donne un rang centile de 32, je sais qu'environ 32% de mes consoeurs ou confrères ont une note plus petite ou égale à la mienne. C'est une façon de me situer. Nous allons voir maintenant une autre façon de localiser un individu par rapport à son groupe au moyen d'un procédé qui consiste à transformer le résultat de cet individu en tenant compte de la moyenne et de l'écart-type du groupe. Le résultat de cette transformation s'appelle la *cote standard* et se définit comme suit.

5.2.1. NOTION DE COTE STANDARD

DÉFINITION. Soit x une donnée prise dans une série dont la moyenne est $\overline{X}$ et dont l'écart-type est s. La cote standard correspondant à x est:

$$z = \frac{x - \overline{X}}{s}$$

Pour comprendre ce que représente la cote standard z, considérons le cas de l'étudiant Pancrace qui a obtenu la note 64 en anglais. Est-il brillant? Est-ce un "sombre"? La note x = 64, seule, ne le dit pas. Cette note peut être un fort bon résultat si la moyenne de la classe est 50. La performance est moins bonne si la moyenne est 67. Donc on ne peut juger du talent de Pancrace si l'on ignore la moyenne de la classe.

Supposons que cette moyenne est effectivement $\overline{X} = 60$. Puisque $x - \overline{X} = 64 - 60 = 4$, on constate alors que Pancrace se situe 4 points au-dessus de la moyenne, ce qui est déjà un bon signe.

5.2.1.

La dispersion de la série est importante aussi pour savoir s'il est très difficile d'obtenir 4 points au-dessus de $\overline{X}$. Dans le cas où presque tous les résultats se trouveraient entre 58 et 62, le résultat x = 64 est un coup de génie. Il est au contraire banal si les résultats vont de 30 à 90. L'idée consiste à mesurer la dispersion à l'aide de l'écart-type s, et à se demander: "Combien de fois s se trouve-t-il compris dans x - $\overline{X}$?" C'est pourquoi on divise x - $\overline{X}$ par s pour obtenir z. Ainsi, plus le s est petit, plus la série se situe autour de la moyenne, et plus $z = \dfrac{x - \overline{X}}{s}$ est grand. Plus il est exceptionnel alors d'obtenir un x aussi loin de $\overline{X}$.

Dans notre cas, x - $\overline{X}$ = 64 - 60 = 4 et si l'écart-type s vaut 2, on obtient:

$$z = \frac{x - \overline{X}}{s} = \frac{64 - 60}{2} = \frac{4}{2} = 2$$

Pour savoir si z = 2 représente un résultat impressionnant, il est bon de connaître la propriété suivante:

5.2.2. PROPRIÉTÉ DE Z

Souvenons-nous que le s mesure la dispersion et que si les données s'éloignent de $\overline{X}$, alors s augmente aussi. On obtient ainsi une propriété que nous avons vue à la section 4.3.5, à savoir que presque toutes les données se situent entre $\overline{X}$ - 3s et $\overline{X}$ + 3s.

Donc dans la plupart des cas, $\overline{X}$ - 3s < x < $\overline{X}$ + 3s.

Enlevant $\overline{X}$ aux trois membres de cette inégalité, on obtient:

$$-3s < x - \overline{X} < 3s$$

Divisant les trois membres par s, qui est un nombre positif, on obtient:

$$-3 < \frac{x - \overline{X}}{s} < 3$$

Or l'expression du milieu est précisément la cote standard $z = \dfrac{x - \overline{X}}{s}$. Nous venons de démontrer la propriété suivante:

5.2.2.

Propriété de z: Sauf de très rares exceptions, la cote standard z est un nombre situé entre − 3 et 3: -3 < z < 3.

Or dans le problème de la section précédente, l'élève Pancrace a obtenu, en anglais, la cote standard z = 2. Comme z est borné par 3, on voit que la cote 2 se situe parmi les valeurs élevées; le résultat de Pancrace est donc fort bon.

5.2.3. UTILITÉ DE LA COTE STANDARD

5.2.3.1. SITUER UN INDIVIDU PAR RAPPORT À SON GROUPE

Il est important de remarquer que la cote standard est une mesure relative au groupe, c.-à-d. à la série totale des données. Elle consiste à ramener un x, qui peut être un nombre très grand ou très petit, à un ordre de grandeur qui est toujours le même, soit entre −3 et 3.

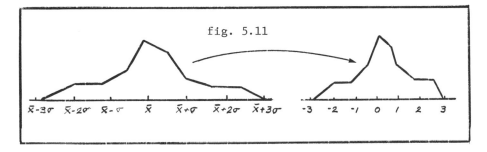

fig. 5.11

AUTRE EXEMPLE.

Supposons que dans un groupe de jeunes filles, la taille moyenne est $\overline{X} = 160$ cm avec un écart-type de s = 5,3 cm. Quelle est la cote standard de la taille d'une demoiselle qui mesure 154 cm?

SOLUTION.

A x = 154 correspond $z = \dfrac{x - \overline{X}}{s} = \dfrac{154 - 160}{5,3} = -1,132$

Cette cote nous dit que 154 est inférieur à la moyenne par environ une longueur s. Si on regarde le polygone précédent (figure 5.11), et qu'on suppose que le polygone de la série des tailles est du mê-me type, on voit qu'une cote de −1 laisse une proportion relative-ment faible de gens à sa gauche. On peut estimer que moins de 25%

5.2.3.1.

des gens ont une cote inférieure à -1. Cette méthode est évidemment trè
intuitive.

5.2.3.2. COMPARER DES RÉSULTATS DIFFÉRENTS

Revenons à notre ami Pancrace qui avait eu 64 en anglais. Son résultat en mathématique est 69. Avant de se gonfler de fierté,les parent
du petit Pancrace feraient mieux de standardiser ce nouveau résultat. I
est possible en effet que le professeur de mathématique soit moins sévè-
re que le professeur d'anglais. On a vu que le résultat x = 64 en anglais donnait z_x = 2 ce qui indique une très bonne performance. Il n'es
pas certain qu'un résultat de 69 en mathématique soit meilleur.

Appelons "y" ce résultat de mathématique: y = 69. Supposons que
la moyenne de la classe en mathématique est $\overline{Y}$ = 63, et que l'écart-type
soit s_y = 5. Donc la moyenne est plus haute et la série est plus dispersée. La cote standard z_y est donc:

$$z_y = \frac{y - \overline{Y}}{s_y} = \frac{69 - 63}{5} = \frac{6}{5} = 1,2$$

Bref, puisque $z_x > z_y$, cela veut dire que, relativement à son groupe, Pancrace est plus brillant en anglais qu'en mathématique, malgré
l'impression contraire donnée par les résultats bruts.

Ainsi la cote standard permet de comparer des résultats provenant
de matières différentes, enseignées par des professeurs différents qui
ont des façons différentes d'évaluer leurs étudiants. De la même manière, on pourrait comparer des résultats obtenus dans des sujets aussi
différents que l'éducation physique et la musique, la grammaire et les
mathématiques, etc.

Bien sûr, il faut être prudent avec de telles comparaisons. La
cote standard exprime toujours une performance relative à un groupe d'individus. Si l'on compare deux aptitudes différentes, en mathématique
et en musique par exemple, il se peut que les deux groupes de référence
soient différents. Pour que la comparaison soit intéressante, il faut
alors que ces deux groupes soient de force et de niveau équivalents.

5.2.3.2.

5.2.4. EXERCICES

1. Une étudiante a obtenu les résultats suivants:

	note	moyenne	écart-type
Français:	$x = 71$	$\overline{X} = 67$	$s_x = 10$
Histoire:	$y = 69$	$\overline{Y} = 65$	$s_y = 6$
Math. :	$\overline{t} = 81$	$\overline{t} = 72$	$s_t = 7$

Comparer ces trois résultats à l'aide de la cote standard.

2. Votre résultat en géographie est $x = 72$ alors que $\overline{X} = 65$ et $s_x = 4$. Vous jouez ensuite au YUM et vous obtenez $y = 225$, alors que la moyenne des parties de YUM jouées par votre groupe est $\overline{Y} = 164$ et $s_y = 35$. Pouvez-vous comparer ces deux performances?

3. Dans <u>l'Enquête sur les centres d'intérêt</u> dont il est fait mention à la section 3.4, no 1, le sujet "Etudes" obtient $\overline{X} = 7,10$ et $s_x = 0,96$. La "Politique" obtient $\overline{Y} = 4,68$ et $s_y = 1,64$.

    a) Que penser d'une étudiante qui a choisi la cote $x = 6$ pour l'étude et la cote $y = 4$ pour la politique?

    b) Un étudiant a choisi la cote $x = 4$ pour l'item "Etude" Situez-le par rapport à son groupe.

4. Dans la même enquête qu'au numéro précédent, standardiser et comparer les cotes qu'un étudiant a donné aux sujets suivants:

Sujets	Cote donnée par l'étudiant	moyenne	sigma
Amis	$x = 8$	$\overline{X} = 7,24$	$s_x = 1,10$
Famille	$y = 7$	$\overline{Y} = 5,68$	$s_y = 1,21$

5. Les travaux de la session comptent pour 75 points. L'élève Pancrace a accumulé $x = 43$ points alors que la moyenne de la classe est $\overline{X} = 55,5$, avec un écart-type de $s_x = 6,8$. Pancracette n'a pas pu encore une fois se présenter à l'examen final à cause d'une raison éminemment valable (la réincarnation de sa grand-mère!). Cet examen compte pour 25 points, et la moyenne de la classe est $\overline{Y} = 16,3$ avec un écart-type de $s_y = 2,4$. Quel résultat (entier) "y" devrait-on lui accorder pour l'examen final.

5.2.4.

si l'on veut qu'elle ait la même cote standard pour l'examen que pour les travaux de la session?

6. Dans le contexte du numéro précédent, quelle note "y" devrait-on donner à Pancracette si son résultat pour la session avait été x = 61 (au lieu de 43).

5.3 LES STANINES

Une troisième façon de situer un individu par rapport à son groupe consiste à exprimer son résultat sous forme de stanine.

5.3.1. NOTION DE STANINES

DÉFINITION. La cote stanine d'un individu est l'un des entiers 1,2,3,...9, attribué de la façon suivante. On place la série en ordre croissant. Les 4% individus qui ont les résultats les plus faibles reçoivent la cote stanine 1. Les 7% suivants reçoivent la cote stanine 2. Les 12% suivants reçoivent la cote 3. Ainsi de suite, selon la répartition de la figure 5.12.

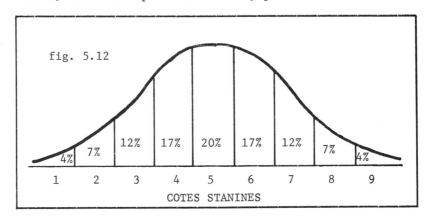

fig. 5.12

COTES STANINES

EXEMPLE. Convertissons les résultats de la série ci-dessous en stanines.

Résultats	24	15	33	20	23	10	40	29	12	25	28	16	42	14	37	27	41	26
Stanines																		

SOLUTION.

n = 18, et l'on doit d'abord déterminer le nombre de gens correspondant à chaque cote:

5.3.1.

4% de 18 donne 0,72 ≃ 1

7% de 18 donne 1,26 ≃ 1

12% de 18 donne 2,16 ≃ 2

17% de 18 donne 3,06 ≃ 3

20% de 18 donne 3,60 ≃ 4

17% de 18 donne 3,06 ≃ 3

12% de 18 donne 2,16 ≃ 2

7% de 18 donne 1,26 ≃ 1

4% de 18 donne 0,72 ≃ 1

le total donne bien n = 18

Nous devons ensuite placer la série en ordre croissant. Un picto-gramme donne le même résultat et on peut y indiquer la correspondance en stanines.

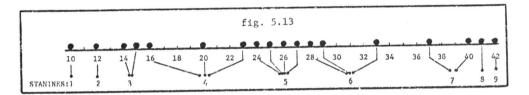

fig. 5.13

Donc on peut écrire le stanine correspondant à chaque résultat.

Résultats	24	15	33	20	23	10	40	29	12	25	28	16	42	14	37	27	41	26
Stanines	5	3	6	4	4	1	7	6	2	5	6	4	9	3	7	5	8	5

5.3.2. AVANTAGES DES STANINES

Un premier avantage des stanines, c'est de permettre de se situer très facilement par rapport à son groupe. Par exemple, un stanine de 5 indique toujours un résultat central, ordinaire, moyen. D'autre part, l'individu dont le résultat était 40 dans la série ci-haut peut se demander ce que vaut sa performance. Lorsqu'il sait que sa cote stanine est 7, à l'aide de la figure 5.12, il sait que seulement 11% de ses consoeurs ou confrères ont un résultat supérieur.

5.3.2.

Un deuxième avantage, c'est que si l'on remplace les résultats
réels par les cotes stanines,
le polygone de ces stanines a
toujours une forme en cloche
(plus ou moins régulière dans
certains cas). Par exemple,
la série précédente donne le
polygone ci-contre. Transformer ainsi des résultats de façon à obtenir un polygone en
forme de cloche s'appelle *nor-
maliser des résultats.*

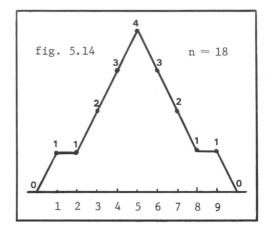

fig. 5.14   n = 18

Un autre avantage de la cote stanine est de permettre une utilisation commode avec les ordinateurs. En effet, les ordinateurs fonction-
nent avec des cartes perforées qui contiennent 10 lignes et 80 colonnes.
Chaque colonne peut donc être perforée à 10 hauteurs différentes. En
classant les sujets suivant 9 catégories, une seule colonne peut servir
à caractériser un sujet. On pourrait tout aussi bien concevoir un système avec 10 catégories, mais il s'avère avantageux d'avoir un nombre
impair de classes dans beaucoup de cas.

5.3.3. INCONVÉNIENTS DES STANINES

Quand une série contient beaucoup de résultats égaux, il arrive que
l'on soit obligé de faire une gymnastique terrible pour essayer d'appliquer le modèle de la figure 5.12. Le problème vient du fait que deux individus ayant les mêmes résultats doivent nécessairement obtenir la même
cote stanine: autrement ça serait injuste. On doit alors se servir de sa
tête (parfaitement!) et faire pour le mieux en essayant d'obtenir des cotes stanines dont le polygone sera le plus "cloche" possible!
EXEMPLE.

Au numéro 11, section 2.6, on a présenté une série de 35 résultats

d'un test d'adaptation familiale dont le pictogramme est présenté à la
figure 5.15.

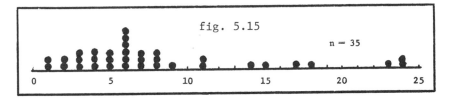

Amusons-nous à essayer de convertir ces résultats en stanines

SOLUTION.

$$
\left.
\begin{array}{l}
4\% \text{ de } 35 \text{ donne } 1,4 \ \simeq 1 \\
7\% \text{ de } 35 \text{ donne } 2,45 \simeq 2 \\
12\% \text{ de } 35 \text{ donne } 4,2 \ \simeq 4 \\
17\% \text{ de } 35 \text{ donne } 5,95 \simeq 6 \\
20\% \text{ de } 35 \text{ donne } 7,0 \ \simeq 7
\end{array}
\right\} \ 13
$$

Le total donne donc 13 + 7 + 13 = 33 au lieu de 35. C'est un premier problème. Comme on arrondit chacun des chiffres, il arrive
que le total ne donne pas n. Il faut ajouter 2 unités quelque part.
La façon qui respecte le plus le modèle serait d'arrondir 2,45 à 3
plutôt qu'à 2. Nos fréquences espérées pour chaque cote sont donc:
1; 3; 4; 6; 7; 6; 4; 3; 1. Un autre problème se pose: on devrait

5.3.3.

donner la stanine 1 à l'individu le plus faible, mais il y en a deux qui sont ex-aequo avec le résultat 1. On emprunte donc sur la fréquence suivante, et ainsi de suite pour obtenir une attribution comme celle de la figure 5.16.

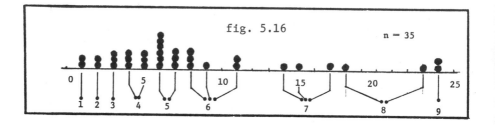

fig. 5.16   n = 35

Il existe d'autres façons, plus ou moins équivalentes, d'assigner les stanines; toutefois, tous ces procédés laissent une large place à l'arbitraire et à la fantaisie. L'important est d'essayer d'obtenir un polygone dont la forme est la plus "cloche" possible. Selon notre procédé, on obtient le polygone de la figure 5.17. Ce qui est assez bien.

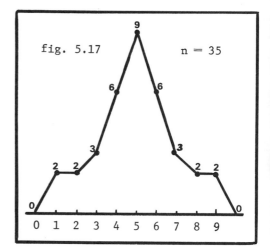

fig. 5.17   n = 35

5.3.4. EXERCICES

1. Transformer en stanines le montant de chacune des 28 factures d'électricité ci-dessous (voir no 1, section 3.5):

18,65	14,36	19,73	17,72	30,35	45,47
17,66	17,60	16,64	20,09	21,17	37,16
21,19	26,55	19,44	21,60	21,82	30,24
17,54	23,14	26,14	25,06	23,55	
17,11	13,74	20,85	36,62	30,68	

2. Transformer en stanines la série suivante de 35 factures d'épicerie
(voir no 2, section 3.4).

27,62	22,07	26,55	25,98	16,77	22,85	36,60
27,07	27,05	20,70	20,11	22,91	34,59	21,53
15,02	18,96	19,57	30,02	20,60	27,24	27,75
18,11	24,38	15,78	25,24	16,69	16,51	23,70
23,78	26,64	24,00	16,50	19,47	23,10	29,71

3. Transformer en stanines les données suivantes (voir no 1, section
2.6).

75	76	75	85	70	39	71	74	95	
10	60	45	83	79	95	20	64	76	
41	68	70	44	56	95	70	73		$n = 42$
91	55	55	71	60	64	69	71		
40	65	3	60	94	55	45	90		

4. Transformer en stanines les données ci-dessous (voir no 2, section
2.6).

50	50	85	100	54	25	45	95	85	
59	60	15	95	65	100	96	65	65	
84	89	90	100	75	84	80	85		$n = 42$
94	95	95	65	95	100	59	55		
84	84	60	80	99	100	85	90		

5.4 EXERCICES MÊLÉS ET MÊLANTS

1. Au numéro 1, section 5.1.5, il a fallu attribuer un résultat "y" à
l'élève Pancracette pour son examen final. En conservant le même rang centile, on est arrivé à la conclusion qu'elle méritait la note y = 16. Quel
résultat lui donnerait-on si on préserve plutôt sa cote standard?

Travaux de la session	$\overline{X} = 49,857$	$s_x = 14,741$	Pancracette: x=41
Examen final	$\overline{Y} = 18,941$	$s_y = 5,449$	Pancracette: y=?

2. Au numéro 1, section 5.1.6, on a trouvé que si Pancracette avait eu
x = 55 (au lieu de 41), pour préserver son rang centile, on devrait lui
attribuer le résultat y = 21 pour l'examen final. Si l'on préserve plutôt sa cote standard, quel résultat "y" devrait-on lui accorder?

3. Transformer la série ci-dessous en rangs centiles, en cotes standards et en stanines.

n = 16

Résultats		3	5	24	25	30	32	36	37	40	43	48	48	52	55	60	66
Rangs centiles																	
Cotes standards																	
Stanines																	

4. Transformer la série ci-dessous en rangs centiles, en cotes standards et en stanines.

n = 16

Résultats		12	14	23	26	26	31	37	47	52	61	62	66	68	73	75	78
Rangs centiles																	
Cotes standards																	
Stanines																	

5. Christophe Colomb, ayant été renvoyé de son poulailler à la suite de l'incident relaté au no 14, section 4.5, s'en allait chez lui lorsqu'il trouva un oeuf qu'il avait oublié dans sa poche. En marchant lentement, il se souvint que les oeufs de son poulailler avaient un poids moyen de $\overline{X} = 53$ ferdinands (naturellement!), et un écart-type de s = 6,3. Or cet oeuf pesait 74 ferdinands! Christophe se consolait de son renvoi en calculant mentalement la cote (cot-cot-cot-cot!) standard de cet oeuf. Or on raconte qu'il trébucha, et que l'oeuf tomba debout sur sa tête. Mais comme il commençait à avoir l'habitude de ce genre d'incident, il ne découvrit rien de nouveau cette fois-là, et fut pris d'une grande lassitude. Quelle était donc la cote standard de l'oeuf en question?

5.4.

6

SOMMAIRE

CHAPITRE 6

CORRÉLATION ET RÉGRESSION

Dans les chapitres précédents, nous avons considéré une seule série à la fois, nous l'avons compilée, nous avons calculé diverses mesures nous permettant de bien connaître cette série et ses caractéristiques. Dans le présent chapitre, nous allons associer deux séries. Plus précisément, nous allons développer deux outils qui devraient nous permettre de mieux voir la nature d'un lien possible entre les deux séries. Dans le premier sujet, la corrélation, nous mesurerons le lien direct qui peut exister entre deux séries. La seconde partie, la régression, nous amènera à trouver une équation pour exprimer ce lien entre les deux séries.

6.1 LA CORRÉLATION

La corrélation consiste à mesurer le degré d'association existant entre deux caractères. Supposons par exemple que je sois intéressé à savoir s'il y a un lien quelconque entre les aptitudes musicales et les aptitudes en mathématiques. Il y a diverses façons d'aborder ce type de problème. Une première méthode consiste à philosopher, comme le faisaient les anciens Grecs: "La musique est basée sur le rythme qui peut se représenter comme une suite de nombres, et bla! bla! bla!" Une autre méthode

consiste à consulter des astrologues! Passons à des moyens plus sérieux.   On peut étudier attentivement certains individus particuliers
en laboratoire.   Par exemple, je prends 5 personnes, je leur enseigne
les mathématiques, et j'observe si l'amélioration de leurs aptitudes mathématiques amène une amélioration de leurs aptitudes musicales.   Il y a
enfin la méthode statistique qui consiste à examiner un grand nombre de
gens choisis de façon représentative (cf. chapitre 1), et de voir si les
forts en mathématiques sont souvent des forts (ou faibles) en musique,
et si les faibles dans une branche ont tendance à être faibles (ou forts)
dans l'autre branche.   L'étude de cette association possible relève de
la statistique et peut être abordée avec l'outil qu'on appelle la *corrélation*.

6.1.1.   NOTION DE CORRÉLATION

*DÉFINITION.   La corrélation est donc le lien effectif qu'il y a
entre deux caractères, tel que mesuré avec deux séries.*

Il y a différentes sortes de corrélations.   Distinguons la corrélation parfaite de la corrélation imparfaite.

Corrélation parfaite

La corrélation entre deux séries est dite *parfaite* lorsque le lien
entre les données correspondantes des deux séries est si étroit et
si régulier que connaissant la mesure d'un individu dans une série,
on peut calculer la valeur correspondante dans l'autre série.

De tels cas ne se produisent pratiquement jamais dans les sciences
humaines.   On peut toutefois en trouver dans l'étude de phénomènes physiques.

Corrélation imparfaite

Dans la majorité des cas, le lien entre les deux séries n'est pas
aussi direct.   On parle alors de *corrélation imparfaite*.   Prenons,
par exemple, un grand nombre d'adultes, mesurons leur quotient intellectuel et évaluons leurs succès scolaires.   Fort probablement,
il y aura une corrélation: les gens qui ont de bons quotients intellectuels auront tendance à avoir aussi de bons succès scolaires.
Le quotient intellectuel est en effet un précieux outil pour réussir à l'école.   Toutefois, nous savons bien que cette règle comporte un grand nombre d'exceptions bien connues.   Par exemple, les
étudiants à quotient trop élevé ratent souvent au niveau de secon-

daire 3 si on n'a pas pu les sauver de la paresse qu'ils ont tendance à acquérir en secondaire 1 et 2, vue leur grande facilité.
De même, beaucoup de brillants succès scolaires ne sont pas tellement dus à un haut quotient mais bien plutôt à une bonne méthode
de travail et à un effort continu. Donc il n'y a aucun lien sys-
tématique entre le Q.I. et le succès scolaire. On ne peut pas
trouver l'un en sachant l'autre. Il y a tout de même un certain
lien c.-à-d. une corrélation imparfaite.

Distinguons maintenant entre une corrélation positive, négative
ou nulle.

Corrélation positive

Une corrélation est dite *positive* lorsque les données fortes d'une
série correspondent aux données fortes de l'autre. De même pour
les faibles. Autrement dit, les augmentations se produisent en
général dans le même sens. L'exemple précédent est un cas de corrélation positive. En effet, plus le quotient intellectuel est
élevé, plus les succès scolaires auraient tendance à être élevés.
Du moins c'est ce qu'il nous en semble, malgré de très nombreuses
exceptions.

Corrélation négative

La corrélation sera dite *négative* si les données fortes d'une série correspondent généralement aux données faibles de l'autre série. Par exemple, il y a probablement une corrélation négative entre l'âge et le succès scolaire en 10e année. Ceux dont l'âge est
avancé ont probablement des troubles d'apprentissage, et donc un
succès scolaire moindre: grand âge... petit succès.

Corrélation nulle

Notons que la corrélation est dite *nulle* s'il n'existe pas de lien
entre les deux séries.

Maintenant que nous avons défini quelques qualificatifs de la corrélation, nous allons définir un outil pour mesurer la corrélation existant entre deux séries. Cet outil sera le coefficient de corrélation r
de Pearson. Naturellement il y en a bien d'autres, mais encore ici, une
de nos vertus est celle de la modération.

6.1.2. LE COEFFICIENT DE CORRÉLATION r DE PEARSON

Développons en parallèle la situation générale dans la colonne de
gauche et un exemple particulier dans la colonne de droite.

6.1.2.

Supposons que nous avons n individus.	Par exemple, on prend 6 étudiants mâles du Cégep dans un ordre donné.
Pour chacun de ces individus, nous mesurons 2 caractères	Pour chaque étudiant, nous mesurons sa taille en centimètres et son poids en kg.

Chacun de ces caractères nous donne une série. La première sera dénotée x_1, x_2, ..., x_n. La seconde sera dénotée y_1, y_2, ..., y_n. L'ordre des données ne doit pas être changé. Ainsi x_3 et y_3 sont les deux mesures effectuées sur le troisième individu. De même pour les autres.

Prenons la liste des tailles comme série des x et la liste des poids comme série des y.

ordre des étudiants	tailles (x)	poids (y)
1	178	82
2	152	63
3	168	86
4	165	62
5	187	87
6	170	70

Calculons la moyenne et l'écart-type de chacune de ces séries: $\overline{X}$ et s_x pour la première, $\overline{Y}$ et s_y pour la seconde.

$\overline{X} = 170$ $s_x = 11,883$

$\overline{Y} = 75$ $s_y = 11,419$

Remplaçons chacune de ces données x par sa cote standard

$z_x = \dfrac{x - \overline{X}}{s_x}$, de même pour les y. On aura encore nos deux séries, mais exprimées en cotes standards.

Etudiants	x	y	z_x	z_y
1	178	82	0,673	0,613
2	152	63	-1,515	-1,051
3	168	86	-0,168	0,963
4	165	62	-0,421	-1,138
5	187	87	1,431	1,051
6	170	70	0	-0,438

$$z_x = \frac{x - 170}{11,883} \qquad z_y = \frac{y - 75}{11,419}$$

6.1.2.

	Etudiants	z_x	z_y	$A = z_x \times z_y$
On multiple chaque z_x par le z_y correspondant pour obtenir $A = (z_x \times z_y)$ qu'on appelle les apports des individus, c.-à-d. ce que chaque personne apporte à la corrélation.	1	0,673	0,613	0,413
	2	-1,515	-1,051	1,592
	3	-0,168	0,963	-0,162
	4	-0,421	-1,138	0,479
	5	1,431	1,051	1,504
	6	0	-0,438	0

Le coefficient r est une sorte de moyenne de ces apports, c.-à-d.

$$r = \frac{\Sigma A}{n-1} = \frac{\Sigma(z_x \times z_y)}{n-1}$$

On divise par (n-1) au lieu de n.

$$r = \frac{0,413+1,592-0,162+0,479+1,504+0}{6-1}$$

$$r = \frac{3,826}{5} = 0,7652 \simeq 77\%$$

6.1.3. PROPRIÉTÉS DU r

⟶⟩ *PROPRIÉTÉ 1. Lorsque r est positif, c'est que la corrélation est positive (au sens donné à la section 6.1.1).*

En effet, r est une sorte de moyenne des apports. Si cette moyenne est positive, c'est que les apports positifs l'emportent sur les autres quand on en fait la somme. Or l'apport d'un individu est positif lorsque ses deux cotes standards sont de même signe. Cela veut dire, soit qu'il est fort dans les deux séries (voir étudiants nos 1 et 5), soit qu'il est faible dans les deux (voir étudiants nos 2 et 4). Bref, lorsque r est positif, cela veut dire qu'en général, les forts dans une série sont aussi forts dans l'autre, et de même pour les faibles. Et c'est ainsi qu'on avait défini une corrélation positive.

⟶⟩ *PROPRIÉTÉ 2. Lorsque r est négatif, c'est que la corrélation est négative.*

C'est le même raisonnement. Si r est négatif, c'est que les apports sont généralement négatifs. Or un apport est négatif seulement lorsque l'un des facteurs est négatif et que l'autre est positif (voir l'étudiant no 3). Cela veut dire que la plupart des individus sont faibles dans une série et forts dans l'autre, ce qui est bien une corrélation négative.

6.1.3.

PROPRIÉTÉ 3.   Lorsqu'il n'y a pas de corrélation, r est pratiquement nul.

En effet, le coefficient de corrélation r est presque nul lorsque la somme des ($z_x \times z_y$) est presque nulle.   Cela se produit lorsque les termes s'annulent les uns les autres: l'importance des termes négatifs est comparable à celle des termes positifs.   Il n'y a donc pas de lien précis entre les succès dans une série, et ce qui se passe dans l'autre. Donc le *coefficient r* a bien les mêmes signes que la *corrélation*.

PROPRIÉTÉ 4. $-1 \leq r \leq 1$
Un coefficient r peut donc toujours s'exprimer par un pourcentage positif, négatif ou nul.   La preuve de cette propriété dépasse le niveau de notre étude (pourtant très savante! Ben voyons!)

PROPRIÉTÉ 5.   Si $r = \pm 1$, c'est qu'il existe deux nombres b_0 et b_1 tels que $y = b_0 + b_1 x$, et donc la corrélation est parfaite.

Nous expliquerons cette propriété un peu plus loin avec un exemple (cf. section 6.1.6, problème 3).

6.1.4.   L'ART DE CALCULER LE r DE PEARSON

Encore une fois, il va falloir user de ruse pour ne pas trop nous fatiguer.   La formule $r = \dfrac{\sum(z_x \times z_y)}{n-1}$ n'est pas très efficace : on peut faire mieux.   Voyons quelques astuces.

ASTUCE 1.

Un mini-calculateur nous permet de calculer "r" beaucoup plus facilement avec les formules suivantes obtenues après transformations.

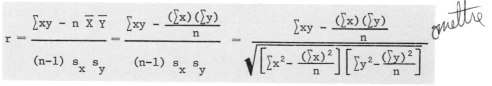

$$r = \frac{\sum xy - n\,\overline{X}\,\overline{Y}}{(n-1)\,s_x\,s_y} = \frac{\sum xy - \dfrac{(\sum x)(\sum y)}{n}}{(n-1)\,s_x\,s_y} = \frac{\sum xy - \dfrac{(\sum x)(\sum y)}{n}}{\sqrt{\left[\sum x^2 - \dfrac{(\sum x)^2}{n}\right]\left[\sum y^2 - \dfrac{(\sum y)^2}{n}\right]}}$$

omettre

EXEMPLE.   Calculons le r de Pearson pour les deux séries ci-dessous :

x	4	7	1	3	7	2	5	3	9	4	8	6
y	6	6	3	4	5	5	5	3	8	4	6	7

SOLUTION.

Puisque nous ne connaissons ni les moyennes ni les écarts-types, la formule la plus efficace est celle de droite. Il nous faut calculer :

$\Sigma x = 4 + 7 + 1 + 3 + \ldots + 8 + 6 = 59$

$\Sigma y = 6 + 6 + 3 + 4 + \ldots + 6 + 7 = 62$

$\Sigma x^2 = 4^2 + 7^2 + 1^2 + \quad \ldots + 8^2 + 6^2 = 359$

$\Sigma y^2 = 6^2 + 6^2 + 3^2 + \quad \ldots + 6^2 + 7^2 = 346$

$\Sigma xy = (4 \times 6) + (7 \times 6) + (1 \times 3) + \ldots + (8 \times 6) + (6 \times 7) = 338$

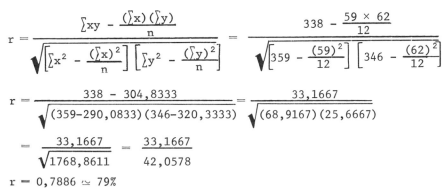

$$r = \frac{\Sigma xy - \frac{(\Sigma x)(\Sigma y)}{n}}{\sqrt{\left[\Sigma x^2 - \frac{(\Sigma x)^2}{n}\right]\left[\Sigma y^2 - \frac{(\Sigma y)^2}{n}\right]}} = \frac{338 - \frac{59 \times 62}{12}}{\sqrt{\left[359 - \frac{(59)^2}{12}\right]\left[346 - \frac{(62)^2}{12}\right]}}$$

$$r = \frac{338 - 304,8333}{\sqrt{(359-290,0833)(346-320,3333)}} = \frac{33,1667}{\sqrt{(68,9167)(25,6667)}}$$

$$= \frac{33,1667}{\sqrt{1768,8611}} = \frac{33,1667}{42,0578}$$

$r = 0,7886 \simeq 79\%$

6.1.4.

ASTUCE 2.   Si les deux séries ont des valeurs trop grosses, on peut enlever une constante à chaque série; ceci ne change pas la valeur de r.

EXEMPLE.   Calculons le r des deux séries ci-dessous, pour lesquelles on sait que:

$$\overline{X} = 66,5833 \qquad \overline{Y} = 123,8333 \qquad s_x = 8,3062 \qquad s_y = 8,2333$$

x	54	56	58	62	64	64	68	69	73	75	78	78
y	131	134	129	132	131	126	118	126	121	114	115	109

SOLUTION.

Enlevons la constante 50 à chaque donnée de la première série et 100 à chaque donnée de la seconde série. Nos séries deviennent:

x	4	6	8	12	14	14	18	19	23	25	28	28
y	31	34	29	32	31	26	18	26	21	14	15	9

On sait que les moyennes seront diminuées de la même constante (cf. section 3.1.5.2); elles deviendront :

$\overline{X} = 66,5833 - 50 = 16,5833$

$\overline{Y} = 123,8333 - 100 = 23,8333$

Les écarts-types, eux, ne changent pas de valeur (cf. section 4.3.4.1).

Pour calculer r, il nous suffit de calculer:

$\Sigma xy = (4 \times 31) + (6 \times 34) + (8 \times 29) + ... + (28 \times 15) + (28 \times 9) = 4065$

$$\text{et } r = \frac{\Sigma xy - n\,\overline{X}\,\overline{Y}}{(n-1)\,s_x\,s_y} = \frac{4\ 065 - 12(16,5833)(23,8333)}{11(8,3062)(8,2333)}$$

$$r = \frac{-677,8172}{752,2618} = -0,9010$$

6.1.5.   REPRÉSENTATION GRAPHIQUE

Les n individus dont on mesure deux caractéristiques peuvent être représentés comme des points dans un plan cartésien. Expliquons cela avec l'exemple suivant.

EXEMPLE.

Supposons que n = 13 personnes passent deux tests. On obtient les résul-

tats suivants pour lesquels $\overline{X} = 5,615$ $s_x = 2,181$ $\overline{Y} = 9,231$
$s_y = 3,14$

Individu no	1	2	3	4	5	6	7	8	9	10	11	12	13
Test x	2	3	3	4	5	5	6	6	7	7	8	8	9
Test y	4	6	9	8	5	11	8	10	8	13	11	14	13

Pour chaque individu, on a une mesure x et une mesure y. On peut donc représenter chaque individu par le couple (x,y), dans le plan ordinaire de la géométrie analytique. Par exemple, le premier individu sera représenté par le point (2,4), le second par (3,6), ainsi de suite. On obtient un nuage de points comme dans le tableau ci-contre.

Que mesure le r de Pearson?

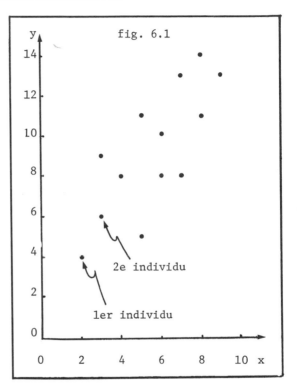

fig. 6.1

PROPRIÉTÉ. Le coefficient r mesure la tendance qu'ont les points à s'aligner c.-à-d. se disposer selon une ligne droite.

C'est pour cette raison qu'on l'appelle le *coefficient de corrélation linéaire.* Ainsi, plus les points sont alignés, plus r est grand. Voyons quelques exemples visuels pour bien saisir ce que mesure r.

6.1.5.

fig. 6.2

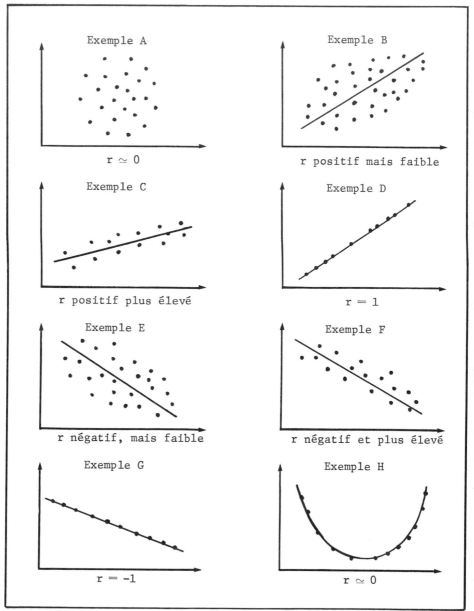

6.1.5.

Dans ce dernier exemple H, il faut se rappeler que r ne mesure que la tendance qu'ont les points à s'aligner selon une droite. Si les points sont disposés selon une courbe, r se bornera à dire si oui ou non les points sont en ligne droite. Pourtant dans cet exemple, la corrélation est parfaite: avec le dessin de la courbe, on peut trouver le y correspondant à chaque x. Toutefois r sera presque nul: les points ne sont pas en ligne droite. C'est une corrélation non-linéaire. Il faut donc se méfier. Aussi il sera toujours souhaitable de faire ce genre de figure afin de découvrir s'il n'y aurait pas une forte corrélation non-linéaire que ne révélerait pas le coefficient r.

Mais revenons à notre exemple. Si on regarde la figure 6.1, nos points ont la forme d'un ballon de football. D'après la figure 6.2, on peut prévoir un r positif faible ou moyen (Ex. B ou C). En fait :

$$r = \frac{\sum xy - n\,\overline{X}\,\overline{Y}}{(n-1)\,s_x\,s_y} = \frac{737 - 13(5,615)(9,231)}{12(2,181)(3,14)} = \frac{63,1832}{82,1801} = 0,769$$

6.1.6. EXERCICES ET SOLUTIONS

1. Corrélation entre les résultats en musique et les résultats en mathématiques de 6 élèves.

Élèves	Musique x	Math. y
A	120	80
B	119	100
C	121	60
D	122	106
E	117	80
F	120	108

On donne $\overline{X} = 119,833$
$\overline{Y} = 89$

SOLUTION.

Enlevons 115 à la série des x et 60 à celle des y :

x	5	4	6	7	2	5
y	20	40	0	46	20	48

$\overline{X} = 119,833-115 = 4,833$
$\overline{Y} = 89 - 60 = 29$

6.1.6.

Calculons $\sum x = 29$, $\sum x^2 = 155$

Alors $\sum x^2 - \dfrac{(\sum x)^2}{n} = 155 - \dfrac{(29)^2}{6} = 155 - 140,1667 = 14,8333$

De même $\sum y = 174$, $\sum y^2 = 6\ 820$

Alors $\sum y^2 - \dfrac{(\sum y)^2}{n} = 6\ 820 - \dfrac{(174)^2}{6} = 6\ 820 - 5\ 046 = 1\ 774$

Il faut aussi $\sum xy = (5 \times 20) + (4 \times 40) + \ldots + (5 \times 48) = 862$

$$r = \frac{\sum xy - \dfrac{(\sum x)(\sum y)}{n}}{\sqrt{\left[\sum x^2 - \dfrac{(\sum x)^2}{n}\right]\left[\sum y^2 - \dfrac{(\sum y)^2}{n}\right]}} = \frac{862 - \dfrac{29 \times 174}{6}}{\sqrt{14,8333 \times 1774}} = \frac{21}{162,217} = 0,129$$

Donc une corrélation positive faible. D'ailleurs le nuage de points indiqué à la figure 6.3 permet de tirer cette conclusion.

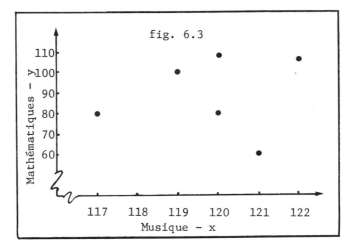

fig. 6.3

2. 35 étudiants de 10e année ont passé en 1964, à Ottawa, un test d'adaptation sociale (série des x) et un test d'adaptation émotionnelle (série des y). Dans ces deux tests, plus le résultat est petit, meilleure est l'adaptation.

Voici les résultats :

Etudiant(e) no	Adaptation sociale x	Adaptation émotionnelle y
1	17	5
2	50	19
3	20	8
4	35	30
5	27	18
6	16	15
7	30	5
8	17	8
9	7	12
10	19	7
11	37	25
12	36	19
13	19	12
14	11	10
15	36	16
16	20	15
17	22	15
18	12	14
19	34	7
20	13	11
21	42	17
22	10	8
23	30	10
24	20	20
25	17	12
26	44	20
27	13	4
28	24	10
29	21	27
30	32	16
31	38	12
32	39	30
33	31	11
34	15	12
35	31	17

Calculons le r de Pearson.

SOLUTION.

$\sum x = 885 \qquad \sum x^2 = 26\ 505 \qquad s_x = 11,0176$

$\sum y = 497 \qquad \sum y^2 = 8\ 579 \qquad s_y = 6,6898$

$\sum xy = 13\ 799$

$$r = \frac{\sum xy - \dfrac{(\Sigma x)(\Sigma y)}{n}}{(n-1)\ s_x\ s_y} = \frac{13\ 799 - \dfrac{(885)(497)}{35}}{34(11,0176)(6,6898)} = \frac{1\ 232}{2\ 505,9884} = 0,492$$

6.1.6.

Il y a donc une corrélation positive moyenne entre l'adaptation sociale et l'adaptation émotionnelle. Le nuage de points indiqué à la figure 6.4 confirme ce résultat.

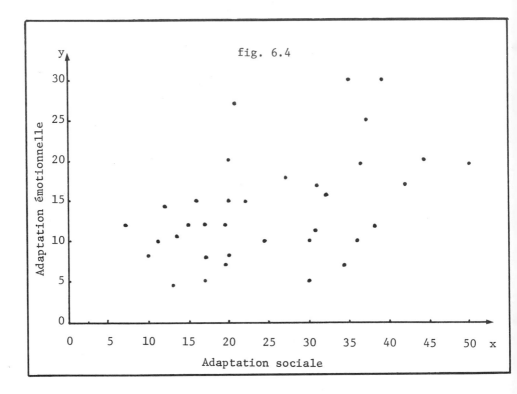

REMARQUE.   O honorable, patient, vaillant et tenace lecteur! Tu te rends bien compte que, lorsque le nombre d'individus augmente, le calcul du r de Pearson n'a plus rien d'hilarant, ni de déso- pilant, ni de tordant! Seule ma grand-mère (dont l'existence terrestre ne fut pas toujours rose!) accepterait de passer sa vie à faire des calculs aussi tristes. Pour bien voir s'il y a une corrélation entre deux caractères, il faut souvent utiliser des séries qui contiennent des centaines d'indivi- dus! Il est fortement conseillé alors d'utiliser un ordina- teur : soyons modernes, quoi!

6.1.6.

Résultats avec l'ordinateur

A titre d'illustration, voici une partie des résultats qu'on obtient avec un programme dont l'exploitation peut s'effectuer en mode conversationnel (réseau UQ).

```
**************************************************
EXERCICE 2, PAGE 140
      ADAP. SOC.                 ADAP. EMO.
**************************************************
      17.0000                     5.0000
      50.0000                    19.0000
      20.0000                     8.0000
      35.0000                    30.0000
      27.0000                    18.0000
      16.0000                    15.0000
      30.0000                     5.0000
      17.0000                     8.0000
       7.0000                    12.0000
      19.0000                     7.0000
      37.0000                    25.0000
      36.0000                    19.0000
      19.0000                    12.0000
      11.0000                    10.0000
      36.0000                    16.0000
      20.0000                    15.0000
      22.0000                    15.0000
      12.0000                    14.0000
      34.0000                     7.0000
      13.0000                    11.0000
      42.0000                    17.0000
      10.0000                     8.0000
      30.0000                    10.0000
      20.0000                    20.0000
      17.0000                    12.0000
      44.0000                    20.0000
      13.0000                     4.0000
      24.0000                    10.0000
      21.0000                    27.0000
      32.0000                    16.0000
      38.0000                    12.0000
      39.0000                    30.0000
      31.0000                    11.0000
      15.0000                    12.0000
      31.0000                    17.0000
**************************************************

**************************************************
            STATISTIQUES SUR LES VARIABLES
   VARIABLE        MOYENNE VARIANCE ECART-TYPE COEF.VAR.
**************************************************
   ADAP. SOC.      25.236   121.39   11.02   43.57
   ADAP. EMO.      14.200    44.75    6.69   47.11
**************************************************

   CORRELATION ENTRE  ADAP. SOC.    ET   ADAP. EMO.

   COEFFICIENT DE CORRELATION= .492      N= 35
**************************************************
```

6.1.6.

3. Calculons le r des deux séries ci-dessous, pour lesquelles
$\overline{X} = 7,8$ $s_x = 4,02216$ $\overline{Y} = 14,4$ $s_y = 8,04432$

x	13	11	8	6	3	2	7	14	9	5
y	4	8	14	18	24	26	16	2	12	20

SOLUTION.

On commence par calculer $\Sigma xy = 832$

$$r = \frac{\Sigma xy - n\,\overline{X}\,\overline{Y}}{(n-1)\,s_x\,s_y} = \frac{832 - 10(7,8)(14,4)}{9(4,02216)(8,04432)} = \frac{-291,2}{291,1999} = -1$$

Si l'on se réfère à la propriété 5, section 6.1.3, nous sommes en présence d'une corrélation parfai-
te dans le sens particulier qu'il existe deux nombres b_0 et b_1 tels que pour chacun des 10 individus en question, $y = b_0 + b_1 x$. Pour trouver ces nombres b_0 et b_1, on peut commencer par examiner le nuage de points indiqué à la fi-gure 6.5. On y voit que tous les points sont en ligne droite, con-formément à l'exemple G de la fi-gure 6.2, section 6.1.5. On peut trouver b_0 facilement en regardant quelle est la valeur de y qui cor-respondrait à x = 0. D'après la figure 6.5, on devrait avoir $y = 30 = b_0 + b_1 0 = b_0$.

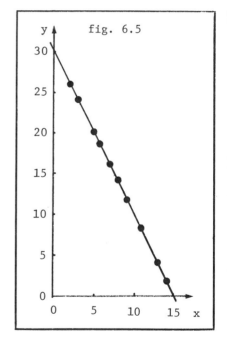

fig. 6.5

Donc $b_0 = 30$

On trouve alors b_1 avec n'importe quel point de la figure, par exemple le premier : x = 2, y = 26.

6.1.6.

Alors $y = 30 + b_1 x$

$\qquad\quad 26 = 30 + b_1 2$

$\qquad\quad -4 = b_1 2$

$\qquad\quad -2 = b_1$

Donc, pour tout x, on trouve le y correspondant en calculant

$$y = 30 - 2x$$

Ainsi si $x = 13$, $y = 30 - 2(13) = 30 - 26 = 4$

$\qquad\quad x = 11$, $y = 30 - 2(11) = 30 - 22 = 8$

et ainsi de suite

6.1.7. EXERCICES

1. Les factures de l'Hydro-Québec arrivent à tous les deux mois. Voici les 6 factures au dollar près d'un usager pour 1967 et les 6 factures du même usager en 1969. Y a-t-il une corrélation?

mois	1967 (x)	1969 (y)
janvier	19	21
mars	23	29
mai	19	23
juillet	19	20
septembre	16	22
novembre	19	24

2. L'analyste d'une entreprise veut savoir s'il y a une forte corrélation entre le prix de vente d'un objet, et le volume des ventes de cet objet. Elle dispose des prix actualisés x(1% d'inflation par mois) et du chiffre des ventes y pour les 7 mois précédents

mois	jan.	fév.	mars	avril	mai	juin	juil.
prix x	13,91	13,57	12,39	10,19	10,71	13,26	11,82
vente y	4 700	4 400	5 900	8 200	7 200	5 400	6 800

Calculer le r de Pearson et dessiner le nuage de points.

6.1.7.

3. Calculer le r de la série ci-dessous. Le nuage de points a-t-il une
particularité?

individu	x	y
1	−4	6
2	−2	− 6
3	5	15
4	0	−10
5	3	− 2
6	1	− 9
7	−3	− 1

4. Un groupe d'étudiants d'éducation physique a fait un travail auprès
des jeunes joueurs de hockey de la ligue MIDGET, dans la région de Trois-
Rivières. Ils ont demandé à un instructeur de classer ses 16 joueurs,
c.-à-d. de choisir quelle est la meilleure "étoile" (rang 1), quelle
est la seconde "étoile" (rang 2), et ainsi de suite jusqu'au dernier.
On a ensuite fait passer à ces 16 joueurs un test de vitesse en patin.
Les résultats de ce test expriment la longueur en mètres parcourue en 3
minutes.

Classement x de l'instructeur	Test de patina-ge y
1	920
2	730
3	700
4	670
5	760
6	640
7	700
8	700
9	650
10	610
11	550
12	580
13	700
14	520
15	570
16	460

Calculer le r de Pearson et dessiner le nuage de points.

5. Pour un cours de statistique donné à l'Université du Québec à Trois-Rivières, voici les résultats obtenus par les 42 étudiants qui se sont rendus jusqu'à la fin!

La série des x donne le résultat des examens périodiques subis au courant de la session, tandis que la série des y donne le résultat de l'examen de synthèse. Calculer le r de Pearson, sachant que $\overline{X} = 44,4048$, $s_x = 11,502$, $\overline{Y} = 26,2381$, $s_y = 8,3193$. Dessiner le nuage de points.

x	y	x	y	x	y	x	y	x	y	x	y	x	y
32	16	40	17	54	35	40	22	47	24	51	38	53	30
54	34	57	40	39	24	59	32	44	27	52	35	33	26
42	22	55	26	42	28	42	22	53	19	60	30	9	4
43	30	52	34	55	23	58	33	58	37	46	27	41	23
36	27	50	26	39	29	58	38	27	6	44	25	52	34
47	33	37	28	48	24	37	21	17	8	22	15	40	30

6. Un groupe d'étudiants en éducation physique a fait un travail auprès de 36 jeunes joueurs de hockey de la ligue PEE-WEE. Chaque joueur passait un test de patinage décrit au no 4 ci-haut (série des x), ainsi qu'un test de récupération cardiaque appelé STEP-TEST en bon "franglais". Ces derniers résultats constituent la série des y, et ils sont ainsi faits que plus le résultat est fort, meilleur est le rendement du coeur. Voici les résultats obtenus. Calculer le r de Pearson et dessiner le nuage de points.

x	y	x	y	x	y	x	y	x	y	x	y
700	80	650	83	660	95	520	72	640	81	660	63
680	79	640	73	620	77	510	70	680	79	690	97
670	100	650	81	620	84	340	64	700	75	640	84
680	76	630	84	620	81	700	82	720	100	620	81
660	79	640	85	600	72	670	76	640	73	500	72
750	97	650	89	580	93	510	70	630	77	690	92

$\overline{X} = 632,222$ $s_x = 76,536$ $\overline{Y} = 81$ $s_y = 9,508$

6.1.7.

6.1.8.   INTERPRÉTATION DU r

Nous avons vu ce qu'est la corrélation en général, puis nous avons appris à calculer le coefficient r de Pearson. Il reste encore plusieurs points à éclaircir.

- Que dire d'une corrélation entre deux caractères pour laquelle $r = 0,56$. Est-ce beaucoup? Est-ce peu?

- Je constate une corrélation de $0,74$ entre les résultats de mathématiques et ceux de physique d'un même groupe d'étudiant(e)s. Est-ce surprenant? Est-ce normal?

- Le ministère de la santé d'un pays voisin démontre qu'il existe une corrélation très forte entre la consommation fréquente de tabac et le cancer du poumon. Cela prouve-t-il que le tabac soit cause du cancer du poumon?

- Les résultats d'un groupe de sujets donnent une forte corrélation positive entre l'aptitude à la course et la capacité de lever des haltères. Est-il possible que cette forte corrélation soit due au choix des sujets alors qu'il n'y a, en fait, aucun lien?

Essayons d'apporter quelque lumière sur ces points dans les trois sections suivantes.

6.1.8.1. QUAND r EST-IL GRAND?

A cette question, on ne peut pas donner de réponse exacte pour la bonne raison qu'il n'y en a pas. Une valeur de r est grande ou petite en comparaison avec les valeurs habituelles de r dans le même contexte. Bref, ça dépend des circonstances et de l'utilisation qu'on veut faire de ce coefficient.

Evidemment, pour les valeurs extrêmes de r, il n'y a pas d'ambiguité :

$r = 0$ aucune corrélation linéaire
$r = 1$ corrélation parfaite positive
$r = -1$ corrélation parfaite négative

Mais pour les autres valeurs, tout dépend. Prenons $r = 0,40$, par exemple. Cette valeur est beaucoup trop petite si elle caractérise le lien entre des résultats scolaires dans des matières voisines. Mais par contre un coefficient de corrélation de 0,70 entre la physique et la chimie, ou entre la rédaction et la grammaire est habituel. Donc 0,40 est étrangement petit. Au contraire, -0,40 sera un coefficient très grand s'il caractérise le lien entre l'âge au décès et la quantité d'absorption d'un certain médicament. Cette corrélation indique que dans beaucoup de cas, plus il y a "la pilule", plus jeune on meurt. Si le médicament en question n'est pas essentiel, un coefficient de -0,40 sera probablement suffisant pour retirer ce médicament de la circulation.

Voici une liste extrêmement intéressante de valeur de r obtenues effectivement par des chercheurs. Cette liste provient du volume "LA STATISTIQUE à l'Ecole Normale et au Baccalauréat en Pédagogie", Fr. Ephrem, p. 254. Les commentaires sont de votre humble serviteur.

6.1.8.1.

- Age et succès scolaires en 10e année (Holley), r = -0,49. (Ceux qui ont plus de 18 ans en 10e année n'obtiennent ordinairement pas les plus merveilleux succès!)

- Poids du cerveau et habilité politique (MacDonald), r = -0,11. (Cette recherche fut inutile! Tout le monde savait que les gros cerveaux ne sont pas dans les parlements!)

- Dessin et mémoire (Ayer), r = -0,02.

- Arithmétique et vocabulaire (Anastasie), r = -0,01. (Ainsi, moi qui suis bon en mathématique, je... heu! ... Heu! ...)

- Caractère autoritaire et intelligence (Bender), r = 0,00.

- Poids et quotient intellectuel (Sullivan), r = 0,10. (Le bourrage de crâne contribuerait-il à augmenter le poids du cerveau?)

- Ressemblance physique entre parents et enfants (Jones), r = 0,45.

- Traits mentaux entre frères (Pearson), r = 0,50.

- Intelligence, père et fils (Leaby), r = 0,51. (Le père et le fils se ressembleraient-ils plus intellectuellement que physiquement?)

- Taille et poids (Castle), r = 0,54.

- Note des mêmes sujets en 11e et en 12e année (Brooks), r = 0,75.

- Test de Goodenough et test de Stanford-Binet (Goodenough), r = 0,91.

- Température et nombre de cris du criquet en une minute (Holmes), r = 0,99. (Pour avoir trouvé une telle corrélation, ce chercheur doit descendre de Sherlock!)

Dans le dernier cas, il doit être possible d'énoncer une loi physique. On peut citer d'autres corrélations curieuses :

- L'ordre chronologique des pièces de Corneille et le nombre moyen de mots par alexandrins, r ≃ 0,75. (Tiré de "Initiation à la statistique linguistique", Charles Muller, Larousse). Plus Corneille vieillit, plus il lui faut de mots pour faire un alexandrin, c.-à-d. plus ses mots sont courts.

- Le plus grand diamètre et la hauteur de 100 coquilles d'une espèce d'Escargot donne r = 0,72 ("Initiation aux méthodes statistiques en biologie", M. Lamotte, Masson et Cie).

6.1.8.2. CORRÉLATION N'EST PAS CAUSE

C'est une distinction importante qu'il faut faire: la corrélation dit ce qui se passe, elle ne dit ni le pourquoi, ni le comment. Quand la corrélation dit qu'il existe un lien linéaire entre la consommation de tabac et le cancer, elle ne dit pas que l'un est cause de l'autre.

6.1.8.2.

Elle dit simplement que les gros fumeurs sont souvent des cancéreux.
Les gros fumeurs se réjouiront de cette nuance et diront: "La cigarette
et le cancer ont peut-être une cause commune! Peut-être une certaine
angoisse pousse-t-elle à fumer et cause-t-elle parfois le cancer!" s'il
n'y avait que le coefficient de corrélation, ils auraient raison. Malheureusement pour eux, il y a aussi les tests de laboratoire qui ont démontré qu'on peut donner un cancer à une grenouille en lui appliquant du
goudron de cigarette sur la peau. On voit la complémentarité des deux
méthodes: étude statistique et étude contrôlée en laboratoire. La corrélation indique un lien entre deux choses, l'étude en laboratoire essaye de trouver la nature de ce lien.

Ainsi, on raconte qu'aux U.S.A. un chercheur trouva une très forte
corrélation positive entre les salaires des professeurs et le volume des
ventes de bière. Il serait naturellement farfelu de croire que l'augmentation des salaires des professeurs soit la cause de l'augmentation
des ventes de bière. Tout aussi farfelu serait de croire que l'augmentation des ventes de bière soit la cause de l'augmentation des salaires
des professeurs. La seule explication serait que les négociateurs pa-
tronaux font abus de la dive boisson, ce qui les rend moins radins!
Non! Ce n'est pas le cas!!! Il est bien évident que les deux phénomènes ne sont que deux aspects de l'augmentation du niveau de vie qui donne aux salariés de meilleurs revenus et augmente l'importance des loisirs.

Donc il ne faut jamais considérer la corrélation comme un lien de
cause à effet.

6.1.8.3. FACTEURS QUI PEUVENT FAUSSER LA VALEUR DE r

Lorsque le groupe d'individus étudiés manque d'homogénéité, il arrive que la valeur de r perde passablement de signification. Supposons
encore un de nos exemples farfelus. Vous voulez mesurer le lien entre
l'aptitude à lever des haltères et l'aptitude à la course. Vous vous
installez à la sortie du collège sur la fin de l'après-midi et vous abor-
dez les étudiants qui sortent. Quelques tests bien faits, et vous cotez
chaque individu selon chacune des deux aptitudes. Vous obtenez, après

6.1.8.3.

calcul, une corrélation positive assez forte, ce qui vous surprend. En
effet, les gens qui lèvent de
gros poids devraient être plutôt costauds et lourds, ce qui
ne les favorise pas forcément
pour la course. Or en étudiant
le diagramme, vous remarquez
qu'il semble y avoir deux
groupes de points. Vous re-
visez les noms des cobayes et
vous constatez que le hasard
(ce misérable!) vous a fait
rencontrer effectivement deux
groupes : l'équipe de football

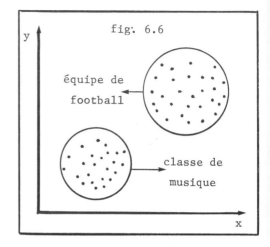

fig. 6.6

équipe de football

classe de musique

du Cégep qui revenait d'une pratique, et une classe de l'option musique!
Pris séparément, les points de chaque groupe ne donnent aucune corrélation, mais si l'on met les deux groupes ensemble, la position des deux
groupes de points donne l'impression d'une corrélation. Moralité: il
faut s'assurer d'une certaine homogénéité dans le groupe.

Le facteur âge fausse parfois la corrélation de façon assez semblable. Ainsi des tests mesurant deux aptitudes scolaires et même spor-
tives donnent parfois une corrélation positive exagérée si on les administre à des jeunes d'âges différents. En effet, plus l'étudiant est
avancé en âge, plus ses aptitudes augmentent dans la plupart des domaines. Le coefficient r dit alors que les forts dans une branche sont
aussi forts dans l'autre, et que les faibles sont faibles partout. Ce
n'est pas tout-à-fait la vérité. Il faudrait prendre des gens de même
âge pour voir s'il y a réellement un lien entre les deux aptitudes.

6.2 LA RÉGRESSION

6.2.1. NOTION DE RÉGRESSION LINÉAIRE

Une fois qu'on a trouvé qu'il y a une bonne corrélation entre deux
séries, il peut être intéressant de trouver une équation qui exprimerait

le mieux possible, le lien entre les deux aptitudes.   Supposons par
exemple que nos deux séries soient les suivantes :

x	26	36	10	20	48
y	23	31	14	9	28

On obtient r = 0,8048   ce qui
est une bonne corrélation.

On dessine ensuite les points et on obtient la figure 6.7.

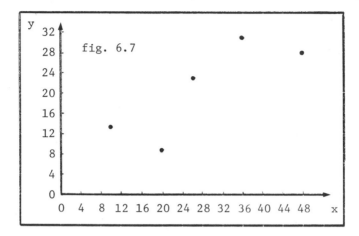

fig. 6.7

On aimerait tracer une droite qui passerait le plus près possible de ces points.   Si on trace cette droite intuitivement, le résultat
n'est pas très précis.   Les droites ci-dessous semblent aussi bonnes les
unes que les autres.

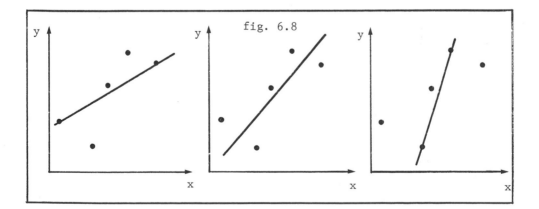

fig. 6.8

6.2.1.

Si on pouvait trouver la meilleure droite possible, on aurait alors une équation qui pourrait exprimer le lien entre y et x.

Est-il nécessaire de rappeler que l'équation d'une droite peut s'écrire $y = b_0 + b_1 x$ où b_0 s'appelle l'ordonnée à l'origine et b_1 la pente? Sûrement pas, mais je le fais quand même! La figure 6.9 résume l'essentiel de ces notions de géométrie analytique supposées connues depuis la maternelle!

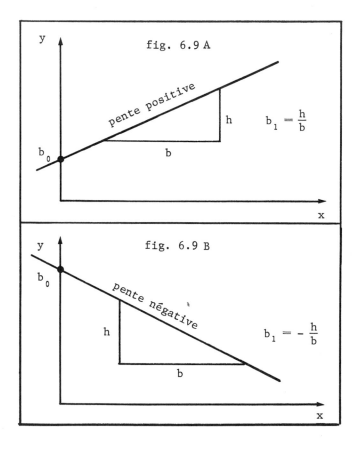

Essayons donc de trouver la meilleure droite $y = b_0 + b_1 x$ pour les points de notre exemple. Le critère que nous utiliserons sera celui des moindres carrés. Il s'agit de choisir b_0 et b_1 de telle sorte que

6.2.1.

la quantité $D = d_1^2 + d_2^2 + d_3^2 + d_4^2 + d_5^2$ soit la plus petite possible (voir figure 6.10).

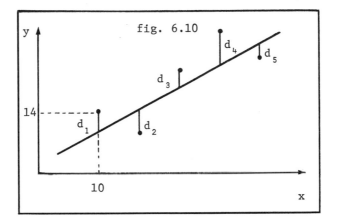

Or une quantité comme d_1, par exemple, représente l'écart entre le vrai point $(10,14)$ et le point $(10,?)$ qui devrait être sur la droite. Si on réussit à rendre D le plus petit possible, la droite ainsi obtenue est sûrement la plus proche possible de chacun des points. A l'aide du calcul différentiel, il est relativement facile de trouver les expressions de b_0 et b_1:

$$b_1 = \frac{\sum (x - \overline{X})(y - \overline{Y})}{(n-1)s_x^2}$$

$$b_0 = \overline{Y} - b_1 \overline{X}$$

6.2.2. L'ART DE CALCULER b_0 et b_1

Encore ici, l'astuce nous permet de sauver du temps et de l'effort, en utilisant des formules plus efficaces, avec un mini-calculateur: Formules plus efficaces:

$$b_1 = \frac{\sum xy - n\,\overline{X}\,\overline{Y}}{(n-1)\,s_x^2} = \frac{\sum xy - \frac{(\sum x)(\sum y)}{n}}{(n-1)\,s_x^2}$$

6.2.2.

De plus, si le "r" a déjà été calculé, on peut obtenir b_1 à partir de la relation :

$$b_1 = r \frac{s_y}{s_x}$$

$$b_0 = \overline{Y} - b_1\overline{X} = \frac{(\sum y) - b_1(\sum x)}{n}$$

EXEMPLE.   Reprenons l'exemple précédent (figure 6.7)

x	26	36	10	20	48
y	23	31	14	9	28

a)   Calculons les coefficients b_0 et b_1 de la droite de régression.

b)   Dessinons cette droite dans le nuage de points.

c)   A l'aide de la droite de régression, quelle est la valeur de "y" qui correspond à $x = 30$?

SOLUTIONS :

PREMIÈRE SOLUTION :

a)   Calculons $\sum x = 140$ $\sum x^2 = 4\ 776$ $\Rightarrow s_x^2 = 214$

   $\sum y = 105$ $\sum xy = 3\ 378$

On obtient :

$$b_1 = \frac{\sum xy - \frac{(\sum x)(\sum y)}{n}}{(n-1)\ s_x^2} = \frac{3\ 378 - \frac{(140)(105)}{5}}{4(214)} = 0,511682$$

$$b_0 = \frac{(\sum y) - b_1(\sum x)}{n} = \frac{105 - (0,5117)140}{5} = 6,6729$$

DEUXIÈME SOLUTION :

Puisqu'on dit (au début de la section 6.2.1) que $r = 0,8048$, calculons s_x et s_y.

$s_x = \sqrt{214}$ (calculé dans la première solution) $= 14,6287$

$\sum y^2 = 2\ 551$ et $\sum y = 105$ alors $s_y = 9,3005$

Donc $b_1 = r \frac{s_y}{s_x} = (0,8048)\frac{9,3005}{14,6287} = 0,5117$

b_0 se calcule comme ci-haut.

6.2.2.

b) La droite est donc $y = 6,6729 + 0,5117x$

Pour dessiner cette droite, il suffit de pointer $b_0 = 6,6729$ sur l'axe vertical et de trouver un autre point quelconque; on prend une valeur de x qui soit facile à calculer et on trouve le y correspondant.

Par exemple, pour $x = 10$, $y = 6,6729 + 0,5117 (10)$

$$y = 6,6729 + 5,117 = 11,7899$$

On trace ensuite la droite qui passe par ces deux points.

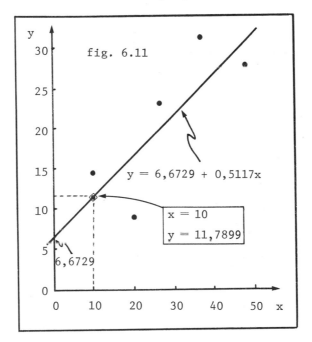

fig. 6.11

c) Si $x = 30$, la valeur de y correspondante sur la droite est $y = b_0 + b_1x = 6,6729 + 0,5117 (30) = 22,0239$.

6.2.2.

6.2.3. EXERCICES ET SOLUTIONS

1. a) Trouver la droite de régression pour les points
de la figure ci-contre.

b) Tracer cette droite.

c) Quelle valeur de "y"
correspondrait à x = 28
sur cette droite?

d) A l'aide du nuage de
points peut-on estimer
une erreur pour cette va-
leur de y, c.-à-d. trou-
ver A et B tels que probablement A ≤ y ≤ B?

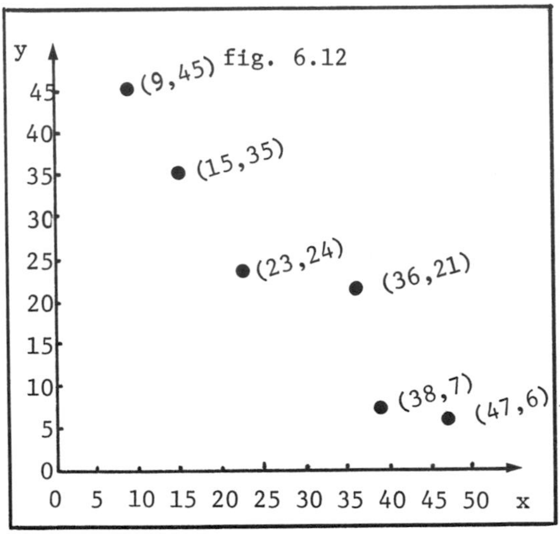

fig. 6.12

SOLUTIONS:

a) $\sum x = 168 \qquad \sum x^2 = 5\ 784 \qquad \Rightarrow s_x^2 = 216$

$\sum y = 138 \qquad \sum xy = 2\ 786$

$$b_1 = \frac{\sum xy - \dfrac{(\sum x)(\sum y)}{n}}{(n-1)\ s_x^2} = \frac{2\ 786 - \dfrac{(168)(138)}{6}}{5(216)} = -0,99815$$

$$b_0 = \frac{(\sum y) - b_1(\sum x)}{n} = \frac{138 - (-0,9981)168}{6} = 50,9481$$

$$\Rightarrow \boxed{y = 50,9481 - 0,9981x}$$

b) Pour tracer cette droite, choisissons deux valeurs de x qui
sont faciles à calculer. Par exemple:

Pour x = 10 ⇒ y = 50,9481 - 0,9981 (10) = 40,9671 ≃ 41

Pour x = 40 ⇒ y = 50,9481 - 0,9981 (40) = 11,0241 ≃ 11

On place donc les deux points (10,41) et (40,11). On trace
ensuite la droite qui passe par ces deux points (voir figure
6.13).

6.2.3.

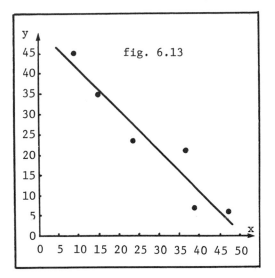

fig. 6.13

c) Si $x = 28$,

$y = b_0 + b_1 x = 50,9481 - 0,9981 \, (28)$

$y = 23,001 \simeq 23$

d) Graphiquement, le point le plus loin de la droite est $(38,7)$. A l'oeil, on peut estimer que l'erreur $d_5 \simeq 6$ (cf. fig. 6.10). Si l'on attribue une pareille erreur au point dont le $x = 28$, on aura $y = 23 \pm 6$ c.-à-d. "y" entre 17 et 29.

2. Supposons encore une fois que tu es professeur et que ta chère élève Pancracette a dû s'absenter de l'examen final à cause d'une raison très valable (ablation de la prostate de sa grand-mère!) Tu veux lui accorder une juste note d'examen, en te basant sur la droite de régression. Comment faire? Voici les résultats dont tu disposes :

No de l'étudiant	1	2	3	4	5	6	7	8	9	10	11	12	13	14	15
Résultat des travaux de la session, sur 60	49	45	26	50	47	58	41	49	46	43	51	55	42	46	29
Résultat de l'examen final, sur 40	22	20	6	33	18	28	abs	25	13	10	34	29	23	30	14

élève Pancracette

6.2.3.

SOLUTION.

Enlevons la 7e élève(Pancracette) et prenons pour série x les 14 résultats restants pour les travaux. De même, la série y sera composée des 14 résultats de l'examen final.

On calcule $\sum x = 636$ $\sum x^2 = 29\ 888$ $s_x^2 = 76,5714$

$\sum y = 305$ $\sum xy = 14\ 588$

$$b_1 = \frac{\sum xy - \dfrac{(\sum x)(\sum y)}{n}}{(n-1)\ s_x^2} = \frac{14\ 588 - \dfrac{(636)(305)}{14}}{(13)76,5714} = 0,73565$$

$$b_0 = \frac{(\sum y) - b_1(\sum x)}{n} = \frac{(305) - (0,73565)636}{14} = -11,6338$$

Donc l'équation est : $\boxed{y = -11,6338 + 0,7356x}$

Puisque le résultat des travaux de Pancracette est x=41, on pourrait
lui attribuer pour l'examen final, le résultat "y" qui correspond
à x = 41 sur la droite de régression, c.-à-d.

y = -11,6338 + 0,7356 (41) = 18,5258 ≃ 19 si on arrondit. On devrait donc lui donner le résultat y = 19 pour l'examen. Son résultat total serait donc 41 + 19 = 60. Si la note de passage est
60... OUF! pour Pancracette!

6.2.4. EXERCICES

1. *Utilisation de la régression
pour dire l'avenir.* (rien à voir
avec l'astrologie!) Les ventes
d'un service, pour les 8 mois pas-
sés, sont données à la figure 6.14.
Quelles sont les ventes les plus
vraisemblables que l'on peut prévoir pour le mois prochain?

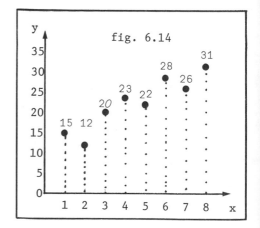

fig. 6.14

6.2.4.

2. Vous mesurez le diamètre et la circonférence de 5 types d'assiettes que vous avez dans votre armoire, et obtenez les résultats ci-dessous.

diamètre x en cm	circonférence y en cm
25	78,5
14	44,0
12	37,7
18	56,5
21	66,0

Montrez que la droite de régression donne approximativement $y = \pi x$ où $\pi = 3,1416$. Les erreurs sont dues à l'imprécision des mesures (c.-à-d. à 0,1 cm près).

3. Au numéro 5, section 6.1.7, on a étudié la corrélation qui existe entre le résultat x des examens périodiques pendant la session et le résultat y de l'examen final. On a obtenu les résultats suivants: $\overline{X} = 44,4048$ $s_x = 11,502$ $\overline{Y} = 26,2381$ $s_y = 8,3193$ et $r = 0,809$. Si on utilise la droite de régression, quel résultat pourrait-on attribuer à une étudiante qui n'a pu se présenter à l'examen final, sachant que son résultat pour les examens périodiques était $x = 51$?

4. Au numéro 2, section 6.1.7, on a obtenu un coefficient $r = -0,9763$ entre le prix de vente x d'un produit et le volume y des ventes de ce produit. Si l'on se base sur la droite de régression et si l'on fixe à $x = \$13,75$ le prix du produit pour le prochain mois, quel volume y des ventes peut-on espérer?

$\overline{X} = 12,264$ $s_x = 1,434$

$\overline{Y} = 6085,7$ $s_y = 1383,7$

6.2.4.

6.3 EXERCICES MÊLÉS ET MÊLANTS

1. Les factures d'électricité sont envoyées à tous les deux mois, au Québec. Un particulier veut savoir combien il a payé en électricité l'an dernier. Malheureusement, il lui manque la facture du mois de novembre.

Mois	Il y a 2 ans: x	L'an dernier: y
Janvier	27,57	33,74
Mars	40,28	50,02
Mai	33,39	40,87
Juillet	23,29	33,27
Septembre	24,00	25,07
Novembre	25,90	perdue

a) Calculer le coefficient de corrélation r pour voir si la droite de régression colle bien au nuage de points.

b) Trouver l'équation de la droite de régression.

c) Evaluer le montant de la facture manquante.

d) Dessiner le nuage de points ainsi que la droite de régression.

e) En regardant ce dessin, et les écarts entre les vraies valeurs y et ce que la droite laisse prévoir, pouvez-vous trouver très approximativement une marge d'erreur pour l'estimation faite en c)?

2. Au début de la section 6.1.5, la figure 6.1 représente les résultats de 13 personnes qui ont passé deux tests. On a obtenu par la suite que r = 0,769.

a) Trouver l'équation de la droite de régression.

b) Quel résultat pourrait-on attribuer pour le second test, à une personne qui n'a essayé que le premier test avec un résultat de x = 7?

c) En examinant la figure 6.1, pouvez-vous évaluer une marge d'erreur pour cette estimation?

3. Au numéro 4, section 6.1.7, on a donné les deux séries de la page suivante:

Classement x de l'instructeur	Test de patinage y
1	920
2	730
3	700
4	670
5	760
6	640
7	700
8	700
9	650
10	610
11	550
12	580
13	700
14	520
15	570
16	460

En utilisant la régression, et sachant que $\overline{X} = 8,5$ $s_x = 4,761$
$\overline{Y} = 653,75$ $s_y = 108,804$ $r = -0,8185$

a) Quel résultat "y" peut-on espérer pour un nouveau joueur que l'instructeur classe "7"?

b) Si un nouveau joueur réussit le test de patinage avec y = 630, quel numéro pourrait-on lui attribuer, c.-à-d. quelle valeur de x lui conviendrait le mieux?

4. Pour les deux séries ci-dessous :

x	4	10	7	5	6	9	8
y	2	20	11	5	8	17	14

a) Calculer le r de Pearson sachant que $\overline{X} = 7$ et $\overline{Y} = 11$.

b) Calculer l'équation de la droite de régression. Le nuage de points est-il bien "aligné" sur cette droite?

5. Voici les quotients intellectuels (x) et les succès scolaires (y) exprimés en scores T d'un groupe d'étudiants de 10e année.

n = 13 $\overline{X} = 113,69$ $s_x = 10,25$ $\overline{Y} = 49,923$ $s_y = 12,513$.

Q.I. (x)	99	123	123	104	127	108	122	106	104	123	100	121	118
Score T (y)	39	45	39	50	65	34	61	42	50	75	40	64	45

Calculer le r de Pearson pour voir si, dans ce groupe, le Q.I. a un lien avec les succès scolaires.

6. Voici, pour les mêmes étudiants qu'au numéro précédent, les valeurs x du quotient intellectuel Q.I. mis en relation avec un coefficient d'adaptation familiale y. Dans cette série, plus le coefficient est petit, meilleure est l'adaptation.

Q.I. (x)	99	123	123	104	127	108	122	106	104	123	100	121	118
A.Fam. (y)	19	15	4	4	2	2	27	4	3	7	4	10	15

Calculer le r de Pearson. Ce coefficient décèle-t-il un lien entre les deux caractéristiques dans ce groupe?

7. Une tante sadique a donné au petit Toto un magnifique tambour-jouet. Chaque soir, après souper, le petit Toto vient jouer un beau morceau de tambour près de son papa qui essaye désespérément de laver la vaisselle. Une étude attentive a compilé d'une part la série x du nombre moyen de coups de tambour par 15 secondes pour chacun des 12 jours qui précédèrent la rentrée du papa à l'hôpital, et d'autre part, le pouls y du papa pendant le concert, pour ces 12 jours.

x = nombre moyen de coups	20	13	17	24	15	19	30	9	26	18	22	29
y = pouls moyen	173	168	165	190	165	176	202	157	185	180	185	198

Calculer le r de Pearson, sachant que $\overline{X} = 20,1667$ $s_x = 6,3652$ $\overline{Y} = 178,667$ $s_y = 13,898$.

8. Voici les chiffres d'affaires mensuels d'un commerce, en unités de \$10 000, pour une période de 36 mois.

$\overline{X} = 18,5$ $s_x = 10,536$ $\overline{Y} = 8,602$ $s_y = 0,3959$

mois numéro x	chiffre d'affaires y
1	7,81
2	8,12
3	8,04
4	7,91
5	7,70
6	8,21
7	8,24
8	8,15
9	8,37
10	8,22
11	8,54
12	8,52
13	8,82
14	8,38
15	8,53
16	9,10
17	8,64
18	8,52
19	8,48
20	8,90
21	8,72
22	8,95
23	8,80
24	8,86
25	8,91
26	9,02
27	8,61
28	8,80
29	8,93
30	9,06
31	8,94
32	8,77
33	9,32
34	8,94
35	8,81
36	9,02

a) Trouver l'équation de la droite de régression.

b) En vous basant sur b_1, estimer l'augmentation annuelle moyenne.

c) En vous basant sur la régression, faites une prédiction pour le chiffre d'affaires du prochain mois (c.-à-d. le 37e).

d) De telles prédictions ne sont intéressantes qu'en autant que la corrélation est forte. Calculer le r de Pearson.

6.3.

9. Après avoir perdu son emploi au poulailler, Christophe Colomb eut envie de voir du pays.   Aussi il s'engagea dans la marine et commença à s'entraîner dans le maniement du navire à voile.   Voici le tableau de ses performances pour les 7 premières leçons.

Vitesse du vent x	80	61	15	142	151	62	140
Vitesse maximun y du bateau de Christophe	32	26	6	47	69	35	58

La vitesse du vent était autrefois exprimée en ferdinoeud (mesure moyen-âgeuse de vitesse).   Les amateurs de précision pourront ramener ces valeurs en kilomètre/heure très facilement en les multipliant par

$$\arcsin 0{,}7923 - \left[\log \ \operatorname{ctg} \ \ 21^{\circ}36'\right]\left(\frac{4{,}78192}{0{,}75034 \ \log_e \ 51{,}7893}\right).$$

La vitesse du bateau, exprimée en ferdinoeuds, peut être ramenée en "noeuds" d'une façon analogue, mais comme personne ne sait ce que représente un "noeud marin", conserver les unités moyenâgeuses et calculer l'équation de la droite de régression.

6.3.

7

SOMMAIRE

CHAPITRE 7

LES PROBABILITÉS

Nous avons maintenant terminé ce que l'on appelle la statistique descriptive, c.-à-d. cette partie de la statistique qui essaye de décrire une ou des séries de résultats, soit en les présentant sous forme de tableaux, soit en calculant des mesures de centre, de dispersion, etc.

Maintenant, notre but est d'aborder la statistique inférentielle, c.-à-d. cette partie de la statistique qui essaye, à partir de mesures faites sur un échantillon, de généraliser certaines conclusions à toute la population d'où provient l'échantillon. Mais avant de faire de l'inférence, nous devons étudier un prérequis indispensable: *la théorie des probabilités*.

7.1 NOTION DE PROBABILITÉ

Avant de définir la notion de probabilité, il faut établir le sens de certains mots et de certains symboles.

7.1.1. CONTEXTE ET NOTATIONS

Tous les problèmes de probabilités sont composés au départ d'un certain jeu de hasard, c.-à-d. d'une *expérience* pouvant produire différents *résultats* et c'est le *hasard* qui, d'une certaine manière, choisit le résultat qui va se produire.

Prenons un exemple. Supposons que j'ai une boîte qui contient un
marteau dont le manche est en bois,
représenté par la lettre M; un tournevis dont le manche est également
en bois dénoté T_B; un autre tournevis dont le manche est en plastique,
dénoté T_P; et enfin une clef en métal, dénoté C.

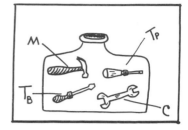

L'expérience consiste à bien mélanger les outils dans la boîte, à
la retourner et à la secouer jusqu'à ce que l'un des outils en sorte.
On suppose qu'il n'est pas possible que plusieurs outils en sortent en
même temps.

Il y a bien sûr quatre *résultats* possibles: M, T_B, T_P, C. Les résultats sont aussi appelés des *observables*. C'est une très bonne appel-
lation puisque ce que l'on pourra observer après l'expérience, c'est
l'un ou l'autre de ces quatre résultats.

Un *événement* est un ensemble de résultats. En général, un événement peut se décrire avec des mots. Par exemple, je peux considérer
l'événement qui consiste à obtenir un outil dont une partie est en bois.
On pourra noter par B cet événement (B pour "bois") :

B: "un outil dont une partie est en bois".

On peut aussi énumérer les résultats qui constituent B. Si je
veux avoir un outil dont une partie est en bois, je serai satisfait si
j'ai soit le marteau, soit le tournevis à manche de bois. On   note
ainsi cette énumération:

$$B = \left\{ M,\ T_B \right\}$$

Voici d'autres exemples d'événements que l'on pourrait considérer:

Avec des mots	En énumérant les observables
T: "un tournevis"	$T = \left\{ T_B,\ T_P \right\}$ $P(T) = \frac{1}{2}$
"un outil que l'on fait tourner"	$\left\{ T_B,\ T_P,\ C \right\}$
"un outil fait uniquement de	$\left\{ C \right\}$
métal"	

QUELQUES ÉVÉNEMENTS REMARQUABLES:

1. On utilise toujours la lettre S pour représenter l'ensemble de tous les résultats possibles. $S = \{M, T_B, T_P, C\}$. Cet ensemble s'appelle *l'espace échantillonnal*. Dans notre exemple, cet espace pourrait s'exprimer ainsi: S: "obtenir n'importe quel outil". Si tel est mon désir, il est évident que je serai très facile à satisfaire!

2. Si à l'autre extrême, je ne veux obtenir aucun de ces outils, on notera cet événement par le symbole ϕ. Si on veut énumérer les observables qui me donneront satisfaction, je dois écrire $\phi = \{\ \ \}$. Un tel ensemble s'appelle *l'ensemble vide*. Je ne serai jamais satisfait avec une telle expérience (Quel grognon, ce prof!)

3. Un événement qui ne contient qu'un seul résultat s'appelle un *singleton* (expression qui fait très cultivé, dans un salon, ma chère!) Par exemple, l'événement "un outil tout en métal" ne contient que l'observable C. On convient alors de laisser tomber les parenthèses inutiles, et de noter cet événement par la lettre C elle-même, c.-à-d. :

> C: "un outil tout en métal", alors $C = \{C\}$

aussi M: "un outil pour frapper" , alors $M = \{M\}$

DES ÉVÉNEMENTS DÉFINIS À PARTIR D'AUTRES ÉVÉNEMENTS

1. Le complément. Supposons l'événement "obtenir n'importe quel outil autre que le marteau". Cet événement peut se décrire ainsi: $\{T_B, T_P, C\}$. On conviendra de le dénoter $M' = \{T_B, T_P, C\}$, et on l'appellera le *complément* de M. De même, $C' = \{M, T_B, T_P\}$, $T_B' = \{M, T_P, C\}$, etc.

2. L'union. On peut définir un événement à l'aide de deux autres de la façon suivante. Soit $T = \{T_B, T_P\}$ c.-à-d. "un tournevis". Je m'intéresse à l'événement suivant: "soit un outil de T, soit C". On notera cet événement $T \cup C$, c.-à-d. T *union* C, et ici, on a que $T \cup C = \{T_B, T_P, C\}$ qui est justement M'. L'union de deux événements est donc composée des résultats qui appartiennent à l'un ou à l'autre. Le mot "ou" est essentiel.

3. L'intersection. Supposons $T = \{T_B, T_P\}$ et $B = \{M, T_B\}$ c.-à-d. "un outil avec du bois". Je m'intéresse à l'événement suivant: "un outil qui appartient en même temps à T et à B". On notera cet événement T ∩ B c.-à-d. T *intersection* B, et ici, on a que T ∩ B = T_B un singleton (oui! monsieur le ministre).L'intersection de deux événements est donc composée des résultats qui appartiennent à l'un et à l'autre. Le mot "et" est essentiel ici.

EXEMPLE.   Dans le contexte de notre exemple, énumérons les résultats de

a)   M' ∩ T'

b)   (M ∪ T)'

c)   T' ∪ B'

d)   T' ∩ B'

SOLUTION.   M' = $\{T_B, T_P, C\}$ T' = $\{M, C\}$ B' = $\{T_P, C\}$

a)   M' ∩ T': "les résultats communs à M' <u>et</u> à T'" c.-à-d.

   M' ∩ T' = C (un singleton! Eh oui!)

b)   M ∪ T = $\{M, T_B, T_P\}$ ⇒ (M ∪ T)': "n'importe quoi en dehors de M ∪ T."

   ⇒ (M ∪ T)' = C (encore et toujours un singleton, madame la présidente!)

c)   T' ∪ B': "soit dans T', soit dans B'" ⇒ T' ∪ B' = $\{M, T_P, C\}$

d)   T' ∩ B': "dans T' et dans B'"⇒ T' ∩ B' = C (serait-ce un singlet... schut!)

REMARQUE.   O vénérable lectrice, je passe un peu vite sur ces notions d'ensembles parce que tu es supposée les connaître depuis la pré-pré-maternelle. Si par malheur, tu n'as jamais étudié ces sujets... Condoléances!

7.1.2.   DÉFINITION SUBJECTIVE DE PROBABILITÉ

DÉFINITION.   Donner une probabilité à un événement, c'est essayer de déterminer le pourcentage des cas où on obtiendrait cet événement si l'on pouvait recommencer l'expérience indéfiniment, toujours dans les mêmes conditions.

Revenons à notre exemple. Je voudrais déterminer les probabilités d'obtenir l'un ou l'autre de mes quatre outils en retournant la boîte. Je pourrais raisonner ainsi.   Les tournevis sont

7.1.2.

plus élancés, ils ont moins d'aspérités que le marteau ou la clef. L'outil qui sortira sera peut-être un tournevis plus souvent qu'autre chose.
Cela revient à dire que la probabilité d'obtenir un tournevis sera sans
doute supérieure à 50%. On écrira simplement: $P(T) > 50\%$. Disons que
$P(T) = 60\%$. Les deux tournevis sont à peu près semblables, aussi on
peut leur donner même probabilité, c.-à-d. chacun sortira dans environ
30% des cas, alors

$$P(T_B) = P(T_P) = 30\%$$

Puisque je pense que dans 60% des cas, on aura un tournevis, il reste
40% des cas pour les autres, c.-à-d. le marteau et la clef. Je crois
que le marteau sortira à peu près aussi souvent que la clef. Cela revient donc à poser finalement:

$$P(M) = 20\%$$
$$P(C) = 20\%$$
$$P(T_B) = 30\%$$
$$P(T_P) = 30\%$$

En faisant un pareil raisonnement, j'ai réussi à assigner une probabilité à chacun des quatre résultats possibles. Et j'ai, du même coup, as-
signé une probabilité à tous les événements que je peux concevoir en vertu de la règle ci-dessous:

*RÈGLE. La probabilité d'un événement est la somme des probabili-
tés des résultats qui le constituent.*

En effet, si je reprends l'événement $T = \{T_B, T_P\}$, et puisque je pense
que T_B se produira dans environ 30% des cas, et T_P environ 30% également,
c'est que je crois avoir un tournevis dans environ 60% des cas, alors

$$P(T) = P(T_B) + P(T_P) = 30\% + 30\% = 60\%$$

De même, $B = \{M, T_B\}$
$\Rightarrow P(B) = P(M) + P(T_B) = 20\% + 30\% = 50\%$
Ou encore, $M' = \{C, T_B, T_P\}$
$\Rightarrow P(M') = P(C) + P(T_B) + P(T_P) = 20\% + 30\% + 30\% = 80\%$

7.1.2.

DIFFICULTÉ: Il est difficile de se fier à de telles probabilités. Elles ne sont basées que sur mon intuition, ce qui ne vaut pas cher! Si je recommençais mon expérience disons 100 000 fois, obtiendrais-je environ 20 000 fois le marteau, 20 000 fois la clef, 30 000 fois le tournevis à manche de bois et 30 000 fois celui à manche de plastique? Suis-je certain de raisonner convenablement? Qu'est-ce qui m'assure, par exemple, que le marteau ne va pas sortir dans 80% des cas parce qu'il est plus lourd que les autres? En général, on ne peut pas vérifier; et   assigner une probabilité à un événement est une opération fondamentalement subjective. Il y a tout de même deux cas où il est plus facile de bien choisir des probabilités. Voyons ces deux indicateurs.

7.1.3. PREMIER INDICATEUR: LA FRÉQUENCE RELATIVE (PROBABILITÉ EMPIRIQUE)

Dans certains cas, il est possible de répéter l'expérience un grand nombre de fois. Parfois même, ce travail a déjà été fait. Supposons par exemple que je m'installe avec beaucoup de courage (comme le disait ma grand-mère: "A chaque jour, sa croix!") et que je retourne ma boîte contenant les quatre outils 500 fois. J'obtiens les résultats suivants:

le marteau   M: 163 fois

la clef   C: 86 fois

le tournevis avec manche de bois T_B: 121 fois

le tournevis avec manche de plastique T_P: 130 fois

Les rapports $\frac{163}{500} = 0,326$; $\frac{86}{500} = 0,172$; $\frac{121}{500} = 0,242$; $\frac{130}{500} = 0,26$ sont appelés *les fréquences relatives* des quatre résultats. Lorsque le nombre de répétitions (que l'on note par N) est assez grand et que les expériences sont toujours réalisées dans les mêmes conditions, la fréquence relative est un très bon indicateur de la probabilité. Avec de tels renseignements, mes probabilités seront assignées avec plus de réalisme, si je choisis par exemple:

P(M) = 33%   P(T_B) = 24%

P(C) = 17%   P(T_P) = 26%

7.1.3.

En vertu de la règle précédente, je pourrai trouver la probabilité de n'importe quel événement. Par exemple:

$$P(T) = P(T_B) + P(T_P) = 24\% + 26\% \simeq \frac{121}{500} + \frac{130}{500} = \frac{251}{500} = 0,502 \simeq 50\%$$

$$P(B) = P(M) + P(T_B) = 33\% + 24\% \simeq \frac{163}{500} + \frac{121}{500} = \frac{284}{500} = 0,568 \simeq 57\%$$

En y regardant de près, on a $P(T) \simeq \frac{251}{500}$

c.-à-d. $P(T) \simeq \dfrac{\text{nombre de fois que T s'est réalisé}}{\text{nombre total d'expériences}} = $ la fréquence relative de T. Cette façon d'assigner une probabilité à un événement est valable pour n'importe quel événement. Résumons-la.

> *Si je répète une expérience N fois dans des conditions identiques, et si l'événement A qui m'intéresse se réalise n fois, alors un choix raisonnable pour la probabilité de A est $P(A) = \frac{n}{N}$ si N est grand.*

EXEMPLE. Une machine automatique produit continuellement des appareils électriques qui nécessitent une grande précision de fabrication. De temps en temps, la machine "se fatigue" et produit un appareil défectueux. Je veux évaluer la probabilité qu'un tel événement se produise, à un moment donné. En consultant le responsable de la qualité, j'obtiens l'information que, depuis qu'elle fonctionne, cette machine a produit 32 124 appareils dont 549 ont été rejetés comme défectueux.

SOLUTION.

$N = 32\ 124 \qquad n = 549$

fréquence relative $\dfrac{n}{N} = \dfrac{549}{32\ 124} = 0,01709$

Soit A: "le prochain appareil produit sera défectueux". Un bon choix sera: $P(A) = 1,71\%$

Il faut remarquer toutefois que ces 32 124 n'ont peut-être pas été réalisés dans des conditions identiques, à cause de l'usure progressive de la machine. Examinons alors combien d'appareils ont été rejeés sur les 5 000 derniers qui ont été produits. Supposons qu'on en trouve 138. Cela nous donne $\dfrac{138}{5\ 000} = 0,0276$. Comment choisir P(A) dans ces conditions? Il n'y a pas de règle: on

7.1.3.

fait pour le mieux au meilleur de notre jugement!

P(A) = 2,5% serait peut-être un bon choix.

7.1.4. SECOND INDICATEUR: DES RÉSULTATS ÉQUIPROBABLES

Dans certains cas, les résultats semblent tous avoir mêmes chances de se produire. S'il y a N résultats possibles, on peut alors raisonnablement supposer que chacun aura une probabilité de $\frac{1}{N}$.

EXEMPLE. Supposons que la boîte précédemment utilisée, au lieu de contenir des outils, contient 5 boules de billard: trois boules rayées et numérotées 1,2,3 que l'on notera par les symboles R_1, R_2, R_3; et deux boules unies que l'on notera par U_1 et U_2. Comme toutes ces boules sont de même forme et de même poids, il

est raisonnable de leur assigner la même probabilité, c.-à-d.

$$P(R_1) = P(R_2) = P(R_3) = P(U_1) = P(U_2) = \frac{1}{5}.$$

Si l'on cherche la probabilité d'un événement, on utilise la règle habituelle. Par exemple, cherchons la probabilité de l'événement R: "avoir une boule rayée".

$$R = \left\{ R_1, R_2, R_3 \right\} \text{ et}$$
$$P(R) = P(R_1) + P(R_2) + P(R_3) = \frac{1}{5} + \frac{1}{5} + \frac{1}{5} = \frac{3}{5}$$

$$P(R) = \frac{\text{nombre de résultats qui constituent R}}{\text{nombre total de résultats possibles}}$$

De même, si U: "avoir une boule unie"

$$U = \left\{ U_1, U_2 \right\},$$

$$P(U) = \frac{2}{5} = \frac{\text{nombre de résultats qui constituent U}}{\text{nombre total de résultats possibles}}$$

Et on obtient la règle suivante:

Si l'espace S contient N résultats possibles équiprobables, c.-à-d. ayant mêmes chances d'être choisis, et si l'événement A est constitué de n résultats, alors il est raisonnable de choisir P(A) = $\frac{n}{N}$.

7.1.4.

7.1.5. EXERCICES ET SOLUTIONS

1. Après une longue discussion sur la forme d'une punaise (petit clou et non "bibitte"), je juge qu'une punaise a autant de chance de s'immobiliser la pointe en l'air qu'autrement, après être tombée d'une certaine hauteur sur le plancher.

    a) Quelle probabilité ai-je assigné à l'événement A = "pointe en haut"?

    b) Pour vérifier, tu laisses tomber 200 punaises, et il se trouve que 122 ont la pointe en l'air. Quelle probabilité donneras-tu à l'événement A en te basant sur cette fréquence?

    c) Qui a raison?

SOLUTION.

    a) Je juge que A a autant de chance que les autres positions, c.-à-d. 1 chance sur 2. Je pose donc $P(A) = \dfrac{1}{2} = 50\%$.

    b) La fréquence relative est $\dfrac{122}{200} = \dfrac{61}{100} = 61\% = P(A)$.

    c) Toi, bien sûr! D'abord il est bien connu que je n'ai pas de jugement. Ensuite, tu te penses sûrement plus fin que moi. Enfin il est plus scientifique de se fier aux faits qu'aux longues discussions!

2. Une femme d'affaires accepte de financer la construction d'un restaurant de la grande chaîne LES FRITURES A LA BONNE HUILE GRAISSEUSE, car elle considère que ce restaurant a 10 chances contre 1 d'être rentable.

    a) Quelle probabilité assigne-t-elle à l'événement A: "le restaurant est rentable"?

    b) Sachant que sur les 47 restaurants ouverts antérieurement par cette compagnie, 7 furent considérés comme non-rentables, estimer la probabilité de A à l'aide de la fréquence relative.

    c) Disserter très longuement sur la différence entre l'estimation de la femme d'affaires et la fréquence relative.

7.1.5.

SOLUTION.

a) Si elle estime à 10 contre 1 les chances de A, cela veut dire qu'elle donne à l'événement A 10 chances sur 11, c.-à-d.

$$P(A) = \frac{10}{11} = 0,90909 \simeq 91\%$$

b) Sur $N = 47$ tentatives, 7 ont échoué, ce qui donne $n = 40$ succès. La fréquence relative est donc $\frac{n}{N} = \frac{40}{47} = 0,85106$. Il serait donc raisonnable de choisir $P(A) = 85\%$.

c) La femme d'affaires est optimiste, mais elle a peut-être raison de l'être si elle tient compte d'autres facteurs comme par exemple: excellence de l'emplacement, absence de concurrent dans la région, excellence du futur gérant, proximité d'une pharmacie (pour soulager les pauvres clients), etc... De plus il faut remarquer que les 47 restaurants ouverts antérieurement ne l'étaient probablement pas dans des conditions identiques, ce qui enlève un peu à la fréquence relative, la considération respectueuse qu'on lui doit d'ordinaire.

7.1.5.

3. Dans le jeu de Bingo, un meneur pige, sans la regarder, une bille dans le lot des 75 billes bien mélangées et identifiées ainsi:

$$B1-B2-B3-\ldots-B15$$
$$I16-I17-\ldots-I30$$
$$N31-N32-\ldots-N45$$
$$G46-G47-\ldots-G60$$
$$061-062-\ldots-075$$

a) Quelle est la probabilité de sortir une bille dont l'identification commence par G?

b) Quelle est la probabilité de sortir une bille dont le numéro est inférieur à 33?

SOLUTION.

a) Les billes ont toutes la même chance d'être pigées; on a donc une équiprobabilité. Il y en a N = 75; et l'événement G: "commençant par G" peut se réaliser avec les billes G46- G47- ...-G60, c.-à-d. avec n = 15 résultats. On doit donc choisir:

$$P(G) = \frac{n}{N} = \frac{15}{75} = \frac{1}{5} = 20\%.$$

b) Ici encore, N = 75 et les résultats qui nous donnent satisfaction sont: B1-B2-...-I16-I17-...I30-N31-N32   c.-à-d.

$$n = 32 \text{ et } P = \frac{n}{N} = \frac{32}{75} = 42,6667\%.$$

7.1.6. EXERCICES

1. Sur les 43 256 boîtes de gâteaux distribuées dans une région pendant un certain temps, 843 se sont perdues avant d'être vendues. Estimer la probabilité p que l'une de ces boîtes se perde avant d'être vendue.

2. Sur 183 fonctionnaires interrogés au Ministère de la Santé Morale, 73 se sont montrés favorables à la nomination de monsieur Lubric Voyeur au poste de directeur du bureau de la censure. Estimer la probabilité qu'une 184e personne de ce ministère soit également favorable à cette nomination.

3. Si on suppose l'équiprobabilité des 52 cartes d'un jeu à jouer, calculer:

a) P (tirer une carte de coeur)

b) P (tirer un as)

c) P (un as ou une carte de pique)

4. Si on a un dé à faces équiprobables, calculer

a) P (obtenir "2")

b) P (obtenir un nombre pair)

c) P (obtenir un nombre ≥ 5)

5. Sur un échantillon de 400 personnes, 128 boivent régulièrement du café Vaswelmass. Estimer la probabilité qu'un individu, choisi au hasard, soit amateur de ce café.

6. Un édifice à bureaux achète 150 fluorescents identiques. Après 8 900 heures d'opération, 137 sont encore en bon état. Estimer la probabilité qu'un fluorescent de cette marque fonctionne encore après 8 900 heures d'opération.

7. Madame Adam commence une partie de tennis avec Monsieur Béland. Elle se dit prête à parier $5 contre $3 qu'elle gagnera. Monsieur Béland refuse de gager par crainte de perdre. Que peut-on dire de la probabilité que monsieur Béland accorde à sa victoire? ("plus grande que" ou "plus petite que...").

8. Vous estimez avoir 4 chances contre 7 de revenir avec un poisson, lorsque vous passez l'après-midi à pêcher au Lac Pollué. Quelle probabilité accordez-vous à cet événement?

7.2 QUELQUES RÈGLES IMPORTANTES

Voyons d'abord deux règles évidentes qu'il ne faudra jamais oublier, pour ensuite aborder quelques lois plus compliquées.

7.2.1. DEUX ÉVIDENCES

$$P(S) = 1 \quad \text{et} \quad P(\phi) = 0$$

Si l'on a bien choisi nos probabilités, on doit nécessairement obtenir ces deux résultats. Voyons pourquoi.

7.2.1.

L'événement S est l'espace échantillonnal au complet, c.-à-d. l'ensemble de tous les résultats possibles. Cet événement peut donc se décrire ainsi: S: "obtenir n'importe lequel des résultats possibles". Il est évident que cet événement va se réaliser à chaque coup ⇒ P(S) = 1 = 100%. L'événement φ: "n'obtenir aucun des résultats possibles" ne se réalise jamais. C'est pourquoi P(φ) = 0.

7.2.2. LOI DU COMPLÉMENT

$$P(A') = 1 - P(A)$$

Revenons à notre exemple de la boîte à outils (figure 7.1) pour lequel on a choisi P(M) = 33%; P(C) = 17%; $P(T_B)$ = 24%; $P(T_p)$ = 26%. Si j'ai le marteau, événement M, dans 33% des cas, j'aurai nécessairement autre chose que le marteau, événement M', dans les autres cas, soit 67% du temps. Donc P(M') = 1 - 0,33 = 1 - P(M). Ce raisonnement est général et justifie la loi du complément.

7.2.3. LOI DE L'UNION

$$P(A \cup B) = P(A) + P(B) - P(A \cap B)$$

Cette loi est un peu plus compliquée à justifier, mais examinons ce qu'elle signifie en considérant T ∪ B où T: "un tournevis", B: "un outil contenant du bois".

T ∪ B = $\{T_B, T_p, M\}$. On a donc:

$$P(T \cup B) = P(T_B) + P(T_p) + P(M).$$

Tentons d'exprimer ce résultat à partir des événements

$$T = \{T_B, T_p\} \quad \text{et} \quad B = \{M, T_B\}.$$

$$P(T) + P(B) = P(T_B) + P(T_p) + P(M) + \underline{\underline{P(T_B)}}$$

On voit qu'on évalue deux fois la probabilité des résultats communs (ici, T_B). Si on enlève la probabilité de l'intersection T ∩ B = T_B, on aura l'égalité:

$$P(T) + P(B) - P(T \cap B) = P(T_B) + P(T_p) + P(M) = P(T \cup B).$$

Cette propriété peut se généraliser. En effet, si on considère deux événements quelconques A et B, P(A) est la somme des probabilités

7.2.3.

de tous les résultats qui constituent A. De même pour P(B). La probabilité des résultats communs à A et à B (c.-à-d. ceux qui constituent
A ∩ B) sont évalués deux fois quand on calcule P(A) + P(B). Si on veut
obtenir P(A ∪ B), il faut donc enlever P(A ∩ B) à P(A) + P(B), d'où la
loi:

$$P(A) + P(B) - P(A \cap B) = P(A \cup B)$$

7.2.4. LOI DE L'INTERSECTION

> $P(A \cap B) = P(A) \cdot P(B|A)$
> où $P(B|A)$ est la probabilité
> d'obtenir B, une fois que
> l'on a obtenu A.

Revenons à notre exemple de la boîte contenant 5 boules de billard
notées R_1, R_2, R_3, U_1, U_2 (figure 7.2), et supposons que je pige deux
boules, l'une après l'autre, sans remettre la première dans la boîte.
Quelle est la probabilité de tirer d'abord une boule unie, et ensuite
une rayée? Appelons A: "la première boule est unie"; B: "la deuxième
boule est rayée". Ce que je désire, c'est d'obtenir A et B, c.-à-d.
A ∩ B. On a donc P(A ∩ B) = P(A) · P(B|A). On doit d'abord calculer
P(A), soit la probabilité d'avoir une boule unie à la première pige.
Puisque les 5 boules sont équiprobables et qu'il y a deux boules unies,

$$\text{on a} \quad P(A) = \frac{2}{5}$$

Je dois ensuite calculer P(B|A), soit la probabilité de piger une boule
rayée à la deuxième pige, sachant que j'ai obtenue une unie à la première pige. Mais si j'ai enlevé une boule unie, il ne reste que 4 boules
équiprobables dont 3 sont rayées,

$$\Rightarrow P(B|A) = \frac{3}{4}$$

Donc $P(A \cap B) = P(A) \cdot P(B|A) = \frac{2}{5} \times \frac{3}{4} = \frac{3}{10} = 0,30 = 30\%$

7.2.5. EXERCICES ET SOLUTIONS

1. Je pige une carte d'un jeu normal dont les 52 cartes sont bien brassées. Sans replacer cette première carte, j'en pige une seconde.

a) P(tirer un coeur et ensuite un roi noir)

b) P(la première carte soit un coeur ou un as)

c) P(ne pas tirer deux as)

d) P(ne pas tirer de coeur)

e) P(tirer un coeur et un roi noir, dans n'importe quel ordre)

SOLUTIONS.

a) Si A: "un coeur en premier" et B: "roi noir en second"

$P(A \cap B) = P(A) \cdot P(B|A)$

Mais $P(A) = P(\text{un coeur}) = \dfrac{13 \text{ coeurs}}{52 \text{ cartes}} = \dfrac{1}{4}$

$P(B|A) = P(\text{un roi noir, sachant qu'il manque un coeur})$

$= \dfrac{2 \text{ rois noirs}}{51 \text{ cartes restantes}} = \dfrac{2}{51}$

$\Rightarrow P(A \cap B) = \dfrac{1}{4} \times \dfrac{2}{51} = \dfrac{1}{102} = 0,0098 = 0,98\%$

b) Si C: "la première est un coeur" et A: "la première est un as"

$P(C \cup A) = P(C) + P(A) - P(C \cap A)$

Or $P(C) = \dfrac{1}{4}$ (cf. a)

$P(A) = \dfrac{4 \text{ as}}{52 \text{ cartes}} = \dfrac{4}{52} = \dfrac{1}{13}$

$P(C \cap A) = P(\text{l'as de coeur}) = \dfrac{1 \text{ as de coeur}}{52 \text{ cartes}} = \dfrac{1}{52}$

$\Rightarrow P(C \cup A) = \dfrac{1}{4} + \dfrac{1}{13} - \dfrac{1}{52} = 0,307 = 30,7\%$

c) Si A: "tirer deux as", on cherche $P(A') = 1 - P(A)$

Mais A peut se décomposer en A_1: "tirer un as en premier" et

A_2: "tirer un as en second", et $A = A_1 \cap A_2$ $P(\text{pas un as ou l'un as})$

$\Rightarrow P(A) = P(A_1) \cdot P(A_2|A_1) = \dfrac{4}{52} \cdot \dfrac{3}{51} = 0,00452$ et 2 un noras

$\Rightarrow P(A') = 1 - 0,00452 = 0,99548 \simeq 99,5\%$

d) "Ne pas tirer de coeur" peut se décomposer en $W_1 \cap W_2$ où W_1 : "pas de coeur en premier" et W_2: "pas de coeur en second".

$P(W_1 \cap W_2) = P(W_1) \cdot P(W_2|W_1) = \dfrac{52-13}{52} \cdot \dfrac{52-13-1}{51} = \dfrac{39}{52} \cdot \dfrac{38}{51}$

$= 0,55882$

7.2.5.

e) Tirer un coeur et un roi noir, dans n'importe quel ordre peut se réaliser de deux façons. Soit le coeur en premier et le roi noir en second que l'on peut noter Z_1, ou dans l'ordre inverse, ce qui sera Z_2. On veut obtenir Z_1 *ou* Z_2, c.-à-d. on cherche $P(Z_1 \cup Z_2) = P(Z_1) + P(Z_2) - P(Z_1 \cap Z_2)$

Mais $Z_1 \cap Z_2$ est impossible: si on commence par un coeur, on ne peut pas aussi commencer par un roi noir. Donc $P(Z_1 \cap Z_2)=$

$\Rightarrow P(Z_1 \cup Z_2) = P(Z_1) + P(Z_2)$.

Mais $P(Z_1)$ est justement ce que nous avons calculé en a) c.-à-d

$P(Z_1) = \dfrac{1}{102}$. Il reste $P(Z_2) = P(\text{roi noir}) \cdot P(\text{coeur|roi noir})$

$= \dfrac{2 \text{ rois noirs}}{52 \text{ cartes}} \cdot \dfrac{13 \text{ coeurs}}{51 \text{ cartes restantes}} = \dfrac{1}{102}$ aussi

$P(Z_1 \cup Z_2) = \dfrac{1}{102} + \dfrac{1}{102} = \dfrac{1}{51} = 0,01961$

2. Quatre étudiants font un même problème de statistique et arrivent avec des réponses qui sont toutes différentes les unes des autres et l'une de ces réponses est la bonne. Supposons qu'Adolphe et Bernadette ont à peu près même force en math, aussi on peut supposer que leurs chances d'avoir raison sont égales. Claude est un étudiant qui a, semble-t-il, deux fois plus de chances qu'Adolphe d'avoir raison. Quant à Denise, c'est une étudiante brillante qui a autant de chance d'avoir raison que tous les autres réunis. Avec ces hypothèses, quelles sont les probabilités que chacun a d'avoir raison?

SOLUTION.

Prenons le symbole A pour désigner l'événement: "Adolphe a raison", B pour "Bernadette a raison", ainsi de suite. L'espace S s'écrit alors $S = \{A, B, C, D\}$.

Il faut utiliser la propriété que $P(S) = 1$.

Mais $P(S) = P(A) + P(B) + P(C) + P(D) = 1$

Posons $P(A) = x$. Comme $P(B) = P(A)$, on peut écrire $P(B) = x$ aussi.

Comme $P(C) = 2P(A)$, on a que $P(C) = 2x$. Enfin,

$P(D) = P(A) + P(B) + P(C) = x + x + 2x = 4x$.

7.2.5.

On a P(A) + P(B) + P(C) + P(D) = x + x + 2x + 4x = 1

$$8x = 1$$

$$x = 1/8$$

P(A) = P(B) = 1/8

P(C) = 1/4

P(D) = 1/2

7.2.6. EXERCICES

1. Les étudiants et étudiantes du Cégep de St-Lucien-des-Cantons-de-l'Est-Station se répartissent comme suit:

	1ère année	2e année	3e année	total
Etudiantes	717	436	103	1 256
Etudiants mâles	619	546	328	1 493

n = 2 749

Un étudiant, qui est peut-être une étudiante, frappe à la porte du directeur général.

a) Quelle est la probabilité que ce soit une fille de deuxième, si on peut supposer que tous les étudiants et étudiantes ont mêmes chances de se présenter au bureau du directeur général?

b) Quelle est la probabilité que ce soit une fille de deuxième, si l'on se fie au directeur qui affirme qu'il reçoit en moyenne 2 filles pour un garçon à son bureau?

c) Quelle est la probabilité que ce soit une fille de deuxième, si l'on est à un moment de la journée tel que les chances sont 3 contre 1 que ce soit quelqu'un de deuxième?

2. Dans le contexte du problème précédent,

a) le directeur estime qu'il y a 1 chance sur 2 que ce soit quelqu'un de première, ou une fille de troisième. Cette estimation est-elle compatible avec la probabilité de cet événement sans l'hypothèse d'équiprobabilité?

b) quelle est la probabilité que ce soit une fille ou quelqu'un de troisième?

7.2.6.

c) quelle est la probabilité que ce ne soit pas un mâle de première?

(3.) Je lance une pièce de monnaie puis un dé. On suppose tous ces objets "honnêtes" c.-à-d. chaque face a même probabilité que les autres.

   a) Décrire S

   b) P {avoir pile}

   c) P {avoir face et un nombre pair}

   d) P {avoir face ou un nombre pair}

   e) P {ne pas avoir 6}

4. Un bocal contient 4 balles vertes, 8 rouges et 11 noires. Quelle
est la probabilité de tirer une verte, ensuite une rouge, et enfin une
noire dans cet ordre, si...

   a) je remets la balle que j'ai pigée dans le bocal, et j'agite bien
      celui-ci entre chaque pige;

   b) je ne remets pas la balle tirée dans le bocal;

   c) je remets la première balle tirée, mais non la seconde.

–5. Une personne se présente à deux tests d'aptitudes physiques. En général, 40% des candidats réussissent le premier test. La proportion de
ceux qui réussissent le second test est de 60% chez ceux qui ont réussi
le premier test et de 30% chez ceux qui ont raté le premier.

   a) Calculer la probabilité de réussir les deux tests.

   b) Calculer la probabilité de réussir au moins un des deux.

(6.) Une analyse faite sur 1 241 pneus identiques montre que 118 étaient
hors d'usage par suite d'une crevaison avant 20 000 milles. Parmi les
pneus restants, 20% seulement furent considérés comme encore utilisables.
Si j'achète un pneu de cette catégorie, quelle est la probabilité qu'il
soit encore bon après 20 000 milles d'usage?

–7. Supposons qu'à Montréal 60% de la population est francophone. Les
anglophones s'adressent toujours aux serveuses de restaurant en anglais.
Lorsqu'un francophone s'adresse à une serveuse de restaurant, il y a 1
malchance contre 2 qu'il lui parle en anglais. Quelle est alors la pro-

7.2.6.

babilité que, dans cette "plus grande ville française après Paris", un individu au hasard s'adresse en anglais à une serveuse de restaurant?

8.   Un étudiant du Cégep se rend à l'Université rencontrer une directrice de module pour obtenir un renseignement. Il s'informe du chemin à un universitaire qui lui dit: "Pauvre toi, cette directrice de module n'est à son bureau qu'un jour sur trois. Et même si tu peux "l'accrocher", 80% du temps, elle est incapable de répondre à nos questions!" Si l'on se fie à ce très, très mauvais universitaire, quelle est la probabilité que notre élève du Cégep reçoive de la directrice de module le renseignement cherché!

7.3 UN PEU DE COMBINATOIRE

Nous savons maintenant que, sous l'hypothèse d'équiprobabilité, des points de S, la probabilité d'un événement A se ramène à :

$$P(A) = \frac{\text{nombre de résultats qui constituent A}}{\text{nombre de résultats dans S}} = \frac{\text{nombre de cas favorables}}{\text{nombre de cas possibles}}$$

Or dans certains problèmes de ce type, on rencontre de sérieuses difficultés pour compter les résultats de A et les résultats de S. C'est pourquoi nous allons aborder l'étude de l'analyse combinatoire. Cette branche des mathématiques a justement pour but de permettre de compter plus facilement les objets d'un ensemble ou les résultats d'un événement.

7.3.1. DIAGRAMME EN ARBRE

La façon la plus élémentaire de compter les résultats d'un événement consiste à les énumérer. Cela n'est possible que si ce nombre de résultats est relativement petit. Une technique plus brillante consiste à représenter S comme un arbre dont chaque branche terminale est un résultat de S. Voyons cette méthode avec l'exemple suivant.

EXEMPLE.   Je joue à pile ou face et j'arrête quand j'ai deux piles de suite, et de toute manière j'arrête après le 5e coup.
La méthode consiste à commencer par un point à gauche, et à dessiner les branches correspondant à chaque étape. Lorsque la partie s'arrête, on fait un point et la branche se termine là. Il ne reste qu'à compter les branches, chacune correspon-

dant à un résultat de S. Dans notre exemple, on compte 20 résultats.

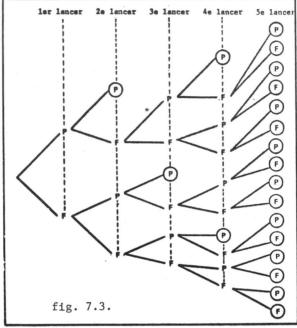

fig. 7.3.

Un des avantages de l'arbre, c'est qu'on peut s'en servir pour
trouver les probabilités des résultats de S lorsque ceux-ci n'ont pas
tous même probabilité. Ainsi, dans notre exemple, on peut voir que S
contient les points suivants:

PP

FPP

FFPP

PFPP

PFPFP

PFPFF

'

'

'

'

'

FFFFF

16 points qui nécessitent 5 lancers

7.3.1.

Or $P(PP) = P(\text{pile}) \cdot P(\text{pile}|\text{pile}) = \frac{1}{2} \cdot \frac{1}{2} = \frac{1}{4}$

$\begin{pmatrix} \text{la seconde pièce de monnaie} \\ \text{ignore ce qu'a .fait la première} \end{pmatrix}$

$P(FPP) = \frac{1}{2} \cdot \frac{1}{2} \cdot \frac{1}{2} = 1/8$

$P(FFPP) = 1/16$

$P(PFPP) = 1/16$

Les 16 autres ont tous 1/32 pour probabilité.

Vérifions que la somme donne bien 1:

$\frac{1}{4} + 1/8 + 2(1/16) + 16(1/32) = \frac{1}{4} + 1/8 + 1/8 + \frac{1}{2} = \frac{1}{4} + \frac{1}{4} + \frac{1}{2} = 1$.

Si par exemple, je définis A: "la partie se termine avant le 5e lancer"

$P(A) = P\{PP, FPP, FFPP, PFPP\} = \frac{1}{4} + 1/8 + 1/16 + 1/16 = \frac{1}{2}$

AUTRE EXEMPLE.   L'expérience consiste à tirer à pile ou face, lancer un
dé et ensuite choisir une lettre au hasard.   Combien de
résultats y aura-t-il dans S?   Construire un arbre.   Au
départ, j'ai deux branches, l'une pour pile et l'autre
pour face.

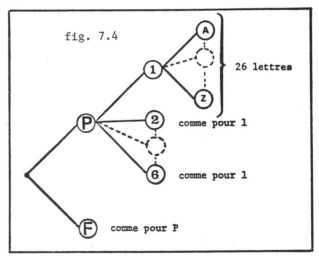

fig. 7.4

A cause de la symétrie, il n'est pas nécessaire de détailler les
branches issues de F; il suffira de multiplier par 2 le nombre de résultats issus de P.

De même, à la deuxième étape, il n'est pas nécessaire de détailler
les branches issues de 2,3,...,6.   Il suffira de multiplier par 6 le

7.3.1.

nombre de branches issues de 1.

Or il y a 26 lettres, donc 26 résultats issus de 1.

Il faut multiplier ce nombre 26 par 6 pour obtenir le nombre de résultats issus de P, ce qui donne $6 \times 26 = 156$.

Il reste à multiplier ce résultat par 2 pour avoir le nombre total de résultats:

$$2 \times 6 \times 26 = \begin{pmatrix} \text{nombre de résultats} \\ \text{possibles} \\ \text{pour la pièce} \end{pmatrix} \times \begin{pmatrix} \text{nombre de résultats} \\ \text{possibles} \\ \text{pour le dé} \end{pmatrix}$$

$$\times \begin{pmatrix} \text{nombre de résultats possibles} \\ \text{pour le choix d'une lettre} \end{pmatrix} = 312$$

Ce raisonnement est suffisamment général pour nous convaincre du bien-fondé du principe suivant:

> PRINCIPE DE MULTIPLICATION. *Supposons qu'une expérience peut se réaliser en deux étapes; la première étape peut donner m résultats différents; la deuxième étape peut en donner n quel que soit le résultat précédent. Alors l'expérience peut donner m•n résultats différents.*

Cette loi n'est énoncée que pour le cas où les étapes sont au nombre de deux, mais il est évident qu'elle s'applique "à répétition" s'il y a 3, 4, 5, ... étapes.

EXEMPLE.   Le jeu consiste à piger une carte à jouer d'un jeu normal, choisir une lettre et enfin choisir un entier de 0 à 9 inclusivement. Combien y a-t-il de résultats possibles?

SOLUTION.

Ce nombre est $52 \times 26 \times 10 = 13\ 520$.

AUTRE EXEMPLE.   Combien d'événements peut-on concevoir à partir d'un espace échantillonnal S contenant n résultats?

SOLUTION.

Il suffit de considérer chaque résultat de S séparément et de décider si nous le prenons ou non, dans l'événement que nous concevons. Donc nous avons n étapes, et deux choix possibles à chaque étape.

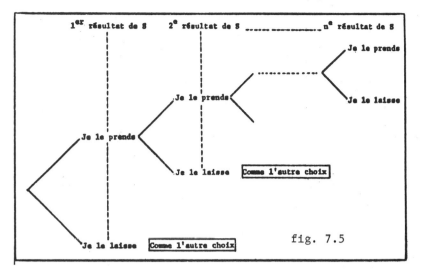

fig. 7.5

Le principe que nous venons de voir dit que le nombre total d'événements (sous-ensembles de S) ainsi engendrés est:

$$2 \cdot 2 \cdot 2 \ \ldots \ \cdot 2 = 2^n$$

$\underbrace{}$
n facteurs   c.-à-d. autant qu'il y a de résultats dans S.

7.3.2. PERMUTATIONS

Commençons par définir un outil très utile:

DÉFINITION. Si n est un entier plus grand que 0, alors n! (qui se lit "n factoriel") se définit comme suit:
n! = n(n-1)(n-2) ... 3.2.1
On définit également 0! = 1

EXEMPLE.   a) $7! = 7 \times 6 \times 5 \times 4 \times 3 \times 2 \times 1 = 5 \ 040$

b) $2! = 2 \times 1 = 2$

c) $3! = 3 \times 2 \times 1 = 6$

d) $1! = 1$

DÉFINITION. Une permutation de r objets pris dans un ensemble de n objets est un étalage ordonné que l'on fait avec r objets choisis parmi les n disponibles.

EXEMPLE.   Supposons que tu travailles dans une librairie et que ton patron te remet une pile de 5 volumes en te disant: "Tiens,
choisis-en trois, et fais-en une belle présentation dans la

vitrine!" Tu te dis aussitôt: "Wouaw! Enfin une responsabilité! ... Promotion... Augmentation... etc! Combien d'étalages
ordonnés sont possibles avec 3 volumes choisis dans un lot de
5?

SOLUTION.

Tu te dis: "Pancrace, tu dois procéder dans l'ordre! Commençons
par choisir le premier volume à gauche (5 volumes disponibles).
Choisissons ensuite celui du centre (4 volumes disponibles), et
enfin celui de droite (3 volumes disponibles). En vertu du
principe de multiplication, le nombre d'étalages ordonnés de 3 volumes pris dans un lot de 5 est : 5 × 4 × 3 = 60.

Si tu as bien compris cette solution, O tenace lecteur, les permutations n'ont plus de secret pour toi. En effet, si je cherche le nombre de permutations de 5 objets pris dans un lot de 8 par exemple, c'est
le même raisonnement. Je choisis d'abord quel objet je placerai à gauche: 8 possibilités. Pour l'objet suivant, il ne reste que 7 possibilités, etc. Le nombre de permutations de 5 objets parmi 8, dénoté P(8,5)
est : P(8,5) = 8 × 7 × 6 × 5 × 4 = 6 720.

Si l'on veut se trouver une belle petite formule, on peut remarquer que:

$$P(8,5) = (8 \times 7 \times 6 \times 5 \times 4) \times \frac{3 \times 2 \times 1}{3 \times 2 \times 1} \qquad \text{J'ajoute les mêmes}$$

$$P(8,5) = \frac{8!}{3!} = \frac{8!}{(8-5)!} \qquad \text{facteurs au numéra-}$$

teur et au dénominateur

On peut généraliser ce résultat:

Le nombre de permutations de r objets pris dans un lot de n objets est :

$$P(n,r) = \frac{n!}{(n-r)!}$$

EXEMPLES.

1. Supposons que le Club Pessimiste de Ste-Lucieville compte 21 membres
et qu'il est temps de renouveler l'exécutif, c.-à-d. qu'il faut choisir
un président, un vice-président, un secrétaire et un trésorier. De com-

7.3.2.

bien de façons cette opération est-elle possible?

SOLUTION.

$$P(21,4) = \frac{21!}{(21-4)!} = \frac{21!}{17!} = 21 \times 20 \times 19 \times 18 \times \frac{17 \times \ldots \times 1}{17 \times \ldots \times 1}$$

$$P(21,4) = 21 \times 20 \times 19 \times 18 = 143\ 640 \text{ façons.}$$

2. Combien de mots différents de 3 lettres peut-on former avec les 26 lettres de l'alphabet français, si les trois lettres en question doivent être différentes?

SOLUTION.

$$P(26,3) = 26 \times 25 \times 24 = 15\ 600 \text{ mots.}$$

3. *Le cas où l'on étale tous les objets:* Dans une petite classe de 7 élèves, de combien de façons peut-on choisir le premier, le deuxième, ..., le septième?

SOLUTION.

$$P(7,7) = \frac{7!}{(7-7)!} = \frac{7!}{0!} = \frac{7!}{1} = 7! = 7 \times 6 \times 5 \times 4 \times 3 \times 2 \times 1$$

$$P(7,7) = 5\ 040$$

7.3.3. COMBINAISONS

DÉFINITION. Une combinaison de r objets pris dans un ensemble de n objets est un choix de r objets sans considérer l'ordre des objets.

La différence entre une permutation et une combinaison est un peu difficile à saisir au début. La question qu'il faut se poser est la suivante: "Est-ce que l'ordre des objets choisis a de l'importance?" Si l'ordre des objets a de l'importance, il s'agit d'un étalage ordonné, donc d'une permutation. Si l'ordre n'a pas d'importance, il s'agit d'un simple sous-ensemble, c.-à-d. d'une combinaison.

EXEMPLE. Reprenons l'exemple de la section précédente, dans lequel on suppose que tu travailles dans une librairie. Le patron t'a demandé de choisir 3 volumes parmi un lot de 5 et d'en faire un étalage ordonné dans la vitrine. On a vu que cette complexe opération peut se faire de plusieurs façons:

$$P(5,3) = \frac{5!}{(5-3)!} = 60 \text{ façons}$$

7.3.3.

Mais en réalité, ton "bon boss" t'a demandé deux opérations: d'abord choisir les 3 livres qui iront dans la vitrine, et ensuite les disposer avec art. Le principe de multiplication vu à la section 7.3.1 nous dit que cette double opération peut donner le nombre de résultats que voici:

$$\begin{pmatrix} \text{nombre de façons d'effectuer} \\ \text{la première opération} \end{pmatrix} \times \begin{pmatrix} \text{nombre de façons d'effectuer} \\ \text{la seconde opération} \end{pmatrix}$$

$$\begin{pmatrix} \text{nombre de façons de choisir 3} \\ \text{objets parmi 5 sans s'occuper} \\ \text{de l'ordre} \end{pmatrix} \times \begin{pmatrix} \text{nombre de façons de faire un} \\ \text{étalage ordonné avec ces 3} \\ \text{objets déjà choisis} \end{pmatrix}$$

$$\begin{pmatrix} \text{nombre de combinaisons de 3} \\ \text{objets parmi 5} \end{pmatrix} \times \begin{pmatrix} \text{nombre de permutations de 3} \\ \text{objets pris parmi 3} \end{pmatrix}$$

$$\begin{pmatrix} \text{nombre de combinaisons de 3} \\ \text{objets parmi 5 que l'on note-} \\ \text{ra par } \binom{5}{3} \end{pmatrix} \times \quad P(3,3)$$

$$\binom{5}{3} 3! \ = \ P(5,3) = \frac{5!}{(5-3)!}$$

Et si l'on cherche l'expression mathématique du symbole $\binom{5}{3}$, il suffit de diviser de chaque côté de l'égalité par 3! pour obtenir:

$$\binom{5}{3} = \frac{5!}{3!(5-3)!}$$

Cette façon de raisonner se généralise de la façon suivante:

Le nombre de combinaisons de r objets pris dans un lot de n objets est noté $\binom{n}{r}$ et on a

$$\binom{n}{r} = \frac{n!}{r!(n-r)!}$$

EXEMPLE. Je suis dans un magasin devant un lot de 32 chemises. Je dois en acheter 3 dans ce lot. Combien de choix différents puis-je faire?

SOLUTION.

L'ordre dans lequel je choisis mes trois chemises est-il important? Sûrement pas! Quand je les montrerai à mon épouse, elle pourra en critiquer les couleurs, mais elle ne me demandera certainement pas dans quel ordre je les ai choisies. Il s'agit donc de combinaisons (même si ce sont des chemises) :

$$\binom{32}{3} = \frac{32!}{3!\,(32-3)!} = \frac{32!}{3!\;29!} = \frac{32\times31\times30\times(29\times28\times\ldots\times1)}{3\times2\times1\times\;(29\times28\times\;\ldots\times1)}$$

$$\binom{32}{3} = \frac{32\times31\times30}{3\times2\times1} = 32\times31\times5 \quad \text{après simplification}$$

$$\binom{32}{3} = 4\ 960 \text{ façons différentes de choisir mes chemises.}$$

AUTRE EXEMPLE.   Baptiste Laverdure reçoit un téléphone lui disant que 7 de ses vaches sont sur la route nationale qui borne sa terre. Son troupeau compte 35 vaches, et en allant les chercher, il essaye de deviner quelles sont ces 7 vaches "fofolles". Combien y a-t-il de possibilités?

SOLUTION.

L'ordre des vaches n'ayant pas d'importance (de toute façon, il y a désordre), la réponse est :

$$\binom{35}{7} = \frac{35!}{7!\,(35-7)!} = \frac{35!}{7!\;28!} \quad \frac{35\times34\times33\times32\times31\times30\times29\times(28\times27\times\ldots\times1)}{7\times6\times5\times4\times3\times2\times1\times(28\times27\times\ldots\times1)}$$

après simplification, on obtient:

$$\binom{35}{7} = 17\times11\times8\times31\times5\times29 = 6\ 724\ 520 \text{ combinaisons possibles.}$$

S'il devine juste, c'est sûrement parce qu'il connaît bien ses vaches. S'il choisissait au hasard, il n'aurait qu'une chance sur 6 724 520 de trouver quelles sont ces 7 "émancipées".

7.3.4.   EXERCICES ET SOLUTIONS

1. Une boîte contient 5 billes numérotées de 1 à 5. Je pige dans cette boîte et j'en sors une ou plusieurs billes.

  a) En nous référant à l'exemple correspondant à la figure 7.5, section 7.3.1, combien y a-t-il de résultats possibles à cette expérience?

  b) Combien de ces résultats contiennent les billes no 1 et no 2?

  c) Si on suppose que tous les résultats sont équiprobables, quelle est la probabilité que, parmi les billes pigées, se trouvent les billes 1 et 2?

SOLUTION.

a) A la section 7.3.1, on a vu que l'on peut concevoir 2^n événements, c.-à-d. former 2^n sous-ensembles à partir d'un ensemble de n objets. Ici, on a n = 5 billes. Donc, il y a $2^5 = 32$ sous-ensembles possibles incluant ϕ. Avec notre expérience, ϕ ne peut se réaliser. Il nous reste donc 32 - 1 = 31 résultats possibles.

b) L'ordre dans lequel se présentent les objets n'a aucune importance: on utilisera donc des combinaisons. Un résultat contenant les billes 1 et 2 s'obtient en choisissant d'abord ces deux billes: une seule possibilité. On décide ensuite si l'on prend, ou non, la bille no 3 (2 choix), de même pour la bille no 4 (2 choix) et la bille no 5 (2 choix). En vertu du principe de multiplication, on aura : 1×2×2×2 = 8

c) Si les 31 résultats sont équiprobables, et qu'il y en a 8 qui réalisent l'événement A : "les billes 1 et 2 sont choisies", on a N = 31 et n = 8, et d'après la règle de la section 7.1.4

$$P(A) = \frac{n}{N} = \frac{8}{31} = 0,25806 \simeq 25,8\%$$

2. Avec 6 de tes amis, tu t'apprêtes à prendre place sur les 7 chaises d'une estrade d'honneur.

a) Combien y a-t-il de dispositions possibles?

b) Combien y a-t-il de dispositions où tu es assis au milieu de la rangée?

c) Si les places sont assignées au hasard, quelle est la probabilité que tu sois assis au milieu?

SOLUTION.

a) Puisque l'ordre est important, il s'agit d'étaler 7 personnes, c.-à-d.:

P(7,7) = 7!= 7×6×5×4×3×2×1 = 5 040

7.3.4.

b) Je me place d'abord au milieu (1 manière). Je permute ensuite les 6 copains sur les 6 places restantes (6! façons).

Donc 1×6! = 720

c) N = 5 040 et n = 720 P(assis au milieu) = $\dfrac{720}{5\ 040} = \dfrac{6!}{7!} = \dfrac{1}{7}$

Au fond, c'est plein d'allure: les 7 sièges ont tous mêmes chances de te revenir. La chaise du milieu a donc 1 chance sur 7 de subir le poids de ta sagesse!

3. Tes deux soeurs et toi êtes membres de l'O.P.L.S.D.C.D.L.E.P.* qui compte 25 membres en règle. Dans cette organisation, le choix du président, du vice-président, du secrétaire, du trésorier et de l'archiviste est le choix au hasard.

a) De combien de façons peut-on choisir l'exécutif?

b) Combien y a-t-il de ces exécutifs qui ne contiennent personne de ta famille?

c) Quelle est la probabilité que quelqu'un de ta famille fasse partie du prochain exécutif?

SOLUTION.

a) Puisque l'ordre des postes est important, la réponse est :

P(25,5) = 25×24×23×22×21 = 6 375 600

b) Il s'agit de choisir un exécutif (ordonné) parmi les 22 autres membres :

P(22,5) = 22×21×20×19×18 = 3 160 080

c) Si A: "quelqu'un de ta famille dans l'exécutif"

P(A) = 1 - P(A') = 1 - $\dfrac{3\ 160\ 080}{6\ 375\ 600}$ = 1 - 0,495652 = 0,50435 ≈ 50,4%

Environ une chance sur deux. Une telle organisation aurait bien besoin d'un bon exécutif!

*O.P.L.S.D.C.D.L.E.P. : <u>O</u>rganisation <u>p</u>our <u>la</u> <u>s</u>auvegarde <u>des</u> <u>cra</u>choirs <u>dans</u> <u>les</u> <u>endroits</u> <u>p</u>ublics.

4. On joue à pile ou face. La partie s'arrête lorsque la pièce de monnaie donne deux fois de suite le même résultat, ou après le quatrième lancer.

7.3.4.

a) Décrire l'espace échantillonnal S au moyen d'un arbre et en énumérant les résultats.

b) Si la pièce de monnaie est bien balancée, quelles sont les probabilités des divers résultats possibles?

c) Quelle est alors la probabilité de l'événement A: "la partie se termine avant le 4e lancer"?

d) Quelle serait cette probabilité si la pièce était truquée de telle sorte que le côté pile sorte 60% du temps?

SOLUTION.

a)

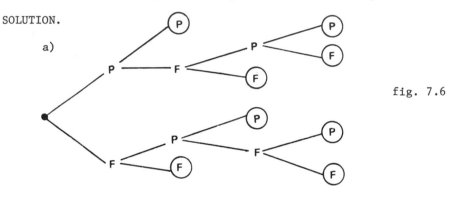

fig. 7.6

ou encore :   S = {PP, FF, PFF, FPP, PFPP, PFPF, FPFP, FPFF}

Il y a donc 8 résultats possibles.

b) $P(PP) = P(\text{pile en 1er}) \cdot P(\text{pile en 2e}|\text{pile en 1er}) = \frac{1}{2}\cdot\frac{1}{2} = \frac{1}{4}$

$P(FF) = \frac{1}{2} \cdot \frac{1}{2} = \frac{1}{4}$

$P(PFF) = \frac{1}{2} \cdot \frac{1}{2} \cdot \frac{1}{2} = \frac{1}{8} = P(FPP)$

$P(PFPP) = P(PFPF) = P(FPFP) = P(FPFF) = \frac{1}{16}$

c)   A = {PP, FF, PFF, FPP}

$\Rightarrow P(A) = \frac{1}{4} + \frac{1}{4} + \frac{1}{8} + \frac{1}{8} = \frac{1}{2} + \frac{1}{4} = \frac{3}{4} = 75\%$

d) $P(A) = P(PP) + P(FF) + P(PFF) + P(FPP)$

$P(A) = (0,6\times0,6) + (0,4\times0,4) + (0,6\times0,4\times0,4) + (0,4\times0,6\times0,6)$

$P(A) = \quad 0,36 \quad + \quad 0,16 \quad + \quad\quad 0,096 \quad\quad + \quad 0,144 \quad = 0,76$

Ca ne changerait pas grand chose!

7.3.4.

5. Pour étudier un certain problème, on veut former un comité de 5 personnes choisies dans un groupe comprenant 8 femmes et 11 hommes.

a) Combien de comités différents peut-on former?

b) Combien de ces comités seront formés de 3 femmes et de 2 hommes?

c) Si le choix des membres du comité s'effectue au hasard, quelle est la probabilité de A: "le comité contient 3 femmes et 2 hommes"?

SOLUTION.

a) 8 femmes et 11 hommes, cela fait 19 personnes parmi lesquelles on en choisit 5 sans ordre spécial :

$$\binom{19}{5} = \frac{19!}{5!\,(19-5)!} = \frac{19!}{5!\;14!} = 11\;628 \text{ comités}$$

b) Choisissons d'abord les 3 femmes : $\binom{8}{3}$; et ensuite les 2 hommes : $\binom{11}{2}$. Avec le principe de multiplication, on obtient:

$$\binom{8}{3}\binom{11}{2} = \frac{8!}{3!\;5!} \cdot \frac{11!}{2!\;9!} = \frac{8\cdot7\cdot6}{3\cdot2\cdot1} \cdot \frac{11\cdot10}{2\cdot1} = 3\;080$$

c) $P(A) = \dfrac{3\;080}{11\;628} = 0,26488 \simeq 26,5\%$

7.3.5. EXERCICES

1. Mme Audet et M. Boisvert travaillent dans un bureau qui compte 25 employés. La direction du bureau fait un tirage au sort pour désigner 5 employés qui feront une intéressante visite industrielle aux frais de la compagnie. Quelle est la probabilité que Mme Audet et M. Boisvert soient de ce groupe?

Astuce :   Combien de groupes de gagnants peut-on former?

Combien de ces groupes contiennent Mme A et M. B.?

2. Le bon dictateur Popodac a décidé de prélever 4 porcs chez tous les rares éleveurs de son île qui en ont plus de 15, à titre d'impôt spécial pour le progrès social afin de construire une route pavée pour essayer sa Cadillac. L'éleveur Jésus Bienaimé a justement 16 porcs dont 2 verrats. Quelle est la probabilité qu'il perde ses deux verrats, si le choix des 4 porcs prélevés se fait au hasard?

Astuce : De combien de façons peut-on choisir 4 porcs dans un lot de 16?

   Combien de ces choix contiennent les deux verrats?

3. Le roi UBU veut former une Commission Royale d'Enquête de 9 membres choisis parmi son parlement qui compte 121 députés Anarchistes, 37 députés du Parti Ambidextre, et 3 députés du Parti Populaire des Classes Muselées. Quelle est la probabilité que cette Commission compte 4 députés Anarchistes, 3 Ambidextres et 2 du P.P.C.M.?

4. Le Grand Sorcier choisit au hasard 5 émissaires sacrés parmi les 18 grands chefs présents à un POW-WOW. Sur ces 18 grands chefs, 7 sont des Mahogané et les 11 autres sont des Imatoubu. Quelle est la probabilité que le groupe des 5 émissaires contienne exactement 2 Mahoganés?

5. Je pige 5 billes d'une cruche qui contient 5 blanches, 7 noires et 9 rouges.

   a) Si je les tire toutes les 5 ensembles, quelle est la probabilité d'obtenir deux blanches, une noire et deux rouges?

   b) Si je les tire une par une, quelle est la probabilité d'obtenir d'abord deux blanches, ensuite une noire, enfin deux rouges?

6. Vous placez un garçonnet repu devant une boîte contenant 10 bonbons. Quelle est la probabilité qu'il en mange exactement 4, si on peut supposer l'équiprobabilité de tous les sous-ensembles qu'il peut faire de ces 10 bonbons? (L'hypothèse d'être repu est essentielle, car autrement il viderait la boîte).

7. Une voyageuse de commerce a un territoire qui comprend 9 villes. A chaque semaine, elle doit visiter 4 de ces villes.

   a) Combien de trajets différents peut-elle concevoir?

   b) A un moment donné, elle choisit au hasard l'un de ces trajets, en donnant mêmes chances à chacun. Quelle est la probabilité que la ville A fasse partie du trajet choisi?

8. Un ami te propose le jeu suivant. Tu brasses un jeu normal de 52

7.3.5.

cartes à jouer et tu retournes ensuite les quatre cartes du dessus.   Tu
gagnes si les deux premières cartes sont rouges et les deux dernières
sont noires.   Quelles sont tes chances de gagner à ce jeu?

7.4 PROBABILITÉS CONDITIONNELLES

7.4.1. NOTION

Dans la loi de l'intersection, section 7.2.4, nous avons rencontré
le symbole P(B|A) qui se lit : "Probabilité d'avoir l'événement B, sa-
chant que l'on a obtenu l'événement A".   On peut dire aussi: "Probabilité de B conditionnellement à A".   C'est ce qu'on appelle une probabilité
conditionnelle.   Le fait de savoir que l'événement A s'est réalisé transforme le problème en éliminant de l'espace échantillonnal, un certain
nombre de résultats qui ne sont plus possibles alors.   Mais précisons ces
notions avec notre exemple des quatre outils.   Supposons que tu retournes
la boîte, il en sort un outil que je ne peux pas voir, et tu me dis qu'il
a une partie en bois, c.-à-d. l'événement B: "obtenir un outil contenant

7.4.1.

du bois" s'est réalisé. Quelle est alors la probabilité
que cet outil soit le marteau
M? Essayons donc de calculer
P(M|B).

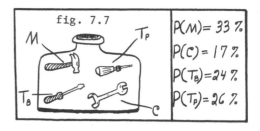

fig. 7.7

$P(M) = 33\%$
$P(C) = 17\%$
$P(T_B) = 24\%$
$P(T_P) = 26\%$

Puisque je sais que B s'est réalisé, cela élimine T_P et C, pour ne me laisser que M et T_B dont les probabilités étaient P(M) = 33% et $P(T_B)$ = 24%. Ces probabilités sont sûrement différentes maintenant car, autrement, la somme 33% + 24% ≠ 100%. On obtiendra facilement la nouvelle probabilité P(M|B) si l'on utilise justement la loi de l'intersection qui dit :

$$P(B \cap M) = P(B) \cdot P(M|B)$$
$$\Rightarrow P(M|B) = \frac{P(B \cap M)}{P(B)}$$

Or ici, B ∩ M = M

$$\Rightarrow P(M|B) = \frac{P(M)}{P(B)} = \frac{33\%}{33\% + 24\%} = \frac{33}{57} = 0,57895$$

De même, $P(T_B|B) = \frac{24\%}{57\%} = 0,42105$

Et là, on voit que la somme $P(M|B) + P(T_B|B) = 1$

Ce raisonnement est général et on peut énoncer la règle:

> La probabilité de B conditionnellement à A est
> $$P(B|A) = \frac{P(A \cap B)}{P(A)} \qquad \text{si } P(A) \neq 0$$

En "poésie", on dit qu'une probabilité conditionnelle égale la probabilité de l'intersection divisée par la probabilité de la condition.

EXEMPLE.   Supposons que lorsqu'un trappeur relève ses pièges, il ne lui arrive qu'une fois sur 80 que l'un d'eux contienne un lièvre de type A. Pourtant, 60% de ses pièges contiennent un lièvre. Peut-on estimer la proportion des lièvres qui sont de type A?

7.4.1.

SOLUTION.

La proportion des lièvres qui sont de type A est donnée par la probabilité qu'un lièvre choisi au hasard soit de type A, c.-à-d. P(A|Lièvre).

Le problème nous dit que P(L) = 60%

$$P(L \cap A) = \frac{1}{80}$$

$$\Rightarrow \quad P(A|L) = \frac{P(L \cap A)}{P(L)} = \frac{\frac{1}{80}}{0,60} = \frac{1}{48} = 0,02083 = 2,083\%$$

7.4.2. INDÉPENDANCE

DÉFINITION. On dit de deux événements A et B qu'ils sont indépendants si P(A $\cap$ B) = P(A) · P(B).

Si l'on compare cette définition avec la loi de l'intersection (cf. 7.2.4) qui s'énonce comme suit : P(A $\cap$ B) = P(A) · P(B|A), on voit que A et B sont indépendants dès que P(B|A) = P(B). Cette égalité signifie que les chances de réaliser B ne sont pas changées, même si l'on sait que A s'est réalisé. En d'autres termes: savoir ou non que A s'est réalisé ne modifie en rien la probabilité de B. A cause du fait que A $\cap$ B = B $\cap$ A, on peut arriver de façon analogue à la relation P(A|B) = P(A).

Bref, deux événements sont indépendants si le fait que l'un des deux se réalise ne modifie pas la probabilité de l'autre.

7.4.3. THÉORÈME DE PARTITION (OU RÈGLE D'ÉLIMINATION)

NOTION DE PARTITION. Une partition d'un espace échantillonnal S est un découpage de S en sections bien distinctes ne contenant aucun résultat commun.

EXEMPLE. Supposons, par exemple, que nous considérons la population d'une région donnée. Si on découpe cette population en trois classes, comme ci-contre, on obtient une partition, parce que chaque personne de cette région

Classes	Symboles	Répartition
moins de 30 ans	E_1	46%
de 30 à 50 ans inclusivement	E_2	33%
plus de 50 ans	E_3	21%

7.4.3.

se retrouvera dans une de ces classes et seulement dans une. Le tableau de la page précédente donne aussi la répartition des individus dans chaque classe. Supposons que nous avons les renseignements ci-dessous concernant l'incidence d'une certaine maladie A dans chaque classe:

chez les moins de 30 ans, environ 1 personne sur 100 est atteinte

chez les 30-50 ans .... 1 .... 30 ....

chez les plus de 50 ans .... 1 .... 10 ....

Pouvons-nous estimer, pour l'ensemble de cette population, l'incidence de la maladie A, c.à-d. la proportion des gens de tout âge qui en sont atteints?

SOLUTION.

La proportion de gens de tout âge qui ont la maladie A, peut s'exprimer par la probabilité qu'une personne, choisie au hasard, ait la maladie A, notée $P(A)$. Or si l'on choisit une personne au hasard, on peut obtenir l'événement A de trois façons différentes:

B_1: "obtenir une personne de E_1 qui a la maladie A": $B_1 = E_1 \cap A$

B_2: "obtenir une personne de E_2 qui a la maladie A": $B_2 = E_2 \cap A$

B_3: "obtenir une personne de E_3 qui a la maladie A": $B_3 = E_3 \cap A$

Comme ces événements B_1, B_2, B_3 ne peuvent jamais se réaliser en même temps, cela implique que toute intersection deux à deux est vide.

Une généralisation de la loi de l'union d'événements disjoints donne:

$$P(A) = P(B_1 \cup B_2 \cup B_3) = P(B_1) + P(B_2) + P(B_3), \quad \text{c.-à-d.}$$

$$P(A) = P(E_1 \cap A) + P(E_2 \cap A) + P(E_3 \cap A)$$

Par la loi de l'intersection, on a que

$$P(A) = P(E_1)\, P(A|E_1) + P(E_2)\, P(A|E_2) + P(E_3)\, P(A|E_3) \text{ ce qui donne:}$$

$$P(A) = 0,46 \left[\frac{1}{100}\right] + 0,33 \left[\frac{1}{30}\right] + 0,21 \left[\frac{1}{10}\right] = 3,66\%$$

On peut donc estimer que l'incidence de cette maladie est d'environ 3,66% soit environ 1 personne sur 27.

7.4.3.

Cette façon de procéder est générale et nous permet d'énoncer la loi suivante :

Théorème de partition :

Si l'espace S est partitionné en trois classes E_1, E_2, E_3, alors
$$P(A) = P(E_1) \, P(A|E_1) + P(E_2) \, P(A|E_2) + P(E_3) \, P(A|E_3)$$

Bien sûr, cette formule s'étend tout naturellement aux cas où il y a 2, 4, 5, 6, ... classes.

EXEMPLE. Un médecin sait d'expérience que lorsqu'une femme se présente à son bureau, il y a 4 chances sur 5 que la consultation dure plus de 15 minutes. Lorsque c'est un homme, les chances tombent à 1 sur 3. D'autre part, il reçoit généralement 3 femmes pour 2 hommes. Quelle est la probabilité que la personne qui frappe à sa porte reste dans le bureau plus de 15 minutes?

SOLUTION.

Notons : A : "le patient reste plus de 15 minutes"

E_1: "c'est une femme"

E_2: "c'est un homme"

Supposons que E_1 et E_2 constituent bien une partition de S, c.-à-d. il n'y a pas de troisième sexe, ni d'homme-femme, seulement des mâles et des femelles! D'après le médecin, on a

$$P(E_1) = \frac{3}{5} \quad \text{et} \quad P(E_2) = \frac{2}{5}$$

$$P(A|E_1) = \frac{4}{5} \quad \text{et} \quad P(A|E_2) = \frac{1}{3} \; ; \text{ le théorème de partition donne:}$$

$$P(A) = P(E_1) \, P(A|E_1) + P(E_2) \, P(A|E_2)$$
$$= \frac{3}{5} \cdot \frac{4}{5} + \frac{2}{5} \cdot \frac{1}{3} = 0,61333 = 61,333\%$$

7.4.4. FORMULE DE BAYES

Il arrive parfois que $P(A|B)$ soit presque impossible à calculer, alors que $P(B|A)$ est d'un calcul relativement facile. Dans un tel cas, la formule que nous allons voir est très utile puisqu'elle permet de calculer $P(A|B)$ à l'aide de $P(B|A)$. D'une certaine manière, les rôles de A et de B sont inversés.

7.4.4.

Supposons que dans l'exemple précédent, vous arrivez chez le médecin, vous attendez plus de 15 minutes et le patient n'est pas encore sor-
ti du bureau, vous vous demandez alors s'il s'agit d'une femme:
$P(E_1|A)$ = P(ce soit une femme, sachant que la consultation dépasse 15 minutes). Cette probabilité n'est pas facile à calculer. Posons toujours
la définition de probabilité conditionnelle.

$$P(E_1|A) = \frac{P(E_1 \cap A)}{P(A)}$$

Par la loi de l'intersection, on peut décomposer le numérateur

$$P(E_1|A) = \frac{P(E_1)P(A|E_1)}{P(A)}$$

Par le théorème de partition, on peut décomposer aussi le dénominateur:

$$P(E_1|A) = \frac{P(E_1)P(A|E_1)}{P(E_1)P(A|E_1) + P(E_2)P(A|E_2)}$$

Si on retourne aux valeurs de ce problème, on a alors :

$$P(E_1|A) = \frac{3/5 \cdot 4/5}{\left(\frac{3}{5} \cdot \frac{4}{5}\right) + \left(\frac{2}{5} \cdot \frac{1}{3}\right)} = 0,7826 = 78,26\%$$

Si l'on compare $P(E_1|A) = 78,26\%$ avec $P(E_1) = \frac{3}{5} = 60\%$, on voit que le
fait de savoir que la consultation dépasse 15 minutes augmente les chances que le patient soit de sexe féminin.

Ce raisonnement (si tu l'as bien compris!) est suffisamment général pour te convaincre, O perspicace lectrice, du bien-fondé de la formule suivante:
Formule de Bayes.

Si l'espace échantillonnal S est partitionné en trois classes E_1,
E_2, E_3, et si le dénominateur, qui égale P(A), est non nul, alors

$$P(E_1|A) = \frac{P(E_1)P(A|E_1)}{P(E_1)P(A|E_1) + P(E_2)P(A|E_2) + P(E_3)P(A|E_3)}$$

Cette formule s'étend, bien sûr, aux cas où le nombre de classes
est différent de trois.

7.4.4.

EXEMPLE. Supposons qu'à l'Université St-Michel-des-Saints, le module de
sexologie compte 45 étudiants en première année, 34 en seconde
et 21 en troisième. La directrice du module sait d'expérience
que lorsqu'elle organise une orgie modulaire, les proportions
d'étudiants qui participent sont 30%, 50%, 70% respectivement
pour chacune des années. Quelle est la probabilité qu'un étudiant, choisi au hasard parmi les participants d'une de ces
activités, soit un étudiant de 2e année?

SOLUTION.

L'espace S = {ensemble des 45+34+21 = 100 étudiants du module}

Cet espace est partitionné par E_1: "en première"

E_2: "en seconde"

E_3: "en troisième"

et $P(E_1) = \dfrac{45}{100}$, $P(E_2) = \dfrac{34}{100}$, $P(E_3) = \dfrac{21}{100}$

Soit A: "participe aux activités"

$$P(E_2|A) = \frac{P(E_2)P(A|E_2)}{P(E_1)P(A|E_1) + P(E_2)P(A|E_2) + P(E_3)P(A|E_3)}$$

Remarquez que la formule de Bayes n'était donnée que pour $P(E_1|A)$,
mais comme c'est nous qui attribuons aux diverses classes leur symbole,
je pourrais identifier par E_1 la classe que j'appelais E_2, et par E_2
celle que j'appelais E_1. L'indice n'a aucune importance.

Donc $P(E_2|A) = \dfrac{(0,34)(50\%)}{(0,45(30\%) + (0,34)(50\%) + (0,21)(70\%)}$

$P(E_2|A) = \dfrac{0,17}{0,135 + 0,17 + 0,147} = \dfrac{0,17}{0,452} = 0,3761 = 37,61\%$

7.4.5. EXERCICES ET SOLUTIONS

1. Supposons que, dans une certaine ville, 50% de la population est de
sexe féminin. De plus, la probabilité qu'une personne choisie au hasard
dans cette ville soit une femme ou une fille aux yeux bleus est 1/10 environ. Quelle est la probabilité que la première femme ou fille rencon-
trée ait les yeux bleus?

7.4.5.

SOLUTION.

Soit A : "sexe féminin"

Soit B : "yeux bleus"

$$P(\text{yeux bleus}|\text{sexe féminin}) = P(B|A) = \frac{P(A \cap B)}{P(A)} = \frac{P(\text{féminin} \cap \text{yeux bl}}{P(\text{sexe féminin}}$$

$$= \frac{1/10}{0,50} = \frac{1}{10} \times \frac{2}{1} = \frac{1}{5} = 20\%$$

2. Un "vicieux" étudiant du secondaire projette de tricher dans son pro
chain examen de mathématiques. Il est certain que l'examen sera surveillé par l'un de ses 4 professeurs: Mme Allard, M. Bégin, M. Cloutier ou
Mme Drolet.
Il estime que M. Bégin a 40% des chances d'être surveillant, tandis que
les trois autres ont à peu près des chances égales. Il estime aussi que
les probabilités de se faire "pincer" à tricher sont respectivement de
20%, 60%, 20% et 5% pour chacun des 4 professeurs. Quelle est donc la
probabilité qu'il se fasse prendre à tricher?

SOLUTION.

Soit T: "se fait prendre à tricher"

A: "Mme Allard surveille"

B: "M. Bégin surveille"

C: "M. Cloutier surveille"

D: "Mme Drolet surveille"

$$P(T) = P(A)P(T|A) + P(B)P(T|B) + P(C)P(T|C) + P(D)P(T|D)$$

En effet, A,B,C,D constituent bien une partition de l'espace é-
chantillonnal puisque ces quatre éventualités couvrent bien tous
les cas possibles, et que l'intersection, deux à deux, est vide.
Or $P(B) = 0,40$ et $P(A) = P(C) = P(D) = p$
Il faut que la somme donne 1: $P(A) + P(B) + P(C) + P(D) = 1$

$$p + 0,4 + p + p = 1$$

$$3p + 0,4 = 1$$

$$3p = 0,6$$

$$p = 0,2 = P(A) = P(C) = P(D)$$

7.4.5.

Donc $P(T) = P(A)P(T|A) + P(B)P(T|B) + P(C)P(T|C) + P(D)P(T|D)$

$$P(T) = \left[\frac{2}{10} \cdot \frac{20}{100}\right] + \left[\frac{4}{10} \cdot \frac{60}{100}\right] + \left[\frac{2}{10} \cdot \frac{20}{100}\right] + \left[\frac{2}{10} \cdot \frac{5}{100}\right]$$

$$P(T) = \frac{4}{100} + \frac{24}{100} + \frac{4}{100} + \frac{1}{100} = \frac{33}{100}$$

3. Dans le problème précédent, quelle est la probabilité que M. Bégin ait été le surveillant, si l'on sait que le vilain étudiant s'est effectivement fait prendre à tricher? Et c'est bien bon pour lui!

SOLUTION.

Formule de Bayes:

$$P(B|T) = \frac{P(B)P(T|B)}{P(A)P(T|A) + P(B)P(T|B) + P(C)P(T|C) + P(D)P(T|D)}$$

Le dénominateur a été calculé au no 2.

$$P(B|T) = \frac{\dfrac{4}{10} \cdot \dfrac{60}{100}}{\dfrac{33}{100}} = \frac{\dfrac{24}{100}}{\dfrac{33}{100}} = \frac{24}{33} = 0,7273 = 72,73\%$$

4. Les candidats à un certain poste doivent réussir un test d'aptitudes physiques et un test d'aptitudes mentales. On sait que 60% des candidats sont refusés, que 25% échouent le premier test et que les échecs à l'un ou l'autre des tests sont indépendants. Quelle proportion des candidats échouent le second test?

SOLUTION.

Soient A et B les événements qui consistent à échouer respectivement le premier et le second test.

$P(\text{être refusé}) = P(A \cup B) = P(A) + P(B) - P(A \cap B)$ loi de l'union

$P(\text{être refusé}) = 0,60 = P(A) + P(B) - P(A) \cdot P(B)$ car A et B sont
indépendants

$0,60 = 0,25 + P(B) - 0,25\ P(B)$

$0,35 = 0,75\ P(B)$

$$P(B) = \frac{0,35}{0,75} = \frac{7}{15} = 0,466667$$

7.4.5.

7.4.6. EXERCICES

1. Une machine est contrôlée 60% du temps par une opératrice O_1, et le restant du temps par un opérateur O_2.   Lorsque c'est Mme O_1 qui travaille, la machine produit environ 1 objet défectueux sur 20. Mais lorsque les commandes passent à M. O_2, ce rapport monte à 1 sur 12. Quelle est la probabilité qu'un objet, pris au hasard dans la production de cette machine, soit défectueux?

2. Dans le problème précédent, le contremaître trouve un objet défectueux dans la production de la machine. Avec les meilleures intentions du monde, il engueule M. O_2, en se disant que, même si M. O_2 n'est pas responsable de cet objet défectueux, cela réveillerait les deux opérateurs. Quelle est la probabilité que M. O_2 soit effectivement celui qui a fabriqué l'objet défectueux?

3. Toujours dans la même usine, le lendemain matin, le contremaître en question s'assoit sur une punaise! Il se dit qu'il s'agit sûrement d'une vengeance de l'un des deux opérateurs, ou des deux en même temps. En réfléchissant, il se tient le raisonnement suivant: "Connaissant les caractères des deux opérateurs et dans les circonstances actuelles, il me semble que M.O_2 a deux fois plus de chances que Mme O_1 d'avoir eu, seul, une pareille idée. Par contre, il y a bien 50% des chances que les deux aient comploté. Si M. O_2 a eu seul cette idée, il n'y a qu'une chance sur 10 qu'il ait eu le courage de la réaliser. Si Mme O_1 a eu seule cette idée, il y a bien 4 chances sur 10 qu'elle l'ait réalisée. Si les deux ont comploté, alors ils se sont encouragés l'un l'autre, et il y a bien 90% des chances qu'ils aient réalisé leur forfait". Si l'on se fie à ces estimations, quelle est la probabilité que le coup ait été monté par les deux opérateurs ensemble? Devant un tel exemple de solidarité ouvrière, le contremaître oublia l'incident en se promettant de mieux respecter ses ouvriers dans l'avenir. Amen!

4. Un examen d'aptitudes comporte deux épreuves successives. Dans l'ensemble, 55% des gens réussissent le premier test. La proportion de ceux qui réussissent le second test est de 75% pour ceux qui ont réussi le premier, et de 40% pour ceux qui ont échoué le premier. Quelle est la probabilité qu'un individu choisi au hasard réussisse le second test?

5. Lorsqu'une femme enceinte passe un examen de grossesse chez le Dr. Mabuse, celui-ci découvre la grossesse dans 90% des cas. Par contre, si une femme non enceinte passe cet examen de grossesse, le bon docteur la déclare enceinte dans 5% des cas. Quelle est la probabilité qu'une femme soit réellement enceinte, lorsque le bon docteur l'a déclarée enceinte, sachant que 80% des femmes qui passent l'examen de grossesse sont réellement enceintes?

6. 60% des insectes d'un certain type aquatique présentent une malformation caractéristique de l'abdomen, lorsqu'ils vivent dans de l'eau polluée par le mercure. Cette malformation n'apparaît que chez 5% des insectes vivant dans une eau anormale, c.-à-d. propre. Si dans une région où 70% de l'eau est polluée par le mercure, on trouve un de ces insectes avec cette malformation, quelle est la probabilité qu'il ait vécu dans de l'eau polluée par le mercure?

7. Un groupe de personnes est composé de 65% de femmes et 35% d'hommes. Supposons que 40% des hommes et 20% des femmes soient de gros fumeurs. Quelle est la probabilité qu'une personne, choisie au hasard dans ce groupe, soit un gros fumeur ou une grosse fumeuse?

8. J'ai trois boîtes identiques dont les contenus sont décrits dans le tableau ci-dessous. Les boîtes sont équiprobables ainsi que les billes dans chaque boîte. Je choisis une boîte au hasard sans la regarder, et j'en sors une bille qui s'avère être blanche. Quelle est la probabilité que la boîte choisie soit B_1?

	billes blanches	billes noires
B_1	3	1
B_2	2	3
B_3	1	2

7.4.6.

9.   Vint enfin le jour où Christophe Colomb se mit à parcourir l'Europe, à la recherche de subventions pour découvrir l'Amérique.   Il allait chez les rois et les seigneurs et leur faisait le "coup de l'oeuf qui se tient debout".   Mais les nobles gens ne reniflaient pas derrière ce projet l'infâme et délicieuse odeur du profit et ne se laissaient pas facilement impressionner.   Lorsque le truc de l'oeuf marchait bien, les chances d'impressionner le seigneur étaient d'environ 30%.   Lorsque le truc ne réussissait pas, ces chances tombaient à 1% environ.   Or Christophe, malgré son expérience, ne réussissait son truc que 20% du temps environ.   Quelle était donc la probabilité qu'il réussisse à impressionner un seigneur choisi au hasard?

7.4.6.

8

SOMMAIRE

CHAPITRE 8

VARIABLE ALÉATOIRE DISCONTINUE

8.1 VARIABLE ALÉATOIRE EN GÉNÉRAL

Dans le chapitre précédent, on a vu qu'un problème de probabilité se présente sous la forme d'un jeu qui peut donner différents résultats selon les fantaisies du hasard. L'ensemble de ces résultats constitue l'espace échantillonnal que l'on note S.

EXEMPLE. Je lance une pièce de monnaie trois fois de suite. Je peux représenter l'espace échantillonnal ainsi:

$$S = \left\{ PPP, PPF, PFP, FPP, PFF, FPF, FFP, FFF \right\}$$

où, par exemple, PPF veut dire: pile au premier lancer, pile au second et face au troisième.

Comme on le voit, les résultats de S ne sont pas forcément des nombres. Or il est commode en mathématique de travailler avec des nombres. C'est même la manie préférée des mathématiciens que de ramener tous les problèmes à des formes numériques. La notion de variable aléatoire va nous permettre de remplacer les objets hétéroclites qui constituent S par des nombres qui caractérisent les événements.

8.1.1. NOTION DE VARIABLE ALÉATOIRE

Supposons que dans l'exemple précédent, je m'intéresse au nombre de faces obtenues, on pourrait remplacer le résultat PPP par le nombre 0, le résultat PPF par 1, PFP par 1 aussi, etc. comme ci-dessous:

$$S = \{PPP, \; PPF, \; PFP, \; FPP, \; PFF, \; FPF, \; FFP, \; FFF\}$$

Nombre de faces: 0   1   2   3

Si l'on appelle X le nombre de faces que l'on obtiendra à la suite de cette expérience, on peut constater que X est une quantité qui prendra l'une des valeurs 0, 1, 2, 3. Et c'est le hasard qui choisira une de ces valeurs. Cette quantité X mérite alors le nom de variable aléatoire conformément à la définition suivante:

> *DÉFINITION. Une variable aléatoire X est une quantité dont la valeur n'est pas encore déterminée, et qui prendra bientôt une valeur notée x, choisie "au hasard" dans un ensemble appelé le champ de X et noté Ch(X).*

Dans notre exemple, le champ est Ch(X) $= \{0, 1, 2, 3\}$. En réalité, on peut dire qu'une variable aléatoire s'obtient en exprimant les résultats d'une expérience aléatoire par des nombres. Mais illustrons ces notions avec quelques exemples.

8.1.2. QUELQUES EXEMPLES DE VARIABLES ALÉATOIRES

EXEMPLE 1.   Je me prépare à piger une carte au hasard dans un jeu normal de 52 cartes. Mon espace S pourrait se représenter ainsi

$$S = \left\{ \begin{array}{l} \text{as de coeur, 2 de coeur, 3 de coeur,..., reine de trê-} \\ \text{fle, roi de trèfle} \end{array} \right\}$$

Si je définis X ainsi:

X sera $\left\{ \begin{array}{l} \text{1 si la carte est un as} \\ \text{0 si la carte est une figure: valet, reine, roi} \\ \text{le nombre indiqué sur la carte dans les autres} \\ \text{cas} \end{array} \right.$

Alors X est une variable aléatoire dont le champ des valeurs possibles est CH(X) $= \{0, 1, 2, 3, \ldots, 10\}$

EXEMPLE 2.   Un professeur de collège II se propose de choisir au hasard l'un des élèves qui sont devant lui. L'espace S s'écrira peut-être:

$$S = \{\text{Ti-cul Allard, Mimi Brousseau,..., G. Zenvy}\}$$

Si je définis Y comme étant l'âge de cet étudiant, alors Y

est une variable aléatoire dont le champ sera peut-être
Ch(Y) = $\{$ 15, 16, 17, 18, 19 $\}$

EXEMPLE 3: Supposons que je veux lancer un dard devant moi. Si je définis Z comme étant la
distance en mètre entre
mon orteil et l'endroit
où le dard va se planter,
alors Z est une variable
aléatoire. Son champ est:
Ch(Z): "l'ensemble de tous
les nombres réels
possibles entre une
certaine distance
minimum (plus gran-
de que zéro sinon,
ouch...) et une certaine distance maximum".

EXEMPLE 4: Je pars de Trois-Rivières en automobile pour me rendre à
Québec. Notons W, le temps en heures que durera le voyage.
Ce trajet demande généralement environ une heure et demie,
plus ou moins de petites variations aléatoires. W sera donc
une variable aléatoire dont le champ peut être décrit ainsi:
Ch(W): "tous les nombres réels possibles, dans un certain
intervalle centré à 1,5 h.

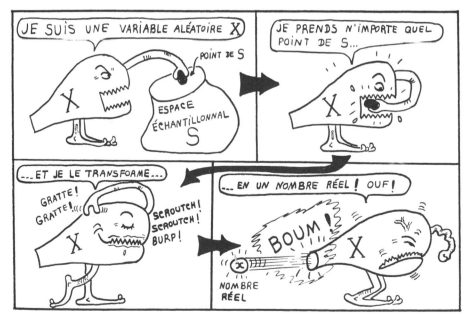

8.1.2.

8.1.3. VARIABLE ALÉATOIRE CONTINUE OU DISCONTINUE

Les quatre exemples précédents présentent deux situations fondamentalement différentes, même si ce n'est pas très évident à première vue. La différence essentielle est la suivante:

Dans le premier exemple, la variable X peut prendre l'une des valeurs 0, 1, 2, 3, 4, 5, 6, 7, 8, 9, 10. Il est impossible que X prenne une valeur intermédiaire comme 2,734 par exemple. D'après la définition de X, il n'y a aucune carte du jeu qui donne une pareille valeur à X. Donc X prend des valeurs particulières, *sans pouvoir prendre les valeurs intermédiaires*. La variable Y du deuxième exemple se comporte de la même façon.

Dans le troisième exemple, le dard peut tomber n'importe où entre des limites raisonnables. Si, par exemple, les valeurs 25 m et 30 m sont possibles, alors toutes les valeurs intermédiaires sont possibles aussi, même des valeurs très précises comme 27,28356 m (s'il est possible de faire la mesure avec assez de précision!) Donc la variable Z de cet exemple n'est *pas limitée à des valeurs "séparées entre elles par un vide"*. La variable W du quatrième exemple présente la même situation.

Les variables semblables à X et Y seront appelées *discontinues*; les variables semblables à Z et W seront appelées *continues*. On peut donc définir ces variables comme suit:

> *DÉFINITIONS.* 1) *Une variable aléatoire est dite continue si elle peut prendre toutes les valeurs d'un intervalle.*
>
> 2) *Une variable aléatoire est dite discontinue si elle n'est pas continue. (La Palice ne dirait pas mieux!)*

D'une manière imagée, une variable discontinue doit faire des enjambées pour passer d'une valeur à la suivante. Elle ne peut pas prendre les valeurs intermédiaires. La variable continue, elle, peut prendre toutes les valeurs possibles dans un intervalle, non seulement les valeurs entières, mais aussi toutes les fractions et tous les autres nombres! Les variables continues sont celles que l'on mesure; souvent les variables discontinues sont celles que l'on compte.

8.1.3.

Les variables continues nécessitent un traitement de faveur, aussi nous allons les oublier jusqu'au chapitre 10, et nous verrons alors ce qu'on peut en tirer. Donc, dans la suite du présent chapitre, nous ne traiterons que de variables aléatoires *discontinues*, et nous essayerons de mieux comprendre ce qu'est une variable aléatoire dans ce cas particulier.

8.2 FONCTION DE PROBABILITÉ D'UNE VARIABLE ALÉATOIRE[1]

8.2.1. NOTION

Reprenons l'exemple que nous avons vu au début de ce chapitre. On lance trois fois de suite une pièce de monnaie. L'espace S peut donc s'écrire $S = \{$ PPP, PPF, PFP, FPP, PFF, FPF, FFP, FFF $\}$. On définit la variable aléatoire X ainsi:

X: "le nombre de F obtenu". Et on obtient la figure 8.1.

Si la pièce est vraiment honnête, il est facile de calculer que tous les résultats de S ont même probabilité, soit 1/8. En effet, il y a 8 résultats possibles qui sont équiprobables. D'autre part, la loi de l'inter-

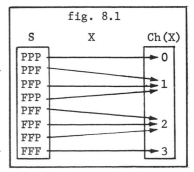

fig. 8.1

S	X	Ch(X)
PPP		0
PPF		
PFP		1
FPP		
PFF		
FPF		2
FFP		
FFF		3

---

[1] On utilise aussi "distribution de probabilité"

section nous permet de calculer cette probabilité. Ainsi:

P(PPF) = P(P au 1er lancer)·P(P au 2e lancer|P au 1er)·P(F au 3e|on a PP)

= 1/2 · 1/2 · 1/2 = 1/8   (la pièce n'a pas de mémoire!)

Cherchons maintenant les probabilités des différentes valeurs 0 1 2 3 du champ de X. Quelle est la probabilité que la variable aléatoire X prenne la valeur 0, que l'on peut écrire: P(X = 0) = ?   Il est évident que X prendra cette valeur 0 chaque fois que l'on obtiendra le résultat PPP, c.- à-d. une fois sur 8, alors P(X = 0) = 1/8.

De même, X prendra la valeur 1 si on a l'un des résultats PPF, PFP, FPP, ce qui se produira 3 fois sur 8, alors P(X = 1) = 3/8.   De même, on aura P(X = 2) = 3/8, et P(X = 3) = 1/8.

NOTATION.   Au lieu d'écrire P(X = 0) ou P(X = 1) etc, on écrira plus simplement f(0), f(1), etc. En général, si x est l'une des valeurs que peut prendre la variable aléatoire X, f(x) veut dire P(X = x), et f est appelée la *fonction de probabilité de la variable aléatoire X.*

Dans notre exemple, on a donc:

f(0) = 1/8, f(1) = 3/8, f(2) = 3/8, f(3) = 1/8.

Puisque X prendra nécessairement l'une ou l'autre des valeurs 0 1 2 3, il faut nécessairement que la somme des f(x) donne 1. Et ce sera toujours ainsi.

8.2.2. REPRÉSENTATION GRAPHIQUE

De façon analogue à ce qu'on a fait pour les séries, au chapitre 2, on peut faire ici aussi un diagramme en bâtonnets pour avoir une vision globale de la façon dont sont distribuées les probabilités des diverses valeurs. On écrit les valeurs possibles 0 1 2 3 sous un axe horizontal, puis on élève sur chacune un bâtonnet

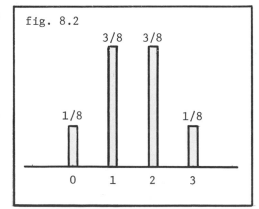

fig. 8.2

8.2.2.

dont la hauteur est proportionnelle à la probabilité de cette valeur
(cf. section 2.4.1.)

On peut aussi faire un polygone en pointant les sommets des bâtonnets,
et en les joignant par des seg-
ments de droite. Il ne faut pas
oublier alors de rajouter les
prolongements qui ramènent le polygone sur l'axe aux valeurs -1
et 4 qui sont impossibles bien
sûr. (cf. section 2.4.2.)
L'ensemble des valeurs possibles
de X avec les probabilités f(x)
s'appelle la *distribution de X*.

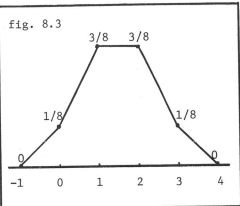

8.2.3. EXERCICES ET SOLUTIONS

1. Reprenons l'exemple vu à la section 7.1.4, où nous avons une boîte
avec trois boules rayées R_1, R_2, R_3 et
deux boules unies U_1, U_2 qui sont toutes équiprobables. Si je définis :
X : "le numéro sur la boule", faire
le polygone de la distribution de X.

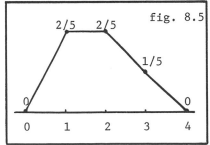

SOLUTION.

Le champ est $Ch(X) = \{1, 2, 3\}$, et les probabilités sont :

$f(1) = P(X = 1) = P(R_1, U_1) = 2/5$

$f(2) = P(X = 2) = P(R_2, U_2) = 2/5$

$f(3) = P(X = 3) = P(R_3) \quad = 1/5$

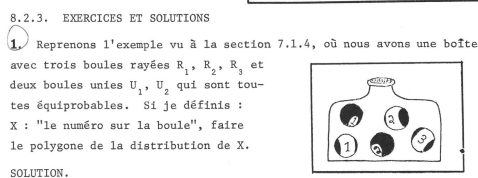

2. Revenons au jeu déjà vu qui consiste à lancer une pièce de monnaie

8.2.3.

tant qu'on n'a pas deux fois de suite le même côté, et on cesse de toute manière après le 4e lancer. Si la pièce est honnête, décrire les valeurs de f(x) pour la variable aléatoire X: "nombre de coups". Représenter graphiquement f(x).

SOLUTION.   Un problème semblable a été étudié à la section 7.3.1.

L'espace S = { PP, FF, FPP, PFF, PFPP, PFPF, FPFF, FPFP } et les probabilités de ces résultats sont: 1/4, 1/4, 1/8, 1/8, 1/16, 1/16, 1/16, 1/16 respectivement. La variable aléatoire X s'applique comme ceci:

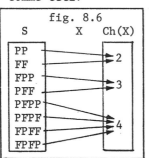

On a donc

$$f(2) = P\{PP, FF\} = 1/4 + 1/4 = 1/2$$
$$f(3) = P\{FPP, PFF\} = 1/8 + 1/8 = 2/8 = 1/4$$
$$f(4) = P\{PFPP, PFPF, FPFF, FPFP\}$$
$$= 1/16 + 1/16 + 1/16 + 1/16 = 4/16$$
$$= 1/4$$

et f(2) + f(3) + f(4) = 1

Graphiquement, on obtient le polygone de la figure 8.7

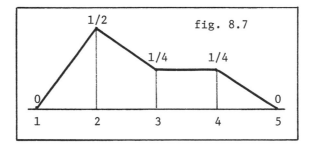

3. Supposons que le jeu consiste à lancer une pièce de monnaie tant qu'on n'obtient pas le côté "pile", c.-à-d. la partie s'arrête au premier résultat "pile". Décrire S. Si X: "nombre de coups joués, trouver les valeurs de f(x).

8.2.3.

SOLUTION.

L'arbre de S peut se représenter ainsi:

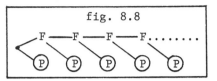

fig. 8.8

On voit que S contient une infinité de points mais cela ne cause pas de problème . La variable aléatoire X s'applique comme dans le tableau ci-dessous:

$$S \; - \; \{P, \; FP, \; FFP, \; FFFP, \; FFFFP, \; ...\}$$
$$X$$
$$Ch(X) = \{1, \; 2 \; , \; 3 \; , \; 4 \; , \; 5\}$$

On a donc f(1) = P(P) = 1/2

f(2) = P(FP) = 1/2 · 1/2 = 1/4

f(3) = P(FFP) = 1/2 · 1/2 · 1/2 = 1/8

et ainsi de suite, f(4) = 1/16, f(5) = 1/32, ... et en général, $f(n) = 1/2^n$. On obtient le polygone de la figure 8.10 qui a la particularité de ne pas se terminer à droite. Mais c'est sans conséquence , pourvu que la somme des f(x) donne bien 1.

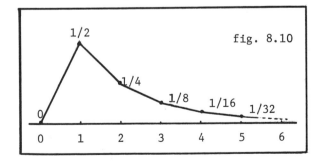

fig. 8.10

Vérifions si $\sum f(x) = 1$.

1/2 + 1/4 + 1/8 + 1/16 = 0,9375 qui est justement 1 - 1/16

1/2 + 1/4 + 1/8 + 1/16 + 1/32 = 0,96875 qui est justement 1 - 1/32

8.2.3.

$1/2 + 1/4 + 1/8 + 1/16 + 1/32 + 1/64 = 0,984375$ qui est justement $1 - 1/64$

Etc...

$1/2 + 1/4 + \ldots + 1/2^n = 1 - 1/2^n$ qui tend vers 1 à mesure que
l'on ajoute des termes à cette somme. Donc à la limite, cette
somme infinie donne bien 1.

4. Je m'intéresse à la variable aléatoire suivante: X:"Le montant, au
dollar près, de ma facture d'électricité". Pour les 30 mois précédents,
j'ai payé les montants suivants:

8,90	5,82	7,46	9,31	8,25	11,68
7,80	7,66	5,86	5,90	7,42	5,40
5,62	6,76	9,52	6,97	5,88	5,30
6,58	12,35	6,15	6,15	11,21	11,59
9,25	14,36	7,00	7,36	7,66	7,10

Puis-je concevoir une distribution convenable pour la variable aléatoire X? Avec ce modèle, quelle serait la probabilité que X soit supérieur
à 9?

SOLUTION.

Exprimons ces 30 montants, au dollar près, et calculons la fréquence de chaque valeur obtenue. Si l'on utilise le critère de
la fréquence relative, on pourra poser:

Ch(X)	fréquences		
5	//	2	$f(5) = 2/30$
6	//// //	7	$f(6) = 7/30$
7	//// ///	8	$f(7) = 8/30$
8	////	4	.
9	///	3	.
10	/	1	.
11	/	1	.
12	///	3	$f(12) = 3/30$
13		0	$f(13) = 0$
14	/	1	$f(14) = 1/30$

8.2.3.

Cette distribution est représentée à la figure 8.11. La probabilité que X soit supérieur à 9, P(X > 9) = P(X = 10,11,12,13,14)
= 1/30 + 1/30 + 3/30 + 0 + 1/30 = 6/30 = 1/5.

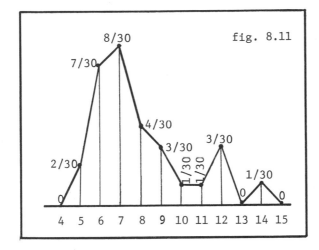

fig. 8.11

Il n'est pas assuré que ce modèle soit adéquat. Puis-je être certain, par exemple, que le mois prochain, mon compte, au dollar près,
ne sera pas de $13? Avec ce modèle, c'est impossible puisque
f(13) = P(X = 13) = 0. On voit qu'il ne faut pas trop se fier aux
fréquences relatives surtout si le nombre d'expériences n'est pas
très grand. Un modèle un peu plus régulier (moins esclave des résultats particuliers que le hasard m'a fournis dans les 30 derniers
mois) pourrait avoir la forme de la figure 8.12. Ce modèle serait

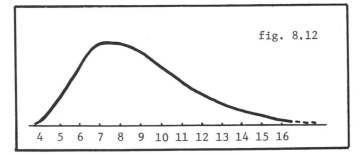

fig. 8.12

peut-être finalement plus réaliste que le précédent puisqu'il per-

8.2.3.

met des valeurs de X comme 13, 15, 16, etc. (cf. problème 7, section 8.3.4).

8.2.4. EXERCICES

1. Vous lancez un dé et une pièce de monnaie dont les côtés sont équiprobables. On définit ainsi la variable X:
X: "le chiffre sur le dé auquel on ajoute le nombre de pile".
   a) Enumérer les valeurs prises par X
   b) Calculer les f(x)
   c) Tracer le graphe
   d) Calculer $P(2 \leq X < 5)$

2. Vous tirez une carte à jouer d'un jeu honnête. La variable X est
ainsi définie:

X :
$\begin{cases} 1 \quad \text{si c'est un as ou une figure} \\ \\ \text{le numéro sur la carte, si ce n'est ni un as ni une figure} \end{cases}$

   a) Calculer les f(x)
   b) Tracer le graphe
   c) Calculer $P(0 \leq X < 3)$

3. On sait qu'une variable aléatoire Z ne peut prendre que les valeurs
1, 2, 3, 4. On sait de plus qu'elle prend deux fois plus souvent la valeur 2 que la valeur 1, qu'elle prend aussi souvent la valeur 3 que la
valeur 1 et qu'elle prend la valeur 4 trois fois plus souvent que la valeur 3.
   a) Trouver les f(z)
   b) Tracer le graphe

4. On lance deux dés. Soit Y : "somme des deux nombres".
   a) Calculer les f(y)
   b) Tracer le graphe
   c) Calculer $P(1 \leq Y \leq 11)$

5. Une boîte contient trois billes équiprobables numérotées de 1 à 3.

Je tire une bille, j'enregistre le numéro indiqué.   Je replace la bille
dans la boîte, j'agite bien, et je recommence jusqu'à ce que la somme
des chiffres ainsi obtenus soit plus grande ou égale à 3. Si X: "somme
totale enregistrée",

    a) faire un arbre exprimant les divers résultats possibles

    b) calculer les f(x)

    c) tracer le graphe

6. Dans l'expérience du numéro précédent, posons Y: "nombre de piges
requis pour que la somme totale soit ≥ 3".

    a) Calculer les f(y)

    b) Tracer le graphe

7. Il est bien connu, n'est-ce pas, que lorsque M. le professeur Somni
Phère donne un cours, n'est-ce pas, il a la légère manie, n'est-ce pas,
de répéter un peu trop souvent l'expression "n'est-ce pas", n'est-ce pas?
Or suite à une compilation sérieuse, n'est-ce pas, faite par l'élève
Pancracette, n'est-ce pas, il appert que la variable aléatoire X: "nombre
de "n'est-ce pas" par périodes de 30 secondes" peut être décrite de façon
satisfaisante en posant:

$$f(x) = \begin{cases} 0,03 & \text{si } x = 0 \text{ ou } 11 \\ 0,07 & \text{si } x = 1 \text{ ou } 10 \\ K & \text{si } 2 \leq x \leq 9 \\ 0 & \text{si } x > 11 \end{cases}$$

    a) Trouver la valeur de K, n'est-ce pas

    b) Tracer le graphe, n'est-ce pas

    c) Calculer $P(X > 6)$, n'est-ce pas

8. Supposons que l'argent qui entre dans une caisse d'un magasin entre
14:00 h. et 15:00 h. constitue une expérience aléatoire. Pour avoir une
variable aléatoire discontinue, définissons X comme suit:

$$X = \begin{cases} 0 & \text{si les recettes vont de \$0,00 à \$9,99} \\ 1 & \text{si les recettes vont de \$10,00 à \$19,99} \\ 2 & \text{si les recettes vont de \$20,00 à \$29,99} \\ \text{etc.} \end{cases}$$

8.2.4.

c.-à-d. X: "nombre de billets complets de \$10 récoltés".
S'il est vrai que

$$f(x) = \begin{cases} \dfrac{x+1}{12} & \text{pour } 0 \le x \le 2 \\[2mm] \text{et} \\[1mm] \dfrac{7-x}{20} & \text{pour } 3 \le x \le 7 \\[2mm] 0 & \text{pour } x \ge 7 \end{cases}$$

a) Calculer les f(x)

b) Tracer le graphe

c) Quelle est la probabilité P(1 ≤ X ≤ 4)?

8.3 MOMENTS D'UNE VARIABLE ALÉATOIRE DISCONTINUE[2]

Au numéro 2, section 8.2.3, on a vu que la distribution d'une variable aléatoire X peut être représentée par un diagramme en bâtonnets ou
par un polygone (voir fig. 8.13). Ces graphiques sont semblables à ceux

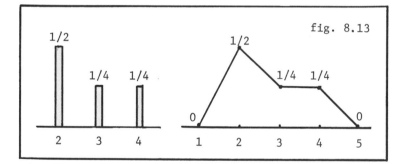

fig. 8.13

qu'on a obtenus dans les sections 2.4.1 et 2.4.2. La différence fondamentale c'est que lorsque l'on compile une série, les fréquences sont des
entiers dont la somme $\sum f = n$, tandis que lorsqu'on regarde le graphe
d'une variable aléatoire, la hauteur des bâtonnets est déterminée par
des probabilités dont la somme est 1: $\sum f(x) = 1$.

---

[2] Certains auteurs utilisent moments de la distribution de la variable
aléatoire x.

Cette différence n'est pas considérable puisque si, dans le cas d'une série, on divise chaque fréquence f par n, on obtient $\frac{f}{n}$ les fréquences relatives dont la somme est 1, et qui est un bon indicateur pour les probabilités. Il est donc "naturel" (!?!?) de chercher à calculer, pour des variables aléatoires, des mesures de centre et de dispersion comparables à celles que l'on a étudiées aux chapitres 3 et 4. Ces mesures s'appelleront ici *les moments de la variable aléatoire*.

8.3.1. MESURE DE CENTRE D'UNE VARIABLE ALÉATOIRE: L'ESPÉRANCE

O honorable lectrice ou lecteur, si tu retournes à la section 3.1.4.1, tu y reverras qu'une moyenne d'une série compilée avec des bâtonnets peut se calculer avec la formule $\overline{X} = \frac{\sum fv}{n}$ que l'on peut écrire $\overline{X} = \sum v \left[\frac{f}{n}\right]$. Mais à bien y penser, les valeurs que l'on notait alors v sont maintenant notées par x. De même, les $\left[\frac{f}{n}\right]$ sont les fréquences relatives qui correspondent à nos probabilités actuelles notées f(x). Il n'est donc pas étonnant que l'on pose la définition suivante:

DÉFINITION. *Si on dénote par x les valeurs possibles d'une variable aléatoire discontinue X, et par f(x) les probabilités de ces valeurs, alors l'espérance de X, dénotée E(X) ou μ, est* $\mu = E(X) = \sum x\, f(x)$, *si cette somme existe.*

La lettre μ se prononce "mu". C'est l'ancêtre grec du "m". L'espérance est donc l'équivalent de la moyenne $\overline{X}$ d'une série. C'est une mesure de centre qui correspond au centre de gravité du polygone.

EXEMPLE. Si l'on examine la figure 8.13, on peut "deviner" que μ sera de l'ordre de 2,7 environ. En réalité,
$$\mu = \sum x\, f(x) = 2\left(\tfrac{1}{2}\right) + 3\left(\tfrac{1}{4}\right) + 4\left(\tfrac{1}{4}\right) = 2,75.$$
En somme, ce n'est rien de bien nouveau par rapport à la section 3.1.4.1.

8.3.2. MESURE DE DISPERSION D'UNE VARIABLE ALÉATOIRE: LA VARIANCE

Au chapitre 4, nous avons appris à calculer l'écart-type d'une série:
$$s = \sqrt{\frac{\sum (x - \overline{X})^2}{n-1}} \quad \text{ce qui donne} \quad s^2 = \frac{\sum (x - \overline{X})^2}{n-1}$$
A la section 4.3.5.3, on a vue que cette formule se ramène à $s^2 = \frac{\sum fv^2 - n\,\overline{X}^2}{n-1}$ dans le cas d'une série compilée avec des bâtonnets.

Cette formule peut s'écrire: $s^2 = \sum v^2 \left[\dfrac{f}{n-1}\right] - \left[\dfrac{n}{n-1}\right] \overline{X}^2$

Si n, le nombre de données, devient très grand, alors $(n-1) \simeq n$,

$\dfrac{n}{n-1} \simeq 1$ et $\dfrac{f}{n-1} \simeq \dfrac{f}{n}$, la fréquence relative.

Si l'on comprend que $\left\{\begin{array}{l} x \quad \text{remplace } v \\ f(x) \text{ remplace } \dfrac{f}{n} \\ \mu \quad \text{remplace } \overline{X} \end{array}\right\}$ on voit le bien-fondé de la définition suivante.

DÉFINITION. Si on note par x les valeurs possibles d'une variable aléatoire discontinue X, par f(x) les probabilités de ces valeurs, et si μ est l'espérance de X, alors la variance de X, notée V(X) ou σ^2, est
$\sigma^2 = V(X) = \sum x^2 f(x) - \mu^2$ qui se ramène à $\sum (x - \mu)^2 f(x)$ si cette somme existe.

La lettre σ se lit "sigma". C'est l'ancêtre grec du s. On voit donc que le σ^2 joue pour la variable X le même rôle que s^2 jouait pour mesurer la dispersion d'une série. En particulier, on peut "deviner" l'ordre de grandeur du σ avec tous les trucs de la section 4.3.7, c.-à-d.

$$\sigma \simeq \frac{B-A}{6} \text{ ou } \frac{B-\mu}{3} \text{ ou } \frac{\mu-A}{3} \text{ selon le cas}$$

EXEMPLE.   Si l'on revient encore à la figure 8.13, on peut "deviner" que σ sera de l'ordre de $\dfrac{5 - 2,75}{3} = 0,75$.

Effectivement,

$\sigma^2 = \sum x^2 f(x) - \mu^2 = 2^2\left[\dfrac{1}{2}\right] + 3^2\left[\dfrac{1}{4}\right] + 4^2\left[\dfrac{1}{4}\right] - (2,75)^2$

$\sigma^2 = 8,25 - 7,5625 = 0,6875$.

Donc $\sigma = \sqrt{0,6875} = 0,82916$.

Encore ici, il n'y a rien de vraiment différent par rapport à la section 4.3.5.3. La formule est légèrement différente, mais cela ne cause pas de difficulté particulière.

8.3.3. EXERCICES ET SOLUTIONS

1. Calculons l'espérance et la variance de la variable aléatoire X dont la distribution donne le polygone de la figure 8.14. Vérifions l'ordre de grandeur de ces moments à l'aide de la figure de la page 231.

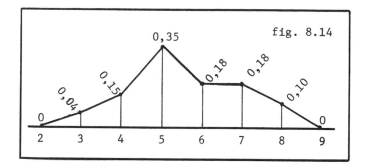

fig. 8.14

SOLUTION

a) Espérance

$$E(X) = \mu = \sum xf(x)$$
$$= 3(0,04)+4(0,15)+5(0,35)+6(0,18)+7(0,18)+8(0,10) = 5,61$$

b) Variance

Calculons $\sum x^2f(x) = 3^2(0,04)+4^2(0,15)+5^2(0,35)+\ldots+8^2(0,10) = 33,21$

$\sigma^2 = \sum x^2f(x) - \mu^2 = 33,21 - (5,61)^2 = 33,21 - 31,4721 = 1,7379$

c) Le centre de gravité se situe à 5,61: c'est logique!

$\dfrac{9 - 5,61}{3} = 1,13 \approx \sigma \Rightarrow \sigma^2$ de l'ordre de $(1,13)^2 \approx 1,28$: ça va

aussi!

2. Pour la variable aléatoire X dont la distribution est représentée à la figure 8.15,

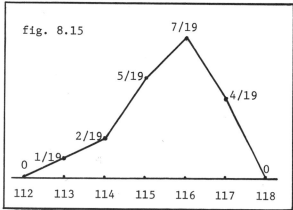

fig. 8.15

8.3.3.

a) Trouver l'ordre de grandeur de E(X) et V(X)

b) Calculer E(X) avec astuce (cf. section 3.1.4)

c) Calculer V(X) avec astuce (cf. section 4.3.5)

SOLUTION

a) A première vue, on peut placer le centre de gravité autour de 115,4 ou 115,5. D'autre part, $\left[\dfrac{115,4 - 112}{3}\right]^2 \simeq 1,3$ devrait être l'ordre de grandeur de V(X).

b) Si on enlève la constante 115, les valeurs deviennent:

$$\begin{array}{ccccc} -2 & -1 & 0 & 1 & 2 \end{array}$$

$$\mu = 115 + \left[(-2)\frac{1}{19} + (-1)\frac{2}{19} + (0)\frac{5}{19} + (1)\frac{7}{19} + (2)\frac{4}{19}\right]$$

$$\mu = 115 + \frac{1}{19}\left[-2 - 2 + 0 + 7 + 8\right] \quad \text{on peut mettre } \frac{1}{19} \text{ en évi-}$$

dence.

$$\mu = 115 + \frac{1}{19}\left[11\right] = 115 + 0,57895 = 115,57895; \quad \text{l'approxima-}$$

tion faite en a) est assez juste.

c) $$\sigma^2 = \left[(-2)^2\frac{1}{19} + (-1)^2\frac{2}{19} + (0)^2\frac{5}{19} + (1)^2\frac{7}{19} + (2)^2\frac{4}{19}\right] - \left[0,57895\right]^2$$

$$\sigma^2 = \frac{1}{19}\left[4 + 2 + 0 + 7 + 16\right] - 0,33518$$

$$\sigma^2 = \frac{1}{19}\left[29\right] - 0,33518 = 1,52632 - 0,33518 = 1,19114; \quad \text{ce}$$

résultat est bien du bon ordre de grandeur.

8.3.4. EXERCICES

1 . Pour la variable X dont la distribution est illustrée à la figure 8.16,

a) Calculer E(X)

b) Calculer V(X)

c) Comparer V(X) avec $\left[\dfrac{\text{étendue}}{6}\right]^2$

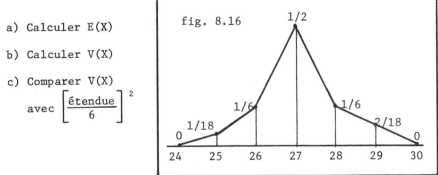

fig. 8.16

2. Pour la variable Y distribuée d'après la figure 8.17,

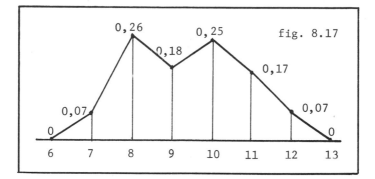

a) Calculer E(Y)

b) Calculer V(Y)

c) Comparer V(Y) avec $\left[\dfrac{\text{étendue}}{6}\right]^2$

3. La variable X est distribuée d'après la figure 8.18, c.-à-d.

$$f(x) = \frac{1}{2^x} \quad \text{pour } x = 1,2,3\ldots$$

Estimer E(X) en ne prenant que les $x \le 10$ et comparer avec la vraie valeur qui est 2.

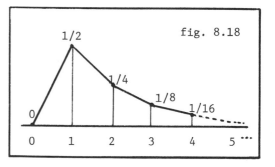

4. Pour la variable Z dont le polygone est représenté à la figure 8.19,

a) Calculer E(Z)

b) Calculer V(Z) et comparer avec

$$\left[\frac{\text{l'étendue}}{6}\right]^2$$

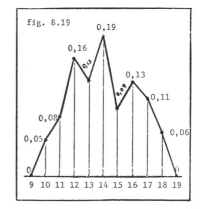

8.3.4.

5. La variable X ne peut prendre que les valeurs 5,6,7,8,9.

Si $f(5) = 2f(6)$, $f(7) = f(6)$, $3f(8) = f(5)$, $f(9) = \frac{1}{2}f(6)$, cf. p. 220,

   a) Calculer les valeurs de $f(5)$, $f(6)$, $f(7)$, $f(8)$, $f(9)$

   b) Calculer $E(X)$

   c) Calculer $V(X)$

   d) Calculer $P(X > 7)$

6. A la section 8.2.2, on a obtenu la distribution de la figure 8.20 pour la variable aléatoire X: "le nombre de faces quand on lance une pièce de monnaie trois fois de suite".

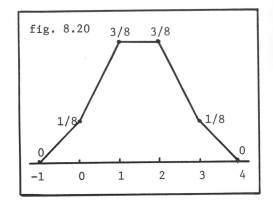

   a) "Deviner" l'ordre de grandeur de μ et de σ^2

   b) Calculer μ

   c) Calculer σ^2

   d) Calculer $P(X > 0)$

7. Supposons que la variable aléatoire X désigne le montant au dollar près de ma facture de téléphone, et que les probabilités $f(x)$ sont approximativement celles de la figure 8.21.

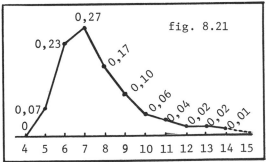

   a) "Deviner" l'ordre de grandeur de μ et de σ^2

   b) Calculer μ avec les x inférieurs ou égaux à 14

   c) Calculer σ^2 avec les x inférieurs ou égaux à 14

   d) Quelle est la probabilité que X soit supérieur ou égal à 8?

8.3.4.

8. Dans l'étude sur les centres d'intérêts dont il est fait mention au problème no 1, section 3.4, on a obtenu le polygone de la figure 8.22 pour la série des n = 38 cotes d'importance de la FAMILLE. Si l'on choisit pour X: "la cote attribuée par un étudiant choisi au hasard dans ce milieu et à cette époque", et que l'on prend pour f(x) la fréquence relative obtenue pour x,

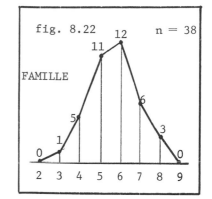

a) Calculer E(X)

b) Calculer V(X)

c) Que vaut P(X > 6)?

9. Et puis un jour, Christophe Colomb obtint une audience avec la grande reine Isabelle d'Espagne. Mais cette entrevue fut un échec puisqu'elle ne dura que 6 minutes et 57 secondes et que la reine ne lui prêta même pas attention. Après l'entrevue, son excellence le Planificateur Général des Cérémonies et Délégations (P.G.C.D.) voulut consoler Christophe en lui expliquant que la durée des audiences varie entre 5 et 15 minutes, puisque d'une part il faut commencer par 5 minutes de "courbettes" et qu'après 15 minutes, la reine se lasse et expédie son visiteur chez le Grand Inquisiteur! A un nombre entier de minutes près, cette durée X peut être considérée comme une variable aléatoire discontinue dont la distribution est donnée à la figure 8.23.

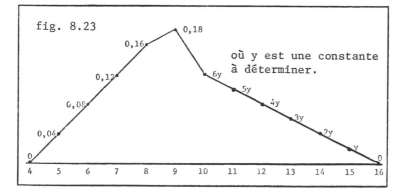

où y est une constante à déterminer.

8.3.4.

a)   "Deviner" l'ordre de grandeur de μ et de σ^2

b)   Trouver tous les $f(x)$

c)   Calculer μ

d)   Calculer σ^2

e)   Calculer la probabilité que, à une minute près, la durée du rendez-vous de Christophe dure moins de 8 minutes.

9

SOMMAIRE

CHAPITRE 9

DEUX MODÈLES DISCONTINUS: BINOMIAL ET POISSON

Nous avons vu ce qu'est une variable aléatoire discontinue ainsi qu'une fonction de probabilité et nous avons défini l'espérance et la variance d'une variable aléatoire. Toutefois, nos exemples ont alors été assez loin des problèmes concrets que l'on peut rencontrer en probabilité. Il s'agissait plutôt de jeux de dés ou de pièces de monnaie. Nous allons maintenant retrouver des problèmes plus vivants, plus imagés, en étudiant différentes distributions discontinues qui sont importantes justement parce qu'elles trouvent des applications nombreuses.

Il s'agit en fait de modèles probabilistes qui peuvent s'appliquer dans différents contextes. Nous en verrons deux: la distribution binomiale et la distribution de Poisson.

9.1 DISTRIBUTION BINOMIALE

9.1.1. CONTEXTE

La distribution binomiale s'applique dans tous les problèmes qui ont un certain contexte commun. Examinons les caractéristiques de ce contexte tout en les explicitant avec un exemple.

CONTEXTE	EXEMPLE
1) Une expérience est répétée n fois	1) Je pige une carte d'un jeu normal de 52 cartes et je répète cette expérience 4 fois.

2) Les conditions sont identiques à chaque essai.	2) Je dois remettre la carte dans le jeu, et bien brasser avant de piger à nouveau.
3) L'expérience a deux résultats possibles, l'un appelé "succès" et l'autre "échec".	3) Supposons que le succès consiste à obtenir une figure (valet, reine, roi), sinon on a un échec.
4) A chaque essai, la probabilité du succès est constante et notée par la lettre p.	4) $p = \dfrac{12 \text{ cartes}}{52 \text{ cartes équiprobables}}$ $= \dfrac{3}{13}$ à chaque essai.
5) Ce qui nous intéresse, c'est la variable aléatoire X qui désigne le nombre de succès obtenus dans les n expériences.	5) X: "nombre de figures obtenues parmi les 4 cartes pigées".
6) Les valeurs possibles de X sont $Ch(X) = \{0,1,2,\ldots,n\}$.	6) Je peux obtenir 0 figure, 1 figure, 2, 3 ou 4 figures, et pas autre chose. $Ch(X) = \{0,1,2,3,4\}$.

9.1.2. EXPRESSION DE LA DISTRIBUTION BINOMIALE

Supposons que je répète une expérience n = 5 fois, et que j'obtienne le résultat suivant: "succès-succès-échec-succès-échec". Si on note A_1 le succès à la première expérience, A_2 le succès à la seconde, etc, notre résultat peut s'écrire $A_1 \cap A_2 \cap A_3' \cap A_4 \cap A_5'$. On peut appliquer la loi de l'intersection à répétition (cf. section 7.2.4) et on aura:

$$P(A_1 \cap A_2 \cap A_3' \cap A_4 \cap A_5')$$

$$= P(A_1) \cdot P(A_2 | A_1) \cdot P(A_3' | A_1 \cap A_2) \cdot P(A_4 | A_1 \cap A_2 \cap A_3') \cdot P(A_5' | A_1 \cap A_2 \cap A_3' \cap A_4)$$

Mais comme les conditions ne doivent absolument pas changer d'une expérience à l'autre $[P(A_1) = P(A_2) = \ldots = P(A_5) = P(A)]$, et que ce qui s'est passé auparavant n'influence pas la probabilité du succès ou de l'échec à un moment donné (indépendance). Aussi notre probabilité se ramène à:

$$P(A) \cdot P(A) \cdot P(A') \cdot P(A) \cdot P(A')$$

Si on note $P(A) = p$ et $P(A') = q = 1 - p$, on a:

$$p \cdot p \cdot q \cdot p \cdot q \cdot = p^3 q^2$$

9.1.2.

Il est évident qu'une autre suite de résultats contenant 3 succès et 2 insuccès aurait même probabilité. Par exemple:

P(échec-échec-succès-succès-succès) $P(A_1' \cap A_2' \cap A_3 \cap A_4 \cap A_5) =$

$q \cdot q \cdot p \cdot p \cdot p = p^3 q^2$.

Donc toute suite de 5 expériences contenant 3 succès a pour probabilité $p^3 q^2$ dans ce contexte.

La probabilité d'avoir 3 succès en 5 expériences peut donc s'écrire:

P(3 succès sur 5) = P(AAAA'A') + P(AAA'AA') + P(AA'AAA') + P(A'AAAA')

+ ... + P(A'A'AAA) qui donnera autant de fois $p^3 q^2$ qu'il y a de termes dans la somme.

P(3 succès sur 5) $-$ K $p^3 q^2$

où   K = nombre de suites contenant 3 succès en

5 expériences.

Le calcul de K est un problème d'analyse combinatoire. De combien de façons peut-on construire une suite de 5 résultats dont 3 sont des succès et 2 sont des échecs. On peut procéder en deux étapes, pour utiliser le principe de multiplication (section 7.3.1).

1ère étape : choisissons les trois places où l'on mettra les 3
               succès; cela peut se faire de $\binom{5}{3}$ façons.

2e étape   : plaçons les insuccès dans les places restantes; cela
               ne peut se faire que d'une seule façon.

Donc K $= \binom{5}{3} \cdot 1 = \binom{5}{3}$, et finalement

$$P(3 \text{ succès sur } 5) = \binom{5}{3} p^3 q^2$$

NOTATION. On utilise le symbole b(x;n,p) pour désigner la probabilité
             d'avoir x succès en n expériences dans la situation binomia-
             le, p étant la probabilité de succès.

Donc $b(3;5,p) = \binom{5}{3} p^3 q^2$.

L'expression mathématique du modèle binomial est donc:

$$b(x;n,p) = \binom{n}{x} p^x q^{n-x} \quad \text{pour } x = 0,1,2,\ldots,n$$

9.1.2.

EXEMPLE 1. Supposons que, dans l'ensemble, 40% des gens ont la rougeole avant 12 ans. Quelle est la probabilité que, dans un groupe de 6 adultes venant de régions différentes, 3 aient eu la rougeole avant l'âge de 12 ans?

SOLUTION.

Chacun des 6 adultes est une expérience pouvant donner un succès (a eu la rougeole), ou un échec. Donc n = 6. Puisqu'ils viennent de régions différentes, on peut supposer qu'il n'y a pas de lien entre eux, aussi P(succès) = p = 0,40 pour chacun. Si deux d'entre eux venaient de la même ville, P(l'un ait eu la rougeole|l'autre l'a eu) serait probablement > 40% puisque la rougeole est contagieuse. Mais ce n'est pas le cas, aussi on peut utiliser comme modèle, la distribution binomiale:

$$b(x;n,p) = b(3;6, 0,40) = \binom{6}{3} (0,4)^3 (0,6)^3 = \frac{6 \cdot 5 \cdot 4}{3 \cdot 2 \cdot 1} \left(\frac{2}{5}\right)^3 \left(\frac{3}{5}\right)^3$$

$$= \frac{2^5 \cdot 3^3}{5^5} = \frac{32 \cdot 27}{3\ 125} = 0,27648$$

Quand on n'aime pas calculer, on peut aller chercher la valeur de b(3; 6, 0,4) dans la table 1, à la fin de ce volume. On trouve p = 0,4 dans l'en-tête du tableau, on trouve ensuite n = 6 et x = 3, dans la colonne de gauche, la table donne 0,2765.

EXEMPLE 2. Supposons que j'aie 9 chances sur 10 de ne pas me frapper sur les doigts chaque fois que je plante un clou. Si je plante 8 clous et si je peux appliquer à ce problème le modèle binomial, quelle est la probabilité que mes doigts soient sains et saufs dans 6 des 8 cas?

SOLUTION.

Le succès consiste à ne pas m'écraser les doigts. Aussi

$$p = \frac{9}{10} = 0,9 \ ; \quad n = 8 \text{ et } x = 6.$$

$$b(6; 8, 0,9) = \binom{8}{6} (0,9)^6 (0,1)^2 = \frac{8 \cdot 7 \cdot 6 \cdot 5 \cdot 4 \cdot 3}{6 \cdot 5 \cdot 4 \cdot 3 \cdot 2 \cdot 1} \left(\frac{9}{10}\right)^6 \left(\frac{1}{10}\right)^2$$

$$= \frac{28 \cdot 9^6}{10^8} = 0,1488$$

Et si l'on veut obtenir b(6; 8, 0,9) dans la table 1, on a la douloureuse surprise de constater que cette table ne contient pas

les valeurs de p supérieures à 0,50. Il y a tout de même une façon de contourner cette difficulté en considérant le problème
sous un autre angle:

La probabilité de m'épargner les doigts 6 fois sur 8 = b(6; 8, 0,9)
est bien la même chose que la probabilité de me massacrer les
doigts 2 fois sur 8 = b(2; 8, 0,1). Donc b(6; 8, 0,9) = b(2;8, 0,1).
Cette équivalence revient à changer p par q, et x par n - x. Or,
par la table 1, b(2; 8, 0,1) = 0,1488 = b(6; 8, 0,9).

9.1.3. MOMENTS D'UNE VARIABLE BINOMIALE

Les moments d'une variable binomiale sont très faciles à calculer,
puisqu'on peut montrer qu'ils se ramènent aux deux formules suivantes:

Si X est une variable binomiale, alors
$$E(X) = np$$
$$V(X) = npq$$

ILLUSTRATION. Supposons que je lance un dé 4 fois (n = 4), et que le
succès consiste à obtenir le côté marqué 6. Les valeurs possibles de X:
"nombre de succès" sont $Ch(X) = \{0,1,2,3,4\}$. Les probabilités de ces
valeurs peuvent se calculer directement.

$$b(0;4,\frac{1}{6}) = \binom{4}{0}\left(\frac{1}{6}\right)^0\left(\frac{5}{6}\right)^4 = \frac{5^4}{6^4} = \frac{625}{1\ 296}$$

$$b(1;4,\frac{1}{6}) = \binom{4}{1}\left(\frac{1}{6}\right)^1\left(\frac{5}{6}\right)^3 = \frac{4 \times 5^3}{6^4} = \frac{500}{1\ 296}$$

Et ainsi de suite jusqu'à 4. Après ces longs calculs, on obtient la figure 9.1 (page suivante).

Si l'on calcule E(X) et V(X) par la méthode du chapitre précédent,
on obtient:

$$E(X) = 0\left[\frac{625}{1\ 296}\right] + 1\left[\frac{500}{1\ 296}\right] +\ldots+ 4\left[\frac{1}{1\ 296}\right] = \frac{1}{1\ 296}\ [864] = 0,666667 = \frac{2}{3}$$

$$V(X) = \left(0^2\left[\frac{625}{1\ 296}\right] +1^2\left[\frac{500}{1\ 296}\right]+\ldots+4^2\left[\frac{1}{1\ 296}\right]\right) -\left[\frac{2}{3}\right]^2 = \frac{1}{1\ 296}\left[1\ 296\right] - \frac{4}{9} = \frac{5}{9}$$

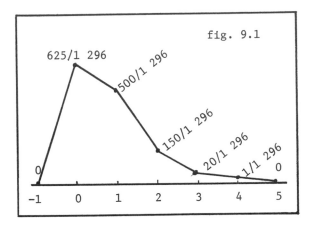

fig. 9.1

Le grand avantage d'utiliser un modèle comme la distribution binomiale, c'est qu'il n'est plus nécessaire alors de faire tous ces calculs
pour trouver les moments de la variable X.   Les formules nous permettent
de trouver l'espérance et la variance dans un rien de temps avec un large sourire:

$$E(X) = np = 4\left[\frac{1}{6}\right] = \frac{2}{3}$$

$$V(X) = npq = 4\left[\frac{1}{6}\right]\left[\frac{5}{6}\right] = \frac{5}{9}$$

Quelle merveilleuse économie de temps!

AUTRE EXEMPLE.   S'il est vrai que 40% des gens ont la rougeole avant 12
ans, quelle est l'espérance et la variance de la varia-
ble X qui désigne le nombre d'adultes qui ont eu la rougeole avant 12 ans, sur un groupe de 36 adultes choisis
au hasard dans des régions différentes?

SOLUTION.

$E(X) = np = 36 \times 0,4 = 14,4$

$V(X) = (np)q = (14,4) \times 0,6 = 8,64$

9.1.4.   EXERCICES

1. Supposons qu'une machine produit en moyenne 1 objet défectueux sur 4.
Dans un lot de 8 objets produits par cette machine, quelle est la proba-

bilité

a) qu'il y en ait 3 de défectueux?

b) qu'il y ait moins de 3 défectueux?

c) qu'il y en ait 6 ou plus de défectueux?

d) quelle est l'espérance du nombre de défectueux?

e) quelle est la variance de ce nombre de défectueux?

2. Supposons que lorsque les chiens ne sont pas vaccinés, 1 sur 5 en moyenne, meurt de la maladie de Carré avant l'âge d'un an. Un éleveur a 9 chiots qu'il ne veut pas faire vacciner. Calculer

a) la probabilité qu'il en meure 3 avant l'âge d'un an;

b) la probabilité qu'il en meure 3, 4 ou 5 avant l'âge d'un an;

c) la probabilité qu'il en meure moins de 2 avant un an;

d) la probabilité qu'il en meure deux ou plus avant l'âge d'un an;

e) l'espérance du nombre de chiots qui mourront avant un an.

f) la variance de cette variable aléatoire.

3. Une tireuse de carte fait 10 affirmations à un client. Le client s'en retourne chez lui bouleversé parce que 7 de ces affirmations s'avèrent vraies. Est-ce vraiment si étonnant de réussir plus de 6 affirmations sur 10,

a) si on suppose que chaque affirmation a autant de chance d'être vraie que fausse?

b) si à cause de l'habileté, l'expérience, le sens très poussé de l'observation et une forte intuition de la tireuse de carte, on suppose que chaque affirmation a 70% des chances de se réaliser?

4. D'après le ministère de la santé, 1 personne sur 4 souffre de troubles pulmonaires. Si l'on suppose que la fumée indispose ces gens, quelle est la probabilité que

a) si on autorise la cigarette dans un petit local contenant 8 personnes, il y ait au moins deux de ces huit personnes qui en souffrent?

b) si on autorise la cigarette dans un petit local contenant 6

9.1.4.

personnes, il y en ait au moins 1 qui en souffre?

9.2 DISTRIBUTION DE POISSON

9.2.1. CONTEXTE POISSONNIEN

La distribution de Poisson possède de multiples applications. En effet, cette distribution peut généralement servir de modèle à des problèmes comme les suivants:

- Probabilité qu'il arrive 3 clients pendant la prochaine demi-heure, dans un petit magasin.
- Probabilité de prendre 5 poissons pendant une heure dans un lac donné.
- Probabilité qu'une standardiste reçoive 3 appels téléphoniques par minute.
- Probabilité qu'il se produise 2 accidents à l'heure, le dimanche après-midi, dans une région donnée.
- Et ainsi de suite.

Pour chacune de ces situations, nous remarquons que l'on cherche

9.2.1.

la probabilité que le succès se produise x fois dans une certaine période de temps. Il faut toutefois respecter certaines hypothèses de base comme par exemple:

—l'espérance du nombre de succès pendant le temps considéré ne doit pas être trop grande;

—un succès peut arriver à n'importe quel moment indépendamment de ce qui s'est passé auparavant.

Nous ne ferons qu'effleurer ce type de problème avec quelques exemples. Pour nous, la distribution de Poisson sera surtout utile en ce qu'elle permet de calculer approximativement certaines probabilités binomiales difficiles à calculer.

9.2.2. EXPRESSION DE LA DISTRIBUTION DE POISSON

Donnons, sans plus de préambule, l'expression de la fonction de probabilité d'une variable aléatoire X conforme au modèle de Poisson. X est une variable aléatoire de Poisson si sa fonction de probabilité s'exprime comme suit:

$$P(X = x) = f(x) = \frac{\lambda^x e^{-\lambda}}{x!} \quad , \quad x = 0,1,2,\ldots$$

> où $e = 2,718281828$, la base des logarithmes naturels
>
> $\lambda =$ un nombre positif dont la signification sera bientôt évidente. (λ se lit "lambda").

EXEMPLE. Supposons que le nombre X de canards tués par un chasseur en une journée d'automne sur le Lac St-Pierre est approximativement une variable aléatoire de Poisson (aucun rapport avec le Lac! Poisson est le statisticien qui a accouché de cette distribution!) avec $\lambda = 2$.
  a) Quelle est la probabilité qu'un chasseur, pris au hasard, revienne d'une journée de chasse au Lac St-Pierre avec 3 canards tués?
  b) Quelle est la probabilité qu'il en tue plus de 3?

SOLUTION.

Si X obéit à la distribution de Poisson, alors $f(x) = p(x;\lambda) = \frac{\lambda^x e^{-\lambda}}{x!}$

Puisque $\lambda = 2$, $p(x;2) = \frac{2^x e^{-2}}{x!}$

9.2.2.

a) $P(X = 3) = p(3;2) = \dfrac{2^3 \, e^{-2}}{3!} = \dfrac{8e^{-2}}{6} = \dfrac{4 \cdot 0,135335}{3} = 0,180447$

Si l'on n'aime pas calculer, on peut aller chercher la répon-se "toute faite" dans la table 2 à la fin de ce volume. On y localise la valeur $\lambda = 2$. Et dans cette colonne, on choisit la ligne correspondant à $x = 3$, et on lit $p(3;2) = 0,1804$.

b)   La probabilité qu'il en tue plus de 3 est $P(X > 3) = P(X = 4,5,6$

$= 1 - P(0,1,2,3)$

$= 1 - (0,1353 + 0,2707 + 0,2707 + 0,1804) = 1 - 0,8571 = 0,1429.$

9.2.3.   LES MOMENTS DE LA DISTRIBUTION DE POISSON

Partons d'un exemple. Supposons que le nombre d'accidents par heure sur une certaine route, le dimanche après-midi, est une variable aléatoire X distribuée d'après le modèle de Poisson avec $\lambda = 0,5$.

1.   Calculons la probabilité qu'il y ait un seul accident sur cette rou-te, pendant une heure donnée.

SOLUTION.

$P(1 \text{ accident}) = P(X = 1) = f(1) = p(1;0,5) = \dfrac{\lambda^x \, e^{-\lambda}}{x!} = \dfrac{(0,5)^1 \, e^{-0,5}}{1!}$

$= (0,5)(0,606531) = 0,3033$

2.   Avec la table 2, traçons le graphe de la distribution de X.

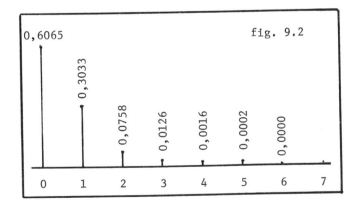

fig. 9.2

9.2.3.

SOLUTION.

La table donne les p(x;λ) arrondis à 4 décimales. Avec cette précision, la table donne que P(X $\geq$ 6) $\simeq$ 0,0000, mais ce n'est pas vraiment égal à zéro. Ces valeurs restent possibles bien que très, très improbables.

3. Calculons $\mu = E(X)$.

SOLUTION.

$$\mu = 0(0,6065)+1(0,3033)+2(0,0758)+\ldots+5(0,0002)+6(0,0000)+\ldots$$
$$= 0,5001.$$

4. Calculons $\sigma^2 = V(X)$

SOLUTION.

Puisque $\sigma^2 = E(X^2) - \mu^2 = \sum x^2 \ f(x) - \mu^2$, alors

$$\sigma^2 = \left[0^2(0,6065)+1^2(0,3033)+2^2(0,0758)+\ldots+5^2(0,0002)\right] - \left[0,5001\right]^2$$
$$\sigma^2 = \left[0,7505\right] - \left[0,2501\right] = 0,5004$$

On a donc $\mu = 0,5001$ et $\sigma^2 = 0,5004$, alors que $\lambda = 0,5$. Un esprit aussi perspicace que le tien, O très honorable lecteur, ne peut manquer de remarquer que $\mu \simeq \sigma^2 \simeq \lambda$. Et encore, les probabilités p(x;λ) sont arrondies à 4 décimales, ce qui fait que les valeurs $\mu = 0,5001$ et $\sigma^2 = 0,5004$ ne sont pas très précises à la quatrième décimale. Serait-il possible que $\mu = \sigma^2 = \lambda$? Eh! Oui! On peut démontrer la propriété ci-dessous:

Si une variable aléatoire X est une variable de Poisson, alors
$$E(X) = \lambda$$
$$V(X) = \lambda$$

Ceci constitue une caractéristique remarquable du modèle de Poisson. On peut utiliser cette caractéristique pour décider si oui ou non le modèle de Poisson peut décrire une expérience en vérifiant si $E(X) = V(X)$. (cf. no 3, section 9.2.5).

9.2.4. LA DISTRIBUTION DE POISSON COMME APPROXIMATION DE LA DISTRIBUTION BINOMIALE.

Quand nous avons étudié la distribution binomiale, nous avons vu

9.2.4.

que la probabilité d'avoir x succès en n expériences indépendantes est
donnée par

$$b(x;n,p) = \binom{n}{x} p^x q^{n-x} \quad \text{où} \quad \begin{aligned} & x = 0,1,2,\ldots,n \\ & p = P(\text{succès}) \\ & q = 1-p = P(\text{échec}) \end{aligned}$$

Gentil comme je suis, je vous ai donné généralement des problèmes
dont les solutions s'obtenaient facilement à l'aide de la table 1.   Je
n'ose imaginer ce que vous auriez pensé de moi si je vous avais soumis
un problème comme le suivant.

Une machine produit en moyenne 1 objet défectueux sur 100.   Sur un
lot de 200 objets produits par cette machine, quelle est la probabilité qu'il y en ait 1 de défectueux?

Vous dites "C'est simple!": $p = \dfrac{1}{100}$, $q = \dfrac{99}{100}$, $x = 1$ et $n = 200$.
Donc nous cherchons $b(1;200,\dfrac{1}{100}) = \binom{200}{1} p^1 q^{199} = \binom{200}{1} \left[\dfrac{1}{100}\right]^1 \left[\dfrac{99}{100}\right]^{199}$
$= \dfrac{200.99^{199}}{100^{200}}$!! Horreur!   Comment calculer 99^{199}?

Ton mini-calculateur risque de faire une dépression si tu lui demandes un pareil calcul! Evidemment, une consoeur brillante, cultivée et
entêtée pourra peut-être faire ce calcul en utilisant les logarithmes
et les antilogarithmes.   Elle obtiendra finalement que

$$b(1;200,\frac{1}{100}) = 0,270666$$

Le théorème suivant permet à un "gars ben ordinaire" d'obtenir la même
réponse en un clin d'oeil.

THÉORÈME.   Si $n \geq 50$ et si p est assez petit pour que $np \leq 5$,
alors $b(x;n,p) \simeq p(x;\lambda)$ où $\lambda = np$.

Ce théorème dit que si on répète l'expérience un grand nombre de
fois ($n \geq 50$), mais que le succès est rarement obtenu (p petit), de sorte que l'espérance du nombre de succès est faible ($\lambda = \mu = np \leq 5$), alors
on peut utiliser la table de Poisson pour calculer des probabilités binomiales.

Si l'on revient à notre exemple, on a $n = 200$ qui est assez grand,

9.2.4.

et np $= 200 \left(\dfrac{1}{100}\right) = 2$ qui est assez petit.

Alors $b(1;200,\dfrac{1}{100}) \simeq p(1;2) = 0,2707$ dans la table 2. L'approximation est très bonne.

La démonstration du théorème que nous avons énoncé dépasse le cadre de cet ouvrage. Toutefois les figures qui suivent permettent de visualiser le rapprochement des deux distributions.

EXEMPLE. Sous certaines conditions, on peut approximer les probabilités binomiales par la loi de Poisson. Afin d'illustrer le rapprochement de ces deux distributions, comparons à l'aide de graphiques les valeurs obtenues par ces deux distributions pour le cas particulier où np $= 2$ mais en faisant varier n jusqu'à ce que les conditions n ≥ 50 et $\lambda = $ np ≤ 5 soient satisfaites.

1) n $= 4$, p $= 0,5$

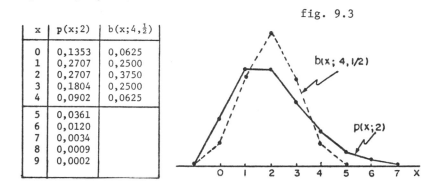

fig. 9.3

x	p(x;2)	b(x;4,$\frac{1}{2}$)
0	0,1353	0,0625
1	0,2707	0,2500
2	0,2707	0,3750
3	0,1804	0,2500
4	0,0902	0,0625
5	0,0361	
6	0,0120	
7	0,0034	
8	0,0009	
9	0,0002	

L'approximation dans ce cas-ci n'est pas très bonne!

2) n $= 8$, p $= 0,25$

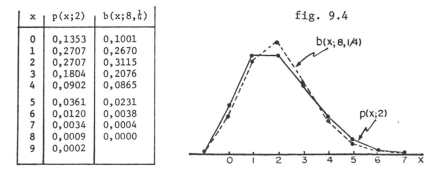

fig. 9.4

x	p(x;2)	b(x;8,$\frac{1}{4}$)
0	0,1353	0,1001
1	0,2707	0,2670
2	0,2707	0,3115
3	0,1804	0,2076
4	0,0902	0,0865
5	0,0361	0,0231
6	0,0120	0,0038
7	0,0034	0,0004
8	0,0009	0,0000
9	0,0002	

L'écart entre les deux distributions diminue.

9.2.4.

3) n = 20,   p = 0,1

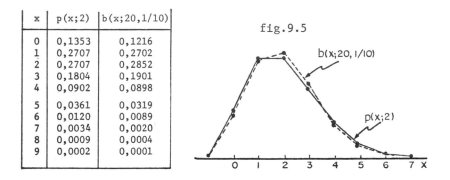

x	p(x;2)	b(x;20,1/10)
0	0,1353	0,1216
1	0,2707	0,2702
2	0,2707	0,2852
3	0,1804	0,1901
4	0,0902	0,0898
5	0,0361	0,0319
6	0,0120	0,0089
7	0,0034	0,0020
8	0,0009	0,0004
9	0,0002	0,0001

fig.9.5

Les conditions sont ici remplies et l'approximation est très acceptable.

4) n = 50,   p = 0,04

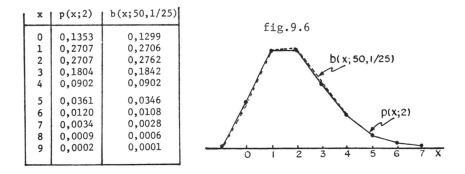

x	p(x;2)	b(x;50,1/25)
0	0,1353	0,1299
1	0,2707	0,2706
2	0,2707	0,2762
3	0,1804	0,1842
4	0,0902	0,0902
5	0,0361	0,0346
6	0,0120	0,0108
7	0,0034	0,0028
8	0,0009	0,0006
9	0,0002	0,0001

fig.9.6

L'ajustement entre les deux courbes est presque parfait!

9.2.4.

9.2.5. EXERCICES ET SOLUTIONS

1. Supposons que le nombre d'articles que peut vendre un représentant de commerce dans une journée est une variable aléatoire X approximativement conforme au modèle de Poisson avec $\lambda = 2,4$.

   a) Quelle est la probabilité qu'en une journée, il en vende moins que 3?

   b) Pendant une semaine de 5 jours ouvrables, combien d'articles peut-il espérer vendre? (c.-à-d. quelle est l'espérance de X)

SOLUTION.

   a) $P(X < 3) = p(0;2,4) + p(1;2,4) + p(2;2,4)$

$\qquad = 0,0907 + 0,2177 + 0,2613 \quad$ avec la table 2

$\qquad = 0,5697$

   b) Puisque $E(X) = \lambda = 2,4$ par jour, le nombre espéré pour 5 jours sera $5 \times 2,4 = 12$.

2. De façon générale, 1 individu sur 1 000 présente une mauvaise réaction après la réception d'un certain sérum. Si une clinique mobile injecte ce sérum à 600 personnes lors d'une visite dans une grande entreprise

   a) quelle est la probabilité qu'aucune personne ne fasse de mauvaise réaction?

   b) quelle est la probabilité que l'on rencontre plus de 3 mauvaises réactions?

   c) quelle est l'espérance du nombre de mauvaises réactions?

SOLUTION.

   a) $P(\text{aucune personne}) = P(X = 0) = b(0;600,\frac{1}{1\ 000}) \simeq p(0;0,6)$

puisque $n = 600 > 50$ et $np = \frac{600}{1\ 000} = 0,6 < 5$.

Or $p(0;0,6) \simeq 0,5488$ dans la table 2.

   b) $P(\text{plus de 3 "réactionnaires"}) = P(X > 3) = P(X = 4,5,6,...)$

$\simeq p(4;0,6) + p(5;0,6) + p(6;0,6) + ...$

$\simeq 0,0030 + 0,0004 + 0,0000 + ...$

$\simeq 0,0034$

9.2.5.

c) $E(X) = \lambda = 0,6$

3.   La gérante d'un lac artificiel de pêche a compilé les prises de 100
pêcheurs pendant un après-midi.   Ceci donne le tableau suivant:

Nombre de poissons	x	0	1	2	3	4	5	6	7
Nombre de pêcheurs	f	24	35	21	12	5	2	0	1

a)   Calculons les fréquences relatives des valeurs 0,1,2,...,7 et
traçons le graphe

b)   Cherchons dans la table 2 s'il y a une valeur de λ qui donne
des probabilités $p(x;\lambda)$ voisines des fréquences relatives trouvées en a).

c)   Si l'on prend pour $f(x)$ les fréquences relatives trouvées en
a), est-ce que $\mu \simeq \sigma^2$?

d)   Quelle serait la valeur de $P(X \geq 4)$ avec les fréquences relatives d'une part, et avec le modèle de Poisson où $\lambda = 1,5$
d'autre part?

SOLUTION.

a)   Les fréquences relatives sont:

$$\frac{24}{100} = 0,24, \quad \frac{35}{100} = 0,35, \text{ etc.}$$

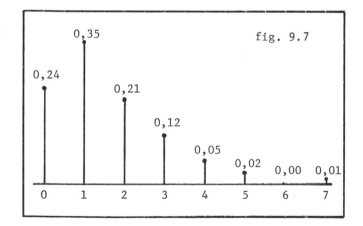

fig. 9.7

9.2.5.

b) Pour $\lambda = 1,3$ ou $1,4$ ou $1,5$ la correspondance est assez bonne.

		Probabilités		
X	fréquences relatives	$\lambda = 1,3$	$\lambda = 1,4$	$\lambda = 1,5$
0	0,24	0,2725	0,2466	0,2231
1	0,35	0,3543	0,3452	0,3347
2	0,21	0,2303	0,2417	0,2510
3	0,12	0,0998	0,1128	0,1255
4	0,05	0,0324	0,0395	0,0471
5	0,02	0,0084	0,0111	0,0141
6	0,00	0,0018	0,0026	0,0035
7	0,01	0,0003	0,0005	0,0008

c) $\mu = 0(0,24) + 1(0,35) + \ldots + 7(0,01) = 1,5$

$\sigma^2 = [0^2(0,24) + 1^2(0,35) + 2^2(0,21) + \ldots + 7^2(0,01)] - [1,5]^2$

$\sigma^2 = [4,06] - [2,25] = 1,81$

On peut dire que μ est du même ordre de grandeur que σ^2, mais il faudrait un critère pour décider si les deux sont assez proches pour que le modèle de Poisson soit acceptable. Le problème est vaste et la vie est courte...

d) $P(X \geq 4) = f(4) + f(5) + f(6) + f(7)$

avec les fréquences relatives: $0,05+0,02+0,00+0,01 = 0,08$

avec les $p(x;1,5)$: $0,0471 + 0,0141 + 0,0035 + 0,0008 + 0,0001$

$= 0,0656 \simeq 0,07$

Une très légère différence.

9.2.6. EXERCICES

1. Si le nombre de souris qu'un bon chat de grange parvient à attraper par jour peut être considéré comme une variable poissonnienne avec $\lambda=0,8$

    a) quelle est l'espérance du nombre de captures?

    b) Est-il rare que ce chat parvienne à attraper plus de deux souris dans une même journée?

2. Le nombre de jurons qui sortent de la bouche de Déus Chartier en 5 minutes peut être considéré comme une variable de Poisson avec $\lambda = 10$.

    a)   Trouver l'espérance de ce nombre de "gros mots"?

    b)   Quelle est la probabilité qu'il jure plus de 12 fois dans les prochaines 5 minutes?

3. Supposons que le nombre d'admissions par période de 7 jours à la maternité d'un hôpital peut être considéré comme une variable de Poisson avec $\lambda = 5$.   Selon les administrateurs, cette section serait probablement surchargée s'il entrait plus de 10 futures mamans en 7 jours.   Cette éventualité est-elle vraiment à craindre.

4. Le nombre de clients par minute qui entrent dans une grande épicerie aux heures de pointe, peut être considéré comme une variable de Poisson avec $\lambda = 8$.   Quelle est la probabilité que, pendant une minute d'une période de pointe, il entre moins de 5 clients?

5. En moyenne, 3% des ampoules électriques fabriquées par une entreprise sont défectueuses.   Sur un échantillon de 100, quelle est la probabilité d'en trouver 4 défectueuses?

6. En général, 1 boite de gâteau sur 30, produites par la compagnie Paressons, se perd avant dêtre vendue.   Sur un lot de 90 boites, quelle est la probabilité qu'il s'en perde exactement 3?

7. La probabilité qu'un adulte mâle, en Angleterre, soit plus grand que 180 cm est à peu près 4%, quelle est la probabilité que dans un club de 75 gentlemen , il y ait 3 gentlemen qui mesurent plus de 180 cm?

8. Vous tirez une carte d'un jeu normal 78 fois, en ayant soin de replacer à chaque fois la carte pigée et de bien brasser le jeu.   Quelle est la probabilité que l'as de pique apparaisse exactement 5 fois?

9. Supposons qu'à Toronto, 1 citoyen sur 2 000 environ comprenne le français tel que parlé au Québec. Une Québécoise se promène un beau dimanche après-midi au milieu d'une foule tranquille d'environ 400 personnes. Soudain, elle pousse un grand cri: "C'est platte!   Je m'ennuie"!

9.2.6.

a) Quelle est la probabilité que personne ne la comprenne?

b) Quelle est la probabilité qu'au plus deux personnes (autres qu'elle) comprennent ce qu'elle dit?

10. Supposons qu'au niveau secondaire, environ 6% des élèves ont plus de 125 de quotient intellectuel. Si 75 élèves de niveau secondaire se trouvent dans une salle, quelle est la probabilité qu'au moins 3 de ces élèves aient plus de 125 de Q.I.?

9.3 EXERCICES MÊLÉS ET MÊLANTS

1. 19 des 30 jeunes filles de la classe de Mlle Pétronille Pétulante mesurent moins de 158 cm.

a) Si l'on en choisit 6 au hasard, quelle est la probabilité que 3 de ces 6 jeunes filles mesurent moins de 158 cm?
(astuce: on raisonne comme au no 5, section 7.3.4.)

b) Je mets le nom de ces 30 jeunes filles dans un chapeau, je pige un nom, je remets le nom dans le chapeau, je brasse bien et je recommence 6 fois. Quelle est la probabilité que 3 des 6 jeunes filles ainsi choisies aient une taille inférieure à 158 cm?

2. En général, 5% des rats de laboratoire pèsent plus de 247 gr. à l'âge de 60 jours.

a) Dans un lot de 9 rats de laboratoire, quelle est la probabilité qu'on en trouve exactement 1 dont le poids excède 247 gr?

b) Dans un lot de 80 rats de laboratoire, quelle est la probabilité qu'il s'y trouve 3 rats pesant plus de 247 gr.?

3. Supposons qu'en moyenne 1 facture sur 20 reçues dans un bureau présente une erreur de calcul.

a) Sur un lot de 60 factures, quelle est la probabilité qu'il y ait moins de 2 factures avec erreur?

b) Sur un lot de 5 factures, quelle est la probabilité qu'il y ait exactement une facture erronnée?

9.3.

4. Un laboratoire dispose de 69 rats dont 7 pèsent moins de 193 gr.

   a) A chaque jour, la biologiste choisit un rat au hasard, le pèse, puis le relâche dans la cage. Quelle est la probabilité qu'au bout de 7 jours, elle ait attrapé 2 rats pesant moins de 193 gr.?

   b) Une autre biologiste attrape 7 rats d'un seul coup. Quelle est la probabilité que ce lot de 7 en contienne 2 pesant moins de 193 gr.? (On procède comme au no 5, section 7.3.4.)

5. Dans la pièce "Phèdre" de Racine, il y a 14 217 mots dont 850 adjectifs qualificatifs. Supposons donc que la probabilité qu'un mot au hasard soit un adjectif qualificatif est $p = \dfrac{850}{14\ 217} \simeq 0,06$.

   a) Evaluer la probabilité qu'un vers de 6 mots contienne exactement 3 adjectifs.

   b) Evaluer la probabilité qu'un paragraphe de 50 mots contienne exactement 4 adjectifs.

6. Un ordinateur contient 1 747 fiches de renseignements, une pour chacun des clients d'une entreprise. De ce nombre, 5 sont des employés de cette même entreprise. A chaque jour, l'ordinateur choisit au hasard l'une de ces 1 747 fiches et un petit cadeau est envoyé au client choisi. La fiche est replacée, et elle peut être choisie de nouveau si le hasard le veut ainsi. Quelle est la probabilité qu'après 105 jours de ce tirage, deux des cadeaux aient été gagnés par l'un ou l'autre des employés de l'entreprise?

7. Quelque temps après son échec devant Isabelle d'Espagne, Christophe Colomb obtient une seconde audience avec la grande reine, en se promettant bien de lui faire le "coup de l'oeuf qui se tient debout". L'audience se tint en présence de 7 nobles dames et seigneurs, ce qui en fait 9 si on y inclut la reine Isabelle et le roi Ferdinand. Or d'après ses expériences antérieures, Christophe évalua à $p = 0,15$ la probabilité qu'un noble personnage au hasard soit impressionné par son truc. Si l'on suppose que cette probabilité s'appliquant aux 9 dignitaires présents (ce qui est loin d'être sûr!), quelle était la probabilité qu'au moins 3 des 9 dignitaires de la cour soient impressionnés?

10

SOMMAIRE

CHAPITRE 10

VARIABLE ALÉATOIRE CONTINUE ET MODÈLE NORMAL

Nous avons fait déjà la distinction entre une variable aléatoire continue et une variable aléatoire discontinue. Nous avons alors mentionné qu'une variable aléatoire est continue si elle peut prendre absolument toutes les valeurs comprises dans un intervalle. Et quand on dit "toutes les valeurs", on veut dire non seulement les entiers, mais aussi toutes les fractions et même les autres nombres qu'on appelle les nombres irrationnels.

Une variable aléatoire discontinue prend plutôt des valeurs "séparées les unes des autres" d'une certaine manière. Par exemple, nous avons vu qu'une variable binomiale X ne prend que les valeurs $0,1,2,\ldots n$. Il n'est pas question que X prenne la valeur 1,5 par exemple, ni aucune valeur autre que les entiers allant de 0 à n.

Une variable aléatoire continue exige un traitement spécial parce qu'on ne peut plus parler de $f(x) = P(X = x)$. En effet, X peut prendre tellement de valeurs que la probabilité qu'elle prenne une valeur particulière x est pratiquement 0. Il y a tellement de points possibles que la probabilité de chacun est pratiquement nulle.

Voyons donc avec un exemple comment on peut traiter une variable aléatoire continue.

10

10.1 VARIABLE ALÉATOIRE CONTINUE

Supposons que je laisse tomber une "braquette" d'une certaine hauteur, sur le plancher. Choisissons sur le plancher une origine 0; ce qui nous intéresse, c'est la distance X en mètres entre la pointe de la "braquette" et l'origine 0, le tout étant vu dans deux dimensions seulement.

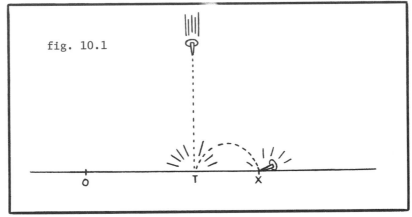

fig. 10.1

En théorie donc, la variable aléatoire X peut prendre absolument n'importe quelle valeur entre $-\infty$ et $+\infty$. En pratique, elle est sans doute limitée par les dimensions du plancher ou par les 4 murs de la pièce, mais comme nous nous "amusons" encore à établir des modèles théoriques, on peut supposer que les valeurs de la variable X ne sont pas bornées.

Supposons que par un beau soir de dépression, je m'amuse à refaire cette expérience un grand nombre de fois, et que j'obtienne le pictogramme de la figure 10.2. Je mesure mes distances avec beaucoup de précision, et j'en calcule la moyenne et l'écart-type.

$$\overline{X} = 0,5325 \text{ mètres}$$

$$s = 0,2847 \text{ mètres}$$

10.1.

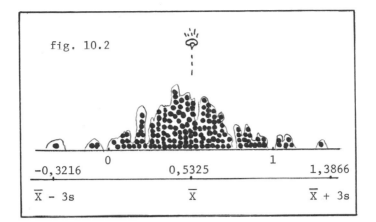

Nous cherchons un modèle qui nous permettrait de décrire le comportement de la variable aléatoire X. Il faut remarquer que l'on ne s'intéresse pas à la probabilité que X prenne une valeur particulière dans ce type de problème. En effet, $P(X = 1)$ par exemple, est sans intérêt: si j'ai la possibilité et le courage de prendre mes mesures avec 9 décimales, $P(X = 1)$ est en réalité $P(X = 1,000\ 000\ 000)$. Et les chances de sortir un tel numéro sont pratiquement nulles. Ce qui va nous intéresser, c'est la probabilité que X soit dans un certain intervalle. Par exemple, on peut chercher à calculer $P(0 < X < 0,5325)$ ou encore $P(0,9 < X < 1,1)$ ou encore $P(0 < X < 1)$. Si l'on examine la figure 10.2, on peut estimer, par exemple, que $P(0,5325 < X) \simeq 50\%$. On cherchera donc à caractériser des probabilités du type $P(a < X < b)$ où a et b sont deux nombres réels tels que a < b.

D'après la figure 10.2, on peut se douter que les régions proches de 0,5325 ont plus de chances de recevoir la "braquette" que les régions plus éloignées. On peut voir aussi que le petit clou semble tomber aussi souvent à gauche de 0,5325 qu'à sa droite. Ces constatations seront importantes dans le choix du modèle.

10.2 DENSITÉ DE PROBABILITÉ

10.2.1. NOTION

La façon de procéder consiste à se choisir ce que l'on appelle une

10.2.1.

densité, c.-à-d. une courbe qui a les propriétés suivantes:

1) La courbe est au-dessus de l'axe horizontal. (voir fig. 10.3)

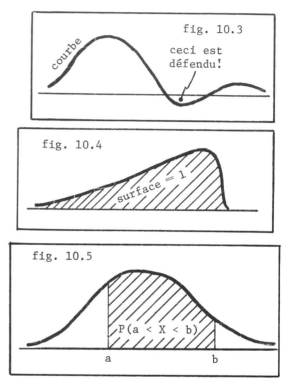

fig. 10.3

courbe

ceci est défendu!

2) La surface entre cette courbe et l'axe doit être 1. (voir fig. 10.4)

fig. 10.4

surface = 1

3) Pour n'importe quelle paire de points a et b, on veut que la probabilité P(a<X<b) soit égale à la surface entre cette courbe et l'axe, entre a et b. (voir fig. 10.5)

fig. 10.5

P(a < X < b)

a   b

Si, dans un problème donné, je puis me trouver une bonne densité alors pour toute paire de nombres a et b tels que a < b, je pourrai toujours trouver P(a < X < b) en autant que je serai capable de trouver la surface sous la courbe entre a et b. Mais pour calculer des surfaces sous une courbe, tu sais peut-être, mon pauvre frère, que l'outil nécessaire s'appelle: le calcul intégral! Ne laisse pas la panique gagner ton coeur. Le seul modèle que nous verrons ici ne nécessite pas de calcul intégral: les statisticiens sont des gens aimables(?!) et ils ont préparé à ton intention une table qui t'indique les surfaces recherchées. C'est la table 3 qui se trouve à la fin de cet ouvrage.

10.2.1.

10.2.2.   LES MOMENTS D'UNE VARIABLE ALÉATOIRE CONTINUE

Dès qu'une variable aléatoire continue X a une densité, on peut définir son espérance $\mu = E(X)$ et sa variance $\sigma^2 = V(X)$ de façon tout à fait analogue à ce que l'on a fait pour les variables aléatoires discontinues (cf. section 8.3). La différence fondamentale, c'est qu'on utilise maintenant le calcul intégral.

Si tu ignores tout de l'intégrale (pauvre toi!), retiens simplement que l'espérance μ d'une variable aléatoire continue X est encore ici le centre de gravité de sa distribution, c.-à-d. de sa densité; sa variance σ^2 est une mesure de dispersion qui joue le même rôle que dans les chapitres précédents. Et puis tu peux passer à la section suivante.

Si le calcul intégral et toi n'avez plus de secrets l'un pour l'autre (heureuse créature!), tu pourras comprendre la définition des moments que je te donne ... comme ça ... pour ta culture! Ben voyons donc!

DÉFINITION. Si X est une variable aléatoire continue dont la densité est donnée par la relation y = f(x), alors

1)   l'espérance de X est $\mu = E(X) = \displaystyle\int_{-\infty}^{\infty} x\, f(x)\,dx$

2)   la variance de X est $\sigma^2 = V(X) = \displaystyle\int_{-\infty}^{\infty} (x - \mu)^2 f(x)\,dx$

si ces quantités existent.

10.2.2.

10.3 LE MODÈLE NORMAL

Venons-en plus précisément au seul modèle que nous allons étudier dans ce chapitre: *le modèle normal*, appelé aussi le modèle de Gauss ou de Laplace, ou de Laplace-Gauss. Bien sûr, il existe plusieurs autres modèles pour des variables aléatoires continues, mais il faut savoir se modérer. Contentons-nous d'un seul.

10.3.1. DESCRIPTION

DÉFINITION. On dit qu'une variable aléatoire continue X obéit à une loi normale dont l'espérance est μ et la variance σ², si sa densité est décrite par la relation suivante:

$$y = \frac{1}{\sqrt{2\pi}\ \sigma}\ e^{-\frac{1}{2}\left[\frac{x\ -\ \mu}{\sigma}\right]^2} \quad , \text{ pour tout } x \text{ tel que } -\infty < x < \infty$$

où $\pi = 3,141592654$; $e = 2,718281828$

Il est bien possible, O perplexe lecteur, que cette définition te laisse un froid dans le dos. Si tes notions de géométrie analytique se sont perdues dans la nuit des temps, tu te demandes sans doute à quoi tout cela rime. Eh bien! L'important à retenir, c'est que la courbe normale est une belle cloche, comme celle de la fig. 10.6. Sa gauche et sa droite sont symétriques, ce qui place le centre de gravité μ en plein milieu. Il faut remarquer que cette courbe ne se termi-

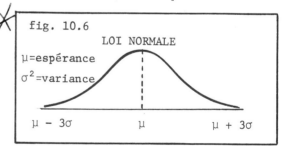

fig. 10.6

LOI NORMALE

μ=espérance
σ²=variance

μ − 3σ   μ   μ + 3σ

ne ni à gauche ni à droite. Elle continue jusqu'à l'infini de chaque côté. Toutefois, à l'extérieur de μ − 3σ et μ + 3σ, la courbe est pratiquement confondue avec l'axe.

Si l'on revient à l'exemple de la figure 10.2 (section 10.1.1), la forme du pictogramme suggère que le modèle normal convient probablement à cette variable. En effet, le pictogramme a grosso modo la forme d'une

10.3.1.

cloche symétrique. Et puisque $\overline{X} = 0,5325$ et $s = 0,2847$, on peut laisser tomber quelques décimales, et supposer que le modèle normal aura pour espérance $\mu = 0,53$ et pour variance $\sigma^2 = (0,28)^2$. Cette densité est illustrée à la fig. 10.7. Puisque c'est une densité, la surface hachurée est 1.

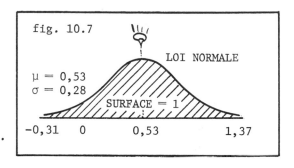

fig. 10.7

LOI NORMALE

$\mu = 0,53$
$\sigma = 0,28$

SURFACE = 1

-0,31   0   0,53   1,37

Il y a un cas particulier très important, c'est celui d'une variable aléatoire normale dont l'espérance est $\mu = 0$ et dont la variance est $\sigma^2 = 1$. On utilise souvent le symbole Z pour une telle variable, et on l'appelle une variable *normale standard* ou une variable *normale centrée réduite*.

10.3.2.   USAGE DE LA TABLE 3

Supposons que l'on admet comme modèle, la loi normale représentée par la figure 10.7. Comment pouvons-nous trouver la probabilité d'un intervalle quelconque: $P(a < X < b)$? Essayons par exemple de calculer $P(0,53 < X < 1)$. D'après la notion même de densité, cette probabilité doit être égale à la surface sous la courbe entre

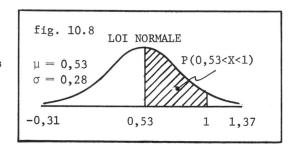

fig. 10.8   LOI NORMALE

$\mu = 0,53$
$\sigma = 0,28$

$P(0,53<X<1)$

-0,31   0,53   1   1,37

ces deux points, c.-à-d. la surface hachurée dans la figure 10.8. Il s'agit de trouver cette surface.

La façon de résoudre le problème consiste d'abord à ramener la loi normale à une loi normale centrée réduite, et à utiliser ensuite la table 3. On commence donc par utiliser le principe suivant:

10.3.2.

PRINCIPE. Si X est une variable aléatoire normale avec espérance μ et variance σ^2, alors

$$P(a < X < b) = P\left[\frac{a - \mu}{\sigma} < Z < \frac{b - \mu}{\sigma}\right]$$

où Z est une variable aléatoire normale centrée réduite.

Si tu lis bien ce principe, tu verras qu'on y remplace a par $\frac{a - \mu}{\sigma}$ qui est sa cote standard (cf. section 5.2.1). De même pour b. Et la variable normale X est remplacée par une variable normale standard Z. On peut donc résumer ce principe en disant qu'il suffit de *tout standardiser!*

Mais revenons à notre exemple pour voir comment ce principe nous permet de trouver P(0,53 < X < 1). Si je standardise tout, j'aurai:

$$P(0,53 < X < 1) = P\left[\frac{0,53 - 0,53}{0,28} < Z < \frac{1 - 0,53}{0,28}\right] = P(0 < Z < 1,67857)$$

$\simeq$ P(0 < Z < 1,68) qui correspond à la surface S dans la figure 10.9 en vertu de la propriété 3, section 10.2.1.

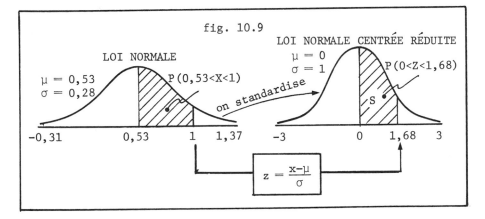

fig. 10.9

Mais cette surface S, on l'obtient directement dans la table 3. Il suffit de choisir la ligne de 1,6 et la colonne de 0,08 (pour correspondre à z = 1,68). On lit alors S = 0,4535. Notre réponse est donc: La probabilité qu'un petit clou tombe entre 0,53 m et 1 m est P(0,53 < X < 1) $\simeq$ P(0 < Z < 1,68) = 0,4535 $\simeq$ 45% soit 45 chances sur 100

10.3.2.

environ.

La table 3 ne donne que la surface S entre 0 et une valeur positive de z. Mais on va voir dans les exercices suivants que l'on peut
facilement obtenir n'importe quelle surface sous la courbe normale centrée réduite.

10.3.3. EXERCICES ET SOLUTIONS

1. Si S est une variable aléatoire normale avec $\mu = 100$ et $\sigma = 10$, calculons:

    a) $P(100 < X < 105{,}276)$

    b) $P(92{,}438 < X < 100)$

    c) $P(86{,}61 < X < 112{,}49)$

    d) $P(X > 124{,}447)$

    e) $P(X < 79{,}82)$

SOLUTION

    a) $P(100 < X < 105{,}276) = P\left[\dfrac{100 - 100}{10} < Z < \dfrac{105{,}276 - 100}{10}\right]$

        $= P(0 < Z < 0{,}5276) \simeq P(0 < Z < 0{,}53)$

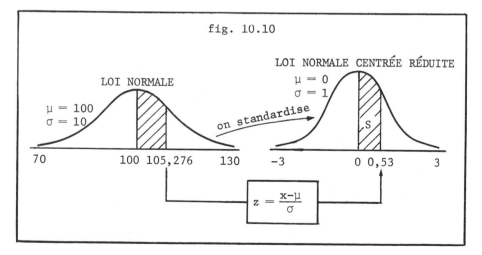

fig. 10.10

La table 3 donne $S = 0{,}2019$ donc $P(100 < X < 105{,}276) \simeq 20{,}2\%$

b) $P(92,438 < X < 100) = P\left[\dfrac{92,438 - 100}{10} < Z < 0\right]$

$\simeq P(-0,76 < Z < 0)$

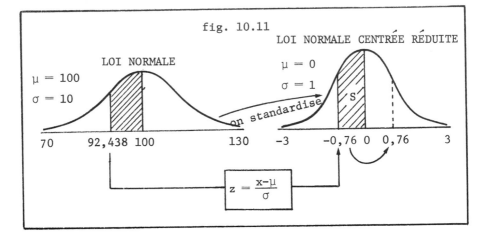

fig. 10.11

La surface S ne se trouve pas directement dans la table 3 mais
puisque la loi normale centrée réduite est symétrique par rapport à son centre de gravité 0, cette surface est la même que
celle entre 0 et 0,76 qui est 0,2764. Il suffit donc de remplacer z = -0,76 par 0,76, c.-à-d. d'enlever le signe "moins".
Donc $P(92,438 < X < 100) \simeq 0,2764 \simeq 27,6\%$

c) $P(86,61 < X < 112,49) = P\left[\dfrac{86,61 - 100}{10} < Z < \dfrac{112,49 - 100}{10}\right]$

$\simeq P(-1,34 < Z < 1,25)$

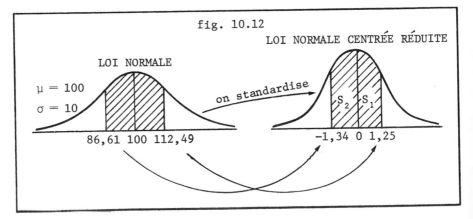

fig. 10.12

10.3.3.

Il suffit de décomposer la surface S en deux surfaces S_1 et S_2.
S_1 se trouve comme en a), et on obtient $S_1 = 0,3944$. La surface S_2 se trouve comme en b), et on a $S_2 = 0,4099$. On a donc
$P(86,61 < X < 112,49) \simeq S_1 + S_2 = 0,3944 + 0,4099 = 0,8043$
$\simeq 80,4\%$

d) $P(X > 124,447) = P(124,447 < X < \infty) = P\left[\dfrac{124,447-100}{10} < Z < \dfrac{\infty-100}{10}\right]$

$\simeq P(2,44 < Z < \infty)$

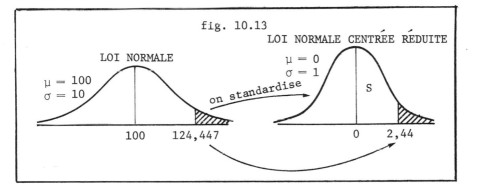

fig. 10.13

La surface hachurée que l'on cherche ne se trouve pas directement dans la table. Par contre, on peut trouver la surface S
facilement comme en a) et on obtient $S = 0,4927$. Puisque la
surface totale sous la courbe normale standard est 1 et que ce
modèle est symétrique par rapport à 0, il y a donc une surface
de 0,5 de chaque côté du centre 0. On obtient donc la surface
voulue en calculant $0,5 - 0,4927 = 0,0073$ donc $P(X > 124,447)$
$\simeq 0,0073$.

e) $P(X < 79,82) = P(-\infty < X < 79,82) = P\left[\dfrac{-\infty - 100}{10} < Z < \dfrac{79,82 - 100}{10}\right]$

$\simeq P(-\infty < Z < -2,02)$

10.3.3.

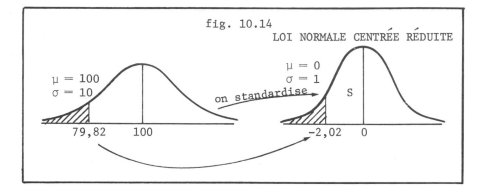

fig. 10.14

LOI NORMALE CENTRÉE RÉDUITE

Ici encore, on commence par trouver S = 0,4783 comme en b. A cause du fait que 50% de la surface est à gauche de 0, on obtient la surface cherchée en calculant: 0,5 - 0,4783 = 0,0217. Alors P(X < 79,82) ≃ 0,0217.

2. *Retard sur un horaire.* Supposons qu'un avion doit arriver à 5 heures à un aéroport. Le hasard fait qu'il arrive rarement à 5 heures 0 minute 0 seconde 0 branlant! Il y a toujours une petite différence entre le temps réel d'arrivée de l'avion et le moment prévu dans l'horaire. Appelons X cette variable aléatoire, c.-à-d. X: "différence entre le moment réel où l'avion touche le sol, et le moment prévu à l'horaire, pour les vols réguliers sans écrasement ni détournement!"

Il peut être raisonnable de considérer X comme une variable aléatoire continue, puisque X peut être mesurée avec autant de précision que possible, et donc peut prendre même des valeurs avec beaucoup de décimales, par exemple X = 3,425 minutes.

Si l'on n'a pas de raison de croire que les retards sont plus fréquents que les arrivées hâtives, on peut supposer que la densité est symétrique. (Cette hypothèse ne serait pas fondée dans le cas des anciens trains qui étaient toujours en retard!) Supposons donc que X est une variable aléatoire normale.

  a) L'expérience passée nous apprenant que des retards de plus de 30 minutes sont presque impossibles dans des vols sans "pépins" précisons le modèle de X.

b) Quelle est la probabilité que l'avion que vous attendez arrive avec plus de 22,47 minutes de retard?

SOLUTION.

a) Puisque les chances d'excéder $\mu + 3\sigma$ sont presque nulles, on peut poser $\mu + 3\sigma = 30$. Par contre, X étant symétrique par rapport à 0, l'espérance $\mu = 0$. On aura donc $0 + 3\sigma = 30$, ce qui donne $\sigma = 10$. On peut donc choisir comme modèle la loi normale avec $\mu = 0$ et $\sigma = 10$.

b) $P(X > 22,47) = P(22,47 < X < \infty) = P\left[\dfrac{22,47 - 0}{10} < Z < \infty\right]$

$\simeq P(2,25 < Z < \infty)$

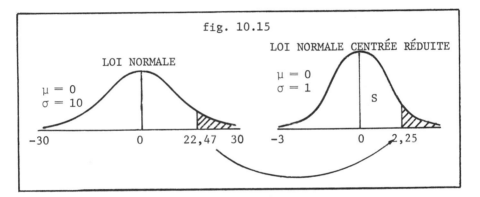

fig. 10.15

La table 3 donne $S = 0,4878$. On a donc $P(X > 22,47)$ $\simeq 0,5 - 0,4878 = 0,0122 \simeq 1\%$ ce qui est assez rare. Donc si votre avion n'est pas encore arrivé après 22,47 minutes, vous pouvez commencer à vous inquiéter.

10.3.4. EXERCICES

1. Si X est une variable aléatoire normale avec $\mu = 20$ et $\sigma = 5$, trouver:

a) $P(20 < X < 32,4)$

b) $P(12,261 < X < 20)$

c) $P(8,764 < X < 29,92)$

10.3.4.

    d) $P(X > 31,69)$

    e) $P(X < 0)$

2. Si X est une variable aléatoire normale avec $\mu = 50$ et $\sigma = 4$, trouver:

    a) $P(50 < X < 57,76)$

    b) $P(45,51 < X < 50)$

    c) $P(48,79 < X < 61,141)$

    d) $P(X > 47,92)$

    e) $P(X < 42,25)$

3. Supposons que le diamètre d'une tige métallique produite par une machine soit une variable aléatoire normale avec $\mu = 2$ cm et $\sigma = 0,02$ cm. Pour que la tige soit utilisée dans un montage, elle doit avoir un diamètre entre 1,978 et 2,014 cm. Quelle est la proportion des tiges produites par cette machine qui pourront être utilisées dans le montage?

4. Si l'on se fie à la compagnie qui les produit, les fluorescents d'un certain type ont une durée de vie moyenne de 8 700 heures, avec un écart-type de 420 heures. Si l'on suppose que la durée de vie d'un quelconque fluorescent de ce type est une variable aléatoire continue qui obéit à la loi normale, quelle proportion de ces fluorescents peut-on espérer trouver encore en usage après 9 540 heures?

5. Supposons que, lorsque le Grand Inquisiteur "questionnait" une honnête femme pour lui faire avouer qu'elle était une sorcière, la durée de cette amusante entrevue était une variable aléatoire normale. D'après le jovial bourreau, il semble que les "interrogatoires" duraient en moyenne 15 minutes, et que le plus long qu'il ait eu le plaisir d'administrer avait duré 27 minutes.

    a) Choisir μ et σ de façon à ajuster le modèle normal sur les opinions du bourreau.

    b) Quelle proportion de ces dames avouaient en 10 minutes? (elles finissaient toutes par avouer!)

6. Supposons que le temps pris par une entreprise pour répondre à une commande est une variable aléatoire normale. D'après l'opinion d'un

10.3.4.

client, le temps moyen est de 5,45 semaines, et la réponse la plus rapide dont il ait eu connaissance arriva 1,67 semaine après la commande.

a)   Choisir μ et σ pour ajuster le modèle à l'opinion du client.

b)   Quelle est la probabilité que la commande que vous envoyez à
l'instant n'ait pas de réponse avant 8,5 semaines?

7.   L'argent qui entre dans une caisse d'un magasin pendant une heure
l'après-midi a été compilé
et donne l'histogramme de
la fig. 10.16.   La forme
de l'histogramme suggère
que la variable aléatoire
X: "recette pendant une
heure donnée l'après-midi"
pourrait être distribuée
d'après une loi normale.

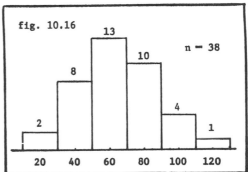

fig. 10.16

a)   Calculer $\overline{X}$ et s, et préciser les moments de X en arrondissant
à des valeurs entières (cf. 3.1.4.3 et 4.3.5.4).

b)   Quelle est la probabilité que les recettes soient inférieures
à $28,75?

10.4 MODÈLE NORMAL POUR UNE VARIABLE ALÉATOIRE DISCONTINUE: CORRECTION DE CONTINUITÉ

Strictement parlant, le modèle normal ne devrait s'appliquer qu'aux
variables continues, c.-à-d. celles qui peuvent prendre absolument toutes
les valeurs d'un certain intervalle.   En pratique, de telles variables
sont assez rares pour les raisons suivantes: dans certains cas, les mesures prises dans une expérience le sont avec des outils d'une précision
limitée qui ne permettent pas de mesurer la variable avec autant de décimales qu'on le voudrait; dans d'autres cas, il n'est pas nécessaire de
mesurer avec une grande précision pour bien décrire le phénomène.   Ainsi
les mesures en sciences humaines ne sont souvent exprimées que par des
nombres entiers: mesures de taille, force des muscles, aptitudes physi-

ques ou psychologiques, tests divers en éducation, etc...

Pourtant, la plupart de ces mesures anthropométriques (c.-à-d. faites sur des humains) donnent des polygones ou des histogrammes dont la
forme en cloche est tout à fait caractéristique de la loi normale. Et
on ne peut pas les décrire directement avec ce modèle continu puisque
ces mesures sont en fait discontinues! Fort heureusement, une astuce
qu'on appelle la *correction de continuité* va nous permettre d'utiliser
le modèle normal dans tous ces contextes.

10.4.1. NOTION DE CORRECTION DE CONTINUITÉ

Prenons l'exemple de la taille d'adultes mâles dans une région donnée. La taille n'est exprimée ici que par un nombre entier de centimètres. Aussi, si l'on regarde la variable aléatoire X: "la taille d'un
adulte mâle choisi au hasard dans cette région", il faut bien admettre
que cette variable est discontinue: elle ne prendra jamais de valeurs
fractionnaires!

L'astuce consiste à faire une distinction entre la *taille officielle* d'un individu et sa *taille réelle*. La taille officielle est celle qui
est inscrite dans le dossier: c'est un nombre entier, et donc une variable discontinue. On va supposer par contre que la taille réelle d'un
individu est une mesure continue, pouvant prendre autant de décimales
que l'on veut, à la condition d'avoir un appareil de mesure suffisamment
précis. On fait comme si la taille officielle était la taille réelle
arrondie.

Imaginons qu'un officier fait défiler tous les soldats d'une armée
sur un appareil qui indique leur taille avec une très grande précision.
Voici par exemple le soldat Lebrun qui se présente. La machine indique
une taille de 176,240509 cm (c'est la taille réelle). L'officier regarde cette mesure, l'arrondit et note simplement 176 cm dans son carnet
(c'est la taille officielle). Il hurle ensuite: "Suivant! Next one!
Maud... bande d'innocents!" Le suivant est le soldat Willie Labutte,
et l'appareil indique alors 175,654721 cm (taille réelle). L'officier
notera encore 176 cm (taille officielle).

10.4.1.

C'est que l'officier arrondit selon la règle habituelle: dès que la partie décimale est de 0,5 ou plus, on arrondit à l'entier supérieur; autrement, on prend l'entier inférieur. Donc tous les soldats dont la taille réelle va de 175,500 000 à 176,499 999 recevront la taille officielle de 176 cm. En arrondissant un peu, on peut donc dire que la proportion des soldats dont la taille officielle est 176 cm est en réalité la proportion de ceux dont la taille réelle est entre 175,5 et 176,5.

P(taille officielle = 176) = P(175,5 < taille réelle < 176,5)
Et c'est la *taille réelle* que l'on prendra pour variable X. Cette variable est alors continue, et on peut donc sans problème supposer qu'elle obéit à une loi normale, si bien sûr ce modèle est convenable dans ce domaine.

Supposons par exemple qu'après avoir mesuré tous ses soldats, l'officier en question compile les résultats et obtienne un polygone dont la forme apparaît à la fig. 10.17, et pour lequel il a calculé $\overline{X}$ = 170,181308 et s = 8,372953. La forme en cloche de ce polygone nous suggère d'adopter la loi normale comme modèle.

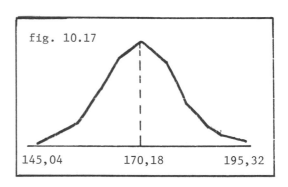

fig. 10.17

145,04   170,18   195,32

En négligeant quelques décimales, on peut choisir μ = 170,2 et σ = 8,4.

Calculons la proportion de ces soldats qui mesurent entre 160 et 185 cm inclusivement. On cherche donc:

P(taille officielle = 160, 161, 162,...,185) qui est une mesure discontinue et qui correspond à P(159,5 < X < 185,5) où X est la taille réelle que l'on suppose être une variable continue normale. C'est ce petit 0,5, ajouté ou enlevé intelligemment, que l'on appelle *la correction de continuité*. Sa règle peut se résumer ainsi:

10.4.1.

> *RÈGLE.*
>
> P(mesure officielle entière = a,a+1,a+2,...,b) =
> P(a-0,5 < mesure réelle continue < b+0,5)

Le reste du problème se fait comme en 10.3. On standardise l'é-
noncé, et on utilise la table 3.

$$P(159,5 < X < 185,5) = P\left[\frac{159,5 - 170,2}{8,4} < Z < \frac{185,5 - 170,2}{8,4}\right]$$

$$\simeq P(-1,27 < Z < 1,82) = P(0 < Z < 1,27) + P(0 < Z < 1,82)$$

$$\simeq 0,3980 + 0,4656 = 0,8636 \simeq 86\%$$

10.4.2. EXERCICES ET SOLUTIONS

1. Dans l'enquête sur les centres d'intérêt dont il a souvent été fait mention,
l'item FAMILLE avait donné le polygone de
la fig. 10.18 (cf. problème 1, section
3.4).

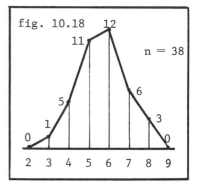

où

$$\overline{X} = 5,68421$$
$$s = 1,21043$$

On peut quand même supposer que la variable X:"la cote réelle d'importance qu'un individu au hasard donnerait à la FAMILLE" est une variable
aléatoire continue normale. Il suffit de considérer que lorsqu'un individu donne la cote 7 par exemple, c'est que sa cote réelle est entre 6,5
et 7,5.

Si l'on suppose que X est une variable aléatoire normale avec $\mu = 5,7$ et
$\sigma = 1,2$, comment pouvons-nous évaluer la probabilité que la cote d'importance prenne l'une des valeurs de 4 à 6 inclusivement?

SOLUTION.

$$P(la\ cote = 4,5,6) = P(3,5 < X < 6,5) \simeq P(-1,83 < Z < 0,67)$$

$$\simeq P(0 < Z < 1,83) + P(0 < Z < 0,67)$$

$$\simeq 0,4664 + 0,2486 = 0,715 - 71,5\%$$

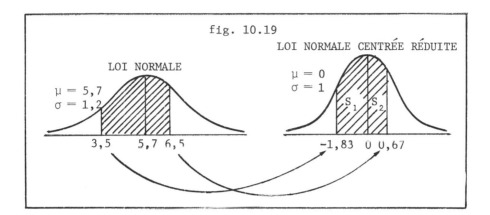

fig. 10.19

LOI NORMALE CENTRÉE RÉDUITE

LOI NORMALE

$\mu = 5,7$
$\sigma = 1,2$

$\mu = 0$
$\sigma = 1$

3,5   5,7 6,5

-1,83 0 0,67

2. Le quotient intellectuel ne s'exprime que par des nombres entiers. Si l'on suppose que cette variable obéit à la loi normale avec $\mu = 100$ et $\sigma = 15$, quelle proportion des gens ont un quotient intellectuel supérieur à 127?

SOLUTION

$$P(\text{quotient} = 128,129,130,\ldots,\infty) = P(127,5 < X < \infty)$$
$$\simeq P(1,83 < Z < \infty) \simeq 0,5 - P(0 < Z < 1,83) = 0,5 - 0,4664 = 0,0336.$$

10.4.3. EXERCICES

1. Une chercheuse administre un certain test d'aptitudes physiques à 100 personnes, et obtient le polygone de la fig. 10.20. Les résultats sont des entiers. Elle suppose alors que la variable aléatoire X: "le résultat d'un individu au hasard" obéit à une loi normale avec $\mu = 6,1$ et $\sigma = 1,4$. Quelle est alors la probabilité qu'un individu au hasard ait la note 5 ou 6 ou 7?

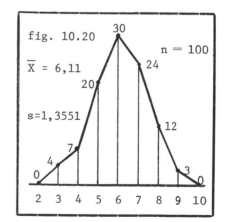

fig. 10.20

$n = 100$

$\overline{X} = 6,11$

$s = 1,3551$

30

24

20

12

7

4

0   3

2 3 4 5 6 7 8 9 10

10.4.3.

2. Supposons qu'un test d'aptitudes créatrices donne des résultats entiers qui peuvent être considérés comme conformes au modèle normal avec $\mu = 37,3$ et $\sigma = 5,7$. Calculer la proportion des gens dont le résultat va de 35 à 44 inclusivement.

3. Quatre mille étudiants passent un examen d'admission pour être acceptés à l'Ecole Nationale de Formation de Chômeurs Diplômés. Si les résultats de ce test sont conformes au modèle normal avec $\mu = 57$ et $\sigma = 7$ et que ton copain Pancrace a eu 65, combien d'étudiants sont normalement plus forts que lui? Les résultats de cet examen sont des entiers.

4. Dans une classe de 48 élèves, la moyenne et l'écart-type avant l'examen final sont 65 et 11 respectivement. Si ces moments demeurent inchangés après l'examen final et si la distribution des résultats est alors conforme au modèle normal, combien de ces élèves peut-on s'attendre à retrouver sous la ligne de flottaison qui est 60? Les résultats finals sont des entiers.

5. Un navire de guerre compte n = 1 300 marins dont la taille moyenne est 171 cm avec un écart-type de 7,5 cm. L'amirauté doit fournir à chacun un nouveau costume en trois grandeurs: petit: moins de 164 cm; médium: de 164 à 173 cm inclusivement; grand: plus de 173 cm. Si la taille est une variable aléatoire normale, et si l'on commande toujours 10% de plus que le strict nécessaire, combien de costumes devrait-on demander dans chacune des 3 catégories? La taille est exprimée par un entier.

10.5 LA LOI NORMALE COMME APPROXIMATION DE LA LOI BINOMIALE

Une autre application très importante de la loi normale, c'est qu'on peut l'utiliser pour calculer des probabilités binomiales qui seraient d'un calcul fastidieux. En effet, de même que la loi de Poisson nous permettait de calculer des probabilités binomiales lorsque "n" était grand et "p" petit, ainsi la loi normale nous permettra de calculer

des probabilités binomiales lorsque "n" est grand sans que "p" soit particulièrement petit.   Enonçons cette propriété.

10.5.1.   THÉORÈME FONDAMENTAL

> *THÉORÈME.*   Si X est une variable aléatoire binomiale et si n est
>   assez grand pour que np $\geq$ 5 et nq $\geq$ 5, alors le poly-
>   gone de X est pratiquement conforme au modèle normal
>   dont l'espérance $\mu =$ np et la variance $\sigma^2 =$ npq.

ILLUSTRATION.   Pour voir avec les yeux (comme si l'on pouvait voir avec
le nez!) ce que signifie ce théorème, prenons un exemple particulier.
Je brasse un jeu normal de 52 cartes à jouer et je retourne la carte du
dessus.   Le succès consiste à obtenir une carte de coeur.   Je recommence
l'expérience 4 fois.   Si la variable aléatoire X représente le nombre de
succès obtenus, il s'agit bien d'une variable binomiale (cf. section 9.1)
où $p = \dfrac{13}{52} = 0,25$ $n = 4$ et Ch(X) $= \{0, 1, 2, 3, 4\}$.

On a alors $\mu =$ np $= 4(0,25) = 1$
$$\sigma^2 = npq = 4(0,25)(0,75) = 0,75$$

La table 1 nous donne les probabilités h(x;n,p) et nous permet
de tracer le polygone.   La fig.
10.21 nous permet de constater
que la forme de ce polygone est
assez éloignée de la loi normale ayant les mêmes moments.

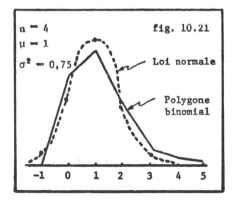

Le théorème dit que si l'on augmente le nombre de répétitions de
l'expérience, c.-à-d. si on augmente n, la forme du polygone binomial va
changer lentement.   Et lorsque n sera assez grand pour que np $\geq$ 5 et
nq $\geq$ 5, alors ce polygone sera pratiquement confondu avec la loi normale
qui a les mêmes moments $\mu =$ np et $\sigma^2 =$ npq.

10.5.1.

Ainsi, si je recommence à brasser le jeu et à retourner une carte n = 20 fois, j'aurai alors np = 20(0,25) = 5 ≥ 5

$$nq = 20(0,75) = 15 ≥ 5$$

Les conditions du théorème sont remplies. Les moments sont maintenant $\mu = np = 5$ et $\sigma^2 = npq = 20(0,25)(0,75) = 3,75$

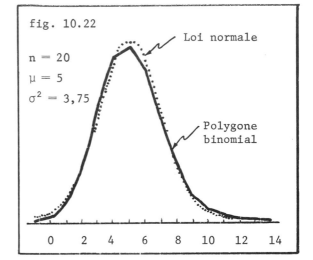

fig. 10.22

n = 20
μ = 5
σ² = 3,75

Loi normale

Polygone binomial

La figure 10.22 nous montre bien que la forme du polygone binomial est pratiquement la même que celle de la loi normale ayant les mêmes moments.

Et si on augmentait encore la valeur de n, l'approximation serait encore meilleure. Cet exemple nous montre bien ce très sentimental rapprochement, à mesure que n grandit, entre le polygone binomial et la loi normale qui ont mêmes moments.

10.5.2. COMMENT CALCULER DES PROBABILITÉS BINOMIALES AVEC LA LOI NORMALE

Si le polygone binomial se rapproche de la loi normale, on se retrouve dans le cas de la section 10.4 où une variable aléatoire discontinue (la binomiale) utilise le modèle normal qui est continu: il faudra
utiliser *la correction de continuité*.

Reprenons notre exemple de tantôt alors que je pigeais une carte
20 fois de suite. Cherchons à calculer la probabilité d'avoir de 3 à 8
succès inclusivement: P(nombre de succès = 3,4,5,6,7,8). Bien sûr, si
l'on utilise la table 1, on a tout de suite

P(# succès = 3,4,...,8) = b(3;20, 0,25) + b(4;20, 0,25)+...+b(8;20, 0,25)

= 0,1339 + 0,1897 + 0,2023 + 0,1686 + 0,1124 + 0,0609 = 0,8678 $\simeq$ 86,8%

ce qui est la réponse exacte. Mais essayons de calculer cette probabilité à l'aide de la loi normale. Tu me demanderas peut-être pourquoi
l'on se complique ainsi la vie? La réponse est simple: la méthode ainsi
développée pourra servir dans des cas où la table 1 ne peut plus être
utilisée.

La règle énoncée à la section 10.4.1 peut s'écrire ainsi:

P(mesure discontinue entière = a,a+1,...,b) = P(a-0,5<mesure continue<b+0,5)

c.-à-d. : P(binomiale = a,a+1, a+2,...,b) $\simeq$ P(a-0,5<normale<b+0,5)

P(# succès = 3,4,...,8) $\simeq$ P(2,5 < normale X < 8,5) et si on standardise:

$$\simeq P\left[\frac{2,5 - 5}{\sqrt{3,75}} < Z < \frac{8,5 - 5}{\sqrt{3,75}}\right] \text{où Z est une variable}$$

centrée réduite.

$$\simeq P(-1,29 < Z < 1,81) = P(0 < Z < 1,29)+P(0 < Z < 1,81)$$

$$\simeq 0,4015 + 0,4649 = 0,8664 \simeq 86,6\%$$

Cette nouvelle réponse est très voisine de la vraie qui est 86,8%.
Et pourtant, nous ne sommes pas dans les conditions idéales puisque
n = 20 est le minimum permis par le théorème pour que np $\geq$ 5. Si n était
plus grand, l'approximation serait encore meilleure.

10.5.3. EXERCICES ET SOLUTIONS

1. Si l'on joue à pile ou face 1 000 fois, avec un sou honnête, quelle
est la probabilité que le nombre de piles soit entre 470 et 530 inclusivement?

SOLUTION

Il s'agit bien d'un problème binomial avec $n = 1\,000$ et $p = \frac{1}{2}$.
Avec un tel n, pas question bien sûr d'utiliser la table 1. Puisque $np = nq = 1\,000\left[\frac{1}{2}\right] = 500 > 5$, on peut utiliser la loi normale comme approximation. Les moments sont :

$$\mu = np = 500 \quad \sigma^2 = npq = 1\,000\left[\frac{1}{2}\right]\left[\frac{1}{2}\right] = 250 \Rightarrow \sigma = 15,81139$$

$P(\# \text{ succès} = 470,471,\ldots,530) \simeq P(469,5 < \text{normale} < 530,5)$

$$\simeq P\left[\frac{469,5 - 500}{15,81139} < Z < \frac{530,5 - 500}{15,81139}\right] \simeq P(-1,93 < Z < 1,93)$$

$$\simeq 2\,P(0 < Z < 1,93) = 2(0,4732) = 0,9464 \simeq 95\%$$

Cela nous confirme que la fréquence relative $\frac{\# \text{ succès}}{1\,000}$ ne peut pas facilement s'éloigner de $\frac{1}{2}$.

2. Dans Phèdre de Racine (c'est une pièce de théâtre: pas une recette chinoise!), la proportion des adjectifs qualificatifs représente environ 6% des mots de la pièce. Quelle est la probabilité qu'une page de 950 mots contienne moins de 40 adjectifs qualificatifs, si la loi binomiale convient à cette situation?

SOLUTION

$n = 950$ mots et $p = 0,06$. Si l'on admet comme modèle, la loi binomiale, on cherche alors

$P(\# \text{ succès} = 39,38,37,\ldots)$

Puisque $np = 950(0,06) = 57 > 5$ et $nq = 950(0,94) = 893 > 5$, on peut utiliser la loi normale comme approximation avec $\mu = np = 57$ et $\sigma^2 = (np)q = (57)0,94 = 53,58$ ce qui donne $\sigma = 7,31984$.

Donc:

$P(\# \text{ succès} = 39,38,37,\ldots) \simeq P(-\infty < \text{normale} < 39,5)$

$\simeq P(-\infty < Z < -2,39) = 0,5 - P(0 < Z < 2,39)$

$\simeq 0,5 - 0,4916 = 0,0084.$

C'est donc très rare. Par conséquent si on rencontre quelque part une page de 950 mots qui ne contienne que 39 adjectifs qualifica-

tifs, on pourra peut-être se poser des questions sérieuses. La
loi binomiale ne constitue peut-être pas un modèle adéquat? Cette
page aurait-elle été retouchée par quelqu'un d'autre que Racine?
Etc.

10.5.4. EXERCICES

1. Une machine produit en moyenne 1 objet défectueux sur 3. Un nouvel
opérateur produit 451 objets défectueux sur 1 235, le premier jour. Est-
on justifié de croire qu'il manie mal la machine, c.-à-d.:
P(plus de 450 défectueux sur 1 235) ≃ ?

2. A Montréal, environ 60% de la population est francophone. Si une
rame de métro de cette ville contient 273 personnes, quelle est la probabilité qu'elle contienne au moins 170 francophones?

3. Supposons qu'en moyenne 2 chiens sur 5 meurent de la maladie de Carré
avant l'âge d'un an s'ils ne sont pas vaccinés. Une éleveuse décide de
ne pas faire vacciner ses 70 jeunes chiens. Quelle est la probabilité
qu'elle en perde de 20 à 40 inclusivement?

4. En moyenne, dans un service de comptabilité d'une grande entreprise,
1 facture sur 20 présente une erreur de calcul. Sur un lot de 200 factures, quelle est la probabilité de trouver de 8 à 15 factures erronées
inclusivement?

5. D'après le ministère de la santé, 1 personne sur 4 souffre de troubles pulmonaires. Si, dans un cinéma de 600 places, on autorisait la
cigarette, quelle serait la probabilité qu'au moins 100 personnes en
soient indisposées? On suppose qu'une personne souffrant de troubles
pulmonaires est nécessairement indisposée par la fumée.

6. Dans une certaine catégorie, 1 pneu sur 4 a une crevaison avant
32 000 km d'usage. Avec un nouveau caoutchouc traité, un ingénieur n'a
obtenu que 4 crevaisons sur 30 pneus. S'agit-il d'un événement très
surprenant? Evaluer P(moins de 5 crevaisons sur 30).

10.5.4.

10.6 EXERCICES MÊLÉS ET MÊLANTS

1. La probabilité qu'une page d'un volume publié aux éditions Les Coquilles Ltée contienne des erreurs de typographie est 5%.

   a) Quelle est la probabilité qu'un chapitre de 9 pages d'un volume édité par cette maison ne contienne aucune erreur?

   b) Quelle est la probabilité qu'une plaquette de 70 pages publiées
   par cette maison contienne moins de 3 pages présentant des erreurs de typographie?

   c) Quelle est la probabilité qu'une "brique" de 360 pages contienne au moins 345 pages sans erreur?

2. Supposons qu'en moyenne 1 sauterelle sur 10 a perdu l'une de ses
deux pattes arrières. (vulgairement appelées "SPRING!")

   a) Si l'on attrape 120 sauterelles, quelle est la probabilité
   d'en avoir au moins 9 à qui il manque une patte arrière?

   b) Si on entrevoit 8 sauterelles, quelle est la probabilité d'en
   voir au moins 1 à qui il manque une patte arrière?

   c) Sur un lot de 50 sauterelles, quelle est la probabilité d'en
   trouver moins de 4 à qui il manque une patte arrière?

3. Supposons que la taille des adultes de sexe féminin d'une région
donnée obéit à une loi normale avec $\mu = 160$ cm et $\sigma = 6,7$ cm. Est-ce
un événement rare de rencontrer une femme mesurant plus de 170 cm, si la
taille est toujours exprimée par un nombre entier?

4. Si le quotient intellectuel dans un Cégep est une variable normale
$\mu = 110$ et $\sigma = 13$, est-il rare de rencontrer dans ce Cégep un étudiant
ayant moins de 100 de Q.I., si les Q.I. sont toujours des entiers?

5. Supposons qu'en moyenne, un homme sur dix est daltonien au moins
partiellement. Dans un groupe de 100 hommes, quelle est la probabilité
d'en trouver plus de 14 qui soient daltoniens?

6. Supposons qu'en général 2% des garçons du niveau secondaire ont une
malformation qui leur rend dangereux un certain type d'exercices physiques. Dans un milieu donné, on examine un groupe de 375 garçons et on

n'en trouve que 2 ayant cette malformation. Calculer P(2 malformations ou moins) et dire s'il s'agit d'un événement rare.

7. Un contracteur vous dit qu'habituellement, il lui faut 6 mois pour compléter la construction d'un certain type de maison. Il affirme aussi que le temps le plus court requis est 4 mois, et que le temps le plus long est 8 mois.

   a) Si on suppose que X: "temps requis en mois pour construire une de ces maisons" est une variable aléatoire normale, quels seraient ses moments?

   b) Avec ce modèle, calculer la probabilité que la construction prenne plus de 7,33333 mois.

8. Supposons que, pour parcourir la route transcanadienne entre Québec et Montréal par beau temps, un autobus prend ordinairement 2 heures et 45 minutes et que le retard ou l'avance maximum possible est de 14 minutes. (On suppose que le temps est mesuré avec beaucoup de décimales).

   a) Si on suppose que X: "temps en heures pris pour faire ce trajet" est une variable aléatoire normale, quels seraient ses moments?

   b) Avec ce modèle, évaluer la probabilité que l'autobus fasse ce trajet en moins de 2 heures 39 minutes.

9. Christophe Colomb réussit finalement à convaincre la grande reine Isabelle qui lui confia précieusement trois vieux "cancers" de navires, remplis de gibiers de potence. Christophe Colomb partit donc confiant. On sait que le voyage fut très long et pénible. Le moral des marins était très bas. Après plusieurs semaines sans voir la terre ferme, on n'avait plus rien à manger: c'était la famine. De temps à autres, Christophe faisait face à des incidents de tous genres: mutineries, cannibalisme, etc, etc. Christophe estima que la probabilité d'avoir un ou des incidents était de 0,4 par jour. Quelle est la probabilité qu'il y ait eu plus de 30 journées troublées par des incidents, pendant une période de 60 jours de navigation?

10.6.

10.6.

11

SOMMAIRE

CHAPITRE 11

INFÉRENCE ET ESTIMATION

11.1 NOTION D'INFÉRENCE

Dans les chapitres 2, 3, 4, 5 et 6 de cet ouvrage, nous avons étudié la statistique descriptive, c.-à-d. à partir de résultats concrets présentés sous formes de séries, nous avons appris à les grouper, les analyser, les "faire parler" et calculer diverses mesures à partir des séries.

Dans les chapitres 8, 9 et 10 nous avons étudié les probabilités et nous avons décrit un certain nombre de modèles théoriques que l'on peut utiliser pour caractériser la réalité.

Nous en sommes rendus maintenant à cette partie de la statistique que l'on appelle la *statistique inférentielle*. Les chapitres 11 et 12 seront consacrés à l'inférence, c.-à-d. à la généralisation à un ensemble plus vaste appelé *population* de certaines mesures calculées sur un ensemble restreint appelé *échantillon*.

Le présent chapitre est consacré au problème de l'estimation, tandis que le chapitre suivant étudie les tests d'hypothèses.

11.1.1. POPULATION ET PARAMÈTRES

Nous avons vu au premier chapitre qu'il n'est généralement pas possible de contacter et de mesurer tous les individus qui composent le groupe de gens que l'on étudie. Supposons par exemple que nous soyons intéressés à étudier l'ensemble des adultes de la ville de Trois-Rivières

et que nous cherchions à connaître les caractéristiques de leur consommation de cigarette. Nous appellerons cet ensemble de gens "la population" à étudier.

*DÉFINITION. La population est l'ensemble des individus dont on
veut connaître les caractéristiques.*

Comme cette population contient généralement beaucoup de gens, il
n'est souvent pas possible de contacter tout le monde et l'on doit se
contenter d'un échantillon bien choisi (cf. chapitre 1).

*DÉFINITION. L'échantillon est cette partie de la population que
l'on contacte et sur laquelle on effectue des mesures.*

On veut donc étudier une caractéristique particulière d'une certaine population: dans notre cas, on veut connaître plus à fond la consommation de tabac des trifluviens adultes. Si l'on veut effectuer une
étude précise et sérieuse, on peut reformuler la question de façon à ce
que le problème consiste à évaluer un indice qui caractérise cette population. Par exemple, on pourrait dire: "J'aimerais connaître le nombre
de cigarettes que les trifluviens consomment en moyenne par jour". Il
s'agit alors d'évaluer une moyenne: la moyenne de consommation quotidienne de cigarette dans la population totale. Une telle moyenne, caractérisant la population totale, sera notée par le symbole μ. Si l'on
pouvait rencontrer chacun des trifluviens, lui demander combien de cigarettes il fume quotidiennement, on calculerait la moyenne et la valeur
trouvée donnerait μ. Il est bien évident qu'un tel travail est impossible: il faudra se contenter d'un échantillon pour estimer cette moyenne
μ.

Un indice, comme μ, caractérisant une population, est appelé un
paramètre de cette population, conformément à la définition suivante.

*DÉFINITION. Un paramètre (d'une population) est un indice que
l'on pourrait calculer si l'on pouvait mesurer tous les individus
qui constituent cette population.*

Le paramètre μ est bien la moyenne des individus de la population.
De plus, c'est l'espérance d'une variable aléatoire ainsi définie: X:
"La consommation quotidienne de cigarette d'un trifluvien adulte choisi

11.1.1.

au hasard".

En effet, si les trifluviens fument, disons, $\mu = 7,52$ cigarettes par jour, et si j'en choisis un au hasard, en mesurant sa consommation X, on aura bien que $E(X) = \mu = 7,52$ (cf. problème no 8, section 8.3.4; no 3, section 9.2.5; la section 10.3.1; no 7, section 10.3.4; no 1, section 10.4.3). La moyenne μ de la population est donc aussi l'espérance $\mu = E(X)$ d'une variable aléatoire X. L'utilisation du symbole μ est donc cohérente puisque dans les chapitres précédents, μ a toujours désigné une espérance.

Un deuxième paramètre que nous étudierons dans ce chapitre, c'est une proportion notée p. Par exemple, on pourrait essayer d'évaluer la proportion des trifluviens qui fument plus de 20 cigarettes par jour. Encore une fois, si l'on pouvait mesurer tous les trifluviens, on les classerait en deux catégories: gros fumeurs et petits fumeurs. La proportion p cherchée se calculerait directement:

$$p = \frac{\text{nombre de gros fumeurs (plus de 20 cigarettes par jour)}}{\text{nombre de trifluviens adultes}}$$

Mais cette information est difficilement accessible.

Si, au lieu de considérer la population elle-même, on examine plutôt la variable aléatoire X: "La consommation quotidienne de cigarettes d'un trifluvien adulte choisi au hasard", alors le paramètre p est une probabilité: $p = P(X > 20)$. En effet, si par exemple 28,7% des trifluviens sont de gros fumeurs et si j'en choisis un au hasard,

P(obtenir un gros fumeur) = 0,287 ou 28,7 chances sur 100.

Un troisième paramètre que nous allons étudier, c'est le bon vieux *coefficient de corrélation de Pearson* (qui t'a tant "fait rire" au chapitre 6 (?!)). On pourrait par exemple souhaiter évaluer la corrélation entre la consommation quotidienne de cigarettes des trifluviens, et leur revenu annuel; ou encore entre leur consommation quotidienne de cigarettes et leur capacité pulmonaire ou cardiaque, etc.

Donc, nous allons concentrer notre étude sur trois paramètres seulement:

11.1.1.

```
┌─────────────────────────────────────────────┐
│          Paramètres à estimer                 │
├─────────────────────────────────────────────┤
│  μ une moyenne (ou une espérance)             │
│  p une proportion (ou une probabilité)        │
│  r un coefficient de corrélation              │
└─────────────────────────────────────────────┘
```

11.1.2. ÉCHANTILLON ALÉATOIRE SIMPLE AVEC REMISE

Comme on vient de le voir, pour estimer les paramètres d'une population, on va devoir se fier à un échantillon. Or il y a bien des façons de choisir un échantillon: de bonnes façons et de mauvaises façons (cf. chapitre 1). Les formules que nous allons développer dans le présent chapitre sont valables pour les deux procédés de sondage suivants:

1er procédé: Tirage avec remise.

On inscrit le nom de tous les individus sur des petits papiers qu'on place dans un chapeau. On tire un premier nom en donnant à chacun des chances égales d'être choisi. On note ce nom et on remet le papier dans le chapeau. Puis on recommence en ayant bien soin de brasser le chapeau. L'important, c'est que l'on remette le papier dans le chapeau à chaque fois. De cette façon, il est possible de sortir le nom d'un même individu plusieurs fois.

2e procédé: Tirage sans remise dans une très grande population.

Si la population est tellement grande, que je n'ai pratiquement aucune chance de sortir deux fois le même individu, alors ça ne change rien de remettre ou de ne pas remettre les papiers dans le chapeau. Dans ce cas, nos formules seront valables même si on ne remet pas les papiers dans le chapeau après chaque tirage.

Dans un cours d'échantillonnage, on développe des formules pour le cas des tirages sans remise et pour bien d'autres techniques qui peuvent être très efficaces dans des recherches. Mais encore une fois, O persévérant lecteur, il faut nous ménager si l'on veut faire de beaux vieux. Nous nous limiterons donc aux deux procédés que nous venons de décrire.

11.1.3. NOTION D'ESTIMATEUR

Supposons que je veux évaluer la consommation moyenne μ de cigarettes des trifluviens adultes. Je me choisis un bon échantillon par l'un ou l'autre des deux procédés que l'on vient de voir. Bon! Qu'est-ce qu'on fait ensuite? La simple intuition nous dit de calculer la moyenne de l'échantillon, notée $\overline{X}$. Si donc je calcule que $\overline{X} = 7,52$ cigarettes par jour, cela ne veut pas dire que cette moyenne de l'échantillon est exactement la même que celle de la population, c.-à-d. μ. Un petit échantillon par exemple peut causer des surprises: on peut sans le vouloir contacter un groupe de "tempérants". Par contre dans le cas d'un échantillon "modérément grand" on s'attend bien à ce que le hasard donne à $\overline{X}$ une valeur qui sera relativement proche de μ, mais qui probablement ne lui sera pas tout-à-fait égale.

On peut donc dire que $\mu \simeq 7,52$. Et pour l'instant, c'est ce que l'on peut dire de mieux au sujet de μ. L'indice $\overline{X}$ que l'on calcule avec l'échantillon nous permet donc d'estimer la valeur de μ. Pour cette raison, on dira que $\overline{X}$ est un estimateur de μ.

DÉFINITION. Une mesure échantillonnale que l'on utilise pour estimer un paramètre d'une population est appelée un estimateur de ce paramètre.

De même, si l'on veut estimer une proportion p d'une population, on calculera la proportion $\overline{p}$ correspondante dans l'échantillon. Si enfin, on veut estimer un coefficient de corrélation r, on calculera le coefficient $\overline{r}$ correspondant dans l'échantillon. On peut résumer tout cela comme suit:

Paramètre de la population	Estimateur correspondant dans l'échantillon
La moyenne μ	La moyenne échantillonnale $\overline{X}$
La proportion p	La proportion échantillonnale $\overline{p}$
Le coefficient de corrélation r	Le coefficient de corrélation échantillonnal $\overline{r}$

Lorsqu'on utilise la valeur calculée d'un estimateur pour l'attribuer au paramètre, on dit qu'on fait une *estimation ponctuelle* du para-

mètre, par opposition à une *estimation par intervalle* que l'on verra
bientôt.

Il faut remarquer qu'un estimateur est un être "changeant". Dans
notre exemple, j'ai obtenu $\overline{X} = 7,52$ cigarettes. Supposons qu'un autre
chercheur a fait le même travail que moi, en même temps. Le hasard lui
a fait choisir un échantillon différent, avec d'autres mesures, et donc
une valeur de $\overline{X}$ différente. Peut-être a-t-il obtenu $\overline{X} = 6,68$ ou 7,89 ou
n'importe quelle autre valeur? Est-il possible qu'il ait obtenu une va-
leur aussi différente que 12,32 ou 2,43? Pour l'instant, on n'en sait
rien; mais c'est un point très important à préciser si l'on veut accorder quelque crédit à notre estimation $\overline{X} = 7,52$.

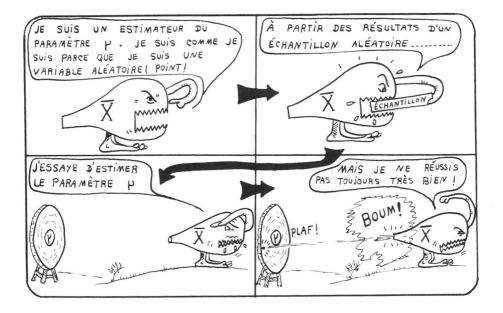

11.1.3.

Ce qu'il faut comprendre pour l'instant, c'est que choisir un é-
chantillon constitue un jeu aléatoire, et qu'un estimateur comme $\overline{X}$ est
une variable aléatoire.   En effet, $\overline{X}$ est une inconnue qui va bientôt
prendre une valeur (quand on aura choisi et compilé l'échantillon) parmi un ensemble de valeurs possibles.   Puisque $\overline{X}$ est une variable aléatoire, on peut étudier ses moments et sa distribution.   Heureusement
pour nous, O ma soeur, O mon frère, il y a tout un lot de très savants
statisticiens qui ont mis au point un tas de très brillants théorèmes
qui nous donnent de jolies formules assez simples pour être comprises par
des gens comme nous.   C'est ce que nous allons voir.

11.1.4.   INTERVALLE DE CONFIANCE AU NIVEAU 95%

Une bonne façon de savoir quel crédit l'on peut donner à une estimation, c'est de calculer ce que l'on appelle un intervalle de confiance, c.-à-d. un intervalle du type A < μ < B, auquel on peut accorder une
certaine confiance.   La théorie statistique est tellement précise sur ce
point qu'elle permet d'exprimer la confiance par un pourcentage, et que
l'on peut choisir ce degré de confiance comme on veut.   Naturellement,
si l'on veut un énoncé fiable, on voudrait pouvoir lui accorder une confiance de 100%, mais cela n'est pratiquement jamais possible tant que
l'on se base sur un échantillon.   Dans les sciences humaines, on se contente généralement d'une confiance de 95%, et nous allons développer nos
formules en fonction de ce degré de confiance.

Reprenons notre exemple qui nous a donné $\overline{X} = 7,52$.   Si je fais une
estimation ponctuelle, je dirai simplement que $\mu \simeq 7,52$.   Cela n'est pas
suffisant puisque je ne sais absolument pas à quel point je peux me fier
à cette estimation.   Supposons par contre que j'arrive à dire que (en
utilisant les formules que l'on verra plus loin) l'intervalle de confiance de niveau 95% est 6,97 < μ < 8,07.

Comment doit-on comprendre cet énoncé?   Suis-moi bien, O très tenace lecteur!   Cette affirmation, qui dit que 6,97 < μ < 8,07, est vraie
ou fausse: cela dépend de μ.   Si par exemple $\mu = 6,2$, alors l'affirmation est fausse; si $\mu = 7,78$, alors elle est vraie.   Comme on ignore la

vraie valeur de μ, on ne peut pas savoir si elle est vraie ou fausse.
Dire que le niveau de confiance est 95%, c'est comme dire: "Bah!
Châtillon c'est un bon gars! Il est fiable. Si on prend ses formules,
et si on travaille comme il faut, 95% des affirmations du type "A<μ<B"
que l'on va faire seront vraies!" Je ne sais pas si l'affirmation
"6,97 < μ < 8,07" est vraie ou fausse, mais je sais que le procédé que
j'ai utilisé pour arriver à cette affirmation (choisir un échantillon,
utiliser les formules que l'on verra bientôt, etc) donne, dans 95% du
temps, des affirmations vraies. "C'est-y clair?"

Donc obtenir un énoncé du type A < μ < B auquel on peut accorder
une bonne confiance, s'appelle faire de *l'estimation par intervalle*.
Nous allons voir maintenant comment calculer de tels intervalles de
confiance pour nos trois paramètres μ, p et r.

11.2 ESTIMATION D'UNE MOYENNE μ

11.2.1.   INTERVALLE DE CONFIANCE AU NIVEAU 95% POUR μ

Reprenons notre même exemple. Dans le but d'estimer la consommation quotidienne moyenne μ de cigarettes chez les trifluviens adultes,
je me choisis un échantillon aléatoire de n = 100 personnes, et supposons qu'en calculant la moyenne et l'écart-type, j'obtienne

$$\overline{X} = 7,52 \ , \ \ s = 2,75$$

11.2.1.

Les limites de l'intervalle de confiance pour μ, au niveau 95% sont:

$$\overline{X} - t\frac{s}{\sqrt{n}} \qquad \text{et} \qquad \overline{X} + t\frac{s}{\sqrt{n}}$$

où le symbole t dépend de la taille n de l'échantillon. Sa valeur se trouve dans la table ci-dessous, qui est reprise à la table 4 à la fin du volume.

Tableau 11.1

Taille n de l'échantillon	6 7 8 9 10	11... 15	16... 29	30
Valeur de t	2,6 2,5 2,4 2,3 2,3	2,2...2,2	2,1...2,1	2...
Type d'échantillon	Petits échantillons			Grands échantillons
Hypothèse de base	Population conforme au modèle normal			Population quelconque

→pas besoin d'hypothèse

Il y a plusieurs points à souligner dans ce tableau. Remarquons d'abord que dès que n ≥ 30, on dit que *l'échantillon est grand*, on n'a besoin d'aucune hypothèse sur le modèle de la population, et t = 2 dans ce cas. C'est la situation la plus simple.

Dans notre exemple, n = 100 et nous avons donc un grand échantillon. Nos limites de confiance seront donc

11.2.1.

$$\overline{X} \pm 2\,\frac{s}{\sqrt{n}} = 7,52 \pm 2\,\frac{(2,75)}{\sqrt{100}} = 7,52 \pm 0,55$$

On peut laisser la réponse sous cette forme, ou encore écrire:
$$\mu \simeq 7,52 \quad \text{et} \quad 6,97 < \mu < 8,07$$

Donc avec un degré de confiance de 95%, on peut dire, étant donné notre échantillon, que la consommation moyenne de la population se situe entre 6,97 et 8,07 cigarettes par jour.

Examinons maintenant un cas où n < 30.

EXEMPLE.   On mesure la taille de 9 hommes choisis au hasard dans la vill de Grand-Mère, et l'on obtient $\overline{X} = 175,34$ cm et $s = 7,69$ cm. Calculons les limites de l'intervalle de confiance de niveau 95%, pour le paramètre μ qui est: la taille moyenne des "grand maternels" adultes.

SOLUTION.

Puisque n = 9, nous avons un petit échantillon, et cela va compli-quer un peu le problème. Mais comme le disait mon joyeux drille de grand-mère: "Cette triste vie n'est pas faite pour s'amuser, mais pour gagner son ciel!"

On trouve facilement que t = 2,3 et donc
$$\overline{X} \pm t\,\frac{s}{\sqrt{n}} = 175,34 \pm 2,3\,\frac{(7,69)}{\sqrt{9}} = 175,34 \pm 5,896$$

11.2.1.

Ce qui nous permet de dire, en arrondissant un peu:

$$\mu \simeq 175,3 \quad \text{et} \quad 169,4 < \mu < 181,2$$

Tout semble aller très bien. Toutefois, comme l'indique la table de t, *lorsque n < 30, il faut supposer que la population en question est conforme au modèle normal.* La formule $\overline{X} \pm t \, \dfrac{s}{\sqrt{n}}$ n'est valable que si cette hypothèse est réalisée. Or en général, on n'en sait trop rien! Dans le présent exemple, cette hypothèse de normalité est très acceptable puisqu'on a vu (cf. section 10.4) que la plupart des mesures anthropométriques sont conformes au modèle normal. Lorsque cette hypothèse de normalité est inacceptable, alors il faut augmenter la taille de l'échantillon jusqu'à ce que n ≥ 30.

11.2.2. LA TAILLE DE L'ÉCHANTILLON POUR ESTIMER μ

Le problème majeur rencontré par le statisticien amateur consiste à savoir combien de gens il doit interroger dans son échantillon. On se rend bien compte que si ce nombre "n" de cobayes est trop petit, l'échantillon risque de n'être pas assez représentatif. D'autre part, si ce nombre "n" est trop grand, l'enquête coûtera trop cher, et sera peut-être moins bien effectuée, puisque l'enquêteur peut perdre le contrôle des opérations, devenues trop nombreuses et trop complexes. En effet, avec un échantillon trop grand, il peut se glisser beaucoup d'erreurs dans la collecte des données: les enquêteurs étant nombreux, il est difficile de contrôler leur travail et de déceler les "drôles" qui remplissent les questionnaires eux-mêmes, chez-eux, bien au chaud, sans se donner la peine de rejoindre les "cobayes" de l'échantillon! C'est bien moins fatigant comme ça! Il peut aussi se glisser des erreurs dans la transcription des données. En effet, l'échantillon étant trop gros, il faudra engager du personnel pour poinçonner les résultats sur des cartes d'ordinateur, ou pour faire les compilations à la main. Et il faut être professeur de mathématiques pour savoir combien d'erreurs de distraction peuvent se glisser pendant une heure de travail! Ainsi, le manuel que tu lis en ce moment contient sûrement quelques erreurs. (Faut être indulgent!)

Pour toutes ces raisons, il est préférable de prendre le plus petit échantillon possible, sans exagérer toutefois. La recherche de ce "n" est une science complexe, mais nous pouvons tout de même donner quelques jalons.

Disons que les principaux facteurs qui ont une influence sur la taille d'un échantillon sont: la nature du paramètre à estimer et la précision désirée. En effet, on verra plus loin que les façons de calculer n sont très différentes selon que l'on estime une moyenne, une proportion ou un coefficient de corrélation. Le facteur le plus décisif c'est le degré de précision que l'on désire pour notre estimateur. Mais examinons ce problème avec un exemple.

EXEMPLE. Supposons que l'argent qui entre quotidiennement dans la caisse d'une entreprise a globalement la forme de la fig. 11.1. Une dirigeante de l'entreprise vient te voir et désire estimer l'espérance μ des recettes quotidiennes avec un

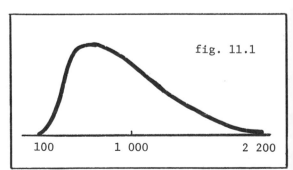

fig. 11.1

100   1 000   2 200

11.2.2.

échantillon. Elle te demande pendant combien de jours elle doit contrôler les entrées pour avoir une estimation valable.

SOLUTION.

La première chose que tu peux lui dire, c'est qu'elle devra sûrement prendre n ≥ 30 puisque la forme dissymétrique de la courbe empêche de supposer que ces recettes quotidiennes ont une distribution normale. Il faudra ensuite lui demander:

"Que voulez-vous dire par une estimation "valable"? A \$1 près, à \$10 près, ou à \$100 près?"

Supposons qu'elle réponde qu'une estimation à \$100 près serait suffisante. On fait alors le raisonnement suivant. La formule de l'intervalle de confiance de niveau 95% est $\mu \simeq \overline{X} \pm t \dfrac{s}{\sqrt{n}}$. Et puisque n ≥ 30, on a $\overline{X} \pm 2 \dfrac{s}{\sqrt{n}}$. Or la dirigeante veut une estimation à \$100 près. Il s'agit donc de trouver la valeur de n telle que $2 \dfrac{s}{\sqrt{n}} = 100$, c.-à-d. $\sqrt{n} = \dfrac{s}{50}$ et donc $n = \dfrac{s^2}{2\ 500}$. En effet, l'expression $t \dfrac{s}{\sqrt{n}}$ s'appelle parfois *l'erreur maximum probable* que l'on note EMP. Il est important de faire préciser cette EMP par le commanditaire.

On a donc $n = \dfrac{s^2}{2\ 500}$. Malheureusement, on ignore s. Il y a deux façons de procéder pour en avoir une idée:

  1ère façon: On "devine" l'ordre de grandeur du s (cf.section 4.3.7).

  2e façon : On commence le sondage, on arrête après quelques mesures, on calcule s et l'on trouve n. On continue ensuite le sondage si nécessaire.

On peut donc d'abord utiliser la règle B de la section 4.3.7.
$s \simeq \dfrac{2\ 200 - 1\ 000}{3} \simeq 400$ ce qui nous donne: $n \simeq \dfrac{(400)^2}{2\ 500} \simeq 64$.
Tu peux donc dire à ta cliente que, pour l'instant, tu prévois qu'il faudra noter les recettes quotidiennes pendant 64 jours. Mais tu pourrais lui conseiller de calculer ses recettes pendant 30 ou 40 jours, puis de revenir te voir avec ses résultats.

11.2.2.

Supposons qu'après 30 jours, elle revient te voir, et qu'avec ces 30 données, tu calcules que s = 327,23. Tu recalcules alors

$$n = \frac{s^2}{2\,500} = \frac{(327,23)^2}{2\,500} = 42,8318 \simeq 43.$$ Tu pourras annoncer à

ta cliente épuisée qu'il lui suffit de continuer à mesurer encore les recettes pendant 13 jours, pour un total de 43, et que, parlant d'argent, il serait peut-être temps de penser à tes "petits" honoraires...

Donc, la clef de l'énigme réside dans l'équation suivante:

$$t\ \frac{s}{\sqrt{n}} = EMP,$$ c.-à-d.
l'erreur maximum probable que le client est prêt à supporter.

11.2.3. EXERCICES ET SOLUTIONS

1. Dans l'enquête sur les centres d'intérêt dont il est souvent question (section 3.4, exercice 1),   la POLITIQUE avait la distribution de la figure 11.2, pour l'échantillon de taille n = 38.

Rappelons que les cobayes devaient choisir l'une des cotes suivantes:

1 = haine, 2 = indifférence, 3 = peu important, 4 = un peu important, 5 = moyennement important, 6 = important, 7 = très important, 8 = très, très important. Dans ce cas,
$\overline{X} = 4,6842$ s = 1,6782

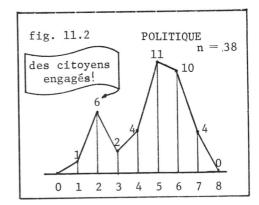

fig. 11.2

a) Estimer μ: "la cote moyenne d'importance de la politique dans ce milieu".

b) Si l'on voulait une estimation à ± 0,5 près, c.-à-d. EMP = 0,5, quelle devrait être la taille de l'échantillon?

SOLUTIONS.

a) $\mu \simeq \overline{X} \pm t \dfrac{s}{\sqrt{n}} = 4,6842 \pm 2 \dfrac{(1,6782)}{\sqrt{38}}$ puisque n = 38 > 30

$\mu \simeq 4,6842 \pm 0,5445$ que l'on peut arrondir à

$\mu \simeq 4,68 \pm 0,54$ soit entre 4,14 et 5,22

b) $t \dfrac{s}{\sqrt{n}} \simeq 2 \dfrac{(1,6782)}{\sqrt{n}} \simeq 0,5$ ce qui donne $2 \dfrac{(1,6782)}{0,5} \simeq \sqrt{n}$ et

$6,7128 \simeq \sqrt{n}$. On a finalement n $\simeq$ 45,0617, disons n = 46 sujets pour être plus sûr.

2. Supposons que l'on veut estimer le quotient intellectuel moyen des "précieux-sanguinaires" (habitants de Précieux-Sang). On sait que dans ce genre de mesure, s est, en général, de l'ordre de 15.

a) Quelle devrait être la taille de l'échantillon pour que l'EMP soit 10?

b) Si l'on prend les n = 8 mesures suivantes, estimons μ:

92   104   129   110   112   98   73   105

c) Avec les calculs effectués en b), recalculons la taille d'échantillon n nécessaire pour que EMP = 10.

SOLUTIONS.

a) On doit avoir $t \dfrac{s}{\sqrt{n}} \simeq 10$ c.à.-d. $t \dfrac{15}{\sqrt{n}} \simeq 10$

On ne sait pas encore si n sera grand ou petit.

Puisque les quotients intellectuels suivent le modèle normal, il se peut que n soit < 30, et dans ce cas, t dépend de n.

Allons-y à tâtons. Calculons $t \dfrac{15}{\sqrt{n}}$ pour diverses valeurs de n.

11.2.3.

Tableau 11.2

Valeurs de n	t	$t \dfrac{15}{\sqrt{n}}$	Commentaires
30	2	5,477	n trop grand pour rien
25	2,1	6,3	encore trop grand
16	2,1	7,875	------------
10	2,3	10,9099	n trop petit
(11)	2,2	9,9499	n convenable ⟶ car $t \dfrac{15}{\sqrt{n}} \simeq 10$
12	2,2	9,5263	n trop grand

b)   Avec ces n = 8 mesures, on calcule $\overline{X} = 102,875$ et s = 16,287

$$\mu \simeq \overline{X} \pm t \frac{s}{\sqrt{n}} = 102,875 \pm 2,4 \frac{(16,287)}{\sqrt{8}} = 102,875 \pm 13,81998$$

c.-à-d. $\mu \simeq 102,9$ et $89,1 < \mu < 116,7$.

c) $t \dfrac{s}{\sqrt{n}} \simeq 10$ c.-à-d. $t \dfrac{16,3}{\sqrt{n}} \simeq 10$.   Cherchons n de la même manière qu'en a)

Tableau 11.3

n	t	$t \dfrac{16,3}{\sqrt{n}}$	Commentaires
11	2,2	10,812	n trop petit
12	2,2	10,352	n trop petit
13	2,2	9,946	parfait

Donc il faudrait un échantillon de taille n = 13.

11.2.4.   EXERCICES

1.   On veut évaluer le nombre moyen μ de buts réussis durant une heure de jeu entre deux équipes de hockey de la ligue nationale. A cette fin, on observe 10 heures de jeu choisies au hasard et l'on obtient les ré-sultats suivants:

2   5   2   0   1   4   1   3   2   3

a)   Estimer μ

b)   Quelle hypothèse devons-nous faire au sujet de la forme de la

11.2.4.

population? La forme du polygone échantillonnal rend-elle cette hypothèse raisonnable?

2. On veut évaluer le nombre moyen μ de semaines pris par un éditeur pour répondre à une commande d'un client. On dispose d'un échantillon de n = 7 commandes qui ont pris les temps suivants:

2,43   4,20   6,14   4,60   1,52   3,45   3,75

a) Estimer μ

b) Quelle hypothèse doit-on faire au sujet de la forme de la population?

3. On veut évaluer la force de rupture moyenne μ en kilogrammes d'un certain type de corde produite par une entreprise. Dans ce but, on recueille un échantillon de n = 36 cordes que l'on casse une par une, en notant bien la force de rupture, c.-à-d. la force nécessaire pour rompre la corde. On obtient $\overline{X}$ = 163,52 kg et s = 10,433 kg.

a) Estimer μ

b) Si l'on voulait une estimation à 1 kg près, combien de cordes devrait-on rompre?

4. Une éducatrice physique fait passer un test d'aptitude à un échantillon de n = 71 élèves de secondaire V. Il calcule que $\overline{X}$ = 67,52 avec s = 8,54.

a) Estimer μ l'espérance des résultats de ce test

b) Si l'on voulait une EMP de 1, quelle devrait être la taille de l'échantillon?

5. Supposons que le nombre de casques de romains qu'Obelix rapporte en souvenir après une bataille contre de valeureux légionnaires est une variable aléatoire X à peu près normale. Si un échantillon de 6 batailles choisies au hasard donne $\overline{X}$ = 5,2 et s = 1,5

a) Estimer μ = E(X)

b) Pour avoir une EMP = 1, quelle devrait être la taille de l'échantillon?

6. La petite Pancracette est souvent endormie pendant ses cours de ma-

11.2.4.

thématiques. Son professeur l'a bien observée pendant les 10 derniers cours, et il a obtenu que le temps moyen de sommeil par cours est $\overline{X} = 16$ minutes avec s = 4 minutes. Supposons que ces 10 cours constituent bien un échantillon aléatoire et que le temps de sommeil de Pancracette pendant un cours est une variable aléatoire normale.

   a) Estimer l'espérance μ du temps de sommeil par cours

   b) Si l'on voulait une EMP = 2 minutes, quelle devrait être la taille de l'échantillon?

7. Supposons que je demande aux adultes d'une région donnée le pourcentage des émissions qu'ils ont écoutées dans la populaire série télévisée "Rue des Cochons". Combien de gens dois-je interroger dans mon échantillon, pour que mon EMP soit inférieure à 5%? Pour évaluer le "s" en question, je dispose de l'avis d'une experte en cote d'écoute. Cette experte croit que la moyenne des émissions écoutées est d'environ 80%. Ai-je besoin d'une hypothèse particulière au sujet de la population?

Note: On cherche ici à estimer le pourcentage moyen des émissions écoutées. Il s'agit donc bien d'estimer une moyenne et non une proportion, ce qui sera le sujet de la section suivante.

8. On demande aux cobayes d'un échantillon de donner leur appréciation au sujet de l'émission comique bien connue "La lutte bon marché", en choisissant l'une des cotes suivantes:

1: "archiplatte"   4: intéressant

2: pas intéressant   5: très intéressant

3: peu intéressant   6: passionnant

Considérons la variable aléatoire X: "cote d'appréciation donnée par un individu choisi au hasard".

   a) Evaluer l'ordre de grandeur de l'écart-type de cette variable

   b) Quelle taille devrait avoir l'échantillon pour que la moyenne d'intérêt μ (qui est en fait E(X)) soit estimée avec une EMP = 0,5

   c) A-t-on besoin d'une hypothèse spéciale au sujet de la distribution de X?

11.3 ESTIMATION D'UNE PROPORTION p (GRAND ÉCHANTILLON)

Tentons, par exemple, d'estimer la probabilité p qu'un montréalais choisi au hasard soit un auditeur assidu de la populaire émission télévisée:"Féal gros format". Supposons que l'on se choisisse un bon échantillon de n = 200 montréalais dont 132 sont des admirateurs du gros Féal.

Pour estimer la probabilité p, on peut commencer par calculer la proportion échantillonnale $\overline{p} = \dfrac{132}{200} = 0,66$ qui n'est pas autre chose que la fréquence relative. Si l'on attribue cette valeur à p, on pourra dire que p ≃ 0,66, puisque l'on se doute bien que la valeur de $\overline{p}$ est probablement assez voisine de celle de p. Toutefois, le raisonnement qu'on a fait pour $\overline{X}$ s'applique aussi à $\overline{p}$ dans le sens suivant. Cette proportion échantillonnale $\overline{p}$ est un être changeant, une quantité qui varie d'un échantillon à l'autre, bref une variable aléatoire. Pour savoir quel crédit l'on peut donner à cette *estimation ponctuelle*, p ≃ 0,66 il faut calculer encore ici un intervalle de confiance.

11.3.1. INTERVALLE DE CONFIANCE AU NIVEAU 95% POUR p.

Nous cherchons donc un intervalle du type A < p < B auquel on puisse accorder une bonne confiance. Encore ici, nous nous limiterons à un niveau de confiance de 95% parce que, dans les sciences humaines, c'est le niveau généralement utilisé. De plus, dans ce cas-ci, nous nous limiterons à des échantillons assez grands (n ≥ 30), étant donné que l'expérience montre que pour estimer p avec assez de précision, il faut que n soit passablement grand.

La formule pour l'intervalle de confiance est alors très simple.

Les limites de l'intervalle de confiance pour p, au niveau 95%,
avec des échantillons de taille n ≥ 30 sont

$$\overline{p} - 2\sqrt{\frac{\overline{p}\,\overline{q}}{n}} \qquad et \qquad \overline{p} + 2\sqrt{\frac{\overline{p}\,\overline{q}}{n}}$$

où $\begin{cases} \overline{p} \text{ est la fréquence relative dans l'échantillon} \\ \\ \overline{q} = 1 - \overline{p} \end{cases}$

Ainsi dans notre exemple du sympathique Féal, on a $\overline{p} = 0,66$,
$\overline{q} = 0,34$ et n = 200.

On peut donc calculer:

$$\overline{p} \pm 2\sqrt{\frac{\overline{p}\,\overline{q}}{n}} = 0,66 \pm 2\sqrt{\frac{(0,66)(0,34)}{200}}$$

$$= 0,66 \pm 0,067$$

On peut laisser la réponse sous cette forme: p ≃ 0,66 ± 0,07, ou
encore écrire: p ≃ 0,66 et 0,59 < p < 0,73.

Comme tu peux le voir, O cher lecteur dont la force d'âme m'a ému,
estimer p, c'est plus simple encore qu'estimer μ. (Remarquer la rime!)

11.3.2. LA TAILLE DE L'ÉCHANTILLON POUR ESTIMER p

Encore ici, la taille de l'échantillon dépend essentiellement de
l'erreur d'estimation que le commanditaire peut supporter, c.-à-d. de
l'erreur maximum probable, notée EMP.

Supposons que dans notre exemple du splendide Féal, on veut estimer la proportion p à ± 0,05. C'est donc dire que l'EMP = 0,05, et on
doit choisir n de sorte que $\pm 2\sqrt{\frac{\overline{p}\,\overline{q}}{n}} = \pm 0,05$, en n'oubliant pas que
dans cette section, n doit être plus grand ou égal à 30 de toute façon.
Puisque l'on a calculé $\overline{p} = 0,66$, il suffit de résoudre l'équation:

$$2\sqrt{\frac{(0,66)(0,34)}{n}} = 0,05$$

$$\sqrt{\frac{0,2244}{n}} = 0,025$$

11.3.2.

$$\frac{0,2244}{n} = (0,025)^2$$

$$= 0,000625$$

Donc $\quad n = \dfrac{0,2244}{0,000625} = 359,04$

Il faudra donc prendre environ n = 360 personnes dans notre échantillon.

Enfin bref, la clef de l'énigme réside ici dans l'équation

$2\sqrt{\dfrac{p\ q}{n}} =$ EMP, où EMP représente l'erreur maximum probable que le client est prêt à supporter

Le principal problème consiste à avoir une idée de la valeur de $\bar{p}$. Il y a plusieurs façons de le résoudre.

1) Assez souvent, le commanditaire a une certaine intuition de la valeur de p ou de $\bar{p}$ (car $p \simeq \bar{p}$). On peut alors prendre cette valeur pour un premier calcul.

2) Si on ignore complètement $\bar{p}$, on peut choisir la plus mauvaise valeur de $\bar{p}$ possible, c.-à-d. celle qui demandera le plus grand n. On peut montrer que puisque $\bar{p}$ est entre 0 et 1, l'expression $\sqrt{\bar{p}\ \bar{q}}$ est maximum lorsque $\vec{p} = \dfrac{1}{2}$; et alors $\sqrt{\bar{p}\ \bar{q}} = \dfrac{1}{2}$.

Prenons un exemple. Supposons que l'on désire une EMP = 0,10. On doit donc résoudre:

$$2\sqrt{\frac{p\ q}{n}} = 0,10$$

$$\frac{\sqrt{p\ q}}{\sqrt{n}} = 0,05$$

$$\sqrt{n} = \frac{\sqrt{p\ q}}{0,05}$$

Le n cherché sera d'autant plus grand que $\sqrt{p\ q}$ est grand. Le pire qui peut nous arriver, c'est que $\bar{p} = \dfrac{1}{2}$, ce qui donne $\sqrt{\bar{p}\ \bar{q}} = \dfrac{1}{2}$, $\sqrt{n} = \dfrac{1/2}{0,05} = 10$ et donc n = 100. Si la vraie proportion est par exemple p = 0,75 (donc $\bar{p} \simeq 0,75$), alors la vraie valeur de n est donnée par $\sqrt{n} = \dfrac{\sqrt{(0,75)(0,25)}}{0,05} = 8,66025$ et n = 75. Avec un échantillon de

11.3.2.

100, j'en ai donc simplement 25 de trop, ce qui n'est pas grave. J'ai
tout simplement un peu plus de précision que le minimum requis.

   3) Encore ici, on peut commencer le sondage avec peut-être une
   centaine d'individus. On arrête le sondage et on estime $\bar{p}$.
   Avec cette estimation, on calcule n et on voit si l'on doit
   continuer le sondage.

11.3.3.   EXERCICES ET SOLUTIONS

1. Une commission royale d'enquête a été instituée au Canada, dans le
but d'évaluer la proportion p des citoyens adultes qui accepteraient
(sans pleurer!) que la très gracieuse majesté "notre reine de l'Angleterre" change de coiffure. Quelle devrait être la taille de l'échantillon pour avoir une EMP de l'ordre de 0,01.
SOLUTION

   Puisqu'on ignore tout de $\bar{p}$, prenons la pire valeur, c.-à-d. $\bar{p} = \frac{1}{2}$,
   ce qui donne $\sqrt{\bar{p}\,\bar{q}} = \frac{1}{2}$. On veut que
   $2\sqrt{\dfrac{\bar{p}\,\bar{q}}{n}} \simeq 0,01,$ donc $2\dfrac{1/2}{\sqrt{n}} \simeq \dfrac{1}{100}$, $\sqrt{n} \simeq 100$ et
   n $\simeq$ 10 000 personnes.

2. Suite au calcul précédent, la commission royale décide de commencer
par interroger un échantillon de n = 500 personnes. Sur ce nombre 326
seulement accepteraient (sans pleurer!) un pareil bouleversement de "nos
belles traditions britanniques". Estimons p.
SOLUTION

   $\bar{p} = \dfrac{326}{500} = 0,652$

   $p \simeq \bar{p} \pm 2\sqrt{\dfrac{\bar{p}\,\bar{q}}{n}} = 0,652 \pm 2\sqrt{\dfrac{(0,652)\,(0,348)}{500}}$

   $p \simeq 0,652 \pm 0,0426$

   c.-à-d. p $\simeq$ 65,2% et 60,9% < p < 69,5%

3. Considérant les résultats obtenus au no 2, supposons que $\bar{p} \simeq 0,65$,
quelle devrait être la taille de l'échantillon pour avoir une EMP de
l'ordre de 0,01?

SOLUTION

$$2 \sqrt{\frac{\overline{p}\ \overline{q}}{n}} \simeq 2 \sqrt{\frac{(0,65)(0,35)}{n}} \simeq \frac{0,9539}{\sqrt{n}} \simeq 0,01, \text{ donc}$$

$\sqrt{n} \simeq 95,39$ et $n \simeq 9\ 100$ personnes au lieu de 10 000 comme on a calculé en a). Et l'on voit comment ce savant calcul va économiser à la couronne le prix de 900 entrevues. (Ben tiens! On ne jette pas l'argent par les fenêtres, au Canada!)

11.3.4. EXERCICES

1. Dans un journal quotidien de Montréal, on mentionne une enquête basée sur un échantillon de n = 90 personnes ayant suivi des cours de catéchèse. A la question "les cours de catéchèse vous ont-ils donné des connaissances vraiment renouvelées?", 15 personnes ont répondu dans l'affirmative.

    a) Estimer la probabilité p qu'une personne, choisie au hasard parmi celles qui suivent de tels cours, réponde affirmativement

    b) Si l'on voulait une EMP = 0,06, combien de gens devrait-on interroger?

2. Une enquête, réalisée dans le diocèse de Nicolet, posait la question suivante aux parents: "Qui se charge d'imposer des punitions aux enfants lorsque c'est nécessaire?" L'échantillon portait sur n = 630 familles, et sur ce nombre, 468 ont répondu que cette responsabilité était assumée aussi bien par le père que par la mère.

    a) Estimer la proportion p des familles du diocèse de Nicolet où les deux parents sont également "tortionnaires".

    b) Si l'on voulait une EMP = 0,02, quelle devrait être la taille de l'échantillon?

3. Quelques jours avant une élection, on veut estimer la proportion p des électeurs qui favorisent la candidate Vénale Potvin.

    a) Quelle devrait être la taille de l'échantillon si l'on veut une estimation à ± 0,05?

    b) Si, parmi n = 250 électeurs, on en trouve 176 qui accordent leur confiance à cette candidate, estimer p.

11.3.4.

4. On veut estimer la proportion p des gens d'une région qui seraient
favorables à l'amour libre chez les poules domestiques.

   a) Si un expert pense que cette proportion se situe entre 80% et
       90%, quelle devrait être la taille de l'échantillon pour avoir
       une estimation à ± 0,05 près.

   b) On interroge finalement 200 personnes, et on obtient 172 ré-
       ponses affirmatives. Estimer p.

5. On veut estimer la proportion p des citoyens d'une région qui ont
eu recours à un certain service gouvernemental. D'après un spécialiste,
cette proportion devrait être entre 10% et 30%.

   a) Quelle devrait être la taille de l'échantillon, si l'on désire
       une EMP = 0,03?

   b) Si on interroge 827 personnes choisies au hasard, et que par-
       mi ces gens, 78 seulement ont eu recours au service en question,
       estimer p.

11.4 ESTIMATION D'UN COEFFICIENT DE CORRELATION r (GRAND ÉCHANTILLON)

omettre

On veut maintenant estimer le coefficient de corrélation r entre
deux aptitudes, dans une grande population. Cette population est trop
grande pour qu'on puisse mesurer tout le monde, aussi on doit se contenter de bien choisir un échantillon, et de faire de l'inférence. On calcule alors le coefficient de corrélation de l'échantillon, que l'on notera $\bar{r}$, et on utilisera cette valeur pour estimer r. Encore ici, une
estimation ponctuelle n'est pas suffisante parce qu'elle ne nous indique
pas à quel point l'on peut s'y fier. Il faudra encore calculer un intervalle de confiance, c.-à-d. un intervalle du type A < r < B auquel
on peut accorder une confiance de 95%.

11.4.1. INTERVALLE DE CONFIANCE AU NIVEAU 95% POUR r (n ≥ 30)

On cherche un intervalle du type A < r < B. La technique se complique un peu ici, à cause du fait que l'estimateur $\bar{r}$ a un comportement
compliqué. Il faudra le transformer en un être nouveau, différent, parallèle, presque extra-terrestre noté $\bar{r}'$. Dans cet univers parallèle,

on trouve facilement un intervalle de la forme $A' < r' < B'$. Mais il faut revenir au monde réel, et alors inverser la transformation pour obtenir $A < r < B$. Mais expliquons cette technique avec un exemple. Auparavant, il faut préciser que tout ceci n'est valable que *si la taille de l'échantillon est n ≥ 30*. Supposons que je veux connaître la corrélation r qui existe entre le revenu et le snobisme, chez les travailleurs de la région de Chicoutimi. Je choisis un échantillon de $n = 200$ travailleurs, je leur demande leur revenu x et je leur fais passer un test dont la réponse y est un nombre qui mesure le snobisme. Avec ces deux séries de x et de y, je suis théoriquement capable de calculer le coefficient de corrélation $\bar{r}$ de cet échantillon. Ce calcul, comme tu le sais, n'a rien de rigolo, ni de "tripant"; mais comme le disait ma grand-mère (bien connue pour son humour!) : "Après la pluie, la belle pluie!" Supposons qu'après bien des larmes, j'en arrive à $\bar{r} = 0,67$. On peut donc dire que $r \simeq 0,67$.

On passe dans le monde parallèle à l'aide de la table 5 à la fin de cet ouvrage, et qui s'intitule: Table de la transformation de Fisher. Dans ce monde, r devient r', $\bar{r}$ devient $\bar{r}'$, et 0,67 devient 0,811. Au lieu de dire $\bar{r} = 0,67$ et $r \simeq 0,67$, on dira: $\bar{r}' = 0,811$ et $r' \simeq 0,811$. Pour ce r' on peut obtenir très facilement un intervalle de confiance avec la formule ci-dessous:

Les limites de l'intervalle de confiance au niveau 95% pour r' sont:

$$\bar{r}' - \frac{2}{\sqrt{n-3}} \qquad \text{et} \qquad \bar{r}' + \frac{2}{\sqrt{n-3}}$$

si n ≥ 30.

Il suffit donc de calculer

$$\bar{r}' \pm \frac{2}{\sqrt{n-3}} = 0,811 \pm \frac{2}{\sqrt{200-3}} = 0,811 \pm 0,142$$

ce qui donne $\quad 0,811 - 0,142 < r' < 0,811 + 0,142$

$$0,669 \quad < r' < \quad 0,953$$

Il faut maintenant revenir dans notre beau monde en appliquant la

11.4.1.

transformation inversée aux trois membres de cette relation: si l'on cherche 0,669 dans la colonne de r', on ne le trouve pas exactement, mais on voit que 0,662 correspond à r = 0,58. De même, 0,953 n'est pas marqué, mais 0,950 est l'image de 0,74. On peut donc écrire: 0,58 < r < 0,74, sans oublier que l'on a déjà dit que r ≃ 0,67. On voit que notre estimation n'est pas extrêmement fiable, puisque r peut varier de 0,58 à 0,74: c'est un écart considérable!

Il faut remarquer aussi que l'écart permis n'est pas le même de chaque côté de notre estimation de 0,67. En effet, l'intervalle 0,58 < r < 0,74 n'est pas centré en 0,67 comme on peut le voir dans la figure 11.3.

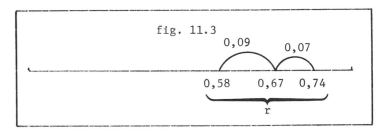

REMARQUE. La transformation de la table 5 respecte le signe, c.-à-d. si r > 0, alors r' > 0, et si r < 0, alors r' < 0.

11.4.2. LA TAILLE DE L'ÉCHANTILLON POUR ESTIMER r

Encore ici, c'est un problème sérieux que de déterminer quelle taille doit avoir l'échantillon pour obtenir une certaine précision. Le problème est encore plus compliqué ici à cause du fait que l'intervalle n'est pas centré sur la valeur de r̄ (cf. figure 11.3 ci-haut). Mais le très gentil monsieur va t'arranger ça! C'est fantastique!

Supposons par exemple, que dans le problème précédent, on trouve l'intervalle de confiance trop étendu, et que l'on désire réduire l'erreur à environ 0,05 de chaque côté de r̄. Bien sûr, ce ne sera pas exactement 0,05 de chaque côté puisque l'intervalle n'est pas symétrique: ce sera peut-être 0,06 à gauche et 0,04 à droite, mais enfin l'intervalle aura à peu près une longueur de 2 × 0,05 = 0,10.

On utilise la table 6 et on se place vis-à-vis r ≃ 0,67. On monte ensuite jusqu'à la courbe correspondant à EMP = 0,05. A la gauche, on lit que n doit être environ 480. C'est facile, mais ce n'est pas très précis.

Supposons donc que l'on continue le sondage jusqu'à n = 480. Si $\overline{r}$ est encore égal à 0,67, estimons r. On passe dans l'univers transformé et on calcule:

$$\overline{r'} - \frac{2}{\sqrt{n-3}} < r' < \overline{r'} + \frac{2}{\sqrt{n-3}}$$

$$0,811 - \frac{2}{\sqrt{477}} < r' < 0,811 + \frac{2}{\sqrt{477}}$$

$$0,811 - 0,0916 < r' < 0,811 + 0,0916$$

$$0,7194 < r' < 0,9026$$

En inversant la transformation, on trouve approximativement:

$$0,62 < r < 0,72$$

L'intervalle est bien de longueur 0,10, et l'erreur est même symétrique de chaque côté de $\overline{r}$ = 0,67. Mais ça ne sera pas toujours aussi beau!

Ce qui est embêtant, c'est que l'EMP dépend beaucoup de la valeur de r. Supposons un instant que la vraie valeur de r soit non pas 0,67 mais disons 0,63. Si on examine la table 6, on s'aperçoit que la taille de l'échantillon doit être non pas de n = 480, mais de n = 570 environ pour avoir une EMP = 0,05. Il faudrait donc reprendre le collier, et mesurer 100 personnes de plus. C'est fatigant, mais comme le disait souvent mon joyeux drille de grand-mère: "Le meilleur fruit de notre science est la résignation froide qui, pacifiant et préparant l'âme, réduit la souffrance à la douleur du corps". (Elle venait d'acheter le dictionnaire des citations!)

De toute façon, cette manière de trouver n ne donne qu'un résultat approximatif. Comme on le verra dans les exercices, ce résultat est tout de même fort utile.

11.4.2.

11.4.3. EXERCICES ET SOLUTIONS

1. Supposons qu'un éducateur physique veut estimer à ± 0,06 près le coefficient de corrélation entre deux tests.   Il croit que la valeur de r doit se trouver entre 50% et 70%.   Trouvons quelle devrait être la taille de son échantillon.

SOLUTION.

   Si r ≃ 0,70, la table 6 dit que n ≃ 280

   Si r ≃ 0,50, la table 6 dit que n ≃ 625

   Il faut donc s'attendre à choisir un échantillon dont la taille pourrait aller jusqu'à 625 personnes.

2. L'éducateur physique en question décide de choisir un échantillon de n = 300, du moins pour commencer.   Cet échantillon lui donne une corrélation de 0,58.   Estimons la corrélation de la population entière.

SOLUTION.

   $\overline{r} = 0,58$ et donc $r \simeq 0,58$

   On transforme et on obtient:

   $\overline{r'} = 0,662$ et $r' \simeq 0,662$

   avec $\overline{r'} - \dfrac{2}{\sqrt{n-3}} < r' < \overline{r'} + \dfrac{2}{\sqrt{n-3}}$

   $0,662 - \dfrac{2}{\sqrt{297}} < r' < 0,662 + \dfrac{2}{\sqrt{297}}$

   $0,662 - 0,116 < r' < 0,662 + 0,116$

   $\qquad 0,546 < r' < 0,778$

   La transformation inverse donne:

   $r \simeq 0,58$ et $0,50 < r < 0,65$

   L'erreur sur r est plus grande que prévue:

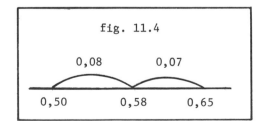

fig. 11.4

0,08   0,07

0,50   0,58   0,65

11.4.3.

3. Si l'on se fie à cette estimation (r ≃ 0,58), quelle devrait être
la taille de l'échantillon, si l'on veut une EMP ≃ 0,06?
SOLUTION.

   La table 6 nous donne directement que n ≃ 485

4. L'éducateur physique décide de fournir un autre effort, et de faire
100 mesures de plus pour un total de n = 400. La corrélation qu'il calcule avec ces 400 personnes est alors 0,61. Estimons la corrélation
pour l'ensemble de la population.
SOLUTION.

   $\bar{r} = 0,61$ et donc r ≃ 0,61

   On transforme: $\bar{r}' = 0,709$ et $r' ≃ 0,709$

   $r' ≃ \bar{r}' \pm \dfrac{2}{\sqrt{n-3}} = 0,709 \pm \dfrac{2}{\sqrt{397}} = 0,709 \pm 0,100$

   donc $0,609 < r' < 0,809$

   La transformation inverse donne: $0,54 < r < 0,67$

Au départ, on voulait
une EMP = 0,06. On a
ici 0,07 à gauche et
0,06 à droite.

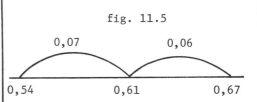

fig. 11.5

0,07   0,06

0,54   0,61   0,67

5. Si l'on suppose que r = 0,61, quelle devrait être la taille de l'é-
chantillon pour obtenir enfin une EMP ≃ 0,06?
SOLUTION.

   La table 6 nous dit que cette taille devrait être n = 430. Comme
   on a déjà mesuré 400 personnes, il n'en manquerait plus que 30.
   Cela fait tout de même beaucoup de travail, mais comme le disait
   souvent ma petite fo-folle de grand-mère: "Levius fit patientia
   quidquid corrigere est nefas". (Elle lisait aussi les pages ro-
   ses de son Larousse!)

Note du comité de lecture: Quo usque tandem Châtillon, abutere patientia
                  nostra   avec ces citations-là?

11.4.3.

11.4.4.   EXERCICES

1. Au chapitre 6, section 6.1.6, problème no 2, nous avons calculé un coefficient de corrélation de 0,492 entre l'adaptation sociale et l'adaptation émotionnelle d'un groupe de 35 élèves de 10e.   Si l'on peut considérer que ce groupe est un échantillon aléatoire de tous les élèves de ce niveau,

   a)   Estimer le coefficient r de toute cette population

   b)   Quelle devrait être la taille de l'échantillon, si l'on voulait une EMP ≃ 0,20?

2. Pour un échantillon aléatoire de n = 37 on calcule la corrélation entre les résultats en mathématique "moderne" et les résultats en mathématique traditionnelle.   Supposons que l'on obtienne $\overline{r}$ = 0,70,

   a)   Estimer r

   b)   Quelle devrait être la taille de l'échantillon, si l'on voulait une EMP ≃ 0,10?

3. Une chercheuse veut estimer la corrélation r entre deux tests d'aptitudes physiques, chez les jeunes d'un certain âge qui jouent au hockey. L'un mesure la vitesse de patinage, l'autre mesure la capacité de récupération cardiaque.

   a)   Si la chercheuse pense que r ≃ 0,60, et désire une EMP ≃ 0,10, quelle taille d'échantillon devrait-on lui conseiller?

   b)   Avec un échantillon de n = 100, on calcule $\overline{r}$ = 0,42.   Estimer r

   c)   Si la chercheuse désire toujours une EMP ≃ 0,10, quelle taille d'échantillon devrait-on lui conseiller?

4. On veut estimer la corrélation r entre le quotient intellectuel et le succès scolaire en secondaire IV.

   a)   Si un spécialiste prétend que cette corrélation est entre 0,50 et 0,70, quelle taille d'échantillon doit-on s'attendre à prendre, si l'on veut une EMP ≃ 0,15

11.4.4.

b) Avec un échantillon de 66 élèves, on obtient $\bar{r} = 0,55$.

Estimer r

c) Avec l'estimation obtenue en b), quelle taille d'échantillon peut-on prévoir, si l'on veut encore une EMP $\simeq 0,15$?

5. Grâce à un test permettant de mesurer le degré de contestation d'un élève, le professeur S. Tablichement a pu calculer la corrélation entre le degré de contestation et le quotient intellectuel d'un échantillon de n = 45 élèves de niveau collégial. Il a obtenu $\bar{r} = -0,80$.

a) Estimer r. (La transformation de la table 5 préserve le signe)

b) Quelle devrait être la taille de l'échantillon, si l'on voulait une EMP $\simeq 0,03$? (La table 5 s'applique aussi pour r < 0).

6. A un échantillon de n = 73 conducteurs d'automobile mâles, on fait passer deux tests. L'un mesure à quel point le conducteur est inconscient et imprudent au volant de sa voiture, l'autre mesure le degré de virilité du conducteur. Supposons que la corrélation obtenue est $\bar{r} = -0,48$.

a) Estimer r

b) Quelle devrait être la taille de l'échantillon, si l'on voulait une EMP $\simeq 0,06$?

7. Si un échantillon de taille n = 36 donne une corrélation de $\bar{r} = 0,293$, est-on justifié de proclamer qu'il y a vraiment une corrélation positive entre les deux mesures en question, dans la population concernée?

11.5 EXERCICES MÊLÉS ET MÊLANTS

1. On veut évaluer la corrélation entre la grosseur des biceps et la participation aux affaires syndicales, chez les ouvriers syndiqués affiliés à la grande centrale Cinquantecent. Un permanent syndical nous a crié dans les oreilles que, d'après lui, cette corrélation était nulle, comme le ministre du travail! Combien d'ouvriers devra-t-on interroger si un pré-test donne $\bar{r} = 0,12$, et que l'erreur d'estimation doit être inférieure à 0,05?

2. On veut connaître la distance moyenne µ en centimètres qui sépare les genoux d'un cow-boy lorsqu'il est debout, les pieds collés. Tout le monde sait que les jambes des cow-boys ont la forme de la selle, et on veut mesurer cette "bancalité". Selon un expert, grand amateur de films western, cette distance serait généralement de 10 cm., et on a même déjà vu un cow-boy dont les genoux étaient à 30 cm. l'un de l'autre. Trouvez la taille que devrait avoir l'échantillon pour que l'erreur d'estimation soit inférieure à 1 cm. avec une confiance de 95%.

3. Un questionnaire contient 13 questions. Chaque question permettra d'estimer un paramètre. Ces 13 paramètres se partagent ainsi: six proportions, quatre moyennes et trois coefficients de corrélation.

a) Quelle devra être la taille de l'échantillon si l'on veut que l'erreur commise en évaluant l'une ou l'autre des proportions soit inférieure à 0,05, avec une confiance de 95%?

b) Les quatre questions servant à mesurer une moyenne µ sont des questions où l'on choisit comme réponse un chiffre de 1 à 9. Les quatre valeurs de s données par le pré-test sont:

1,3   0,87   2,2   1,8

Quelle devrait être la taille de l'échantillon pour que, dans chacun de ces 4 cas, l'erreur d'estimation soit inférieure à 0,25 avec une confiance de 95%?

c) Pour les trois questions servant à estimer une corrélation, voici les valeurs de $\overline{r}$ données par le pré-test:

−0,55   0,12   0,31

Si l'on veut que l'erreur commise en évaluant ces corrélations soit, dans chacun des cas, inférieure à 0,10 avec une confiance de 95%, quelle devrait être la taille de l'échantillon?

d) Quelle devrait être la taille de l'échantillon, qui finalement, satisfera aux exigences imposées en a), b) et c)?

4. On veut estimer la moyenne µ du revenu familial (en unités de $1 000) dans une région donnée. Supposons que l'on contacte un échantillon de n = 452 familles. On obtient alors $\overline{X}$ = 8,632 (c.-à-d. $8 632) avec s = 2,514. Estimer μ.

5. Vous voulez estimer la moyenne μ de la variable aléatoire X "le temps réel d'arrivée, moins le temps prévu sur l'horaire", pour les autobus qui vont de Victoriaville à Montréal, sur un trajet donné, à une heure donnée. Pour cela, vous contrôlez 8 de ces arrivées, et vous obtenez $\overline{X} = 3,5$ min. avec s = 3,7 min.
Estimer μ. Doit-on formuler une hypothèse particulière?

6. Sur un échantillon de 392 factures compilées dans un service, 64 présentent des erreurs d'addition. Estimons la proportion p des factures de ce type qui présentent des erreurs d'addition.

7. On veut étudier scientifiquement la probabilité p qu'un légionnaire romain qui s'aventure dans une certaine forêt voisine d'un certain village de Gaule en revienne avec des "baffes"! Pour se faire, on choisit au hasard n = 41 cas de romains s'aventurant dans cette forêt, et supposons que l'on en trouve 33 qui s'y sont fait "baffer". Estimer p.

8. Supposons que des enquêtes antérieures ont donné un coefficient de corrélation d'environ 0,5 entre le quotient intellectuel et la motivation scolaire chez les élèves de secondaire III dans diverses régions. Une éducatrice s'étonne de voir à quel point les élèves doués sont peu motivés dans sa région. Il en vient à se demander si la corrélation ne serait pas presque nulle, indiquant par là une faille grave dans le système éducationnel de l'endroit.

    a) Elle prend un échantillon de n = 100 élèves et obtient $\overline{r} = 0,37$. Cette observation est-elle suffisante pour conclure que r < 0,50?

    b) Ces résultats intriguent la direction générale de la Régionale. Elle lui accorde les crédits nécessaires pour continuer son enquête, en augmentant un peu la précision, c.-à-d. une erreur maximum de 0,10, avec une confiance de 95%. Trouver la taille que devra avoir l'échantillon total pour rencontrer ces exigences.

11.5.

9.   Et puis, un beau jour, enfin, Christophe Colomb arriva en Amérique.
Au lieu d'y trouver de l'or comme l'aurait souhaité les grands souverains
humanistes Ferdinand et Isabelle, il n'y trouva que des plumes.   Et encore, ces plumes n'étaient pas faciles à enlever, puisqu'elles ornaient le
chef des chefs indiens, bien connus pour leur caractère ombrageux.   D'ailleurs ces plumes intriguèrent fortement Christophe et lui rappelèrent le
beau temps déjà lointain où il travaillait dans son poulailler.   Christophe essaya mentalement d'obtenir un intervalle de confiance pour le nombre moyen μ de plumes portées par un grand-chef, avec une confiance de
95%.   Or il avait vu 12 grands-chefs, et voici le nombre de plumes portées
par chacun: 10 22 18 14 19 17 15 23 22 28 26 14.
Trouvez cet intervalle en supposant que ces 12 mesures sont bien un échantillon aléatoire pris dans une population normale.

12

SOMMAIRE

CHAPITRE 12

TESTS D'HYPOTHÈSES

Rendus à ce dernier chapitre, nous devons faire une petite réflexion sur la science en général, et spécialement sur les sciences qui
utilisent la statistique. En effet, nous sommes rendus au point crucial
de notre étude où l'outil de la statistique doit enfin servir à tirer
des conclusions. Nous allons demander à la statistique d'éclairer les
décisions que doivent prendre les chercheurs dans diverses disciplines
et spécialement en sciences humaines.

Nous allons donc commencer par examiner très superficiellement
comment s'édifie une connaissance scientifique basée sur l'expérience.
Après ces brèves réflexions, nous établirons certaines notations et conventions. Ensuite, nous prendrons connaissance d'un certain nombre de
tests, ceux qui m'ont semblé les plus importants dans notre contexte.
Ces tests aideront à répondre correctement à des questions comme les
suivantes, sur la foi d'un échantillon bien choisi:

- "La proportion de cancéreux est-elle réellement plus grande
  dans cette région qu'elle ne l'est ailleurs"?
- "Le poids moyen des cochons nourris avec la nouvelle moulée XYZ
  est-il réellement supérieur au poids moyen des cochons normaux"?
- "Le revenu moyen des médecins généralistes est-il réellement inférieur à celui des médecins spécialisés"?
- "La proportion des électeurs qui favorisent le parti XXX est-elle

réellement supérieure dans le comté A par rapport au comté B"?

- "Cet échantillon provient-il d'une population de Poisson"?
- "Les objets défectueux produits par cette machine ont-ils tendance à apparaître en groupe ou sans aucune suite"?

Des questions de ce type doivent être abordées avec la théorie des tests d'hypothèses, que nous allons voir de la façon la plus pratique possible.

12.1 MÉTHODE DE RECHERCHE SCIENTIFIQUE

La science peut se développer de bien des façons. Certaines découvertes, comme les rayons X par exemple, ont été faites pratiquement par hasard. Mais la plupart du temps, on peut décomposer la démarche du chercheur en trois grandes étapes. Cette décomposition est plus théorique que pratique, car encore une fois chacun travaille à sa façon, et le hasard joue souvent un grand rôle dans les découvertes scientifiques. Cette décomposition en trois phases est tout de même importante en ce qu'elle nous permet de comprendre la démarche globale de la plupart des recherches. Voici donc ces trois phases:

12.1.1. LES TROIS PHASES DE LA RECHERCHE EXPÉRIMENTALE

Phase 1: Un fait ou une déduction lance le chercheur sur une piste.

12.1.1.

Nous connaissons tous l'anecdote de Newton recevant une pomme sur la tête. Ce choc lui aurait donné une intuition qui l'aurait amené à la découverte de la loi de la gravitation universelle. La plupart des recherches commencent ainsi par une intuition initiale plus ou moins exacte. En effet, un chercheur qui demande à un organisme de subventionner ses travaux le fait parce qu'il croit qu'il obtiendra de bons résultats en se dirigeant dans une telle direction.

Donc la plupart des recherches débutent avec une intuition que le chercheur acquiert en constatant une coïncidence étonnante ou un fait un peu spécial.

Phase 2: Le chercheur formule une hypothèse.

A la suite de cette première intuition, le chercheur essaye généralement de comprendre la réalité en proposant une explication que nous appelons *hypothèse de travail*. Cette hypothèse est souvent bâtie à l'aide de considérations théoriques, de raisonnements, de déductions. Il faut bien se garder d'en rester à cette deuxième phase, même si les raisonnements semblent très convainquants. Depuis Descartes, les véritables

12.1.1.

scientifiques savent qu'il faut se méfier des beaux raisonnements. De
nos jours, on entend beaucoup de raisonnements du type suivant:

"Le chlore et le sodium sont deux poisons violents. Le

chlorure de sodium est composé de chlore et de sodium.

Donc il est criminel et irresponsable de mettre du

chlorure de sodium dans les aliments".

Attention! Ce n'est qu'une hypothèse même si le raisonnement semble logique. On réalise bien à quel point un beau raisonnement peut
être dangereux lorsqu'on sait que le chlorure de sodium n'est autre chose que du sel de table!

La différence entre une hypothèse de travail et une hypothèse
vraisemblable réside dans la troisième phase que voici.

*Phase 3:   Le chercheur essaye de prouver son hypothèse avec des faits
bien contrôlés et vérifiables.*

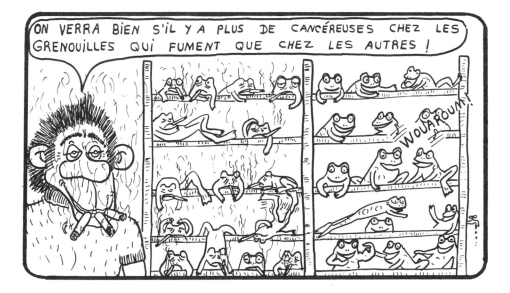

L'essentiel de la méthode expérimentale consiste à ramener toute
conclusion, tout raisonnement, toute déduction au simple rang d'"hypothèse de travail" tant et aussi longtemps que l'on ne peut apporter des

faits précis et vérifiables ou des expériences pour appuyer cette hypothèse.

Dans une certaine mesure, toutes les connaissances scientifiques ne sont que des hypothèses, mais elles sont d'autant plus vraisemblables qu'on peut les appuyer sur un grand nombre d'expériences.

Prenons l'exemple de la théorie atomique. Déjà au Ve siècle avant Jésus-Christ, le philosophe grec Démocrite avait énoncé la théorie que les êtres sont composés d'une infinité de minuscules particules indivisibles: les atomes. Ce n'était alors qu'une hypothèse obtenue par déduction. Cette hypothèse n'était pas plus vraisemblable qu'une autre puisqu'on n'avait aucune expérience pour l'appuyer. Les choses en restèrent ainsi fort longtemps. Avec le développement que connurent les sciences autour du XVIIe siècle, la théorie atomique s'appuya sur un grand nombre d'expériences où l'on transforme des éléments en d'autres éléments: par exemple, de l'eau décomposée en hydrogène et en oxygène. Ces décompositions et ces recompositions nombreuses confirment cette hypothèse que les êtres sont composés d'atomes. Cette hypothèse devient donc beaucoup plus vraisemblable que les autres, comme par exemple la théorie du phlogistique qui tomba en désuétude. Plus récemment, la fission de l'atome a apporté une confirmation encore plus forte à la théorie atomique. Cette théorie n'est toujours qu'une hypothèse, aussi il n'est pas absolument impossible qu'elle connaisse des modifications dans l'avenir. Toutefois, c'est une hypothèse drôlement vraisemblable! Et il faudrait vraiment être "toqué" pour ne pas accepter cette théorie atomique. En effet, comment pourrait-on arriver à fabriquer une bombe atomique qui explose vraiment, si toute la théorie que l'on utilise est fausse?

Donc une hypothèse ne prend de valeur qu'en autant qu'elle est appuyée par des faits, et des faits clairs, précis, facilement vérifiables et contrôlables. C'est la base même de la méthode expérimentale.

Dans le domaine de la santé et de l'alimentation, il y a de nos jours beaucoup de "para-sciences" ou de "sciences-opathes" qui posent des problèmes aux scientifiques plus traditionnels parce qu'il n'est

12.1.1.

pas toujours facile de voir jusqu'à quel point la troisième phase, la
principale, a bien été assumée. Il n'est pas facile en effet de savoir
si tous les théorèmes qui constituent la base de ces disciplines ont
réellement été bien vérifiés avec des faits clairs, précis, facilement
contrôlables et vérifiables. On ne peut pas reprocher à ces scientifiques traditionnels d'avoir des doutes: c'est une simple question de pru-
dence. En effet, l'histoire est remplie de beaux énoncés qui semblaient
indiscutables et qui s'avérèrent tout simplement faux lorsqu'on voulut
les vérifier avec des faits réels. Il suffit de lire quelques pièces de
Molière pour réaliser que la médecine n'a pas toujours été la science
expérimentale qu'elle se veut aujourd'hui. Les théories d'Hippocrate
(environ 460-375 avant J.-C.) et celles de Galien (vers 130-200 de notre
ère) ont été considérées comme des dogmes de foi pendant des siècles,
par les soigneurs et même par les patients! Et personne, pendant tous
ces longs siècles, n'a eu la brillante idée de vérifier la valeur de ces
traitements avec quelques expériences claires et précises. Personne (du
moins à mon humble connaissance!) n'a eu la lumineuse idée de constituer
deux groupes de malades: le premier laissé sans soin, et le deuxième
soigné de façon intensive (c.-à-d. lavements, saignées, ventouses, et
autres traitements de l'époque). Personne n'a eu l'éclairante idée de
comparer les taux de guérison des deux groupes! C'était pourtant essentiel!

Que voulez-vous, ce n'est qu'au XVIIe siècle que l'idée de la vérification expérimentale s'est graduellement imposée, suite à l'influence de certains philosophes comme Descartes par exemple. Graduellement,
les médecins et hommes de sciences se mirent à vérifier expérimentalement l'efficacité des traitements admis depuis des siècles, et découvri-
rent peu à peu qu'il n'est pas bon de saigner un mourant, et que des
ventouses sur le dos n'ont aucune influence sur la qualité de la diges-
tion!

12.1.1.

Cette troisième phase, qui consiste à vérifier expérimentalement si nos hypothèses correspondent bien à la réalité, est donc la plus importante. C'est la vérification expérimentale qui fait la différence entre une simple hypothèse et une connaissance probable.

12.1.2. QUI PROUVE QUOI?

1ère anecdote. Je discutais un jour avec un de mes collègues, et nous étions en bonne voie de régler le sort de la terre entière lorsqu'il me dit: "Je crois que nous (les humains) sommes les descendants d'êtres extra-terrestres qui sont venus autrefois visiter la terre".

Devant mon regard perplexe, il me dit:

"Peux-tu me prouver que cela est impossible?"

Mon regard devint encore plus perplexe et mon collègue exulta! Après quelques secondes de réflexion, je lui dis:

"Tu ne penses pas que ce serait plutôt à toi à prouver ce que tu

12.1.2.

avances? Moi, je n'ai rien dit. Je me borne à croire ce qu'affirment
les gens qui passent leur vie à étudier ces sujets: les anthropologues,
les préhistoriens, etc. Or ces experts pensent aujourd'hui que l'humain
est le produit d'une longue et lente évolution, partant de mammifères
arboricoles jusqu'à la forme actuelle. Leurs hypothèses sont étayées
par une collection de plus en plus complète et volumineuse d'ossements
et de fossiles. L'affirmation que tu avances est en contradiction avec
l'opinion des savants. Aussi ne penses-tu pas que c'est toi qui devrais
apporter quelques preuves de ce que tu avances"?

Il me répondit du tac au tac:

"Ben! Heu! ... Je ... !"

Sur quoi je repris:

"Si tu es incapable d'apporter quelques faits pour appuyer ce que
tu avances, ton opinion n'est qu'une hypothèse; et elle ne vaut pas plus
que n'importe quelle hypothèse sans fondement. Et pan!"

Réflexion: Cette version romancée de la discussion en question n'est pas
acceptée par mon collègue, mais elle a le mérite de mettre
en évidence un principe que l'on peut énoncer de nouveau
ainsi:

*PRINCIPE. C'est celui qui énonce une hypothèse nouvelle qui a le
devoir de la prouver.*

Ce n'est donc pas à l'auditeur particulier ni au grand public que
revient la responsabilité de "démolir" les hypothèses avancées par divers chercheurs et théoriciens. C'est au chercheur lui-même à faire la
preuve de ce qu'il avance. Et cette preuve doit être sérieuse, claire
et expérimentale. Si l'expérience n'est pas valable, on dira que l'hypothèse n'est encore qu'une hypothèse sans fondement expérimental.

L'attitude de l'auditeur doit donc être une attitude de doute et
d'esprit critique. En effet, il faut être exigeant envers les faits apportés. Il faudra discerner les faits qui prouvent quelque chose de
ceux qui ne prouvent rien.

Donc l'auditeur doit être un peu incrédule, et exigeant à l'égard
des faits apportés par le chercheur, s'il ne veut pas accorder foi à

12.1.2.

n'importe quoi.

2e anecdote. Un étudiant, prénommé Alain, essayait un jour de convaincre un groupe de ses amis qu'il était capable de lire l'avenir, juste
en regardant dans les yeux de son chat. Un jeune homme du groupe s'ex-
clama aussitôt. Il s'appelait Bernardin: "Hei! Ca c'est au boutte! Sti!
toé tu l'as l'affaire Alain! C'est "quioute" à mort! Moé j'aime ça des
affaires de même. Tsé veux dire?"

Les autres compagnons d'Alain exigèrent quelques explications supplémentaires, et Alain leur expliqua ainsi sa mystérieuse théorie.

"Il est bien connu que les animaux ont un 6e sens pour prévoir les
catastrophes naturelles. Tout le monde a entendu parler de ces villes
atteintes par des cataclismes comme les tremblements de terre, les ex-
plosions volcaniques, etc. Or dans la plupart des cas, les animaux domestiques avaient été très agités la veille du désastre. Très souvent
même, les chats avaient quitté la ville avant le cataclisme. Ces faits
prouvent que les animaux (et particulièrement les chats) peuvent voir
l'avenir. Or j'ai trouvé une manière de lire dans les yeux de mon chat,
et d'y voir certains événements de l'avenir".

Après ce savant exposé, une copine prénommée Claude reprit:

"Bien! Au fond, c'est logique! J'ai déjà entendu des récits de ce
genre, et je crois que tu as raison! Ce doit être possible".

Les autres ne furent pas encore convaincus et exigèrent une démonstration. Alain reprit:

"Vous voulez des faits? Vous ne me croyez pas! Eh bien! Peuple
incrédule! Je vais vous dire tout ce que j'ai vu dans les yeux de mon
chat pour la journée de demain qui sera un vendredi. En voici, des
faits!

- Demain, les ponts de Trois-Rivières ne tomberont pas.
- Demain à 5 heures p.m., le boulevard Métropolitain à Montréal
  sera rempli à craquer.
- Demain avant-midi, le professeur de statistique donnera son cours
  de statistique.
- Demain, s'il n'y a pas de nuages, le temps sera ensoleillé."

12.1.2.

Le lendemain, toutes ces prédictions se réalisèrent à la lettre, et une troisième drôle prénommée Denise accorda foi à la "chat-ologie". Les autres furent morts de rire!

Réflexion: Ce bon Bernardin est complètement dépourvu d'esprit critique.   Il croirait n'importe quoi pourvu que ça soit "quioute" et dans le vent.   La copine Claude se laisse convaincre
par un raisonnement.   Elle oublie la phase 3 de la démarche
scientifique: l'expérience.   Elle raisonne comme au moyen-
âge.   La copine Denise, elle, se laisse convaincre par des
faits complètement insignifiants!   Elle n'est pas assez exigeante.   Les ponts de Trois-Rivières ne tombent presque jamais.   Le boulevard Métropolitain est toujours bondé à 5
heures, spécialement le vendredi.   Le prof. de statistique
est un maniaque qui donne toujours son cours, malgré les
tempêtes, avec ou sans grève!   Tout cela peut se prédire
sans la "chat-ologie" et ne prouve rien!

Mais en réalité, qu'est-ce qui fait qu'une expérience prouve ou ne prouve pas une hypothèse?

12.1.3.   QUAND UNE EXPÉRIENCE EST-ELLE PROBANTE?

3e anecdote.   Une de mes étudiantes me dit un jour:

"Monsieur, moi là, j'ai un truc pour obtenir toujours pile, quand je lance à pile ou face".

Fort de ce que je venais d'enseigner, je lui dis:

"Allez brave enfant!   Prouve-moi ce que tu avances!"

Bien sûr, c'est à elle que revenait le soin de prouver son affirma-tion, et mon attitude devint l'image même du doute et du scepticisme! Il lance la pièce de monnaie, et obtient justement pile.

"Hein! Hein! Monsieur?   Je suis bonne? Hein?"

Je lui fais remarquer que son expérience n'est pas très convain-cante!   Pourquoi?   Parce qu'il est facile d'obtenir pile en un seul lancer, avec ou sans truc. On a une chance sur 2 que cette expérience se réalise sans aucun truc!

Elle relance de nouveau sa pièce de monnaie, et obtient encore pile. Je lui dis:

"C'est bien ma fille! Recommence donc encore quelques coups!"

Elle relance encore une fois: encore pile! Je fronce le sourcil.

Elle relance à nouveau: pile! Une goutte de sueur perle à mon front!

Elle relance à nouveau: pile! Pile! Pile! Toujours pile!

"Assez! Il y a quelque chose de pas très catholique là-dessous! Montre-moi ta pièce de monnaie!"

Evidemment, c'était une pièce truquée dont les deux côtés étaient des piles. Je lui inflige une punition pour avoir abusé de moi. J'accepte de jouer sa punition "quitte ou double" à pile ou face. Elle obtient pile et s'en retourne triomphante. J'ai l'impression de m'être fait passer un "québec".

Réflexion. Si je ne suis pas convaincu au premier lancer, c'est que cet événement "avoir pile en un lancer" est banal, sa probabilité est de $\frac{1}{2}$. Il peut se produire une fois sur deux, selon les simples lois du hasard. Au deuxième lancer, le résultat "deux piles de suite" est un peu plus impressionnant, parce que plus difficile à réaliser avec un sou honnête. Cet événement est plus rare puisque sa probabilité est $\frac{1}{4}$. Rendu à 8 piles de suite, l'événement est très étonnant parce que très rare!

$$P[8 \text{ piles de suite}] = \frac{1}{2^8} = \frac{1}{256} \quad !$$

Cette anecdote nous fait saisir l'essentiel de ce qui fait qu'une expérience est probante ou ne l'est pas:

Une expérience est probante si elle est étonnante! Et une expérience est étonnante si elle est rare dans les conditions normales, c.-à-d. si elle est peu probable!

Et voilà où nous retrouvons la théorie des probabilités! Tout se

12.1.3.

tient! Un événement qui prouve quelque chose est un événement qui n'a
pas grand chance de se produire seul, par la simple action du hasard.
Ce doit être un événement rare.

Ainsi, le fait que le boulevard Métropolitain à Montréal soit bondé à 5 h. P.M. ne prouvait pas la valeur de la "chat-ologie", parce qu'il
est toujours bondé! C'est un événement qui n'a rien de rare ni de surprenant.

12.2 NOTIONS ESSENTIELLES

Nous allons maintenant nous mettre d'accord sur un certain nombre
de conventions et de notations. Identifions d'abord clairement les diverses hypothèses en jeu.

12.2.1. HYPOTHÈSE DU CHERCHEUR ET HYPOTHÈSE NULLE

L'hypothèse que le chercheur met de l'avant sera identifiée par le
symbole H_1. Ainsi, dans le cas de la "chat-ologie", l'hypothèse H_1 pourrait se formuler ainsi:

H_1: "Je suis capable de prédire l'avenir en regardant les yeux de mon
    chat".

De même, dans l'anecdote de pile ou face, l'hypothèse H_1 pourrait
être:

H_1: "J'ai un truc pour obtenir pile à volonté".

12.2.1.

Une chercheuse en médecine qui croit avoir découvert un nouveau re-
mède pourrait ainsi formuler son hypothèse:

H_1: "Le cyclopétopotadycotylédamate de benzomateuriclamatérium favorise
la guérison des cors aux pieds".

H_1 est l'hypothèse proposée par la chercheuse

Nous avons vu que la réponse de l'auditeur doit être un peu incrédule et exigeante, aussi cette réponse sera notée H_0, que nous appelons
hypothèse nulle. Cette hypothèse consiste toujours à nier que les faits
soient suffisamment convaincants pour justifier l'hypothèse H_1. Ainsi,
dans le cas de la "chat-ologie", l'hypothèse H_0 serait:

H_0: "Je ne suis pas convaincu que tu peux prédire l'avenir en regardant
dans les yeux de ton chat".

Dans le cas de l'anecdote de pile ou face, on peut ainsi exprimer
l'hypothèse nulle:

H_0: "Je ne suis pas convaincu que tu as un truc pour obtenir pile".

Et dans le cas de la chercheuse en médecine, l'hypothèse nulle peut
s'écrire:

H_0: "L'efficacité du cyclopétopotadycotylédamate de benzomateuriclamatérium n'est pas encore démontrée pour soigner les cors aux pieds".

Donc:

H_0: hypothèse nulle: hypothèse incrédule de l'auditeur sceptique

La démarche du chercheur consiste alors à produire des expériences
suffisamment convaincantes pour que l'auditeur rejette son hypothèse
incrédule H_0 pour accepter l'hypothèse H_1. Si les expériences apportées
sont jugées non convaincantes ou non significatives, alors on ne rejette
pas H_0, et on considère H_1 comme non prouvée.

12.2.1.

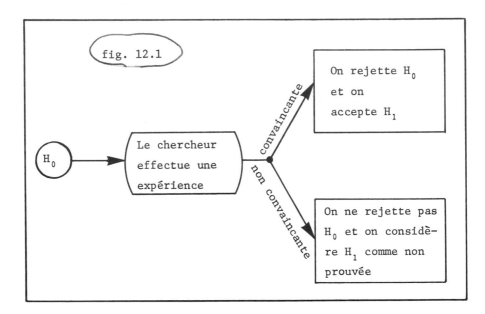

fig. 12.1

H_0 → Le chercheur effectue une expérience

convaincante → On rejette H_0 et on accepte H_1

non convaincante → On ne rejette pas H_0 et on considère H_1 comme non prouvée

12.2.2. ÉVÉNEMENTS RARE ET TRÈS RARE

Dans l'exemple de pile ou face, nous avons vu que plus le nombre de piles obtenus augmentait, plus cette expérience devenait rare, et plus je devenais convaincu qu'il y avait bien quelque chose d'anormal. Donc plus une expérience est rare, plus elle est convaincante. Mais la question se pose: si nous devons choisir entre H_0 et H_1 sur la foi d'une expérience, quand cette expérience sera-t-elle assez rare pour être convaincante? Quand cette expérience sera-t-elle assez rare pour que je sois forcé de rejeter H_0 pour accepter H_1?

Ainsi, dans l'exemple de pile ou face, les probabilités sont les suivantes:

$$P(1 \text{ pile en un coup}) = \frac{1}{2} = 0,50 = 50\%$$
$$P(2 \text{ piles en deux coups}) = \frac{1}{4} = 0,25 = 25\%$$
$$P(3 \text{ piles en trois coups}) = \frac{1}{8} = 0,125 = 12,5\%$$

12.2.2

$$P(4 \text{ piles en quatre coups}) = \frac{1}{16} = 0,0625 = 6,25\%$$

$$P(5 \text{ piles en cinq coups}) = \frac{1}{32} = 0,03125 \simeq 3,12\%$$

$$P(6 \text{ piles en six coups}) = \frac{1}{64} = 0,015625 \simeq 1,56\%$$

$$P(7 \text{ piles en sept coups}) = \frac{1}{128} = 0,0078125 \simeq 0,78\%$$

$$P(8 \text{ piles en huit coups}) = \frac{1}{256} = 0,00390625 \simeq 0,39\%$$

etc.

A quel moment exact dois-je rejeter H_0? Cela est difficile à dire, et ça dépend de chaque auditeur. Aussi nous établissons une convention qui est en vigueur dans la plupart des sciences humaines:

CONVENTION: Un événement est dit *rare* si sa probabilité est plus petite ou égale à 5%.
Un événement est dit *très rare* si sa probabilité est plus petite ou égale à 1%.

Quelle distinction fait-on entre un événement rare et un événement très rare? Quelles sont les conséquences qui en découlent? Eh bien! Lorsque l'événement n'est que rare, on rejette H_0, mais avec réserve. Lorsque l'événement est très rare, on rejette vraiment H_0. Les différentes conséquences sont illustrées à la figure 12.2.

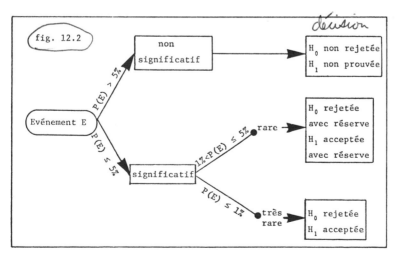

12.2.2.

Revenons à notre exemple de pile ou face. Nous avons donc les décisions ci-dessous:

$$P(1 \text{ pile}) = 50\%$$
$$P(2 \text{ piles}) = 25\%$$
$$P(3 \text{ piles}) = 12,5\%$$
$$P(4 \text{ piles}) = 6,25\%$$

non significatif: H_1 non prouvée

$$P(5 \text{ piles}) = 3,13\%$$
$$P(6 \text{ piles}) = 1,56\%$$

rare $\longrightarrow$ on accepte H_1 avec réserve

$$P(7 \text{ piles}) = 0,78\%$$
$$P(8 \text{ piles}) = 0,39\%$$

très rare $\longrightarrow$ on accepte H_1

12.2.3.   NOTION DE SEUIL DE REJET

Dans l'expérience précédente, on voit que si le nombre de pile est de 5 ou plus, alors on doit accepter H_1 du moins avec réserve. Si ce nombre de piles est 7 ou plus, alors on doit carrément accepter H_1 . Ces nombres 5 et 7 jouent donc un rôle important, et on les appellera les seuils de rejet de H_0, conformément à la définition ci-dessous.

> *DÉFINITION. Le plus petit nombre de succès qui m'amène à rejeter H_0 avec réserve est appelé le seuil de 5%. Le plus petit nombre de succès qui m'amène à rejeter H_0 sans réserve est appelé le seuil de 1%.*

Donc dans notre exemple, le seuil de 5% est .5; et le seuil de 1% est 7.

Concevoir un test revient la plupart du temps à calculer les deux seuils de rejet de H_0.

EXEMPLE. Mme Eltriche Filou t'affirme qu'elle a un truc infaillible pour obtenir la face "six" aussi souvent qu'elle le désire en lançant un dé honnête. Elle commence sa démonstration avec un dé que tu lui fournis, et cela fonctionne à tout coup: six-six-six-six-...
  a) Formulons H_1.
  b) Formulons H_0.
  c) A partir de quel moment sa démonstration t'oblige-t-elle à rejeter H_0, avec réserve d'abord, puis sans réserve, c.-à-d. quels sont les seuils?

SOLUTION.

a) H_1 est l'hypothèse de celle qui affirme quelque chose de neuf.

H_1: "J'ai un truc pour obtenir des "six" à volonté".

b) H_0 est l'hypothèse de l'auditeur incrédule

H_0: "Les faits apportés ne me convainquent pas".

c) $P(1 \text{ six sur 1 lancer}) = \frac{1}{6} = 16,66667\%$ non significatif

$P(2 \text{ six sur 2 lancers}) = \frac{1}{6} \cdot \frac{1}{6} = \frac{1}{36} = 2,7778\%$ rare

$P(3 \text{ six sur 3 lancers}) = \frac{1}{6} \cdot \frac{1}{6} \cdot \frac{1}{6} = \frac{1}{216} = 0,46296\%$ très rare

Donc avec deux succès sur deux lancers, tu dois être ébranlé. Avec trois sur trois, tu dois être convaincu. Le seuil de 5% est donc 2, tandis que le seuil de 1% est 3.

12.2.4. EXERCICES ET SOLUTIONS

1. Un joueur de carte prétend être capable de ne jamais piger de coeur. Pour te convaincre, il brasse le jeu et retourne la carte du dessus: ce n'est pas un coeur. Il recommence autant de fois que tu désires, et cela fonctionne à tout coup.

a) Formuler H_1

b) Formuler H_0

c) Quels sont les seuils de rejet de H_0?

SOLUTION.

a) H_1 est l'hypothèse de celui qui prétend quelque chose de spécial:

H_1: "J'ai un truc pour ne pas piger de coeur".

b) H_0 est l'hypothèse de l'auditeur incrédule:

H_0: "Les faits apportés ne me convainquent pas".

c) $P(1 \text{ "non coeur" en 1 lancer}) = 0,75$ non significatif

$P(2 \text{ succès en 2 lancers}) = (0,75)(0,75) = 0,5625$ non signif.

$P(3 \text{ succès en 3 lancers}) = (0,75)(0,75)(0,75) = 0,421875 \ldots$

$\ldots\ldots\ldots$

$P(9 \text{ succès en 9 lancers}) = (0,75)^9 \simeq 0,0751$ non significatif

12.2.4.

P(10 succès en 10 lancers) = $(0,75)^{10} \simeq 0,0563$ non signif.

P(11 succès en 11 lancers) = $(0,75)^{11} \simeq 0,0422$ signif.: rare

P(12 succès en 12 lancers) = $(0,75)^{12} \simeq 0,0317$ signif.: rare

....

P(16 succès en 16 lancers) = $(0,75)^{16} \simeq 0,01002$ rare

P(17 succès en 17 lancers) = $(0,75)^{17} \simeq 0,0075$ très rare

Le seuil de 5% est donc 11.

Le seuil de 1% est 17.

2. Une chercheuse prétend que, par d'adroites manipulations de certains ganglions, elle peut accélérer considérablement la guérison de toutes sortes de grippes connues.

a)   Enonçons H_1.

b)   Enonçons H_0.

c)   Imaginer une expérience que la chercheuse devrait réaliser pour prouver la valeur de son traitement.

SOLUTION.

a) H_1:   "Les manipulations en question accélèrent vraiment la guérison de la grippe".

b) H_0:   "Je ne suis pas convaincu. J'aimerais avoir des preuves avant de me payer un traitement"!

c)   Il faut absolument constituer deux groupes de gens grippés. Le premier groupe sera traité avec ces nouvelles manipulations Le second groupe sera laissé sans soin. On comparera ensuite la durée moyenne des grippes dans les deux groupes pour voir si, dans le premier groupe, la durée des grippes a vraiment été beaucoup moindre que dans le groupe de contrôle. Un troisième groupe traité seulement avec de l'aspirine serait utile aussi!

12.2.5.   EXERCICES

(1)   Un devin prétend lire tes pensées. Il te propose une expérience. Tu choisis l'une des trois cartes qui sont devant toi et tu l'indiques à l'assistant du devin. Le devin rentre alors dans la pièce et devine

12.2.5.

la carte que tu as choisie. Si ce jeu réussit à tout coup,

a) Formuler H_1.

b) Formuler H_0.

c) Trouver les seuils de rejet de H_0.

2. Une amie s'entraîne au tir à l'arc. En général, elle réussit dans 80% des cas à atteindre le centre de la cible. Elle prétend un beau matin qu'elle a bien pratiqué et qu'elle est bien meilleure qu'elle ne l'était. Pour le prouver, elle tire et atteint le centre de la cible à chaque fois, autant de fois que tu le désires.

a) Formuler H_1.

b) Formuler H_0.

c) Trouver les seuils de rejet de H_0.

3. Un chercheur en médecine vétérinaire prétend avoir trouvé une nouvelle moulée qui fait engraisser les cochons plus rapidement que les anciennes nourritures.

a) Formuler H_1.

b) Formuler H_0.

c) Décrire avec des mots et sans calcul, quel genre d'expérience le chercheur devrait faire pour prouver la valeur de sa nouvelle moulée.

4. Une chercheuse en communication prétend que, dans une ville donnée, lorsqu'un événement d'importance moyenne se produit le matin, plus de gens l'apprennent par la voix d'un parent ou d'un ami, que par les media d'information que sont la radio, la télévision, le journal, etc.

a) Décrire H_1.

b) Décrire H_0.

c) Imaginer une expérience que la chercheuse pourrait réaliser pour prouver son affirmation. Ne faites pas de calcul. Décrire seulement l'expérience.

5. Un ami prétend que plus un homme a les pieds longs, plus il est socialement équilibré. Supposons qu'il existe un test permettant d'éva-

12.2.5.

luer le quotient d'équilibre social d'un individu.

   a) Décrire H_1.

   b) Décrire H_0.

   c) Imaginer une expérience permettant de vérifier si H_1 est fondée

6. Une astrologue prétend que les gens qui sont nés sous le signe de mars ont tendance à être plus agressifs que la moyenne.

   a) Décrire H_1.

   b) Décrire H_0.

   c) Imaginer une expérience permettant de vérifier si H_1 est fondée

7. Un pédagogue met au point une nouvelle méthode d'enseigner la lecture à l'élémentaire.

   a) Décrire H_1.

   b) Décrire H_0.

   c) Imaginer une expérience permettant de vérifier si H_1 est valable.

8. Une éducatrice physique prétend avoir trouvé un exercice qui fait des merveilles pour réduire l'obésité.

   a) Décrire H_1.

   b) Décrire H_0.

   c) Imaginer une expérience permettant de vérifier si H_1 est valable.

12.2.5.

12.3 TESTS SUR UNE PROPORTION OU UNE PROBABILITÉ

12.3.1. CONTEXTE

Dans la présente section, nous allons étudier une première catégorie de tests: *les tests sur une proportion*. Chaque fois qu'un chercheur affirme que, grâce à sa découverte, le succès se produit plus souvent qu'il n'est normal, l'expérience pertinente peut consister en un test sur une proportion, c.-à-d. un test permettant de décider si oui ou non, la proportion de succès est vraiment augmentée grâce à cette découverte. Voici quelques exemples:

H_1 = "Grâce au nouveau guide de l'impôt, moins de gens commettent des erreurs dans leur déclaration".

H_1 = "Lorsqu'une chienne est accouplée dans les deux derniers jours de sa période de fécondité, la proportion de rejetons mâles est supérieure à la normale".

H_1 = "La proportion des gens qui écoutent telle émission de télévision a augmenté depuis que l'on a changé d'animateur".

Toutes ces hypothèses ont ceci en commun: quelqu'un affirme que *la proportion de succès est modifiée*. C'est pourquoi on va tester pour déterminer si la proportion est vraiment changée.

Examinons ce type de problèmes avec un exemple.

EXEMPLE. Un homme prétend communiquer avec sa femme par télépathie. En guise de démonstration, on isole la femme et on installe l'homme devant 5 cartes numérotées de 1 à 5. On désigne du doigt l'un des numéros; l'homme se concentre et on demande à la femme de deviner le numéro choisi. Si cette expérience est répétée 15 fois, combien de fois le succès devrait-il se produire pour nous convaincre avec ou sans réserve?

SOLUTION.

Dans cette expérience, la probabilité de deviner le bon numéro sans autre moyen que le hasard est $\frac{1}{5} = 0,20$ à chaque coup. Les hypothèses peuvent donc se formuler ainsi:

H_1: "Grâce à la communication télépathique, le succès est plus probable, c.-à-d. P(succès) > 0,20".

H_0: "Ca reste à voir"!

12.3.1.

Nous pouvons définir X: "nombre de succès en 15 reprises". Pour des humbles mortels sans télépathie, X est une variable aléatoire binomiale $b(x;15,1/5)$. Le problème est de savoir à partir de quel moment ce X sera assez grand pour devenir rare et même très rare. La table 1 va nous permettre de résoudre ce problème.

12.3.2. RÉGION DE REJET DE H_0

Il est important de bien poser le problème et j'attire ton attention, O admirable lecteur, sur ce qui suit: *construire un test, c'est un peu comme lancer un défi à celui qui propose l'hypothèse H_1*. Supposons par exemple que je suis le spectateur incrédule, et que je dise aux médiums. "Je croirai à la télépathie si vous réussissez exactement 10 fois l'expérience sur les 15 tentatives". Ceux-ci me répondront peut-être: "Ton défi est mal posé: croiras-tu à la télépathie si nous réussissons 11 fois ou 12 fois? Parce que nous, nous pensons réussir pratiquement tout le temps!" Pour être bien formulé, mon défi devrait avoir la forme: "Je croirai à la télépathie si vous réussissez 10 fois ou plus sur les 15 tentatives". Cela revient à dire:

Je rejetterai H_0 pour accepter H_1 si et seulement si $X \geq 10$

C'est le point important que je veux te faire comprendre: tous les tests de ce genre sont construits avec $X \geq$ à une certaine valeur ou bien $X \leq$ à une certaine valeur, mais jamais avec $X =$ une valeur particulière.

Les valeurs de X qui amènent le rejet de H_0 (ici, c'est 10,11,12, 13,14 et 15) constituent ce qu'on appelle *la région de rejet de H_0*.

Supposons que les médiums acceptent mon défi, et qu'ils se préparent à faire les tentatives. Je me mets alors à m'inquiéter: "Wouais! J'aurais peut-être dû exiger 11 succès et plus. J'ai peur que mon défi soit trop facile! Au fait, quelles sont les chances de réussir mon défi, même si la télépathie n'existe pas?"

Cela revient à se demander quelle est la probabilité que X soit plus grand ou égal à 10 si H_1 n'est pas vraie. C'est la bonne façon de juger si un défi est assez exigeant. Et il doit l'être pour prouver la valeur de l'hypothèse H_1, puisque nous avons dit que l'expérience doit

constituer un événement rare dans les conditions ordinaires. Calculons
donc $P(X \geq 10) = P(X = 10, 11, 12, 13, 14, 15)$

$$P(X \geq 10) = b(10;15, 0,2) + b(11;15, 0,2) + \ldots + b(15;15, 0,2)$$
$$= \quad 0,0001 \;+\; 0,0000 \;+\; 0,0000 + \ldots + 0,0000$$
$$= \quad 0,0001$$

Je n'ai donc absolument rien à craindre. La variable X ne se situe dans ma région de rejet qu'environ une fois sur 10 000. Si les médiums réussissent à satisfaire à mes exigences, je pourrai ou croire à
la télépathie sans crainte ou bien essayer de démasquer la fraude, mais
il y a lieu en tout cas de rejeter H_0.

A la rigueur, je suis même beaucoup trop exigeant si l'on considère
nos critères de 1% et de 5%. Au lieu de choisir 10 comme seuil de la
région de rejet, je pourrais choisir 9 et même 8, puisque:
$$P(X \geq 9) = b(9;15, 0,2) + b(10;15, 0,2) + \ldots$$
$$= 0,0007 + 0,0001 + 0,0000 + \ldots \;=\; 0,0008$$
et même:
$$P(X \geq 8) = b(8;15, 0,2) + b(9;15, 0,2) + \ldots$$
$$= 0,0035 + 0,0007 + 0,0001 + 0,0000 + \ldots = 0,0043$$

Toutes ces régions sont acceptables puisque la probabilité correspondante est plus petite que 1%. C'est donc un événement très rare que
de voir X prendre une valeur dans ces régions. Par contre,
$$P(X \geq 7) = 0,0138 + 0,0035 + 0,0007 + 0,0001 + 0,000 + \ldots = 0,0181.$$
Ainsi l'événement "$X \geq 7$" est seulement rare, mais non très rare. De
même, puisque $P(X \geq 6) = 0,0611$, l'événement "$X \geq 6$" n'est pas rare.

Si l'on veut respecter nos conventions de 5% et de 1%, on devra
rejeter H_0 avec réserve dès que $X \geq 7$, et rejeter H_0 sans réserve dès
que $X \geq 8$. La valeur 7 est appelée le seuil de 5% et notée $x_5 = 7$. La
valeur 8 est appelée le seuil de 1% et notée $x_1 = 8$, conformément à la
définition ci-dessous:

> *DÉFINITION. Le seuil de 1%, noté x_1, est le plus petit nombre de
> succès tel que $P(X \geq x_1) \leq 1\%$.*
> *Le seuil de 5%, noté x_5, est le plus petit nombre de succès tel
> que $P(X \geq x_5) \leq 5\%$.*

12.3.2.

Construire un test de ce genre, pour décider si une proportion a augmenté, revient essentiellement à calculer les deux seuils x_5 et x_1. C'est d'abord un problème binomial. Mais il ne faut pas oublier que si n est grand, alors la loi binomiale peut être approchée par la loi de Poisson ou par la loi normale selon que $p = P(\text{succès})$ est petite ou grande. On verra comment procéder dans les exercices avec solutions.

Il faut remarquer enfin que toutes les définitions que je viens de te donner correspondent aux cas où un chercheur prétend qu'une proportion a augmenté. Dans le cas où le chercheur prétend avoir diminué une proportion, il faut inverser certains signes: H_1: "la proportion est moindre que la valeur généralement admise de p". Le critère de décision aura la forme suivante:

Je rejetterai H_0 si et seulement si $X \leq x_5$

Et x_5 est le plus grand nombre de succès tel que $P(X \leq x_5) \leq 5\%$. Et de même pour x_1.

12.3.3.   EXERCICES ET SOLUTIONS.

1.   Si, dans l'exemple précédent, on pige 10 cartes numérotées de 1 à 10, et que l'on recommence l'expérience 8 fois, trouvons les seuils de 5% et de 1%.

SOLUTION.

> X: "nombre de succès en 8 coups" est une $b(x;8,1/10)$. La table 1 donne, en exprimant en pourcentage,
>
> $P(X = 2,3,4...) \simeq 14,88+3,31+0,46+0,04 \simeq 18,69\% > 5\%$
>
> $P(X = 3,4,5...) \simeq 3,31+0,46+0,04 \simeq 3,81\% < 5\%$
>
> $P(X = 4,5,...) \simeq 0,46+0,04 \simeq 0,5\% < 1\%$
>
> Donc 3 est le seuil de 5% et 4 est le seuil de 1%.

2.   Toujours pour vérifier les dires des "télépathes" en question, cherchons les seuils de 5% et de 1% si on utilise 30 cartes numérotées de 1 à 30, et que l'on répète l'expérience 60 fois.

SOLUTION.

> La variable X est une $b(x;60,1/30)$ qu'on peut difficilement calcu-

ler. Heureusement, nous pouvons évaluer ce qu'il nous faut avec
l'approximation de Poisson $p(x;\lambda)$, puisque $n = 60 \geq 50$ et
$\lambda = np = 60(1/30) = 2 \leq 5$.

La table 2 nous donne justement les valeurs de $p(x;2)$. On y calcule aisément (en pourcentages) que:

$P(X \geq 4) \simeq 9,02+3,61+1,20+0,34+0,09+0,02+0,00 \simeq 14,28\% > 5\%$

$P(X \geq 5) \simeq 3,61+1,20+0,34+0,09+0,02 \simeq 5,26\% > 5\%$

$P(X \geq 6) \simeq 1,20+0,34+0,09+0,02 \simeq 1,65\% < 5\%$

$P(X \geq 7) \simeq 0,34+0,09+0,02 \simeq 0,45\% < 1\%$

Donc Le seuil de 5% est 6 et le seuil de 1% est 7.

3. Toujours dans le même contexte, si l'on dispose de 10 cartes numérotées de 1 à 10, et que l'expérience est répétée 60 fois, trouvons les
seuils x_5 et x_1.

SOLUTION.

Puisque $n = 60$ et $p = 0,1$ alors

$np = 6 > 5$, $nq = 54 > 5$

Il faut donc utiliser l'approximation normale qui dit que le polygone de X est pratiquement conforme à la loi normale avec

$\mu = np = 6$

$\sigma = \sqrt{npq} = \sqrt{60(0,1)(0,9)} = 2,32379$

A la section 10.5.2, on trouve la règle:

$P\left(\begin{smallmatrix}\text{variable}\\\text{binomiale}\end{smallmatrix} = a,a+1,...,b\right) \simeq P(a-0,5 < \begin{smallmatrix}\text{variable}\\\text{normale}\end{smallmatrix} < b+0,5)$

Or nous cherchons x_5 qui est le plus petit entier tel que

$P(X = x_5, x_5 + 1,...) \leq 5\%$

Donc $P(X = x_5, x_5 + 1,...) \simeq P(x_5 - 0,5 < \text{normale} < \infty)$

$$\simeq P\left[\frac{(x_5-0,5)-\mu}{\sigma} < Z < \infty\right] \leq 5\%$$

où Z est une variable normale, centrée, réduite. Si l'on veut
que cette probabilité soit $\leq 5\%$, il faut alors que

$\frac{(x_5 - 0,5) - \mu}{\sigma} \geq 1,645$, puisque d'après la table 3,

$P(1,645 \leq Z) = 0,05$ comme l'indique la figure 12.3.

12.3.3.

On aura donc:

$x_5 - 0,5 - \mu \geq 1,645\ \sigma$

$x_5 \geq \mu + 0,5 + 1,645\ \sigma$

Et puisque $\mu = np$ et

$\sigma = \sqrt{npq}$, on obtient la relation suivante:

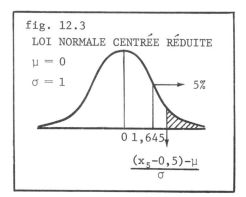

fig. 12.3
LOI NORMALE CENTRÉE RÉDUITE
$\mu = 0$
$\sigma = 1$
5%
0 1,645
$\dfrac{(x_5 - 0,5) - \mu}{\sigma}$

x_5 est le plus petit entier plus grand ou égal à $np+0,5+1,645\sqrt{npq}$

On fait le même raisonnement pour x_1, sauf que la table 3 nous fait remplacer 1,645 par 2,33, ce qui donne:

x_1 est le plus petit entier plus grand ou égal à $np+0,5+2,33\sqrt{npq}$

Dans le présent exemple, on aura donc:

x_5 (plus petit entier) $\geq 6 + 0,5 + 1,645\ (2,32379) = 10,32263$

Donc $\boxed{x_5 = 11}$

De même,

x_1 (plus petit entier) $\geq 6 + 0,5 + 2,33\ (2,32379) = 11,91443$

Donc $\boxed{x_1 = 12}$

Si par exemple les médiums ne réussissent l'expérience que dans 7 cas sur les 60, ce nombre de succès 7 est bien loin d'atteindre le seuil de 5% qui est 11; on conclura alors que l'on n'a aucune raison valable de rejeter H_0. L'expérience en question n'est pas convaincante: elle ne prouve pas la valeur de la télépathie.

4. Supposons que dans la région de Sorel, 2 ormes sur 3 sont attaqués par un champignon microscopique appelé "le champignon de Hollande". Un biologiste a traité 90 plants d'ormes choisis au hasard dans cette région, et sur ce nombre, 41 seulement ont été attaqués par ce champignon. Cette expérience prouve-t-elle la valeur de son traitement?

12.3.3.

SOLUTION.

H_1: "Le traitement contribue *à réduire* la proportion des ormes qui sont attaqués".

H_0: "Fi! Et Diantre! Plût au ciel que vous eussiez raison! Permettez néanmoins que nous en "doutassions" jusqu'à nouvel ordre!"

Nous sommes ici en présence d'un problème où quelqu'un prétend qu'une proportion a diminué. Le test aura donc la forme:

On rejette H_0 si et seulement si $X \leq x_5$. La variable X représente ici le nombre de plants atteints de maladie parmi les n = 90 traités. Il faut trouver x_5 qui est le plus grand entier tel que $P(X = 0, 1, \ldots, x_5) \leq 5\%$. Puisque $np = 90 \left[\dfrac{2}{3}\right] = 60 > 5$ et $nq = 90 \left[\dfrac{1}{3}\right] = 30 > 5$, on utilise l'approximation normale, et on peut écrire:

$$P\left[\begin{array}{l}\text{variable} \\ \text{binomiale}\end{array} = 0, 1, \ldots, x_5\right] \simeq P(0 - 0,5 < \begin{array}{l}\text{variable} \\ \text{normale}\end{array} < x_5 + 0,5)$$

$$\simeq P\left[\dfrac{-0,5 - \mu}{\sigma} < Z < \dfrac{(x_5 + 0,5) - \mu}{\sigma}\right] \simeq P\left[-\infty < Z < \dfrac{(x_5 + 0,5) - \mu}{\sigma}\right] \simeq 5\%$$

En effet $\dfrac{-0,5 - \mu}{-\sigma}$ sera en général très petit: on peut le remplacer par $-\infty$. Par exemple, ici,

$$\dfrac{-0,5 - \mu}{\sigma} = \dfrac{-0,5 - np}{\sqrt{npq}} = \dfrac{-0,5 - 60}{\sqrt{20}} = -13,5282$$

La figure 12.4 nous indique alors que:

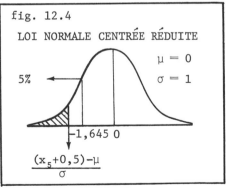

fig. 12.4

LOI NORMALE CENTRÉE RÉDUITE

$\mu = 0$

$\sigma = 1$

5%

$-1,645 \quad 0$

$\dfrac{(x_5 + 0,5) - \mu}{\sigma}$

$$\dfrac{(x_5 + 0,5) - \mu}{\sigma} \leq -1,645$$

Ce qui se ramène à :

$$x_5 \leq \mu - 0,5 - 1,645\,\sigma$$

Et donc:

x_5 est le plus grand entier plus petit ou égal à $np - 0,5 - 1,645\sqrt{npq}$

Dans notre problème, cela donne:

12.3.3.

$$x_5 \text{(plus grand entier)} \le 90\left(\frac{2}{3}\right) - 0,5 - 1,645\sqrt{90\left(\frac{2}{3}\right)\left(\frac{1}{3}\right)} = 52,14334$$

Donc $x_5 = 52$. Puisque seulement 41 plants ont été touchés par le champignon, on doit rejeter H_0 pour accepter H_1 avec réserve. Cherchons le seuil de 1%. Par un raisonnement analogue, on a:

x_1 est le plus grand entier plus petit ou égal à $np - 0,5 - 2,33\sqrt{npq}$

On a donc:

$$x_1 \text{(plus grand entier)} \le 60 - 0,5 - 2,33\sqrt{90\left(\frac{2}{3}\right)\left(\frac{1}{3}\right)} = 49,07992$$

Donc $x_1 = 49$. Puisque 41 est encore inférieur à ce seuil, on doit accepter H_1 sans réserve. Cette expérience prouve bien la valeur du traitement du biologiste.

12.3.4 EXERCICES

1. Supposons qu'en général, lorsqu'ils ne sont pas vaccinés, un chien sur quatre meure de la maladie de Carré avant l'âge d'un an. Un éleveur prétend avoir trouvé une nourriture qui protège ses chiens contre cette maladie. En effet, sur 58 chiens nourris de cette façon, 6 seulement sont morts de cette maladie. Est-ce convaincant?

2. Dans le contexte du numéro précédent, si l'expérience n'était basée que sur 19 chiens, quels seraient les seuils de 5% et de 1%?

3. Depuis plusieurs années, une artiste ne vendait en moyenne qu'une toile sur cinq. A un moment donné, elle présente un lot de 7 peintures et elle en vend 4. Y a-t-il lieu de croire que la "gloire" vient enfin de la désigner? Autrement dit, peut-on croire que la proportion de ses ventes a augmenté?

4. Habituellement, 70% des gens qui se présentent à un certain test d'aptitudes le réussissent. Dans un milieu particulier, un psychologue fait passer le test à 16 personnes et 14 réussissent. Cette expérience prouve-t-elle que, dans ce milieu, la proportion est supérieure à 70%?

5. Une compagne de voyage te propose un jeu à l'argent. Vous pigez une carte à tour de rôle en la replaçant toujours dans le paquet et en

brassant bien. Chaque fois que l'un des deux tire une figure (c.-à-d.
valet, reine, roi, as), l'autre lui donne $1. Vous acceptez de jouer
exactement 20 coups chacun.
vent, à partir de quel nombre de succès peux-tu douter de son honnêteté?

6. D'après le ministère de la santé, une personne sur 4 souffre de
troubles pulmonaires. Si un groupe de 100 fumeurs, choisis au hasard,
contient 39 personnes ayant des troubles des poumons, cela constitue-t-
il une preuve valable du fait que, chez les fumeurs, cette proportion
est supérieure à 0,25?

7.

expérience est-elle une preuve convaincante
d'erreur?

8. Une machine produit généralement 1 objet défectueux sur 200. Après
un ajustement sérieux, elle produit un lot de 1 600 objets dont 2 seulement sont défectueux. Cette expérience prouve-t-elle que l'ajustement
a amélioré la qualité des objets fabriqués par cette machine?

9. Tu joues au dé avec un inconnu. Il lance le dé 7 fois et obtient
5 fois la face six. Peux-tu supposer que c'est un tricheur?

12.3.4.

12.4 TESTS SUR UNE MOYENNE

Nous allons maintenant aborder une deuxième série de tests: *les tests sur une moyenne*. Dans ce cas-ci, il s'agit de décider si les résultats de l'expérience que l'on étudie sont assez rares pour que l'on soit justifié de penser que la moyenne de la population a changé.

12.4.1. CONTEXTE ET FORMULE

Examinons ce contexte avec une histoire "cochonne"! Le père Philémon Laverdure prétend avoir trouvé un moyen pour faire engraisser ses cochons plus rapidement qu'il n'est normal. Comme preuve de son hypothèse, il a élevé 40 cochons avec sa méthode et, à l'âge de six mois, ces 40 porcs-frais avaient un joli poids moyen de $\overline{X} = 100$ kg avec $s = 14$ kg. Or tout le monde sait (!?!?) que le poids d'un cochon de 6 mois a pour moyenne $\mu = 95$ kg. (Ce qui prouve que rien n'est plus cochon qu'un vrai cochon!) Le problème consiste donc à savoir si la différence entre ce $\overline{X}$ et ce μ (c.-à-d. $100 - 95 = 5$ kg) est assez étonnante pour être significative. Si oui, on pourra admettre que cet éleveur a un moyen efficace d'engraisser ses cochons. Si non, on dira que la valeur de sa méthode n'est pas prouvée.

Donc, dans cette section, nous allons voir comment aborder ces situations où l'on doit décider si une moyenne a changé. Dans tous ces cas, il s'agit de savoir si la différence $\overline{X} - \mu$ est assez grande (positive ou négative) pour être impressionnante. Dans notre exemple "cochon" il s'agit de juger s'il est rare que $\overline{X} - \mu$ soit aussi grand que 5.

Ce type de problème se ramène à calculer le rapport suivant, appelé *le rapport critique:*

$$U = \frac{|\overline{X} - \mu|}{\frac{s}{\sqrt{n}}}$$ où $|\overline{X} - \mu|$ est la valeur absolue[1] de la différence. Une

fois ce rapport calculé, on le compare avec les seuils de 5% et de 1% que la table 4 nous donne directement. Encore ici, il y a une différence entre les échantillons dont la taille $n \geq 30$ et les autres. Les pre-

----

[1] La valeur absolue d'une quantité est sa valeur positive. Ex.: $|-5| = 5$

miers sont appelés *grands échantillons*. On n'a pas besoin de connaître le modèle de la population, et les seuils sont fixes, soient 1,645 et 2,33 respectivement. Si n < 30, les échantillons sont dits *petits*. Les seuils changent en fonction de n, et ce test n'est valable que si l'on peut supposer que la population a une distribution conforme au modèle normal.

Dans le problème du père Laverdure, on a $\mu = 95$ kg, $\overline{X} = 100$ kg, $s = 14$ kg et $n = 40$, ce qui est un grand échantillon. On calcule donc:

$$U = \frac{|\overline{X} - \mu|}{\frac{s}{\sqrt{n}}} = \frac{100 - 95}{\frac{14}{\sqrt{40}}} = \frac{5\sqrt{40}}{14} = 2,25877$$

Cette valeur se trouve entre les seuils de 5% et de 1% qui sont respectivement 1,645 et 2,33. Nous sommes donc en présence d'un événement rare qui doit amener le rejet de H_0 avec réserve. Nous devons donc accepter avec réserve que le père Philémon a une méthode efficace **pour** engraisser ses cochons plus rapidement que ne le font les méthodes habituelles.

Tous les problèmes de cette section peuvent être traités de façon analogue. Le test a pour forme:

On rejette H_0 si et seulement si

$$U = \frac{|\overline{X} - \mu|}{\frac{s}{\sqrt{n}}} \geq \text{les seuils donnés par la table 4}$$

Mathématiquement, on peut montrer que cette variable U est confor-

12.4.1.

me à un certain modèle appelé: *la distribution t de Student*. Ce modèle est centré en 0 et ressemble à une loi normale. Les valeurs de U sont donc habituellement autour de 0 et il est rare qu'elles s'en écartent beaucoup. C'est pourquoi si U dépasse un certain seuil, cela constitue un événement rare.

12.4.2. EXERCICES ET SOLUTIONS

1. La force nécessaire pour casser une corde d'un certain type produite par une entreprise est en moyenne $\mu = 113$ kg. Une technicienne de cette entreprise a mis au point une nouvelle technique de tressage et elle prétend que les cordes ainsi produites sont plus résistantes à la rupture. Pour le prouver, elle a fait "péter" 25 cordes et a obtenu que la force moyenne nécessaire est $\overline{X} = 116$ kg avec $s = 9$ kg. Cette expérience prou-

12.4.2.

ve-t-elle la valeur de sa technique?

SOLUTION.

H_1: "Les cordes tressées avec la nouvelle technique se cassent plus difficilement".

H_0: "Mon oeil!"

Commençons par calculer: $U = \dfrac{|\overline{X} - \mu|}{\dfrac{s}{\sqrt{n}}} = \dfrac{116 - 113}{\dfrac{9}{\sqrt{25}}} = \dfrac{5}{3} = 1,6667$

Puisque n < 30, il faut supposer que la force de rupture d'une corde choisie au hasard a une distribution conforme à la loi normale. Cette hypothèse est tout à fait gratuite: nous n'avons aucune indication pour la confirmer ou l'infirmer. C'est une restriction très grande.

Puisque n = 25, la table 4 nous indique que le seuil de 5% est 1,7109. Comme U = 1,6667 < 1,7109, on n'a aucune raison valable de rejeter H_0 et on doit considérer que H_1 n'est pas prouvée.

2. La technicienne du numéro précédent ne se décourage pas et continue ses expériences...Lorsqu'elle arrive à 50 cordes rompues, sa moyenne est devenue $\overline{X}$ = 115,9 kg avec s = 8,9 kg. Cette nouvelle expérience est-elle convaincante?

SOLUTION.

Puisque n = 50 > 30, nous avons un grand échantillon et l'hypothèse de normalité de la population n'est pas nécessaire. Les seuils de 5% et de 1% sont donc 1,645 et 2,33 respectivement. On calcule

$$U = \frac{|\overline{X} - \mu|}{\dfrac{s}{\sqrt{n}}} = \frac{115,9 - 113}{\dfrac{8,9}{\sqrt{50}}} = 2,304 > 1,645$$

C'est un événement rare, et presque très rare. Il faut accepter H_1 avec réserve et conseiller à la technicienne de continuer encore un peu ses expériences. En augmentant encore "n", les valeurs de $\overline{X}$ et de s vont probablement changer. Si ces valeurs changent peu, il est possible que l'expérience devienne alors convaincante. Il ne faut pas être trop optimiste toutefois parce que souvent, $\overline{X}$ et s changent suffisamment pour que la seconde expérience ne soit pas plus convaincante que la première. Elle peut même l'être moins. Ce qui est certain, c'est que plus n augmente, plus l'échantillon a de chances d'être représentatif, et plus sûres seront nos conclusions quelles qu'elles soient.

3. Un conseiller en orientation pense que, dans sa région, le quotient intellectuel moyen est inférieur à la normale qui est, comme on le sait, $\mu = 100$. Pour vérifier son intuition, il fait passer un test de Q.I. à 15 personnes choisies au hasard dans sa région, et il obtient $\overline{X} = 96$, avec $s = 12,4$. Cette expérience est-elle convaincante?

SOLUTION.

$$U = \frac{|\overline{X} - \mu|}{\frac{s}{\sqrt{n}}} = \frac{|96 - 100|}{\frac{12,4}{\sqrt{15}}} = \frac{|-4|\sqrt{15}}{12,4} = \frac{4\sqrt{15}}{12,4} = 1,2493$$

Puisque $n = 15$, la table 4 donne le seuil de 5%: 1,7613. Notre U est loin de rejoindre ce seuil, et l'expérience n'est pas convaincante. Cette conclusion n'est valable qu'en autant que la population est normale. Mais cette hypothèse est très raisonnable ici, puisque les quotients intellectuels sont généralement distribués d'après une loi normale.

12.4.3. EXERCICES

1. Un échantillon de $n = 16$ adultes mâles dans une région particulière donne une grandeur moyenne de $\overline{X} = 173$ cm avec $s = 5$ cm. Ce fait est-il significatif pour prouver que la taille dans cette région est supérieure à la taille moyenne ordinaire de $\mu = 170$ cm?

2. Au numéro 5, section 3.5, on parle du test d'aptitudes intellectuelles IPAT utilisé par les psychologues. Ce test est corrigé sur un total de 46 points. Supposons que dans une région, la valeur moyenne des résultats est 28,7 à un moment donné. Deux ans plus tard, un échantillon de 22 étudiants choisis au hasard donne $\overline{X} = 30,1$ et $s = 5,2$. Est-ce une preuve que la moyenne générale a augmenté?

12.4.3.

3. Supposons que, dans le contexte du no 1, la moyenne $\overline{X}$ demeure 173 cm, et que le s demeure également 5 cm, même si on augmente le nombre n de gens examinés. Quelle devrait être la plus petite valeur de n qui rende cet événement très rare?

> REMARQUE. Comme on l'a vu précédemment, il n'est pas du tout certain que $\overline{X}$ et s égaleront encore 173 cm et 5 cm respectivement. Il est même très probable qu'ils vont changer de valeur. Il ne faudrait pas croire que l'on peut prouver n'importe quoi en augmentant la taille de l'échantillon.

4. Supposons que, dans le contexte du no 2, la moyenne $\overline{X}$ demeure 30,1, et que le s demeure également 5,2 même si on augmente la taille de l'échantillon. Quelle devrait être la plus petite valeur de n qui rende cette expérience convaincante?

5. Les pneus d'une certaine catégorie sont supposés durer en moyenne $\mu = 24\ 000$ km. Si un échantillon aléatoire de n = 49 pneus donne une durée moyenne $\overline{X} = 23\ 336$ km avec s = 2 732 km, cette expérience prouve-t-elle que la moyenne générale réelle de durée est inférieure à 24 000 km?

6. Supposons qu'un échantillon aléatoire de 9 jeunes joueurs de hockey de la ligue Midget ont un poids moyen de $\overline{X} = 62,14$ kg avec s = 7,711 kg. Ce fait prouve-t-il que le poids moyen général dans cette ligue est supérieur à $\mu = 57$ kg?

7. Dans l'enquête sur les centres d'intérêt (cf. no 1, section 3.4), les 38 étudiants ont choisi, pour La POLITIQUE, la cote moyenne $\overline{X} = 4,68$ avec s = 1,68. Ces 38 étudiants forment un échantillon aléatoire de tous les étudiants de niveau collégial de cette époque. Ce résultat prouve-t-il que l'importance moyenne de la politique chez ces étudiants était alors inférieure à $\mu = 6$, qui était la cote "important"?

8. Une machine effectue une opération automatique avec un temps moyen 2,37 minutes. Au bout de quelque temps d'usage, une femme ingénieur obverve un échantillon de 16 opérations faites par cette machine. Elle obtient un temps moyen de $\overline{X} = 2,39$ minutes avec s = 0,016 min. Cette

12.4.3.

expérience prouve-t-elle, qu'en moyenne, la machine est plus lente qu'elle ne l'était?

12.5 OBSERVATIONS COUPLÉES: MESURES AVANT ET APRÈS UN TRAITEMENT

C'est un problème fréquent que de vouloir juger de l'efficacité
d'un traitement en prenant un échantillon que l'on mesure avant et après
le traitement. La différence entre ces deux mesures, si elle est significative, devrait nous permettre de décider si oui ou non le traitement
est efficace. Voyons comment on peut traiter ce genre de problème avec
un exemple.

12.5.1. CONTEXTE ET FORMULE

Le père Philémon Laverdure possède 13 cochons de 6 mois qui ont été
nourris de la façon habituelle. Or il croit posséder un nouveau régime
pour faire engraisser ses porcs plus rapidement. Il décide de soumettre
ses 13 cochons à son nouveau régime pendant un mois. Il commence donc
par les peser aujourd'hui même. Il les pèse à nouveau après un mois de
traitement spécial. Il obtient les deux séries suivantes des poids en
kg:

Porc no	1	2	3	4	5	6	7	8	9	10	11	12	13
Poids avant	103,5	98,4	88,7	92,9	93,6	103,8	87,5	105,1	78,9	101,9	121,7	74,4	100,2
Poids après	120,6	116,8	105,1	107,9	118,0	122,7	106,5	115,7	98,6	115,6	134,0	94,1	116,3

Or Philémon sait très bien qu'entre le 6e et le 7e mois, des cochons engraissent, en général de 12 kg environ. Ses 13 petits cobayes
ont-ils pris plus de 12 kg en moyenne? Y a-t-il eu une augmentation de
poids suffisamment supérieure à 12 pour être significative? Le problème qui se pose alors est de tester l'hypothèse suivante:

H_1: "La différence moyenne des poids est supérieure à 12 kg"

L'auditeur incrédule répondra:

H_0: "Non! Non! Jusqu'à preuve du contraire, je ne suis pas convaincu!"

On va travailler non pas avec les deux séries avant-après, mais a-
vec la série des différences. On calcule donc pour chaque individu la

12.5.1.

différence ainsi définie: différence = (mesure après) - (mesure avant).
On obtient:

Cochon no	1	2	3	4	5	6	7	8	9	10	11	12	13
Diffé- rence	17,1	18,4	16,4	15,0	24,4	18,9	19,0	10,6	19,7	13,7	12,3	19,7	16,1

On peut facilement calculer la moyenne et l'écart-type de cette série des différences que l'on notera $\overline{X}$ et s pour garder les mêmes symboles que précédemment. On trouve $\overline{X} = 17,023$ et $s = 3,629$

Si on appelle μ l'espérance de l'augmentation de poids d'un cochon
choisi au hasard et traité entre 6 et 7 mois avec la méthode du père
Philémon, on veut tester:

$$H_1: \text{"}\mu > 12 \text{ kg"}$$

contre

$$H_0: \text{"}\mu = 12 \text{ kg"}$$

Pour tester ces hypothèses, on peut alors se baser sur le rapport
critique qu'on a vu à la section 12.4. On n'a qu'à calculer:

$U = \dfrac{|\overline{X} - \mu|}{\frac{s}{\sqrt{n}}}$ et procéder exactement comme antérieurement, à l'aide de la

table 4.

On calcule donc $U = \dfrac{17,023 - 12}{\frac{3,629}{\sqrt{13}}} = 4,9905$ qui dépasse très largement le

seuil de 1% qui est 2,6810. C'est donc une expérience très convaincante:
la différence moyenne du poids des cochons est significativement supérieure à 12 kg. On peut donc croire Philémon, lorsqu'il prétend que ses
cochons engraissent plus vite que les cochons ordinaires, à la condition
bien sûr de pouvoir supposer que ces différences constituent une population normale, ce que nous ignorons complètement!

12.5.1.

12.5.2.   EXERCICES ET SOLUTIONS

1.   Un échantillon de n = 12 dames inscrites à un programme d'amaigrissement donne les deux séries de poids ci-dessous, en kg.

Dame no	1	2	3	4	5	6	7	8	9	10	11	12
Poids avant	68,0	65,3	70,6	66,5	70,1	62,6	64,6	69,9	69,1	67,0	73,6	69,1
Poids après	67,8	65,2	71,5	64,0	69,0	60,6	61,8	71,0	69,6	68,7	71,8	69,4

Cette expérience prouve-t-elle l'efficacité du programme?

SOLUTION.

Calculons d'abord la série des différences

−0,2   −0,1   +0,9   −2,5   −1,1   −2,0

−2,8   +1,1   +0,5   +1,7   −1,8   +0,3

C'est un jeu d'enfant pour toi, O fidèle lecteur, de calculer 1
moyenne et l'écart-type de cette série: $\overline{X} = -0,5$, $s = 1,503$.

Les hypothèses sont: H_1: "$\mu < 0$"

H_0: "$\mu = 0$"

Il faut dont calculer:

12.5.2.

$$U = \frac{|\overline{X} - \mu|}{\frac{s}{\sqrt{n}}} = \frac{|-0,5 - 0|}{\frac{1,503}{\sqrt{12}}} = 1,1524 \text{ qui ne rejoint pas le seuil de}$$

de 5% qui est 1,7959 d'après la table 4. Donc l'expérience n'est pas convaincante, la différence moyenne observée n'étant pas significative. Encore ici, il faut pouvoir supposer que la population ou la variable X: "la différence de poids avant-après le programme d'amaigrissement d'une personne choisie au hasard" suit une loi normale.

2. Un éducateur physique a entraîné 43 jeunes adultes et il veut vérifier si son entraînement a augmenté la force d'un ensemble de muscles. Il a fait passer un test avant et après l'entraînement, puis il a calculé les différences. Cette série des différences (exprimées en kg) a une distribution dont la forme est approximative-

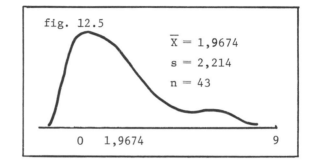

ment celle de la figure 12.5. Il a calculé $\overline{X} = 1,9674$ kg et $s = 2,214$ kg. Cette expérience constitue-t-elle une preuve valable que la forme moyenne de ces muscles a augmenté?

SOLUTION.

Tu dois remarquer tout de suite que la forme de la distribution est fort loin du modèle normal. Cela n'est pas bien grave puisque l'hypothèse de normalité n'est pas requise lorsque n > 30.

Les hypothèses à éprouver sont: H_1: "$\mu > 0$"

H_0: "$\mu = 0$"

On calcule:

$$U = \frac{|\overline{X} - \mu|}{\frac{s}{\sqrt{n}}} = \frac{|1,9674 - 0|}{\frac{2,214}{\sqrt{43}}} = 5,82706 \text{ qui dépasse de très loin tous}$$

les seuils. Il faut donc rejeter H_0, et croire en l'efficacité d
cet entraînement.

12.5.3. EXERCICES

1. Un test d'acuité visuelle donne un résultat en pourcentage. Voici
les résultats obtenus par un groupe de 14 enfants qui ont suivi un entraînement correctif.

Enfant	1	2	3	4	5	6	7	8	9	10	11	12	13	14
Avant	16	3	20	43	24	44	37	9	17	18	24	32	22	37
Après	32	24	64	55	32	46	51	13	43	29	56	51	48	61

Cette expérience prouve-t-elle l'efficacité de cet entraînement?

2. Dix secrétaires ont suivi un cours pour améliorer leur vitesse de
frappe. Voici les résultats exprimés en nombre de mots par minute.

Secrétaire no	1	2	3	4	5	6	7	8	9	10
Avant	54	68	49	59	71	57	49	67	65	61
Après	68	72	58	66	79	64	54	73	68	71

Si ce groupe constitue un échantillon valable, cette expérience prouve-
t-elle l'efficacité de la méthode?

3. Une école de lecture rapide utilise la réclame publicitaire suivant
"En moyenne, nos élèves augmentent leur vitesse de lecture de plus de
150 mots/minute". Pour justifier cet énoncé, l'école a mesuré la vites
de lecture avant et après le cours, pour un échantillon de n = 36 élève
On a calculé la série des différences qui donne $\overline{X}$ = 196 mots/min. avec
s = 86 mots/min. Cette expérience justifie-t-elle la réclame de l'écol

4. Une chercheuse en médecine veut tester l'efficacité d'un nouveau méd
cament qui devrait faire baisser la pression artérielle dans des conditions spécifiques. Elle choisit un échantillon de 32 patients, mesure l
pression, leur administre le médicament dans les bonnes conditions et r
prend leur pression après quelques temps. Elle calcule la série des dif
rences et obtient aussi: $\overline{X}$ = -8,9 avec s = 38,8. L'efficacité de ce mé
dicament est-elle prouvée?

12.6 COMPARAISON DES MOYENNES DE DEUX GROUPES INDÉPENDANTS

Dans la section 12.4, on devait décider si une moyenne avait chan-gé suite à un certain traitement. Pour prendre cette décision, il fal-lait connaître la valeur habituelle de la moyenne avant que ce nouveau traitement soit appliqué. Cette valeur habituelle était notée μ.

Or en pratique, il arrive souvent que l'on ignore cette moyenne μ. On ne peut plus alors utiliser le test t de la section 12.4.1. Si l'on veut quand même examiner l'influence d'un certain traitement, on peut constituer deux échantillons indépendants. L'un des deux se voit admi-nistrer le traitement: on l'appelle *groupe expérimental* ou *groupe traité*. L'autre, appelé *groupe de contrôle*, ne subit pas le traitement, et per-met donc de faire la comparaison.

La technique que l'on va introduire dans cette section ne s'appli-que pas seulement à la vérification de l'efficacité d'un traitement. On l'utilise aussi pour décider si deux populations indépendantes ont même moyenne.

Voyons comment on peut analyser ce genre de problème.

12.6.1. CONTEXTE ET FORMULE

Permettez-moi de revenir à la charge avec une autre histoire "co-chonne"! Reprenons notre histoire du père Philémon Laverdure qui croit avoir trouvé une nouvelle manière de nourrir ses cochons, pour les faire engraisser plus rapidement qu'il n'est normal. Il élève donc 40 beaux petits "bacons ambulants" selon sa méthode et au bout de 6 mois, leur poids moyen est 100 kg avec s = 13,6 kg.

Mais il ignore (serait-ce de l'ignorance-crasse?!) quel est le poids moyen des cochons ordinaires à l'âge de 6 mois, et personne ne peut le renseigner.

Il entreprend donc de trouver des cochons ordinaires de 6 mois, et d'enregistrer leur poids. Il en trouve 36 chez ses voisins et amis. Ces cochons "populaires" ont un poids moyen de 96,2 kg avec un s = 12,3. Comment comparer ces performances? Il faut absolument démêler la situa-tion en introduisant des notations adéquates.

12.6.1.

Nous avons donc deux populations différentes. La première est l'ensemble de tous les "super-cochons", c.-à-d. tous les cochons, s'ils étaient nourris selon la méthode de Philémon. Cette population a un poids moyen μ_1 que nous ne connaissons pas. Nous connaissons par contre le poids moyen $\overline{X}_1 = 100$ kg et $s_1 = 13,6$, d'un échantillon de $n_1 = 40$ de ces "batcochons".

Nous avons aussi une deuxième population qui est celle de tous les cochons "ben ordinaires". Nous ignorons son poids moyen μ_2, mais nous avons un échantillon de $n_2 = 36$ de ces cochons "porc-pulaires" dont le poids moyen est $\overline{X}_2 = 96,2$ kg avec $s_2 = 12,3$. Résumons ces notations dans la figure 12.6.

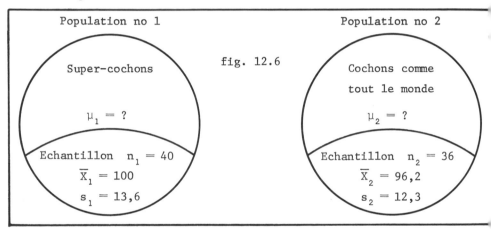

L'hypothèse de Philémon consiste à affirmer que les cochons seraient plus gras s'ils mangeaient tous selon sa méthode. Autrement dit, le poids moyen μ_1 des "super-cochons" serait supérieur au poids moyen μ_2 des cochons "banals".

H_1: "$\mu_1 > \mu_2$"

H_0: "Vouêyons donc, le père! Votre expérience vaut pas cher! $\mu_1 = \mu_2$"

Si vraiment μ_1 est plus grand que μ_2, on s'attend à ce que $\overline{X}_1$ soit plus grand que $\overline{X}_2$. Pour être convaincu de H_1, il faudrait même que $\overline{X}_1$ soit passablement plus grand que $\overline{X}_2$; autrement, on pourrait attribuer

12.6.1.

cette différence au hasard. Bref, il s'agit de décider si la différence $\overline{X}_1 - \overline{X}_2$ est assez grande pour être significative.

Fort heureusement, de savants statisticiens ont démontré que si
$n_1 \geq 30$ et $n_2 \geq 30$, alors le rapport critique $U = \dfrac{\overline{X}_1 - \overline{X}_2}{\sqrt{\dfrac{s_1^2}{n_1} + \dfrac{s_2^2}{n_2}}}$ est approxi-

mativement une variable normale, centrée, réduite. Cela veut dire que
U est une variable aléatoire centrée en 0, et qui ne s'écarte généralement pas beaucoup de 0. (Une normale centrée réduite prend presque
toujours des valeurs entre −3 et 3 puisque son écart-type est 1). C'est
pourquoi si U dépasse un certain seuil, cela constitue un événement rare. Le test approprié aura donc la forme suivante:

$$\text{On rejette } H_0 \text{ si } U = \frac{\overline{X}_1 - \overline{X}_2}{\sqrt{\dfrac{s_1^2}{n_1} + \dfrac{s_2^2}{n_2}}} \geq \begin{cases} 1{,}645 \ \text{(seuil de 5\%)} \\ 2{,}33 \ \text{(seuil de 1\%)} \end{cases}$$

à la condition que $n_1 \geq 30$ et $n_2 \geq 30$ et que les deux échantillons
soient indépendants.

L'indice 1 désigne la population qu'on pense avoir la plus grande moyenne: $H_1: \mu_1 > \mu_2$.

Dans notre problème "cochon", on a

$$U = \frac{100 - 96{,}2}{\sqrt{\dfrac{(13{,}6)^2}{40} + \dfrac{(12{,}3)^2}{36}}} = \frac{3{,}8}{\sqrt{8{,}8265}} = \frac{3{,}8}{2{,}97094} = 1{,}27906$$

Puisque cette valeur de U ne rejoint pas le seuil de 5% qui est
1,645, nous sommes en présence d'un événement qui n'est pas rare. L'expérience n'est donc pas convaincante et il faut donc répondre au père
Philémon que l'efficacité de sa méthode n'est pas encore démontrée[1].

---

[1] Note du comité de lecture: Qu'il jette donc ses déchets à la poubel-
le comme tout le monde!

12.6.1.

N'est-ce pas d'une resplendissante simplicité!

Permets-moi d'attirer ton attention sur le fait que dans cette sec tion, *nous ne considérerons que des grands échantillons*, c.-à-d. $n_1 \geq 30$ et $n_2 \geq 30$. On élimine ainsi un tas de complications. Il faut aussi que les deux échantillons soient indépendants dans le sens que ce qui se passe dans l'un n'influence pas ce qui se passe dans l'autre.

12.6.2.

12.6.2. EXERCICES ET SOLUTIONS

1. Un échantillon de 36 étudiants du CEGEP de Néandertal donne une grandeur moyenne de 176 cm avec un s = 7,6. Un autre échantillon de 42 étudiants du CEGEP de Cro-Magnon donne une taille moyenne de 174 cm avec un s = 7,8. Ce fait prouve-t-il que les néandertaliens sont plus grands, dans l'ensemble, que les cro-magnons?

SOLUTION.

$$n_1 = 36 \qquad \overline{X}_1 = 176 \qquad s_1 = 7,6$$
$$n_2 = 42 \qquad \overline{X}_2 = 174 \qquad s_2 = 7,8$$
$$H_1: \; "\mu_1 > \mu_2" \quad \text{contre} \; H_0: \; "\mu_1 = \mu_2"$$

On calcule:

$$U = \frac{\overline{X}_1 - \overline{X}_2}{\sqrt{\dfrac{s_1^2}{n_1} + \dfrac{s_2^2}{n_2}}} = \frac{176 - 174}{\sqrt{\dfrac{(7,6)^2}{36} + \dfrac{(7,8)^2}{42}}} = \frac{2}{\sqrt{3,0530}} = 1,14463$$

Comme cette valeur ne rejoint pas le seuil de 5% qui est 1,645, la différence observée n'est pas significative.

2. Supposons que dans le contexte du numéro précédent, on désire augmenter la taille des deux échantillons en espérant que l'expérience devienne convaincante. Si on décide de prendre $n_1 = n_2 = n$, et si on suppose que $\overline{X}_1 - \overline{X}_2$ demeurera approximativement égal à 2 et que $s_1 \approx s_2 \approx 7,7$, quelle devrait être la valeur de n pour que l'on rejette H_0 avec réserve, et sans réserve?

> REMARQUE. Comme on l'a vu au numéro 3, section 12.4.3, il est assez probable que les valeurs des $\overline{X}$ et des s vont changer lorsque l'on augmentera la taille des deux échantillons. Aussi il n'est pas certain que l'on puisse prouver quoi que ce soit, même avec de très grands échantillons. On veut savoir ici quelle valeur de n serait suffisante, à supposer que les $\overline{X}$ et les s changent peu de valeurs.

SOLUTION.

$$U = \frac{\overline{X}_1 - \overline{X}_2}{\sqrt{\dfrac{s_1^2}{n_1} + \dfrac{s_2^2}{n_2}}} \approx \frac{2}{\sqrt{\dfrac{(7,7)^2}{n} + \dfrac{(7,7)^2}{n}}} = \frac{2}{\sqrt{\dfrac{2(7,7)^2}{n}}} = \frac{2}{7,7\sqrt{\dfrac{2}{n}}} = \frac{\sqrt{2n}}{(7,7)}$$

12.6.2.

a) Avec réserve:

Il faudrait que $U = \dfrac{\sqrt{2n}}{7,7} \geq 1,645$ ce qui arrivera si

$\sqrt{2n} \geq 12,6665$ c.-à-d. $2n \geq 160,44022$ ce qui donne

$n \geq 80,22011$ et donc $n = 81$.

b) Sans réserve:

Il faudrait que $U = \dfrac{\sqrt{2n}}{7,7} \geq 2,33$ ce qui donne $n \geq 160,9397$

et donc $n = 161$.

3. On demande à un échantillon de 64 personnes de classer par ordre

d'importance les 7 sujets suivants:
travail, amis, famille, religion,
amour, loisirs, politique. On recueille ensuite pour chaque sujet
la distribution des numéros d'ordre.
Par exemple, La POLITIQUE a la
distribution de la figure 12.7; cela veut dire que 2 personnes ont
placé ce sujet en premier, 4 personnes l'ont placé en second, etc.

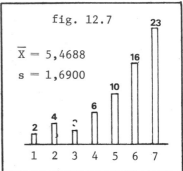

fig. 12.7

$\overline{X} = 5,4688$

$s = 1,6900$

Pourquoi ne peut-on pas utiliser le rapport $U = \dfrac{\overline{X}_1 - \overline{X}_2}{\sqrt{\dfrac{s_1^2}{n_1} + \dfrac{s_2^2}{n_2}}}$ pour comparer

deux à deux ces sujets?

SOLUTION.

Si je choisis la première position pour le sujet AMOUR, je ne peux
plus donner cette première position au sujet POLITIQUE puisque les
ex-aequo ne sont pas possibles avec ce type de question. Mon choix
pour l'un des sujets *dépend* donc des autres sujets. *Les différents
sujets ne sont donc pas indépendants!* Et cette hypothèse d'indépendance est essentielle pour faire ce type de test. Si tu retournes au numéro 1 de la section 3.4, tu verras comment on peut facilement corriger ce type de question de façon à utiliser nos formules. Il s'agit de demander plutôt d'assigner une cote d'importan-

ce, les ex-aequo étant permis. Les sujets sont alors indépendants les uns des autres: on peut attribuer une cote au sujet POLITIQUE par exemple, en oubliant complètement les autres sujets. On fera ce type de comparaison dans les exercices nos 2, 3 et 4 qui suivent.

C'est un très bon exemple du danger relatif au questionnaire énoncé à la section 1.2.2: *Le questionnaire doit permettre l'utilisation des techniques statistiques.* Et souviens-toi du sage conseil: Il faut consulter le statisticien avant et non après l'enquête.

12.6.3. EXERCICES

1. Dans l'expérience de Philémon, décrite au début de la section 12.6.1, supposons que $\overline{X}_1$ demeure 100, que s_1 demeure 13,6, que $\overline{X}_2$ demeure 96,2 et que s_2 demeure 12,3. Si $n_1 = n_2 = n$, quelle devrait être la valeur de ce n pour que ces résultats constituent un évévement rare? (Encore une fois, l'hypothèse que les $\overline{X}$ et les s ne changeront pas de valeur est tout-à-fait gratuite!)

2. Dans l'enquête sur les centres d'intérêt (cf. no 1, section 3.4), les 38 étudiants peuvent être considérés comme deux échantillons indépendants, selon qu'ils donnent une cote à un sujet comme la RELIGION ou à un autre sujet comme les LOISIRS, par exemple. Ce qui donne:

LOISIRS : $n_1 = 38$; $\overline{X}_1 = 6,26$; $s_1 = 0,87$
RELIGION: $n_2 = 38$; $\overline{X}_2 = 4,90$; $s_2 = 2,23$

Cela prouve-t-il que la cote moyenne μ_1 des loisirs était supérieure à la cote μ_2 de la religion, dans ce milieu?

3. Dans le contexte du problème précédent, voici ce qu'on a obtenu pour les sujets suivants:

ETUDES : $n_1 = 38$; $\overline{X}_1 = 7,10$ et $s_1 = 0,96$
LOISIRS : $n_2 = 38$; $\overline{X}_2 = 6,26$ et $s_2 = 0,87$

Cette expérience prouve-t-elle que $\mu_1 > \mu_2$?

4. Toujours dans le même contexte, peut-on croire que $\mu_1 > \mu_2$, si
RELIGION : $n_1 = 38$; $\overline{X}_1 = 4,90$ et $s_1 = 2,23$

12.6.3.

POLITIQUE : $n_2 = 38$; $\overline{X}_2 = 4,68$ et $s_2 = 1,64$

5. Un chercheur désire comparer le quotient intellectuel des citadins avec celui des campagnards. Dans ce but, il prend un échantillon aléatoire de $n_1 = 45$ campagnards, et il obtient $\overline{X}_1 = 102$ avec $s_1 = 13$. Il prend aussi un échantillon de $n_2 = 60$ citadins au hasard, et il obtient $\overline{X}_2 = 99$ avec $s_2 = 14$. Serait-il justifié d'affirmer, sur la foi de ces échantillons, que les campagnards ont généralement un Q.I. plus élevé que les citadins?

6. Dans le cadre d'une enquête, deux enquêteuses demandaient : "Trouvez-vous intéressant que (bla-bla-bla)? Choisissez la bonne cote parmi les suivantes".

(1) On s'en passerait.

(2) C'est moyennement intéressant.

(3) C'est intéressant.

(4) C'est très intéressant.

(5) C'est pratiquement indispensable.

La première enquêteuse a interrogé $n_1 = 52$ personnes et la cote moyenne est $\overline{X}_1 = 3,827$ avec $s_1^2 = 1,36$. La seconde enquêteuse a rencontré $n_2 = 46$ personnes, et la cote moyenne est $\overline{X}_2 = 3,565$ avec $s_2^2 = 1,36$. Cette différence entre les deux moyennes est-elle significative? Dans l'affirmative, cela voudrait dire que, peut-être, au moins une des deux enquêteuses a influencé les réponses.

12.7 COMPARAISON DES PROPORTIONS DE DEUX GROUPES INDÉPENDANTS

Nous venons de voir comment on peut décider si deux moyennes obtenues dans deux échantillons indépendants sont assez différentes l'une de l'autre pour que l'on puisse raisonnablement affirmer que les moyennes des deux populations sont différentes aussi. Nous allons maintenant voir des problèmes analogues, mais où il est question cette fois de proportions ou de probabilités plutôt que de moyennes.

12.7.1. CONTEXTE ET FORMULE

Examinons cette situation avec un exemple. Non? Oui? Non! Ah!

12.7.1.

Ouah! Pas possible! Pas encore une histoire cochonne? Grouinc! En effet, tout le monde sait très bien (?!?!) qu'une bonne proportion des petits cochonnets souffrent de colibacillose pendant les 5 ou 6 premières semaines de leur morne existence. Notre dynamique éleveur Philémon Laverdure croit avoir trouvé une manière d'élever ses petits "jambons ambulants" qui réduirait sensiblement le taux de cette maladie. Pour le prouver, il a élevé 53 petits porcs-frais selon sa nouvelle méthode, et, sur ce nombre, 9 seulement ont eu la colibacillose. Il a ensuite fait le tour des éleveurs de sa région, et sur un total de 196 petits procelets élevés de façon ordinaire, 45 avaient souffert de colibacillose.

Comme le résume la figure 12.8, nous avons deux populations différentes. La première est la population de tous les cochonnets ordinaires. Cette population contient une certaine proportion de malades de la colibacillose. Cette proportion p_1 (proportion totale de la population no 1) nous est inconnue. Toutefois, nous savons que, dans l'échantillon aléatoire de $n_1 = 196$ petits cochons, cette proportion est $\bar{p}_1 = \frac{45}{196} = 0,2296$ (proportion observée dans le 1er échantillon).

La seconde population est celle de tous les petits cochons du monde, s'ils étaient élevés selon les sages principes de Philémon. La proportion totale p_2 nous est inconnue, mais l'échantillon de $n_2 = 53$ petits cochons de Philémon donne une proportion observée de $\bar{p}_2 = \frac{9}{53} = 0,1698$ petits malades.

L'hypothèse de Philémon est H_1: "$p_1 > p_2$", c.à-d. "il y a plus de colibacillose qu'il n'y en aurait si l'on voulait bien suivre mon exemple".

H_0: "Vouêyons donc, le père! Vous recommencez encore vos singeries? $p_1 = p_2$!"

12.7.1.

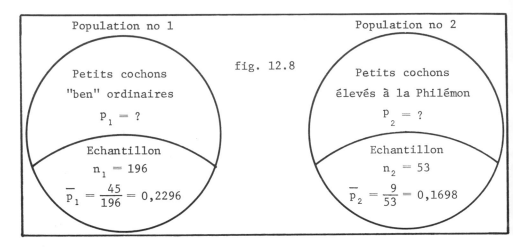

fig. 12.8

Encore ici, il est raisonnable de penser que si réellement $p_1 > p_2$, alors cette différence se manifestera dans les échantillons et alors on aura $\overline{p}_1 > \overline{p}_2$. Et pour être convaincu que $p_1 > p_2$, il faudrait même que $\overline{p}_1$ soit passablement supérieur à $\overline{p}_2$, autrement on pourrait interpréter cette différence comme étant le fruit du hasard. Donc il faut que $\overline{p}_1 - \overline{p}_2$ soit suffisamment grand pour prouver l'hypothèse H_1. Pour juger à partir de quel moment cette différence constitue un événement rare, il faut la standardiser d'une certaine manière en calculant un rapport critique dont le modèle est connu.

O bonheur! O joie! O satisfaction! Les brillants statisticiens ont trouvé un tel rapport critique, et le test aura la forme suivante:

$$\text{On rejette } H_0 \text{ si } \quad U = \frac{\overline{p}_1 - \overline{p}_2}{\sqrt{\overline{p}\,\overline{q}\left(\dfrac{1}{n_1} + \dfrac{1}{n_2}\right)}} \geq \begin{cases} 1,645 & \text{(seuil de 5\%)} \\ 2,33 & \text{(seuil de 1\%)} \end{cases}$$

où $\quad \overline{p} = \dfrac{n_1\overline{p}_1 + n_2\overline{p}_2}{n_1 + n_2}\quad$ une moyenne pondérée des proportions échantillonnales.

$$\overline{q} = 1 - \overline{p}$$

Il faut que :
$$\begin{cases} 1) & n_1 \geq 30 \text{ et } n_2 \geq 30 \\ 2) & \text{les deux échantillons soient indépendants} \end{cases}$$

On donne l'indice 1 à la population qu'on croit avoir la plus grande proportion: $H_1 : p_1 > p_2$.

Dans notre exemple de "cochonnerie", on a $\bar{p}_1 = 0,2296$ et $\bar{p}_2 = 0,1698$. On calcule donc:

$$\bar{p} = \frac{n_1 \bar{p}_1 + n_2 \bar{p}_2}{n_1 + n_2} = \frac{196(0,2296) + 53(0,1698)}{196 + 53} = \frac{54}{249} = 0,21687$$

On peut alors calculer le rapport critique:

$$U = \frac{\bar{p}_1 - \bar{p}_2}{\sqrt{\bar{p}\,\bar{q}\left(\frac{1}{n_1} + \frac{1}{n_2}\right)}} = \frac{0,2296 - 0,1698}{\sqrt{(0,217)(0,783)\left(\frac{1}{196} + \frac{1}{53}\right)}} = \frac{0,0598}{0,063818} = 0,9370$$

Cette valeur de U ne rejoint pas le seuil de 5% qui est 1,645. Nous sommes donc en présence d'une expérience non convaincante et nous n'avons aucune raison de rejeter H_0. Ce pauvre père Philémon se retrouve sans preuve suffisante.

Encore ici, remarque bien que nous nous limitons aux grands échantillons seulement[1], mais il existe aussi des tests du même type pour les petits échantillons.

---

[1] Note du comité de lecture. Il suffit de trouver suffisamment de cochons dans le voisinage... C'est le cas le plus fréquent en sciences humaines.

12.7.1.

12.7.2. EXERCICES ET SOLUTIONS

1. Un échantillon de 300 électeurs dans le village de St-Creux et un autre échantillon de 200 électeurs dans le village de St-Eloigné contiennent respectivement 56% et 48% de gens qui sont en faveur du candidat Hercule Lavigueur. Ces mesures permettent-elles de conclure que ce candidat compte une plus forte proportion de sympatisants dans St-Creux que dans l'autre village?

SOLUTION.

$$\bar{p} = \frac{300(0,56) + 200(0,48)}{300 + 200} = 0,528$$

H_1: "$p_1 > p_2$"

H_0: "Hercule, ne t'enfle pas la tête trop vite!"

$$U = \frac{\bar{p}_1 - \bar{p}_2}{\sqrt{\bar{p}\ \bar{q}\left(\frac{1}{n_1} + \frac{1}{n_2}\right)}} = \frac{0,56 - 0,48}{\sqrt{(0,528)(0,472)\left(\frac{1}{300} + \frac{1}{200}\right)}} = \frac{0,08}{0,04557} = 1,75547$$

Cette valeur se trouve entre 1,645 et 2,33 qui sont les deux seuils. C'est donc un événement rare, et il faut accepter H_1 avec réserve.

2. Si les proportions du problème précédent demeuraient 56% et 48%, et si $n_1 = n_2 = n$, quel serait le plus petit n qui rende cette différence très rare?

> REMARQUE. Encore ici, cette hypothèse que les deux proportions ne changeront pas est tout-à-fait gratuite! Elles peuvent très bien changer suffisamment pour que l'on ne puisse pas rejeter H_0, même avec un très, très grand échantillon.

SOLUTION.

$$\bar{p} \simeq \frac{n(0,56) + n(0,48)}{n + n} = \frac{0,56 + 0,48}{2} = 0,52 \qquad \bar{q} \simeq 0,48$$

$$U \simeq \frac{0,56 - 0,48}{\sqrt{(0,52)(0,48)\left(\frac{1}{n} + \frac{1}{n}\right)}} = \frac{0,08}{\sqrt{0,2496\left(\frac{2}{n}\right)}} = 0,11323\ \sqrt{n} \geq 2,33$$

dès que $\sqrt{n} \geq 20,5780$ c.-à-d. $n \geq 423,4542$; donc $n = 424$

12.7.3. EXERCICES

1. Une clinique contient 200 personnes atteintes d'une même maladie. Pour expérimenter un nouveau sérum, on l'administre à 100 des 200 malades. Après un certain temps, sur les 100 personnes traitées, 75 sont guéries; sur les 100 autres, 65 sont guéries. Que vaut l'hypothèse que ce sérum favorise la guérison?

2. Si la chercheuse en question apprend, lors d'un congrès, que, dans une autre clinique, la même expérience a été effectuée sur 200 autres personnes. Les résultats ont été à peu près les mêmes, c.-à-d. 74 guéris dans le groupe traité, et 62 seulement dans le groupe de contrôle, après la même période de temps. Ces deux expériences, combinées ensemble, sont-elles significatives? (Considérer cela comme une seule expérience portant sur 400 personnes).

3. Une usine A produit 500 pièces dont 95% s'avèrent être parfaites. Votre usine B produit 200 pièces dont 18 sont défectueuses. Votre concurrent peut-il, sur la foi de ces deux échantillons, proclamer que, dans l'ensemble, son usine a une production de meilleure qualité que la vôtre?

4. Dans un échantillon de 83 vaches ordinaires, 33% ont (ou ont eu) la mammite (pas la marmite!). Dans un échantillon de 35 vaches spécialement traitées, 8 seulement ont (ou ont eu) cette infection. Cette expérience prouve-t-elle la valeur du traitement?

5. Deux boîtes A et B contiennent le même nombre de billes, rouges et blanches, mais en proportion inconnue. Si l'on pige 50 fois une bille dans chaque boîte, en la remettant toujours, on trouve 32 rouges en A et 23 rouges en B. Cela constitue-t-il une preuve valable qu'il y a plus de rouges en A qu'en B?

6. Sur 49 rivets produits par une machine A, 14 sont défectueux. Sur 49 rivets semblables produits par une autre machine B, 9 sont défectueux. Peut-on dire que la machine A produit une plus grande proportion d'objets défectueux, dans l'ensemble?

12.7.3.

12.8   TESTS D'AJUSTEMENT : TESTS DE χ^2

Les tests que nous allons voir dans·cette section sont différents des précédents en ce qu'ils étudient non plus seulement une moyenne ou une proportion, mais la structure de la population en question. On les appelle des *tests d'ajustement* parce qu'ils consistent toujours à décider si les fréquences obtenues dans un échantillon "collent" bien, ou "s'ajustent bien" avec ce que laisserait prévoir un certain modèle.

Nous allons étudier trois situations particulières, permettant de donner une réponse aux trois questions suivantes:

- La probabilité du succès est-elle la même dans chaque catégorie?
- La population est-elle conforme au modèle de Poisson?
- La population est-elle conforme au modèle normal?

Les tests que nous verrons maintenant s'appellent des "tests de χ^2" (cela se lit "khi deux" ou "khi carré"). Ce nom vient du fait que dans chaque cas, notre décision sera basée sur le calcul d'une certaine expression mathématique ainsi définie:

$$\chi^2 = \sum \frac{(f_0 - f_t)^2}{f_t}$$

où le symbole f_0 désigne des fréquences observées alors que f_t désigne des fréquences théoriques ou espérées. Tu ne comprends rien? Ce n'est pas grave: je vais t'expliquer cette chose étrange dans les sections qui suivent.

12.8.1.   LA PROBABILITÉ DE SUCCÈS EST-ELLE LA MÊME DANS CHAQUE CATÉGORIE?

Cas où cette probabilité se trouve sans utiliser les f_0 (fréquences observées).

Prenons un exemple. Non! Non-non-non! Ce n'est pas encore une histoire cochonne! Il ne s'agit que de nombres. Tu sauras peut-être un jour que certains volumes de statistiques donnent, à la fin, une table de nombres aléatoires ("random numbers" comme on dit à Paris!). Ces nombres sont obtenus avec l'aide d'un ordinateur, par des procédés tels que chaque chiffre de 0 à 9 doit avoir même probabilité de sortir. Le

procédé en question doit donc être équivalent à tirer une bille au hasard, avec replacement, d'une urne contenant 10 billes numérotées de 0
à 9 inclusivement.

Autrement dit, si X est la variable aléatoire suivante,
X = "le nombre qui sera imprimé par l'ordinateur", alors le champ de X
est: $CH(X) = \{0,1,2,3,\ldots,9\}$, et chacune de ces valeurs doit avoir même chance que les autres de sortir, c.-à-d.:

$$P(X = 0) = P(X = 1) = \ldots\ldots = P(X = 9),$$
$$f(0) = f(1) = \ldots\ldots = f(9).$$

Ce $f(x)$ est naturellement la fonction de probabilité d'une variable aléatoire discontinue: $f(x) = P(X = x)$ (cf. section 8.2.2).

Or $f(0) + f(1) + \ldots + f(9) = 1$ (somme des $f(x)$). Donc $10f(x) = 1$
et alors $f(x) = \frac{1}{10}$.

Si le procédé de l'ordinateur est correct, chaque entier de 0 à 9
devrait avoir 1 chance sur 10 d'apparaître, c.-à-d. devrait apparaître
environ 1 fois sur 10 si le nombre de résultats obtenus est assez grand.
(Probabilité et fréquence relative!) Remarque bien que cette probabilité de 10%, on l'a trouvée sans connaître encore les résultats précis de
l'expérience que l'on verra bientôt.

Or il arrive que certains procédés mis au point par un programmeur
de bonne volonté soient tout-à-fait farfelus. J'ai eu moi-même une expérience de ce genre alors que j'essayais un nouveau procédé pour engendrer des nombres au hasard. L'ordinateur commença à imprimer des chiffres qui semblaient aléatoires lorsque tout-à-coup, il n'imprima plus
que des 4. C'était complètement incongru! Donc il faut être prudent.

Supposons que tu utilises une de ces tables de nombres aléatoires
et que tu as l'impression que certains de ces nombres reviennent plus
souvent qu'ils ne devraient. Tu considères par exemple les 100 premiers
chiffres et tu y compiles les fréquences de chacune des valeurs 0, 1, 2,
3, ..., 9. On appelle ces fréquences les *fréquences observées* et on les
note f_0. Supposons que les résultats sont comme dans le tableau 12.1.

12.8.1.

Tableau 12.1

v	f_0	
0	///// ////	9
1	///// //	7
2	///// ////	9
3	///// ///// /	11
4	///// /////	10
5	///// ///// /	11
6	///// ///// /	11
7	///// ///// //	12
8	///// ///// /////	15
9	/////	5
		100

Est-ce que ces fréquences sont assez différentes les unes des autres pour que je sois justifié d'affirmer que tous ces chiffres n'avaient pas les mêmes chances de sortir. Pour éclairer cette décision, examinons quelles devraient être les fréquences idéales ou théoriques f_t de chaque chiffre. Cela est assez facile. Puisque nous considérons n = 100 résultats, et que chaque chiffre a même probabilité, chacun devrait idéalement apparaître le même nombre de fois que les autres, c.-à-d. 10 fois chacun. En fait, ces fréquences f_t ne sont pas autre chose que les espérances de chaque valeur.

$$f_t \text{ de } 0 = \text{espérance de } 0 = np = n\ P(X = 0) = n\ f(0) = 100 \left[\frac{1}{10}\right] = 10$$

Le problème revient donc à nous demander si les différences constatées entre les f_0 et les f_t sont assez grandes pour être impressionnantes. Est-ce que ces $(f_0 - f_t)$ sont significatives pour prouver que les chiffres de 0 à 9 n'étaient pas équiprobables. Il est impossible de porter un tel jugement avec la seule intuition.

Heureusement, il y a de brillants statisticiens (gloire à leurs cendres!) qui nous ont donné le test que nous allons voir.

On doit d'abord s'assurer de *deux conditions nécessaires:*

1)   l'échantillon doit être très grand, c.-à-d. n ≥ 50

2)   toutes les fréquences f_0 et f_t doivent être plus grandes ou égales à 5.

Dans notre exemple, ces conditions sont réalisées: "Diguédou!" On doit ensuite calculer ce mystérieux χ^2 que je t'ai annoncé tantôt, et dont la définition est la suivante:

$$\chi^2 = \sum \frac{(f_0 - f_t)^2}{f_t}$$

12.8.1.

Il faut prendre chaque f_0 et lui enlever le f_t correspondant:

(9-10) (7-10) (9-10)(11-10)(10-10)(11-10)(11-10)(12-10) (15-10) (5-10)

On élève ces différences au carré:

$(-1)^2$ $(-3)^2$ $(-1)^2$ $(1)^2$ $(0)^2$ $(1)^2$ $(1)^2$ $(2)^2$ $(5)^2$ $(-5)^2$

Ce qui donne:

1   9   1   1   0   1   1   4   25   25

On divise chacun de ces nombres par le f_t correspondant (ici tous les f_t sont 10) et on additionne:

$\chi^2 = 0,1 + 0,9 + 0,1 + 0,1 + 0,0 + 0,1 + 0,1 + 0,4 + 2,5 + 2,5 = 6,8$

Regarde bien cette expression $\chi^2 = \sum \frac{(f_0 - f_t)^2}{f_t}$, O fantastique lecteur. Essentiellement, cette somme est composée des $(f_0 - f_t)^2$ que l'on standardise d'une certaine manière en les divisant par les f_t. Donc plus les f_0 et les f_t se ressemblent, (on dira que l'ajustement est bon) plus les $(f_0 - f_t)^2$ vont être petits, et plus χ^2 sera proche de 0. Au contraire, si les f_0 et les f_t diffèrent beaucoup les uns des autres, (on dira que l'ajustement est mauvais) alors les carrés $(f_0 - f_t)^2$ seront grands, et la valeur de χ^2 sera grande. Donc plus les f_0 diffèrent des f_t, plus χ^2 est grand.

Dans notre exemple où on génère des nombres aléatoires, les hypothèses à éprouver doivent être formulées de la façon suivante:

H$_1$: "Les chiffres n'ont pas tous même probabilité".

H$_0$: "Mais non! Ils sont tous équiprobables".

Plus les f_0 diffèrent des f_t, plus les f_0 diffèrent entre eux, et plus l'hypothèse H$_1$ devient vraisemblable. Donc pour prouver H$_1$, la valeur du χ^2 doit être suffisamment grande.

Encore ici, la question fondamentale sera: A partir de quel moment l'ajustement est-il assez mauvais (ce qui revient à dire: χ^2 assez grand) pour constituer une preuve valable de H$_1$?

Pour répondre à cette question, il faut connaître le modèle de probabilité auquel obéit cette quantité χ^2. La table 7 va nous donner les seuils de 5% et de 1% avec lesquels il faudra comparer notre valeur cal-

12.8.1.

culée de χ^2. Encore faut-il savoir à quelle ligne regarder. Ces lignes
correspondent à ce qu'on appelle le *nombre de degrés de liberté* du χ^2,
que l'on note ν ("nu" est l'ancêtre grec du n). Dans ce type de problème, où l'on peut trouver les f_t sans connaître chacun des f_0 (en effet,
$f_t = n \frac{1}{10} = 100 \left[\frac{1}{10} \right] = 10$), le nombre de degrés de liberté est

$$\nu = \text{(nombre de termes qui servent à calculer } \chi^2\text{)} - 1$$

Dans notre problème de nombres aléatoires, on avait :
$\chi^2 = 0,1 + 0,9 + 0,1 + 0,1 + 0,0 + 0,1 + 0,1 + 0,4 + 2,5 + 2,5 = 6,8$.

On a donc additionné 10 termes, ce qui donne $\nu = 10 - 1 = 9$. Il
faut donc regarder à la ligne 9 de la table 7. Les seuils de 5% et de
1% sont respectivement 16,9190 et 21,6660. Avec notre minable petit
$\chi^2 = 6,8$, nous sommes encore très loin des seuils. Les différences que
nous avons calculées ne sont donc pas significatives: χ^2 n'est pas assez grand. L'expérience ne constitue pas une preuve valable de H_1.
Nous n'avons donc pas de raison valable de rejeter H_0. Il n'y a donc
pas lieu de s'inquiéter encore: rien ne prouve que les nombres aléatoires n'ont pas même probabilité.

Remarque bien la forme de la réponse: on ne peut pas dire qu'ils
ont vraiment la même probabilité. Tout ce qu'on peut dire, c'est que le
contraire n'est pas prouvé. Il y a une nuance essentielle.

Résumons cette façon d'élaborer ce test du χ^2:

Dans ce contexte, on suppose un certain modèle qui nous permet de
calculer les f_t sans connaître encore chacun des f_0. Les hypothèses ont
la forme:

H_0: "L'ajustement entre les f_0 et les f_t est acceptable. Les
différences entre ces fréquences ne sont pas significatives".

H_1: "L'ajustement est trop mauvais. Les f_0 diffèrent trop des f_t.
Le modèle proposé n'est pas acceptable".

Pour juger de ces hypothèses, on calcule $\chi^2 = \sum \frac{(f_0 - f_t)^2}{f_t}$

12.8.1.

que l'on compare avec les seuils de la table 7, où

ν = (nombre de termes dans la somme qui constitue χ^2) - 1.
Il faut d'abord que:

$\begin{cases} 1) & n \geq 50 \\ 2) & \text{les } f_0 \text{ et les } f_t \text{ soient tous plus grands ou égaux à 5.} \end{cases}$

Si χ^2 est plus petit que les seuils, l'expérience n'est pas convaincante, on n'a pas de raison de rejeter H_0 car H_1 n'est pas prouvée. Il n'est pas prouvé que le modèle proposé soit inacceptable.

Si χ^2 dépasse l'un ou l'autre des seuils, on doit accepter H_1 avec ou sans réserve et rejeter le modèle avec ou sans réserve. Le modèle proposé n'est pas acceptable.

12.8.1.

Cas où il faut calculer la somme des f_0 pour estimer cette probabilité.

Examinons ce nouveau cas à l'aide d'un exemple.

A un échantillon de 1 041 personnes choisies au hasard dans une ville donnée, on a demandé: "Selon vous, le gouvernement du Québec doit-il s'intéresser à la télévision par câble?" On a divisé l'échantillon par catégories d'emplois. Dans le tableau ci-dessous, la deuxième colonne donne les effectifs de chaque catégorie dans l'échantillon et la troisième colonne donne le nombre de gens qui ont répondu "oui" dans chaque catégorie.

Tableau 12.2

Emploi	effectifs	f_0
1) Professionnels	47	33
2) Gérance et administration	73	53
3) Semi-professionnels	53	39
4) Petits administrateurs	100	81
5) Employés de bureau	69	58
6) Spécialisés	287	257
7) Semi-spécialisés	103	84
8) Non-spécialisés	131	118
9) Autres	178	128
	1 041	851

Est-ce que cet échantillon nous permet d'affirmer que la proportion de "oui" dans chacune des catégories d'emploi est la même, c.-à-d. celle qu'on trouve dans toute la population?

SOLUTION.

Pour voir si les f_0 et les f_t sont significativement différents les uns des autres, il faut d'abord calculer les f_t. Ces f_t sont les fréquences idéales que l'on retrouverait dans chaque catégorie si la proportion de "oui" dans chaque catégorie était la même, c.-à-d. celle de toute la population. Mais cette proportion , nous ne la connaissons pas. Nous allons l'estimer en calculant

$$\overline{p} = \frac{851}{1\ 041} = \frac{\text{nombre total de "oui"}}{\text{nombre total de cobayes}} = 81,75\%$$

Les fréquences théoriques seront donc obtenues en multipliant les effectifs de chaque catégorie par cette proportion:

$$47 \times 81,75\% = 38,4225$$

12.8.1.

$$73 \times 81,75\% = 59,6775, \text{ etc...}$$

Ces fréquences théoriques comportent une partie décimale que l'on peut conserver puisque ce sont des espérances. La paresse nous amène généralement à les arrondir quelque peu, ce qui ne change pas grand-chose à la valeur finale du χ^2.

L'étape suivante consiste justement à calculer le χ^2 qui prend ici la forme suivante: $\chi^2 = (\frac{1}{1-p}) \sum \frac{(f_0 - f_t)^2}{f_t}$. A part ce facteur $(\frac{1}{1-p})$, c'est le même calcul que précédemment. Le tableau 12.3 explique ces calculs.

Tableau 12.3

Emploi	Effectifs	f_0	f_t	$\frac{(f_0 - f_t)^2}{f_t}$
1) Professionnels	47	33	38,42	0,7646
2) Gérance et administration	73	53	59,68	0,7477
3) Semi-professionnels	53	39	43,33	0,4327
4) Petits administrateurs	100	81	81,75	0,0069
5) Employés de bureau	69	58	56,41	0,0448
6) Spécialisés	287	257	234,62	2,1348
7) Semi-spécialisés	103	84	84,20	0,0005
8) Non-spécialisés	131	118	107,09	1,1115
9) Autres	178	128	145,52	2,1093
	1 041	851	851,02	7,3528 $=\chi^2$

On a donc: $\chi^2 = (\frac{1}{1-p}) \sum \frac{(f_0 - f_t)^2}{f_t} = (\frac{1}{1-0,8175}) \times 7,3528 = 40,2893$. Naturellement, tu as tout de suite remarqué que même avec ton mini-calculateur, ces calculs n'ont rien qui puisse dilater la rate! Comme le disait ma désopilative grand-mère: "A chaque jour son petit malheur!" Cette valeur $\chi^2 = 40,2893$ est-elle étonnante dans ce contexte? C'est encore la table 7 qui nous apportera la lumière. Dans ce type de problème, on prendra encore:

$$\nu = (\text{nombre de termes dans la somme qui constitue } \chi^2) - 1$$

Puisque le χ^2 est composé de 9 termes (la colonne de droite du tableau 12.3 contient 9 lignes), on prendra donc r = 9 - 1 = 8.

12.8.1.

Et à la ligne 8 de la table 7, on trouve que les seuils de 5% et de 1% sont respectivement 15,5073 et 20,0902. Avec la valeur 40,2893, notre χ^2 est très grand et donc très significatif. Nous pouvons donc dire que la proportion de gens qui approuvent l'action du gouvernement dans le domaine de la télévision par cable diffère d'une classe à l'autre.

Dans ce cas-ci également, on ne peut utiliser ce test que si:

$$\begin{cases} 1) & n \geq 50 \\ 2) & \text{les } f_0 \text{ et les } f_t \text{ sont plus grands ou égaux à 5} \end{cases}$$

12.8.2. EXERCICES ET SOLUTIONS

1. On a demandé à 490 personnes choisies au hasard comment elles avaien' appris l'existence d'une nouvelle série d'émissions de télévision en cir‧ cuit fermé, diffusées par câble. Voici les réponses obtenues avec leur fréquence.

1) Je ne m'en souviens plus: 172

2) Par un ami, un parent, un voisin: 101

3) En lisant une annonce dans un journal hebdomadaire: 88

4) En lisant une annonce dans un journal quotidien: 37

5) En lisant un dépliant spécial qui a été distribué partout dans la ville: 19

6) En ouvrant la télévision par hasard, à un canal inoccupé (il y avait une annonce): 21

7) En lisant le Feuillet Paroissial distribué à la cathédrale: 52

A partir de cet échantillon, a-t-on de bonnes raisons de dire que ces réponses ne sont pas équiprobables, dans la population entière, c.-à-d. que les variations constatées sont significatives? (Eliminer la réponse 1, qui n'a aucune valeur).

SOLUTION.

Eliminons les 172 "sans cervelle", il nous reste $490 - 172 = 318$ personnes, réparties en 6 catégories. On a donc bien $n > 50$. Si ces catégories étaient vraiment équiprobables, la fréquence espéré serait:

$$f_t = np = 318(1/6) = 53$$

Remarque bien que je n'utilise pas les f_0 pour arriver à cette conclusion. Nous avons donc le "charmant" tableau ci-dessous:

Tableau 12.4

Catégories	f_0	f_t	f_0-f_t	$(f_0-f_t)^2$	$\dfrac{(f_0 - f_t)^2}{f_t}$
2)	101	53	48	2 304	43,4717
3)	88	53	35	1 225	23,1132
4)	37	53	−16	256	4,8302
5)	19	53	−34	1 156	21,8113
6)	21	53	−32	1 024	19,3208
7)	52	53	− 1	1	0,0189
	318	318			112,5661 = χ^2

Puisque les f_t se trouvent sans connaître chacun des f_0, le nombre de degrés de liberté est $\nu = 6 - 1 = 5$. La table 7 donne:

$$\begin{cases} \text{seuil de } 5\% = 11,0705 \\ \text{seuil de } 1\% = 15,0863 \end{cases}$$

Avec notre $\chi^2 = 112,5661$, nous sommes dans le très, très, très, très, très rare! Il faut bien vite rejeter H_0. Les différences constatées sont éminemment significatives, et il est quasi certain que ces canaux d'information n'ont pas eu le même impact dans la population totale.

12.8.2.

2. Dans une enquête où l'on a contacté 1 931 adultes mâles au hasard dans une région donnée, on a demandé à ces personnes s'ils exerçaient actuellement la même profession que leur père. Le tableau 12.5 donne les effectifs des professions groupées en 8 catégories et les f_0, qui sont le nombre de "oui" dans chaque catégorie. Est-ce que ce tableau nous donne une preuve valable que la probabilité n'est pas la même, dans chaque catégorie?

Tableau 12.5

Catégories d'emploi	Effectifs	f_0
1) Professions libérales	50	8
2) Commerce et industrie	192	11
3) Fonctionnarisme	254	27
4) Banques et assurances	213	15
5) Ouvriers spécialisés ou semi-spéc.	594	43
6) Journaliers	307	27
7) Cultivateurs	192	18
8) Autres	129	13
	1 931	162

SOLUTION.

Nous voulons savoir si la proportion est la même dans chaque catégorie, mais nous ignorons quelle est cette proportion. Estimons-la en prenant la proportion totale de l'échantillon:

$$\overline{p} = \frac{\text{nombre de succès dans l'échantillon}}{\text{nombre de cobayes}} = \frac{162}{1\ 931} = 0,08389$$

On calcule alors les $f_t = n\ \overline{p}$:

50(0,08389) = 4,1945

192(0,08389) = 16,10688

. . . .

129(0,08389) = 10,82181

Un premier problème grave se pose: on a bien n > 50, mais la fréquence théorique de la première catégorie est 4,1945 < 5, et nous ne pouvons donc pas utiliser notre test. En effet, ce test exige que toutes les fréquences soient ≥ 5. Ce problème est facilement

12.8.2.

résolu en réunissant deux catégories qui ont des affinités. Dans notre cas, on peut grouper ensemble les deux premières catégories: on additionne les effectifs, les f_0 et les f_t, et les calculs se font comme dans le tableau 12.6.

Tableau 12.6

Catégories	Effectifs	f_0	f_t	f_0	f_t	$\dfrac{(f_0-f_t)^2}{f_t}$
1) profession libér.	50	8	4,19	\}19	20,30	0,0833
2) commerce et indust.	192	11	16,11			
3) fonctionnarisme	254	27	21,31	27	21,31	1,5193
4) banques et assur.	213	15	17,87	15	17,87	0,4609
5) ouvriers spécial. et semi-spécial.	594	43	49,83	43	49,83	0,9362
6) journaliers	307	27	25,75	27	25,75	0,0607
7) cultivateurs	192	18	16,11	18	16,11	0,2217
8) autres	129	13	10,82	13	10,82	0,4392
	1 931	162	161,99	162	161,99	3,7213

On a donc $\chi^2 = (\dfrac{1}{1-0,08389}) \times 3,7213 \doteq 4,062$. Le nombre de degrés de liberté est: $\nu = $ (7 termes après le regroupement) $- 1 = 6$. Le seuil de 5% est alors 12,5916. Notre valeur $\chi^2 = 4,062$ est plus petite que ce seuil.

Notre ajustement est bien meilleur, et n'a donc rien de surprenant. Nous n'avons donc aucune raison valable d'affirmer que la proportion diffère d'une catégorie à l'autre, puisque notre échantillon ne contient pas de différences significatives.

12.8.3. LA POPULATION EST-ELLE CONFORME AU MODÈLE DE POISSON?

12.8.3.1. CONTEXTE

Bien chère soeur, te souviens-tu de cette section 9.2 (larme nostalgique!) où je t'ai révélé tous les secrets d'une variable aléatoire de Poisson? Non? Hélas! Nous y avons vu que ce type de variable a une fonction de probabilité dont la forme est la suivante:

$$f(x) = p(x;\lambda) = \frac{\lambda^x e^{-\lambda}}{x!} \qquad , \qquad x = 0, 1, 2, 3, \ldots\ldots$$

Nous n'avons pas utilisé beaucoup cette relation puisque la table 2

12.8.3.1.

nous donne toutes les valeurs souhaitées. Te souvient-il, disciple bien-aimé, que dans ce contexte, $E(X) = V(X) = \lambda$? Vraiment pas? C'est dommage. En effet, je t'ai dit alors que ce modèle de Poisson peut s'appliquer dans un bon nombre de situations où le succès peut se produire x fois dans une période de temps donnée, moyennement certaines hypothèses supplémentaires. Tu as tout oublié? Malheur!

Donc, imaginons que l'on s'intéresse au nombre de gens qui entrent par minute dans une grande épicerie, entre 2 heures et 3 heures de l'après-midi. On a compilé 100 périodes d'une minute prélevées au hasard, et l'on a obtenu la distribution suivante:

Tableau 12.7

nombre de clients par minute	fréquences f_0
$0 \leq X < 2$	19
$2 \leq X < 4$	36
$4 \leq X < 6$	29
$6 \leq X < 8$	11
$8 \leq X < 10$	3
$10 \leq X < 12$	1
$12 \leq X < 14$	1
	100

Cette distribution peut-elle confirmer ou infirmer l'hypothèse que la population d'où provient cet échantillon est poissonnienne, c.-à-d. que la variable aléatoire X = "nombre de clients par minute dans la période en question" est une variable de Poisson?

Une variable de Poisson, c'est "ben beau"! Encore faut-il connaître le λ! Autant de valeurs de λ, autant de variables de Poisson! Puisque $E(X) = \lambda$, et qu'il est bien connu que $\overline{X}$ est un très bon estimateur de $E(X)$ (cf. section 11.1.3), utilisons ce $\overline{X}$ pour estimer λ.

Par la méthode habituelle, on calcule: (cf. section 3.1.4.3)

$$\overline{X} \simeq \frac{\sum fm}{n} - 0,5$$

Or les milieux de ces classes sont: 1   3   5   7   9   11   13.

12.8.3.1.

Donc $\overline{X} \simeq \dfrac{19(1) + 36(3) + 29(5) + 11(7) + 3(9) + 1(11) + 1(13)}{100} - 0,5$

$\overline{X} \simeq \dfrac{400}{100} - 0,5 = \boxed{3,5 \simeq \lambda}$

Avec cette estimation de λ, on va pouvoir calculer les fréquences théoriques f_t sans douleur.

En effet, la fréquence théorique de 0 est le nombre de cas où $X = 0$ en espérance, pour 100 répétitions de l'expérience, c.-à-d.

$nP(X = 0) = 100\ p(0;\lambda) = 100\ p(0;3,5)$

$\qquad = 100\ (0,0302) = 3,02$

De même, la fréquence théorique de 1 est

$nP(X = 1) = 100\ p(1;3,5)$

$\qquad = 100\ (0,1057) = 10,57$

Si l'on groupe ces deux f_t, on aura la fréquence théorique de la classe $0 \leq X < 2$: $f_t = 3,02 + 10,57 = 13,59$

De même, on peut faire les autres calculs comme dans le tableau 12.8.

Tableau 12.8

x	$p(x;3,5)$	f_t	f_t	f_0
0	0,0302	3,02	13,59	19
1	0,1057	10,57		
2	0,1850	18,50	40,08	36
3	0,2158	21,58		
4	0,1888	18,88	32,10	29
5	0,1322	13,22		
6	0,0771	7,71	11,56	11
7	0,0385	3,85		
8	0,0169	1,69	2,35	3
9	0,0066	0,66		
10	0,0023	0,23	0,30	1
11	0,0007	0,07		
12	0,0002	0,02	0,03	1
13	0,0001	0,01		
			100,01	100

Il faudra grouper ces 4 classes, pour que toutes les fréquences soient ≥ 5.

La suite des opérations est comme dans les deux sections précédentes: on doit grouper les classes adjacentes pour n'avoir que des fré-

12.8.3.1.

quences plus grandes ou égales à 5, ce qui est une condition du test. On doit aussi s'assurer que n ≥ 50. Ensuite, on calcule cette "homérique" chose de

$$\chi^2 = \sum \frac{(f_0 - f_t)^2}{f_t}$$

comme dans le tableau 12.9.

Tableau 12.9

f_0	f_t	$(f_0 - f_t)^2/f_t$
19	13,59	2,1536
36	40,08	0,4153
29	32,10	0,2994
16	14,24	0,2175
100	100,01	3,0858 $= \chi^2$

Dans ce type de problème où l'on veut juger des hypothèses suivantes:

H_1: "Le modèle de Poisson est inadéquat"

H_0: "Le modèle de Poisson est adéquat"

et où l'on doit estimer λ en calculant $\overline{X}$ ($\lambda = \overline{X}$), le nombre de degrés de liberté est:

$\nu =$ (nombre de termes utilisés après regroupement pour calculer χ^2)- 2

Dans notre cas, on a $\nu = 4 - 2 = 2$. Et les seuils sont: 5,9914 et 9,2103. Notre petit $\chi^2 = 3,0858$ est bien loin de ces seuils critiques , et les différences entre les f_0 et les f_t ne sont donc pas significatives.

Donc ces différences sont très acceptables, et nous n'avons aucune raison de rejeter l'hypothèse que X = "nombre de clients par minute entre 2 heures et 3 heures p.m." est une variable aléatoire de Poisson, avec $\lambda = 3,5$.

Ceci n'est qu'un exemple, mais tous les problèmes de ce type se

12.8.3.1.

font de la même façon.

12.8.3.2. EXERCICES ET SOLUTIONS

Retournons à cette belle époque où les anglais recevaient des bombes allemandes sur la tête. L'histoire se passe à Londres. Les flegmatiques anglais ayant l'impression que les bombes tombaient toujours où il ne fallait pas (Aoh! Cela est choquant!) se demandèrent si elles tombaient au hasard sur la ville, ou si elles étaient guidées par un mécanisme quelconque, vers un endroit précis. Un brillant gentleman eut l'idée de diviser la carte de Londres en 576 carreaux d'égales dimensions. (Pourquoi 576? Fouillez-moi! Nous sommes en Angleterre!). A un moment donné, il a compté combien de carreaux avaient reçu 0 bombe, 1 bombe, etc. Voici la compilation en question.

Tableau 12.10

nombre de bombes reçues	nombre de carreaux
0	229
1	211
2	93
3	35
4 ou plus	8
	576

12.8.3.2.

a) Que vaut l'hypothèse que cet échantillon provient d'une population poissonnienne?

b) Expliquer pourquoi cette hypothèse poissonnienne est presque équivalente à supposer que les bombes tombent au hasard sur la ville.

SOLUTION.

a) Cherchons d'abord à estimer λ. On sait qu'on estime λ avec $\overline{X}$.

Or $\overline{X} = \dfrac{\Sigma fv}{n} \simeq \dfrac{229(0) + 211(1) + 93(2) + 35(3) + 8(\simeq 5)}{576}$

$\overline{X} \simeq \dfrac{211 + 186 + 105 + 40}{576} \simeq \dfrac{542}{576} \simeq 0,94$

Posons $\lambda = 0,9$ pour pouvoir utiliser la table 2.

On calcule les $f_t = n\, p(x;\lambda) = 576\, p(x;0,9)$

Pour la classe de "4 et plus" (la dernière ligne), on calcule

$f_t = n\, P(X \ge 4) = 576[p(4;0,9) + p(5;0,9) + \ldots]$

$f_t = 576[0,0111 + 0,0020 + 0,0003 + 0,0000 + \ldots]$

$f_t = 576[0,0134] \simeq 7,72$

Puis on calcule cette "sémillante" chose de χ^2 dans le tableau 12.11.

Tableau 12.11

x	$p(x;0,9)$	f_0	f_t	$(f_0 - f_t)^2/f_t$
0	0,4066	229	234,20	0,1155
1	0,3659	211	210,76	0,0003
2	0,1647	93	94,87	0,0369
3	0,0494	35	28,45	1,5080
4 ou plus	0,0134	8	7,72	0,0102
		576	576,00	$1,6709 = \chi^2$

On a bien:

1) $n > 50$

2) $f_0 \ge 5$ et $f_t \ge 5$

Le nombre de degrés de liberté est: $\nu = 5 - 2 = 3$. La table 7 nous dit que le seuil de 5% est 7,8147. Avec notre valeur $\chi^2 = 1,6709$, nous en sommes bien loin. Ce n'est donc pas une expérience convaincante et les différences entre les f_0 et les f_t ne sont pas significatives. Rien ne nous autorise à nier

12.8.3.2.

l'hypothèse que la variable aléatoire X: "nombre de bombes reçues par un carreau donné" est une variable de Poisson.

b) Voici Londres découpée en 576 carreaux. Il est tombé environ 542 bombes. En effet,

1 bombe dans 211 carreaux   = 211

2 bombes dans 93 carreaux   = 186

3 bombes dans 35 carreaux   = 105

4 ou plus ~ 5 bombes dans 8 carreaux ≃   40

542 bombes

Prenons l'un de ces carreaux. Si une bombe tombe au hasard sur la ville, la probabilité qu'elle choisisse ce carreau précis est 1/576, puisqu'il y a 576 carreaux équiprobables. Donc $p = 1/576$. S'il tombe 542 bombes au hasard, la probabilité que mon carreau reçoive x bombes est $b(x;n,p) = b(x;542,1/576)$. Mais le nombre espéré de bombes est $np = 542 \times \frac{1}{576} \simeq 0,94 < 5$, et alors on utilise l'approximation de Poisson, avec $\lambda = np = 0,94$, et P(mon carreau reçoive x bombes) $\simeq p(x;\lambda)$.

Donc le nombre X de bombes que reçoit mon carreau est une variable de Poisson avec $\lambda = \frac{542}{576} \simeq 0,94$.

Bref, si les bombes tombent au hasard, la variable X est une Poisson $p(x;0,94)$. L'hypothèse poissonnienne et l'hypothèse que les bombes tombent au hasard sont donc très étroitement reliées. Et l'on a vu que l'on a aucune raison de rejeter l'hypothèse poissonnienne. Donc on n'a aucune raison de s'inquiéter. Effectivement, nous savons aujourd'hui que les bombes allemandes n'étaient pas guidées vers des objectifs précis.

12.8.3.2.

12.8.4.   LA POPULATION EST-ELLE CONFORME AU MODÈLE NORMAL?

Nous voulons maintenant répondre à la question suivante: "L'é-chantillon que voici provient-il d'une population normale?" C'est une question très importante puisque d'une part, l'hypothèse de normalité est requise dans certains tests comme on l'a vu précédemment, et que d'autre part, en sciences humaines il est fréquent de rencontrer des populations normales[1].

Nous allons donc étudier un nouveau test d'ajustement que l'on peut appeler aussi *le test de normalité*. Il est encore basé sur le cal-

---

[1]   Dans le domaine de la psychologie, les chercheurs ont parfois la pos-sibilité d'obtenir les modèles qu'ils désirent (généralement le mo-dèle normal) en choisissant et en pondérant convenablement les ques-tions.

12.8.4.

cul d'un χ^2. Il faudra donc tout d'abord s'assurer que la taille de notre échantillon est très grande: $n \geq 50$. Cette condition est un peu dé-
cevante puisque l'hypothèse de normalité est requise en général pour les
échantillons petits: $n < 30$ (cf. section 11.2.1 et 12.4.1). Mais un é-
chantillon petit ne nous renseigne pas beaucoup sur la structure de la
population dont il est tiré, aussi on doit exiger que $n \geq 50$.

Fonçons donc tête première dans un exemple bien choisi et exécuté
au long.

12.8.4.1. LES FRÉQUENCES NORMALES

Supposons que l'on pèse un échantillon de $n = 351$ nouveaux nés
simples (c.-à-d. non jumeaux), et que ces poids (en kg) donnent la distribution ci-dessous. On calcule $\overline{X} = 3,30$ et $s = 0,59$.

Tableau 12.12

classes	f_0
moins de 2	7
2 à 2,5	15
2,5 à 3,0	63
3,0 à 3,5	134
3,5 à 4	97
4 et plus	35
	$n = 351$

On veut tester les hypothèses suivantes:

H_1: "La population d'où provient cet é-
chantillon n'est pas normale".

H_0: "Cette population est normale".

Dans ce contexte, les hypothèses H_1 et
H_0 sont toujours formulées de cette façon.

Pour prendre une décision, il faudra comparer ces fréquences observées f_0 avec les fréquences théoriques f_t, c.-à-d. celles que l'on
peut espérer si la population suit une loi normale avec les mêmes moments. Le calcul de ces fréquences théoriques n'a rien de grisant.
Mais comme le disait ma petite coquine de grand-mère: "..." (Elle avait
une laryngite cette fois-là!)

Il faut d'abord exprimer les frontières de nos classes sous la
forme standardisée. Par exemple, on remplace 2 par

$$\frac{2 - \overline{X}}{s} = \frac{2 - 3,30}{0,59} \simeq -2,20$$

$$\frac{2,5 - 3,3}{0,59} \simeq 1,36 \text{ etc}$$

12.8.4.1.

Ces frontières standardisées sont indiquées dans la figure 12.9.

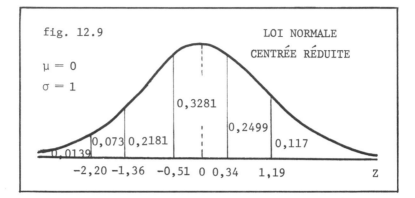

Avec ces valeurs, on peut trouver les probabilités de chacune de ces 6 classes, à l'aide de la table 3, par la méthode de la section 10.3.2.

Par exemple, pour la première classe, on a:

$$P(Z < -2,20) = 0,5 - P(-2,20 < Z < 0) = 0,5 - P(0 < Z < 2,20)$$
$$= 0,5 - 0,4861 = 0,0139$$

Pour la seconde classe, on a :

$$P(-2,20<Z<-1,36)=P(-2,20<Z<0)-P(-1,36<Z<0)=P(0<Z<2,20)-P(0<Z<1,36)$$
$$= 0,4861 - 0,4131 = 0,0730$$

Pour obtenir les fréquences théoriques f_t, il faut multiplier chacune de ces probabilités par n = 351. On obtient:

$$0,0139 \times 351 = \quad 4,8789$$
$$0,0730 \times 351 = \quad 25,623$$
$$0,2181 \times 351 = \quad 76,5531$$
$$0,3281 \times 351 = 115,1631$$
$$0,2499 \times 351 = \quad 87,7149$$
$$0,1170 \times 351 = \quad 41,067$$

Ces fréquences ont une partie décimale que l'on peut conserver puisque ce sont en fait des espérances. Par exemple 4,8789 est l'espérance du nombre de nouveaux-nés qui pèseront moins de 2 kg dans un groupe de 351.

12.8.4.1.

En général, la paresse nous incite à arrondir un peu les f_t de façon à ne conserver que deux décimales.

12.8.4.2. LE TEST DU χ^2

Pour comparer ces f_t avec les f_0 correspondants, il faut d'abord
que n ≥ 50 ce qui ne pose pas de problème ici puisque n = 351. Mais il
faut aussi que toutes les fréquences observées ou théoriques soient plus
grandes ou égales à 5. Or notre première fréquence théorique
f_t = 4,8789 < 5. Problème! Il suffit encore ici de regrouper les deux
classes adjacentes. On obtiendra donc les f_0 et les f_t du tableau 12.13.

Tableau 12.13

f_0	f_t	$(f_0 - f_t)^2/f_t$
} 22	} 30,50	2,3689
63	76,55	2,3985
134	115,16	3,0822
97	87,71	0,9840
35	41,07	0,8971
		9,7307 = χ^2

Il ne reste qu'à calculer encore ici notre bon vieux χ^2:

$$\chi^2 = \sum \frac{(f_0 - f_t)^2}{f_t}$$

qui donne χ^2 = 9,7307. Dans ce genre de problème, le nombre de degrés
de liberté ν se calcule de la façon suivante:
ν = (nombre de termes qui servent à calculer χ^2 après regroupement) - 3

Nous avons finalement pris 5 classes, donc ν = 5 - 3 = 2. Or à la
ligne 2 de la table 7, on peut lire que les seuils de 5% et de 1% sont
respectivement 5,9914 et 9,2103. Avec notre valeur calculée χ^2 = 9,7307,
nous dépassons le seuil de 1% ce qui est un événement très rare. On doit
donc rejeter H_0 et l'on peut affirmer que cet échantillon provient d'une
population qui n'est pas conforme au modèle normal.

Tous les problèmes de ce type se font de façon analogue. Un seul

12.8.4.2.

point est à signaler: lorsque les données ne prennent que des valeurs
entières, il faut appliquer la correction de continuité comme à la section 10.4.1.   En effet, une mesure discontinue ne peut jamais être conforme au modèle normal qui convient à une variable continue.   Toutefois,
comme on l'a vu, on peut considérer que cette mesure discontinue n'est
qu'un résultat *officiel arrondi* d'une mesure qui, elle, est continue.
Cette mesure *réelle* continue peut être comparée au modèle normal; il
s'agit d'ajouter ou d'enlever convenablement une petite quantité de 0,5.
Dans les problèmes 2 et 3 de la section suivante, on verra comment résoudre ce type de problèmes.

12.8.4.3.   EXERCICES ET SOLUTIONS

1.   On prélève un échantillon de $n = 200$ baguettes d'acier produites par
une machine et on mesure leur diamètre en cm.   On obtient $\overline{X} = 1,198$ cm
et $s = 0,046$ cm ainsi que la distribution du tableau 12.14.   Que penser
de l'hypothèse que cet échantillon provient d'une population normale?

Tableau 12.14

Classes	f_0
moins de 1,12	7
1,12 à 1,15	20
1,15 à 1,18	46
1,18 à 1,21	54
1,21 à 1,24	37
1,24 à 1,27	24
1,27 et plus	12
	$n = 200$

SOLUTION.

H_0: "La population est normale"

H_1: "La population n'est pas normale"

12.8.4.3.

Tableau 12.15

Classes standardisées	Probabilités	f_t	$(f_0 - f_t)^2/f_t$
moins de −1,70	0,5 − 0,4554=0,0446	8,92	0,4133
−1,70 à −1,04	0,4554−0,3508=0,1046	20,92	0,0405
−1,04 à −0,39	0,3508−0,1517=0,1991	39,82	0,9591
−0,39 à 0,26	0,1517+0,1026=0,2543	50,86	0,1939
0,26 à 0,91	0,3186−0,1026=0,2160	43,20	0,8898
0,91 à 1,57	0,4418−0,3186=0,1232	24,64	0,0166
1,57 et plus	0,5−0,4418=0,0582	11,64	0,0111
			2,5243 $= \chi^2$

$\nu = 7 - 3 = 4$. Donc le seuil de 5% est 9,4877. Notre valeur de $\chi^2 =$ 2,5243 ne rejoint pas ce seuil. Il n'y a donc aucune raison de rejeter H_0. On ne peut donc pas prouver que cette population n'est pas normale.

2. A un échantillon de n = 137 personnes, on pose une question dont la réponse est l'une des cotes suivantes:

1: très insatisfait

2: insatisfait

3: légèrement insatisfait

4: légèrement satisfait

5: satisfait

6: très satisfait

fig. 12.10

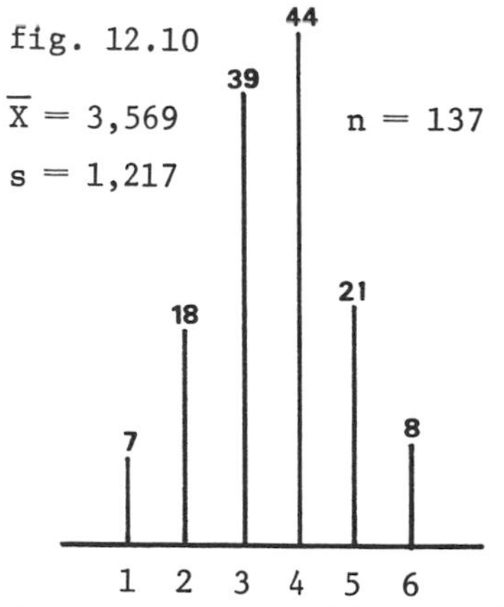

$\overline{X} = 3,569$ n = 137

s = 1,217

Si l'on obtient la distribution de la figure 12.10, que penser de l'hypothèse que cette variable est d'une certaine manière conforme au modèle normal?

12.8.4.3.

SOLUTION.

Lorsque la cote officielle est 2 par exemple, on suppose que c'est la valeur arrondie d'une cote réelle qui est quelque part entre 1,5 et 2,49999999 ≈ 2,5. De même, la cote 3 correspond à l'intervalle de 2,5 à 3,5 etc. Pour la cote 1, on suppose qu'elle correspond à l'intervalle "moins de 1,5". En effet, si l'on veut que cette prétendue cote réelle soit une variable normale, il faut qu'elle puisse varier de − ∞ à + ∞, et non être bornée, c.-à-d. contenue entre 0,5 et 6,5. On a donc les classes du tableau 12.16 avec la suite des opérations.

Tableau 12.16

Classes	Classes standard	Probabilités	f_t	f_0	$(f_0 - f_t)^2 / f_t$
moins de 1,5	moins de −1,70	0,05−0,4554 = 0,0446	6,11	7	0,1296
1,5 à 2,5	−1,70 à −0,88	0,4554−0,3106 = 0,1448	19,84	18	0,1706
2,5 à 3,5	−0,88 à −0,06	0,3106−0,0239 = 0,2867	39,28	39	0,0020
3,5 à 4,5	−0,06 à 0,76	0,0239+0,2764 = 0,3003	41,14	44	0,1988
4,5 à 5,5	0,76 à 1,59	0,4441−0,2764 = 0,1677	22,97	21	0,1690
5,5 et plus	1,59 et plus	0,5−0,4441 = 0,0559	7,66	8	0,0151
		1,0000	137,00	137	0,6851 $= \chi^2$

$\nu = 6 - 3 = 3$. Le seuil de 5% est 7,8147. Notre $\chi^2 = 0,6851$ est beaucoup plus petit, aussi nous n'avons aucune raison de rejeter l'hypothèse que la cote réelle est normale.

3. Au numéro 13 de la section 4.5, on donnait l'histogramme de la figure 12.11 qui représente les quotients intellectuels de 830 étudiants de Secondaire II. Sachant que les résultats ne sont que des entiers, que penser de l'hypothèse que ces quotients sont conformes au modèle normal? (Pour diminuer les calculs, regrouper les deux classes adjacentes à chaque extrémité de la distribution).

12.8.4.3.

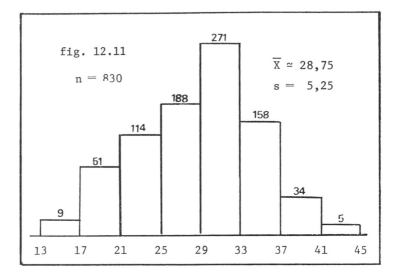

fig. 12.11

n = 830

$\overline{X} \simeq 28,75$

s = 5,25

SOLUTION.

Les 114 étudiants dont la cote officielle arrondie est dans la classe $21 \leq x < 25$ ont des résultats réels qui varient en fait de 20,5 à 24,5. De même, les deux premières classes réunies contiennent tous ceux dont le résultat officiel est inférieur à 21, c.-à-d. ceux dont le résultat réel est inférieur à 20,5. Cela nous donne les classes du tableau 12.17 avec la suite des opérations.

Tableau 12.17

Classes	Classes standard	Probabilités	f_t	f_0	$(f_0 - f_t)^2/f_t$
moins de 20,5	moins de -1,57	0,5-0,4418= 0,0582	48,31	9+51=60	2,8287
20,5 à 24,5	-1,57 à -0,81	0,4418-0,2910=0,1508	125,16	114	0,9951
24,5 à 28,5	-0,81 à -0,05	0,2910-0,0199=0,2711	225,01	188	6,0875
28,5 à 32,5	-0,05 à 0,71	0,0199+0,2611=0,2810	233,23	271	6,1166
32,5 à 36,5	0,71 à 1,48	0,4306-0,2611=0,1695	140,69	158	2,1298
36,5 et plus	1,48 et plus	0,5-0,4306=0,0694	57,60	34+5=39	6,0063
		1,0000	830,00	830	24,1640 $= \chi^2$

12.8.4.3.

Puisque $\nu = 6 - 3 = 3$, alors le seuil de 1% est 11,3449. Avec une valeur $\chi^2 = 24,1640$, il faut absolument rejeter H_0. C'est très embêtant parce qu'on a l'habitude de dire que les quotients intellectuels sont distribués normalement. Or nous sommes en présence d'un cas où des quotients intellectuels ne sont pas conformes au modèle normal. Cette absence de normalité pose des problèmes. Le test est-il mal calibré? L'échantillon est-il biaisé? Le test a-t-il été bien administré? Cette population est-elle spéciale? Autant de questions que le spécialiste devra étudier.

12.8.5. EXERCICES

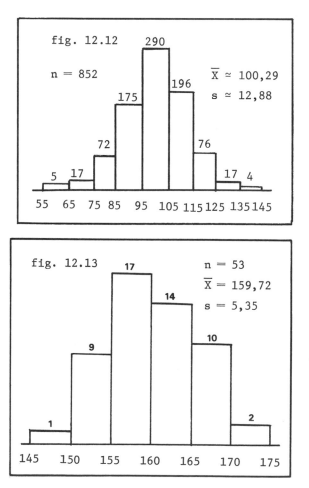

1. La figure 12.12 représente les quotients intellectuels de n = 852 adultes. Ces quotients ne sont exprimés que par des entiers. Que penser de l'hypothèse de normalité? (Regrouper les deux classes de chaque bout de la distribution).

fig. 12.12

n = 852

$\overline{X} \simeq 100,29$

s $\simeq$ 12,88

290 196 175 72 76 5 17 17 4

55 65 75 85 95 105 115 125 135 145

2. Au numéro 3, section 2.6, on a obtenu l'histogramme de la figure 12.13 qui représente la taille en cm d'un échantillon de 53 étudiants mâles d'un CEGEP. Si ces tailles ne sont exprimées que par des entiers, que penser de l'hypothèse de normalité des tailles?

fig. 12.13

n = 53

$\overline{X}$ = 159,72

s = 5,35

17 14 9 10 1 2

145 150 155 160 165 170 175

12.8.5.

3. Retourne lire le no 1 de la section 12.8.2. Nous y avons établi
que les fréquences de ces 6 classes (bla-bla, hebdo, quotidien, dépliant,
télévision, feuillet) ne sont pas égales dans la population. Si l'on
élimine les deux premières, qui sont les plus populaires, peut-on affirmer que les catégories restantes (4,5,6,7) sont équiprobables? Ces fréquences sont indiquées au tableau 12.18.

Tableau 12.18

Catégories	f_0
4) Annonce dans un quotidien	37
5) Dépliant spécial	19
6) Annonce sur canal de télévision inoccupé	21
7) Feuillet paroissial	52
	129

4. Si, dans le numéro précédent, on ne garde que les trois premières
catégories (4,5 et 6), peut-on soutenir l'hypothèse d'équiprobabilité?

5. On a contacté 563 étudiants choisis au hasard parmi les finissants
des universités d'une certaine région. On leur a demandé au début de
juin, s'ils avaient un emploi assuré. Voici la répartition des "oui"
en 5 catégories.

Tableau 12.19

Catégories	Effectifs	f_0
1) Sciences	177	9
2) Langues	55	9
3) Education et psychologie	52	11
4) Sociologie, antropologie, sciences politiques	38	11
5) Autres	241	20
	563	60

Que vaut l'hypothèse que la difficulté est égale dans ces 5 catégories?
(Grouper les catégories 3 et 4 pour éviter d'obtenir une fréquence théorique plus petite que 5).

12.8.5.

6. Dans 7 universités américaines, on a choisi un échantillon au hasard, et on a demandé à ces étudiants s'ils consommaient en moyenne, plus de 3 "chewing-gum" par jour. Voici les effectifs de chaque échantillon, et le nombre de "oui" pour chacune.

Tableau 12.20

Universités	Effectifs	f_0
Boston	52	44
Colombia	100	90
Cornell	70	53
Harvard	51	35
Michigan	121	71
Yale	82	44
Purdue	61	41
	537	378

Ce tableau permet-il de dire que la proportion de "chiqueux" est la même dans ces 7 universités?

7. Supposons qu'en février, on choisisse un échantillon de 195 étudiants au hasard parmi les étudiants de 1ère année d'un CEGEP. On leur demande combien de cours ils ont échoué à la session précédente. Voici le tableau des échecs.

Tableau 12.21

nombre d'échecs	0	1	2	3	4	5
nombre d'étudiants	124	43	16	10	1	1

Serait-il raisonnable de prétendre que cette population est poissonnienne? Cela équivaudrait plus ou moins à dire que les échecs tombent *au hasard* sur les étudiants!

8. Dans un club de chasse au lièvre, 70 chasseurs compilent leurs prises, à la fin de la journée d'ouverture de la chasse. Voici les résultats:

12.8.5.

Tableau 12.22

nombre de lièvres tués	0	1	2	3	4	5	6
fréquences	17	20	19	10	2	1	1

Peut-on prétendre que le nombre de victimes d'un chasseur en particulier est une variable aléatoire poissonnienne?

9. Une experte pense que le nombre de poissons qu'un pêcheur, au hasard, rapporte après un après-midi de pêche au Lac Ordure est une variable de Poisson! Or une compilation de 100 cas choisis au hasard donne les résultats du tableau 12.23.

Tableau 12.23

nombre de prises	0	1	2	3	4	5	6	7
f_0	24	35	21	12	5	2	0	1

A-t-on de bonnes raisons de rejeter cette hypothèse?

10. Un jour, j'ai tiré un grand coup de fusil de calibre 16 sur une cible de carton (histoire de me défouler après une réunion enfumée avec mon directeur de département!). En découpant la cible en tranches verticales et en comptant combien de plombs sont arrivés dans chaque tranche, on obtient l'histogramme de la page suivante. Pour calculer la moyenne et l'écart-type, il faut assigner des valeurs aux milieux de ces classes: j'ai choisi -4 -3 -2 -1 0 1 2 3 4. Que penser de l'hypothèse de normalité?

(Tu peux regrouper les deux classes de gauche et les trois de droite : je veux te conserver en vie jusqu'à la fin!)

12.8.5.

11. Par un beau soir de dépression, je me suis amusé à laisser tomber 471 petits clous, à partir d'un point fixe à un mètre du sol, sur un grand carton découpé en tranches parallèles un peu comme dans le problème précédent. J'ai ensuite compté le nombre de clous dans chaque tranche et j'ai obtenu l'histogramme de la figure 12.14. Encore ici, j'ai arbitrairement choisi les nombres 1 2 3 4 ... 9 comme milieux de ces classes. Que penser de l'hypothèse de normalité?
(Pour simplifier, groupe les deux classes adjacentes à chaque extrémité de la distribution).

12.8.5.

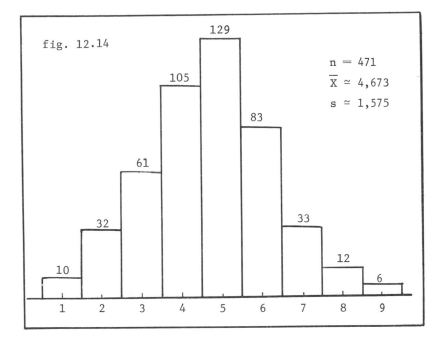

fig. 12.14

$n = 471$

$\overline{X} \simeq 4,673$

$s \simeq 1,575$

12.9 TABLEAU DE CONTINGENCE : UN AUTRE TEST DE χ^2

Si l'on veut étudier le lien qu'il peut y avoir entre deux caractères, on peut prendre un échantillon de n individus, les mesurer, calculer le coefficient de corrélation et l'intervalle de confiance comme
on a appris à le faire à la section 11.4.

Nous allons maintenant aborder une autre façon de procéder qui sera particulièrement utile dans les cas où l'un au moins des caractères
en question est qualitafif. Mais examinons ce procédé à l'aide d'un
exemple.

12.9.1. UN EXEMPLE DÉTAILLÉ

Un professeur d'université enseigne une matière à 84 étudiants de
première année. A la fin du cours, il attribue des cotes A,B,C,D,E à
ses élèves. Supposons qu'il se demande si la provenance de ses élèves
a un lien avec leurs cotes. Il compile alors le tableau 12.23.

12.9.1.

Tableau 12.23

Répartition des	COTES				
84 élèves	A	B	C	D	E
CEGEP de Ste-Nicotine	3	5	10	6	0
CEGEP de Ste-Emphysème	2	5	15	4	3
CEGEP de St-Cancer	2	4	13	8	4

(PROVENANCE, colonne de gauche)

Il faut remarquer que les cotes A,B,C,D,E pourraient être quantifiées.

Il suffirait de les remplacer par les résultats 4, 3, 2, 1, 0 car il y a bien une graduation réelle entre ces résultats. Par contre, la provenance ne peut pas vraiment être quantifiée. Même si l'on remplaçait les noms des CEGEPS par des chiffres comme 1, 2, 3, cela ne voudrait rien dire parce que ces numéros ne correspondent pas à une augmentation d'une qualité quelconque. Nous sommes donc bien en présence d'une situation où l'une au moins des deux séries ne peut être quantifiée (série qualitative).

Le test que nous voulons utiliser exige les deux conditions suivantes:

1) $n \geq 50$
2) *tous les chiffres apparaissant au tableau doivent être supérieurs ou égaux à 5.*

La première condition ne nous cause aucun problème puisque $n = 84$. La deuxième condition nous empêche de continuer puisque notre tableau contient des nombres inférieurs à 5. On peut contourner cette difficulté encore une fois en regroupant des classes qui ont une certaine affinité entre elles. Regroupons donc les résultats A et B, de même que les résultats D et E. On obtient le tableau 12.24, avec lequel on pourra

12.9.1.

continuer nos travaux.

Tableau 12.24

Tableau des f_0	A ou B	C	D ou E
CEGEP de Ste-Nicotine	8	10	6
CEGEP de Ste-Emphysème	7	15	7
CEGEP de St-Cancer	6	13	12

On appelle *fréquences observées* les chiffres de ce tableau, et on les représente par le symbole f_0.

Un examen rapide de ce tableau indique que le CEGEP de Ste-Nicotine semble "plus fort" que celui de Ste-Emphysème, lui-même "plus fort" que celui de St-Cancer. Mais peut-on se fier à ces mesures? Elles ne sont basées que sur un échantillon et les différences entre ces fréquences f_0 ne sont pas très grandes. Pour répondre à cette question, il faut continuer notre étude. Allons-y.

Dans ce contexte, les hypothèses doivent être formulées ainsi:

H_1: "Il y a un lien entre les deux caractères".

H_0: "Meu non! Ces deux caractères sont indépendants"!

On doit d'abord faire la somme des f_0 de chaque ligne. Ces totaux seront désignés par la lettre L (pour **l**igne). On fera de même la somme des f_0 de chaque colonne. Ces totaux seront désignés par la lettre C (pour **c**olonne). On indique ces nombres dans le tableau 12.25 de la façon suivante:

12.9.1.

Tableau 12.25

Tableau des f_0	A ou B	C	D ou E	L
CEGEP de Ste-Nicotine	8	10	6	24
CEGEP de Ste-Emphysème	7	15	7	29
CEGEP de St-Cancer	6	13	12	31
C	21	38	25	n = 84

On doit vérifier que $\sum C = \sum L = 84$ ce qui est indispensable.

Pour décider si ce tableau nous permet de rejeter l'hypothèse H_0 (indépendance des caractères), il faudrait pouvoir décider si les fréquences observées f_0 sont incompatibles avec cette hypothèse H_0. Il faudrait pouvoir décider si ces f_0 sont significativement différents des fréquences que l'on devrait idéalement avoir lorsque H_0 est vraie. Ces fréquences idéales sont appelées *fréquences théoriques* et désignées par le symbole f_t.

Nous devons donc maintenant calculer ces fréquences théoriques f_t. Suis-moi, O vénérable lectrice! Pour calculer les f_t, il faut supposer que H_0 est vraie, ce qui veut dire que les deux caractères (résultat scolaire et provenance) sont indépendants. Si l'on regarde la dernière ligne du tableau 12.25, on voit que les 84 élèves se partagent ainsi dans les trois classes de résultats:

$$
\begin{array}{ccc}
\text{A ou B} & \text{C} & \text{D ou E} \\
21 & 38 & 25
\end{array}
\qquad \text{total: } n = 84
$$

Si l'on exprime cette répartition en fractions ou pourcentages, on aura:

12.9.1.

	A ou B	C	D ou E		
Fractions :	$\dfrac{21}{84}$	$\dfrac{38}{84}$	$\dfrac{25}{84}$	total:	$\dfrac{84}{84}$
Pourcentages:	25%	45,24%	29,76%	total:	100%

Si H_0 est vraie, c.-à-d. si la provenance n'a rien à voir avec les résultats, les 24 élèves qui viennent par exemple de Ste-Nicotine devraient se distribuer idéalement selon les mêmes pourcentages, dans les trois classes de résultats. On devrait donc avoir des fréquences voisines de :

A ou B	C	D ou E	
25% de 24	45,24% de 24	29,76% de 24	
ou	ou	ou	
0,25 × 24	0,4524 × 24	0,2976 × 24	
6,000	10,8576	7,1424	total: 24

Ces derniers chiffres sont précisément les fréquences théoriques f_t de la première ligne du tableau. Ce sont en fait des espérances, aussi on peut conserver leur partie décimale. Toutefois, encore ici, la paresse nous pousse à les arrondir à deux décimales. On aura donc, pour la première ligne du tableau:

$$f_t: \quad 6,00 \quad 10,86 \quad 7,14$$

De la même façon, on obtiendra les f_t des deux autres lignes:

	A ou B	C	D ou E	
Deuxième ligne:	25% de 29	45,24% de 29	29,76% de 29	
	ou	ou	ou	
	0,25 × 29	0,4524 × 29	0,2976 × 29	
f_t:.	7,25	13,12	8,63	total: 29

	A ou B	C	D ou E	
Troisième ligne:	25% de 31	45,24% de 31	29,76% de 31	
	ou	ou	ou	
	0,25 × 31	0,4524 × 31	0,2976 × 31	
f_t:	7,75	14,02	9,23	total: 31

12.9.1.

A ce stade de notre développement, on peut écrire tous les f_0 et les f_t dans le tableau de la façon suivante:

Tableau 12.26

Tableau des f_0 / f_t	A ou B	C	D ou E	L
CEGEP de Ste-Nicotine	8 / 6,00	10 / 10,86	6 / 7,14	24
CEGEP de Ste-Emphysème	7 / 7,25	15 / 13,12	7 / 8,63	29
CEGEP de St-Cancer	6 / 7,75	13 / 14,02	12 / 9,23	31
C	21	38	25	n = 84
C/n	0,25	0,4524	0,2976	

Ce tableau s'appelle un *tableau de contingence*.

Pour décider si ces f_0 et ces f_t s'écartent suffisamment les uns des autres pour permettre de rejeter l'hypothèse H_0: "Les deux caractères sont indépendants", on va encore utiliser cette bonne vieille "bibitte" de $\chi^2 = \sum \dfrac{(f_0 - f_t)^2}{f_t}$. On doit donc calculer $\dfrac{(f_0 - f_t)^2}{f_t}$ pour chacun des 9 carrés du tableau, et additionner ensuite les résultats obtenus. Allons-y courageusement!

$$\chi^2 = \begin{cases} \dfrac{(8 - 6)^2}{6} + \dfrac{(10 - 10,86)^2}{10,86} + \dfrac{(6 - 7,14)^2}{7,14} \\[2mm] \dfrac{(7 - 7,25)^2}{7,25} + \dfrac{(15 - 13,12)^2}{13,12} + \dfrac{(7 - 8,63)^2}{8,63} \\[2mm] \dfrac{(6 - 7,75)^2}{7,75} + \dfrac{(13 - 14,02)^2}{14,02} + \dfrac{(12 - 9,23)^2}{9,23} \end{cases}$$

$$\chi^2 = \begin{cases} 0,66667 + 0,06810 + 0,18202 \\ 0,00862 + 0,26939 + 0,30787 \\ 0,39516 + 0,07421 + 0,83130 \end{cases}$$

12.9.1.

$\chi^2 = 2{,}80334$

Bien sûr! Un tel calcul demande une grande force morale, surtout si le nombre de colonnes et de lignes est considérable. Mais je te réfère, O bien-aimé lecteur, aux sages maximes que ma petite "crasse" de grand-mère n'a cessé de prodiguer, même la veille de son suicide!

Il reste à décider si cette valeur de $\chi^2 = 2{,}80334$ est étonnante dans ce contexte. Est-elle assez grande pour nous obliger à rejeter l'hypothèse H_0, et à affirmer qu'il y a un lien entre la provenance des élèves et leurs résultats? En effet, lorsque le χ^2 prend une grande valeur, cela veut dire que les f_0 et les f_t sont mal ajustées, et que les fréquences théoriques f_t ne conviennent pas aux fréquences f_0 que l'on a observées. Donc l'hypothèse H_0 (qui dit: "indépendance") donne des f_t qui ne conviennent pas. On devra donc rejeter H_0 si χ^2 est trop grand.

Encore ici, c'est la table 7 qui nous donnera les seuils de 5% et de 1%, quand on connaîtra le nombre de degrés de liberté ν du χ^2.

Or dans ce type de problème, on a

$\nu = $ (nombre de colonnes - 1) $\times$ (nombre de lignes - 1)

Nous avons actuellement un tableau de 3 lignes et 3 colonnes, on calcule donc: $\nu = (3 - 1)(3 - 1) = (2)(2) = 4$.

A la ligne 4 de la table 7, on voit que les seuils de 5% et de 1% sont respectivement: 9,4877 et 13,2767.

Notre pauvre petite valeur de $\chi^2 = 2{,}80334$ est bien inférieure à ces seuils, et n'est donc pas surprenante du tout.

On n'a donc aucune raison de rejeter H_0. On n'a donc pas de raison sérieuse de rejeter l'hypothèse que la provenance et les résultats sont deux caractères indépendants.

Tous les problèmes où on doit vérifier l'existence d'un lien entre deux variables qualitatives peuvent se traiter de cette façon.

12.9.2. EXERCICE ET SOLUTION

Dans une certaine ville, on a choisi un échantillon aléatoire de $n = 204$ personnes et on voudrait juger si les hommes et les femmes de

cette ville ont des distributions d'âges comparables. Dans ce but, on
compile les données, et on obtient le tableau 12.27.

Tableau 12.27

Tableau des âges	Hommes	Femmes
18 à 20 ans	13	12
21 à 25 ans	21	21
26 à 35 ans	23	30
36 à 45 ans	20	22
46 à 55 ans	13	14
56 et plus	9	6

Ces fréquences sont-elles suffisamment différentes pour nous permettre
de dire que les sexes n'ont pas la même distribution d'âges?

SOLUTION.

H_0: "Aucun lien entre l'âge et le sexe"

H_1: "Il y a un lien entre l'âge et le sexe"

Conditions à vérifier: 1) $n = 204 > 50$, ça va

2) toutes les fréquences sont ≥ 5, ça va.

Le tableau de contingence est le suivant:

Tableau 12.28

Tableau des f_0 / f_t	Hommes	Femmes	L
18 à 20	13 / 12,13	12 / 12,87	25
21 à 25	21 / 20,38	21 / 21,62	42
26 à 35	23 / 25,72	30 / 27,28	53
36 à 45	20 / 20,38	22 / 21,62	42
46 à 55	13 / 13,10	14 / 13,90	27
56 et plus	9 / 7,28	6 / 7,72	15
C	99	105	$n = 204$
C/n	0,485294	0,514706	

12.9.2.

$$\chi^2 = \left\{ \begin{array}{ll} 0,0624 & + \ 0,0588 \\ + \ 0,0189 & + \ 0,0178 \\ + \ 0,2877 & + \ 0,2712 \\ + \ 0,0071 & + \ 0,0067 \\ + \ 0,0008 & + \ 0,0007 \\ + \ 0,4064 & + \ 0,3832 \end{array} \right\} = 1,5217$$

$$\nu = (2-1)(6-1)$$
$$\nu = (1)(5) = 5$$

Avec cinq degrés de liberté, le seuil de 5% du χ^2 est 11,0705. Notre faible valeur de $\chi^2 = 1,5217$ est bien trop petite pour nous permettre d'affirmer H_1: "Il y a un lien entre le sexe et l'âge". On n'a donc aucune raison de rejeter H_0: "Il n'y a aucun lien entre le sexe et l'âge".

12.9.3. EXERCICES

1. Une chercheuse en économique a tenté de contacter 1 196 personnes qui ont été victimes d'accidents de la route. Malheureusement, il n'a obtenu que 782 réponses. Il se demande s'il peut y avoir un lien entre le fait de répondre ou non au questionnaire et le fait d'être conducteur ou non. Les dossiers de la Sureté du Québec lui permettent d'établir le tableau suivant.

Tableau 12.29

Tableau des f_0	Ont répondu	N'ont pas répondu
Conducteur	740	392
Passagers ou autres	42	22

Que peut-on en conclure?

2. Dans une région donnée, on a contacté un échantillon de 544 personnes auxquelles on a demandé quel type d'école elles préfèrent. On a ensuite partagé ces gens selon leur scolarité. On obtient le tableau 12.30.

Tableau 12.30

Tableau des f_0		Scolarité	
		Faible	Elevée
Type d'école préférée	Traditionnelle	61	9
	Programmée	52	19
	Développement intégral	246	157

Ce tableau permet-il vraiment d'affirmer qu'il y a un lien entre la scolarité des gens et le type d'école qu'ils préfèrent? Dans l'affirmative, quelle est la forme de ce lien?

3. Le chercheur dont il a été question au numéro 1 se demande s'il peut y avoir un lien entre le fait de répondre ou non au questionnaire, et le montant des dommages causés par l'accident. On limite l'étude aux 1 132 conducteurs seulement. Voici le tableau obtenu:

Tableau 12.31

Tableau des f_0	DOMMAGES					
	0-100	101-250	251-500	501-1 000	1 001-3 000	plus de 3 000
Ont répondu	327	181	133	67	28	4
N'ont pas répondu	170	104	61	30	14	13

A-t-on raison de craindre que les gens qui n'ont pas répondu puissent diminuer la représentativité de l'échantillon? (Astuce: regrouper les deux colonnes de droite).

4. On veut savoir si le chômage touche aussi dûrement les ouvriers spécialisés, semi-spécialisés ou non spécialisés. Dans ce but, on interroge un échantillon de 459 ouvriers et on obtient le tableau 12.32.

12.9.3.

Tableau 12.32

Tableau des f_0		OUVRIERS		
		Spécialisés	Semi-spécialisés	non spécialisés
Chômage	Jamais	125	57	55
	Occasionnel	72	45	62
	Fréquent	20	6	17

Ce tableau permet-il d'affirmer qu'il y a un lien entre les deux caractéristiques?

12.10 LE TEST DES SUITES ("RUN TEST")

C'est avec une larme au coin de l'oeil que nous abordons le dernier de nos tests: *le test des suites* (snif!) Ce test permettra, entre autres applications, de donner une réponse à la question: "Cet échantillon est-il vraiment choisi au hasard"? Voyons comment traiter ce genre de problème.

12.10

12.10.1. CONTEXTE ET FORMULE

Supposons que tu achètes un mini-calculateur qui possède une touche permettant d'engendrer un entier (0,1,2,...,9) de façon aléatoire. Pour t'amuser, tu appuies sur cette touche 82 fois, et tu obtiens la série suivante, dans l'ordre:

```
3  9  5  1  7  4  8  8  2  4  4  8  1  3  5  9  7  1  7  1  9  5  3
0  8  0  4  6  6  0  4  2  6  5  5  9  7  1  1  5  5  9  7  9  5  9
2  6  0  6  8  8  6  3  3  1  5  7  3  2  4  8  8  0  5  7  1  9  5
6  2  8  4  2  7  9  5  3  3  1  3  7          n = 82
```

Comme le mini-calculateur en question est d'une marque peu connue, tu te demandes si ce procédé donne vraiment des nombres aléatoires.

On peut aborder ce problème de deux façons. On peut d'abord se demander si, dans une très longue série, tous les entiers vont apparaître à peu près le même nombre de fois. On répondra à cette question en compilant cette série comme dans le tableau 12.33, et en y appliquant le test de χ^2 comme on l'a vu à la section 12.8.1. Disons simplement que les f_t ont pour valeur 8,2, que les conditions pour appliquer le test sont réalisées et que l'on calcule $\chi^2 = 4{,}3415$. Le nombre de degrés de liberté est $\nu = 10 - 1 = 9$ et le

Tableau 12.33

entier	fréquence
0	5
1	9
2	6
3	9
4	7
5	12
6	7
7	9
8	9
9	9
	n = 82

seuil de 5% est alors 16,919. Puisque notre χ^2 est bien loin de rejoindre ce seuil, nous n'avons aucune raison de rejeter l'hypothèse que les entiers apparaissent avec même probabilité dans la série. Donc en autant que l'on examine la fréquence des entiers, et que l'on utilise le test du χ^2, il ne semble pas y avoir de raison de douter de ton mini-calculateur.

Cette analyse toutefois n'est pas entièrement satisfaisante. Il n'est pas suffisant de dire que dans une très longue série, tous les entiers vont apparaître à peu près le même nombre de fois. Les séries ci-dessous remplissent cette condition, mais on ne peut pas dire que de tels entiers soient engendrés "au hasard":

1) 0 1 2 3 4 5 6 7 8 9 0 1 2 3 4 5 6 7 8 9 0 1 2 3 4 5 ...

2) 0 0 1 1 2 2 3 3 4 4 5 5 6 6 7 7 8 8 9 9 0 0 1 1 2 2 3 3 4 4 5 5 6 6...

3) 0 2 4 6 8 1 3 5 7 9 0 2 4 6 8 1 3 5 7 9 0 2 4 6 8 1 3 5 7 9 0 2 ...

Il faut aller plus loin. La véritable question qu'il faut se demander est la suivante: à chaque fois que tu appuies sur la touche, tous les entiers ont-ils mêmes chances d'apparaître, c.-à-d. une chance sur 10, *indépendamment des valeurs obtenues précédemment?* Et dans cet ordre d'idées, examine à nouveau la série des 82 observations. N'y trouves-tu pas quelque chose de "louche"?

Clef de l'énigme: remplace chaque entier par P ou i selon qu'il est pair ou impair. On obtient l'étrange suite que voici:

i i i i P P P P P P P i i i i i i i i i i

P P P P P P P P P P i i i i i i i i i i i i

P P P P P P P i i i i i i P P P P P i i i i i

P P P P P i i i i i i i i

Les entiers ont une tendance évidemment vicieuse à conserver la même parité que leur prédécesseur! Il n'est pas normal que des entiers au hasard soient aussi "grégaires"! Pour parler plus clairement, définissons ce que nous entendrons par une "suite", dans ce contexte.

DÉFINITION. Une suite est la succession la plus longue possible de symboles identiques. Cette succession peut ne contenir qu'un seul symbole.

EXEMPLE. 1 1 1 2 2 1 2 1 1 2 2 2 2 1 1

La série ci-haut contient exactement 7 suites qui sont soulignées. La troisième et la quatrième ne contiennent qu'un symbole chacun.

Revenons à notre problème des 82 entiers aléatoires. Nous constatons qu'il y a exactement 11 suites, et cela semble trop peu: des nombres vraiment aléatoires devraient être indépendants les uns des au-

tres, et devraient changer de parité plus souvent que cela. Remarque
bien que si la série contenait trop de suites (par exemple si la parité
changeait presque à chaque observation), cela serait louche aussi. Donc
qu'il y ait trop ou trop peu de suites, dans un cas comme dans l'autre,
on serait porté à douter que le procédé du mini-calculateur engendre
des entiers qui sont vraiment aléatoires et donc indépendants des valeurs obtenues précédemment.

Désignons par Y le nombre de suites dans la série, et précisons
nos hypothèses:

H_1: "Les observations ne sont pas vraiment aléatoires dans le sens qu'elles dépendent des valeurs déjà obtenues".

H_0: "Mais non! A tout moment, les valeurs possibles gardent toujours le
même modèle de probabilité, indépendamment des valeurs déjà obtenues".

Le test aura la forme suivante: On rejette H_0 si Y est trop grand
ou trop petit. Mais il faut préciser le sens de l'adverbe "trop". Ne
pourrait-on pas établir des seuils précis qui nous permettraient de décider à partir de quel moment le nombre de suites Y est assez grand ou
petit pour être étonnant et pour nous permettre de rejeter H_0?

Eh oui! Comme tu le soupçonnes bien, nous disposons d'un test
fracassant et triomphal qui aurait sûrement plu à ma joyeuse coquine de
grand-mère. C'est le *test des suites*.

Test des suites

Supposons qu'une série de n termes contient deux sortes d'objets:
N d'une sorte et M de l'autre sorte, où $N \geq 10$ et $M \geq 10$ (n = N+M).
On calcule d'abord:

$A = 2NM$, puis $\mu = \dfrac{A}{n} + 1$ et $\sigma = \dfrac{1}{n} \sqrt{\dfrac{A(A - n)}{(n - 1)}}$

On calcule ensuite: $U = \dfrac{|Y - \mu|}{\sigma}$ où Y est le nombre de suites de
cette série.

On rejette H_0 avec ou sans réserve si U dépasse 1,645 ou 2,33.

12.10.1.

N'est-ce pas d'une grande simplicité, O splendide lecteur? Appliquons cette règle à notre problème des 82 nombres aléatoires. Cette série compte n = 82 données dont 34 ont une valeur paire (N = 34) et dont les 48 autres ont une valeur impaire (M = 48). On a donc bien N ≥ 10 et M ≥ 10. On peut donc calculer:

$$A = 2NM = 2(34)(48) = 3\ 264$$

$$\mu = \frac{A}{n} + 1 = \frac{3\ 264}{82} + 1 = 40,80488$$

$$\sigma = \frac{1}{n} \sqrt{\frac{A(A-n)}{(n-1)}} = \frac{1}{82} \sqrt{\frac{3\ 264(3\ 264 - 82)}{(82-1)}} = \frac{1}{82} \sqrt{\frac{3\ 264(3\ 182)}{81}} = 4,36686$$

Puisque cette série ne compte que Y = 11 suites, on trouve:

$$U = \frac{|Y - \mu|}{\sigma} = \frac{|11 - 40,80488|}{4,36686} = 6,82524$$

Cette valeur dépasse de très loin le seuil de 1% qui est 2,33. C'est donc un événement très rare qui amène le rejet de H_0. On doit donc rejeter l'hypothèse que ces nombres sont aléatoires et indépendants les uns des autres.

Cette touche sur ton mini-calculateur ne produit donc pas des nombres vraiment aléatoires parce qu'ils dépendent des valeurs déjà obtenues. Il ne faudra donc l'utiliser qu'avec beaucoup d'intelligence.

Cet exemple est intéressant parce que le test du χ^2 et le test des suites ne disent pas la même chose. En fait, les deux tests ne se contredisent pas, mais se complètent:

> Le test de χ^2 dit que les fréquences des nombres ne permettent pas de rejeter H_0.
>
> Le test des suites dit que l'ordre d'apparition des nombres permet de rejeter H_0.
>
> Au total, il faut donc rejeter H_0 à cause du test des suites.

Ce test des suites s'applique non seulement à l'étude de la parité des nombres, mais aussi à d'autres caractéristiques, comme on le verra dans les exercices suivants.

12.10.1.

12.10.2.   EXERCICE ET SOLUTION

1. Au numéro 2, section 2.5, page 35, nous avons fait la connaissance de la série suivante, qui donne les résultats de 43 parties de YUM.

```
154  130  135  176  165  173  203  136  161  191  195  111  181
110  151   81  167  135  108  152  147  186  195  194  173  198
135  158  175  167  197  112  189  180  202  160  198  222  196
124  128  188  150
```

La médiane de cette série est Md = 167. En considérant les suites de nombres *supérieurs (>) et inférieurs ou égaux (≤)* à la médiane, peut-on porter un jugement sur le caractère aléatoire de cette série?

SOLUTION.

Dans ce cas, au lieu de considérer la parité des nombres (pair, impair), on peut remplacer ces nombres par des :

S lorsque le nombre est plus grand que 167

i lorsque le nombre est plus petit ou égal à 167

Si l'échantillon est vraiment aléatoire, il n'y a pas de raison pour que le nombre de suites de S ou de i soit trop petit ou trop grand. C'est une façon de procéder tout aussi bonne que celle qui employait pair ou impair. On peut aussi utiliser la moyenne $\overline{X}$ au lieu de Md. Remplaçons donc ces données par S ou i, selon le cas, et soulignons les suites.

```
i  i  i  S  i  S  S  i  i  S  S  i  S
i  i  i  i  i  i  i  S  S  S  S  S
i  i  S  i  S  i  S  S  S  i  S  S  S
i  i  S  i
```

On compte bien n = 43, N = nombre de S = 20, M = nombre de i = 23 et on dénombre Y = 21 suites.

On calcule A = 2NM = 2(20)(23) = 920

$$\mu = \frac{A}{n} + 1 = \frac{920}{43} + 1 = 22,39535$$

$$\sigma = \frac{1}{n}\sqrt{\frac{A(A-n)}{(n-1)}} = \frac{1}{43}\sqrt{\frac{920(920-43)}{42}} = \frac{138,60186}{43} = 3,2233$$

$$U = \frac{|Y - \mu|}{\sigma} = \frac{|21 - 22,39535|}{3,2233} = 0,43289$$

Cette valeur de U = 0,43289 est beaucoup plus petite que le seuil de 5% qui est 1,645. Nous n'avons donc aucune raison de rejeter H_0 qui affirme que ces nombres ont été obtenus au hasard.

12.10.3.   EXERCICES

1. Au numéro 3, section 2.6, page 38, nous avons vu une série de tailles en centimètres. Il s'agit d'un échantillon de 53 étudiants de CEGEP.

```
168  157  170  161  162  167  157  154  163
160  165  162  153  151  153  147  155  166
155  155  154  157  168  154  156  158  166
154  161  157  158  160  158  160  160  164
157  163  153  172  166  159  167  159  168
158  153  165  161  158  160  158  162
```

En remplaçant ces nombres par "pairs et impairs", porter un jugement sur le caractère aléatoire de cet échantillon.

2. La série ci-dessous a pour moyenne $\overline{X}$ = 36,4861. Transformer les données selon qu'elles sont plus petites ou plus grandes que $\overline{X}$ et utiliser le test des suites pour porter un jugement sur le caractère aléatoire de cet échantillon.

```
34  36  35  37  39  35  33  34  40  36  37  39
32  36  36  34  40  33  37  38  38  39  35  37
34  36  36  31  37  38  33  35  37  36  35  34
33  37  38  34  32  36  37  38  36  32  34  34
35  36  37  41  37  37  39  40  37  38  39  37
38  37  41  40  38  37  39  37  38  37  42  37
```

3. Une machine produit des objets dont quelques-uns s'avèrent défectueux. L'ingénieur de l'usine voudrait savoir si les objets défectueux ont tendance à se grouper, c.-à-d. à sortir un à la suite de l'autre, ou bien s'ils apparaissent au hasard. Il dispose de l'échantillon ci-dessous. Les objets corrects sont notés C et les défectueux D.

```
C  C  C  C  C  C  C  D  D  D  C  C  C  C  C  C  C  C  C  C  D  D
C  C  C  C  C  D  C  C  C  C  C  C  C  C  D  D  C  C  C  D  C  C
C  C  C  C  C  D  D  D  C  C  C  C  C  C  C  C  C  C  C  C  C  C
C  C  D  D  C  C  C  C
```

Qu'en pensez-vous?

12.10.3.

4. Au numéro 4, section 3.5, page 72, nous avons parlé d'un test d'a-
daptation émotionnelle passé par 35 élèves de 10e année à Ottawa.
Voici les résultats:

5	15	25	15	17	20	12
19	5	19	15	8	4	30
8	8	12	14	10	10	11
30	12	10	7	20	27	12
18	7	16	11	12	16	17

Remplacer ces données par des "i" si elles sont plus petites que 15,5 et
par "S" autrement, et déterminer si l'on a de bonnes raisons de rejeter
l'hypothèse que cet échantillon est bien aléatoire.

12.11 EXERCICES MÊLÉS ET MÊLANTS

1. Un échantillon de n = 69 cobayes donne l'histogramme de la figure
12.15 et a pour moyenne $\overline{X} \simeq 37,3$ avec $s \simeq 6,32$. On a déjà calculé 4 des
6 fréquences normales. Calcule celles qui manquent et décide si l'on a
des raisons valables de rejeter l'hypothèse de normalité de la population.

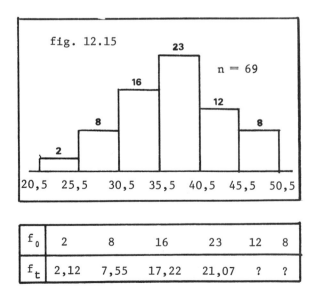

fig. 12.15   n = 69

f_0	2	8	16	23	12	8
f_t	2,12	7,55	17,22	21,07	?	?

2. Un échantillon de 90 personnes, pris dans une première population, a une moyenne de 67,5 et un écart-type de 8,2. Un autre échantillon de 120 personnes, venant d'une deuxième population, a une moyenne de 65,1 et un écart-type de 7,6. Peut-on considérer comme prouvée l'hypothèse disant que la moyenne de la première population est plus grande que celle de la deuxième?

3. Dans une certaine catégorie, 1 pneu sur 4 a une crevaison avant 20 000 milles d'usage. Avec un nouveau caoutchouc traité, un ingénieur n'a obtenu que 4 crevaisons sur 30 pneus. La valeur du nouveau procédé est-elle prouvée?

4. Un échantillon de n = 80 personnes donne l'histogramme de la figure 12.16. Si les résultats ne sont que des entiers, que penser de l'hypothèse que cet échantillon provient d'une population normale?

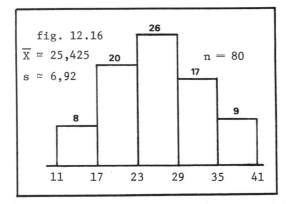

fig. 12.16
$\overline{X} \simeq 25,425$
$s \simeq 6,92$
n = 80

5. Le bureau des stages d'enseignement d'une université a contacté un échantillon aléatoire de 48 professeurs de niveau secondaire, choisis parmi ceux qui avaient collaboré aux stages. On leur a posé la question que voici. Le nombre de "oui" est indiqué dans les rectangles.
"Selon vous, la formule des stages d'enseignement, à raison d'une journée par semaine,

      - semble-t-elle très heureuse?   Rép.   8

      - semble-t-elle acceptable?   Rép.   15

      - devrait-elle être changée?   Rép.   25

12.11.

Serait-il possible que, dans la population des professeurs de niveau secondaire s'occupant de stages, ces trois opinions aient même fréquence?

6. Voici les poids en kg de 59 jeunes joueurs de hockey de la ligue Midget.

```
63  64  54  66  61  60  66  68  64  66  61  59
56  59  60  67  54  59  60  61  55  65  48  59
48  54  54  55  50  55  91  54  64  64  61  63
56  52  80  66  64  82  61  66  59  55  57  61
61  82  59  75  82  42  66  64  54  61  68
```

En testant le nombre de suites de "pairs ou d'impairs", juge si cet échantillon semble bien aléatoire.

7. On veut savoir s'il y a un lien entre le fait d'avoir affaire avec la Commission des Accidents du travail d'une part, et le fait de rester dans un centre urbain ou rural d'autre part. Dans ce but, on contacte un échantillon de 285 travailleurs et on obtient le tableau 12.34

Tableau 12.34

Tableau des f_0	Ont eu affaire à la Commission des Accidents du travail				
	0 fois	1 fois	2 fois	3 fois	4 fois ou plus
Milieu urbain	105	64	27	8	3
Milieu rural	57	7	6	4	4

Ce tableau permet-il d'affirmer qu'il y a un lien entre ces deux caractères?

(Astuce: regrouper les deux colonnes de droite)

8. Un chercheur veut vérifier s'il y a un lien entre l'âge des gens et le type d'école qu'ils préfèrent. Dans ce but, il contacte un échantillon de 544 personnes dans une région donnée et il obtient le tableau 12.35. Peut-on affirmer, sur la foi de ce tableau, qu'il y a un lien entre ces deux caractères?

12.11.

Tableau 12.35

Tableau des f_0	moins de 30 ans	30 ans ou plus
Ecole traditionnelle	29	41
Ecole programmée	28	43
Ecole à développement intégral	210	193

9. Une secrétaire compile le nombre d'appels téléphoniques qu'elle reçoit à chaque heure. Au bout de 234 heures, voici ce qu'elle obtient:

Tableau 12.36

nombre d'appels par heure	0	1	2	3	4	5	6	7	8	9
f_0	20	38	47	42	35	26	12	7	4	3

Sachant que ce tableau donne une moyenne d'environ 3 appels par heure, vérifier si le modèle de Poisson pourrait convenir à cette situation.

10. Supposons qu'à un moment donné, un échantillon de 120 électeurs mâles du comté de Nicolet contenait 45 cultivateurs. A la même époque, dans un échantillon de 80 électeurs du comté de Yamaska, on trouve 42 cultivateurs. Que vaut l'hypothèse que la proportion de cultivateurs était plus grande dans le comté de Yamaska que dans celui de Nicolet?

11. Un test d'adaptation sociale est administré à 6 groupes de jeunes de milieux différents. Le tableau 12.37 donne les effectifs de chaque groupe ainsi que les fréquences f_0. La fréquence observée est ici le nombre de ceux qui, dans ce groupe, ont un résultat supérieur à 30, ce qui manifeste des troubles d'adaptation.

Que vaut l'hypothèse que la proportion de ces "succès" est la même dans chacun des 6 milieux où ont été pris les 6 échantillons?

12.11.

Tableau 12.37

No du groupe	Effectifs	f_0
1	35	15
2	35	9
3	35	16
4	23	9
5	24	7
6	36	9
	188	65

12. L'astronome Paul Couderc, dans un volume intitulé l'Astrologie
(collection Que sais-je?), cite les travaux d'un astrologue prétendu
scientifique, en pages 86-87. Cet astrologue a voulu vérifier, avec des
faits précis, certains énoncés astrologiques. Nous devons louer cette
rare préoccupation, mais les résultats sont moins emballants. Toujours
est-il que pour vérifier si les astres pouvaient influer sur les aptitudes musicales, l'astrologue en question a retracé la date de naissance
de 2 817 musiciens bien connus en Europe. Il a distribué ces 2 817 naissances sur les 360 degrés de l'écliptique, qui correspondent un peu aux
365 jours de l'année. Là où il y a concentration de naissances de musiciens, l'astrologue conclut, sans plus de calcul, que ces périodes sont
favorables à l'éclosion des talents musicaux. Et le tour est joué.
Malheureusement, il reste à se demander si on a de bonnes raisons de rejeter l'hypothèse que les naissances sont distribuées au hasard sur les
360 degrés. L'astrologue n'était pas rendu là dans ses études de statistiques! Effectuons donc ce travail pour lui. Paul Couderc aborde ce
problème en examinant les coincidences de naissances à chaque degré.
La distribution des coincidences est indiquée au tableau 12.38.

Tableau 12.38

nombre x de naissances par degré	1	2	3	4	5	6	7	8	9	10	11	12	13	14	15	16	17
nombre de degrés où il y a x naissances: f_0	1	4	11	24	35	46	51	50	43	34	26	16	8	5	3	2	1

12.11.

Ce tableau veut dire qu'il y a un degré où l'on trouve une seule naissance, 4 degrés où l'on trouve 2 naissances, 11 degrés où l'on trouve 3 naissances, etc. Le problème est de décider si ce tableau nous permet de rejeter l'hypothèse H_0 suivante:

H_0: "Les naissances des musiciens se répartissent au hasard dans les 360 degrés".

Il faut donc décider si les f_0 du tableau 12.38 sont incompatibles avec les f_t que l'on aurait idéalement lorsque' H_0 est vraie.

Considérons la variable aléatoire

X: "Nombre de naissances de musiciens dans un degré donné".

Prenons par exemple le premier degré. Si H_0 est vraie, X est une variable aléatoire binomiale. P(avoir x naissances en ce premier degré) = $b(x; 2\ 817, \frac{1}{360})$. Mais puisque np $\geq$ 5 et nq $\geq$ 5, on peut dire que X est pratiquement une normale avec $\mu = np = 2\ 817 \left[\frac{1}{360}\right] = 7,825$ et $\sigma^2 = npq = 2\ 817 \left[\frac{1}{360}\right]\left[\frac{359}{360}\right] = 7,803$.

Le problème se ramène donc à décider si la distribution observée du tableau 12.38 est incompatible avec le modèle de X sous l'hypothèse H_0, c.-à-d. une normale avec $\mu = 7,825$ et $\sigma^2 = 7,803$. Il s'agit alors d'un test de normalité.

a) Grouper les valeurs du tableau 12.38 de la façon suivante:
   3 et moins, 4 et 5, 6 et 7,...,12 et 13, 14 et plus.

b) Calculer les f_t de ces classes, c.-à-d. les fréquences idéales données par le modèle normal ($\mu = 7,825$, $\sigma^2 = 7,803$).

c) Appliquer le test de χ^2 (voir note ci-dessous) pour montrer que l'ajustement entre les f_0 et les f_t est très acceptable. On n'a donc aucune raison de rejeter H_0 qui dit que les naissances des musiciens sont distribuées au hasard dans les 360 degrés de l'écliptique et que les astres n'ont donc rien à y voir.

NOTE. Par rapport aux tests de normalité qu'on a déjà vus, ce problème a une particularité: dès le départ, on connaît $\mu = 7,825$ et $\sigma^2 = 7,803$. On ne les estime pas en calculant

12.11.

$\overline{X}$ et s^2. Or l'expression générale du nombre de degrés de liberté est:

$$\nu = \begin{bmatrix} \text{nombres de termes pour} \\ \text{calculer } \chi^2 \text{ après} \\ \text{regroupement} \end{bmatrix} - 1 - \begin{bmatrix} \text{nombre de paramètres du} \\ \text{modèle que l'on doit es-} \\ \text{timer à l'aide des } f_0 \end{bmatrix}$$

On aura donc ici non pas ν = (nombre de termes) $- 1 - 2$, comme précédemment, mais plutôt ν = (nombre de termes)$-1 -0$; pour ce problème $\nu = 7 - 1 = 6$ degrés de liberté.

13. A un échantillon de n = 396 jeunes-adultes criminels, on a fait passer un test de quotient intellectuel. La compilation des résultats est indiquée au tableau 12.39. Les Q.I. ne sont exprimés que par des nombres entiers.

Tableau 12.39

milieux des classes	45	55	65	75	85	95	105	115	125	135
fréquences f_0	2	3	9	23	58	109	116	62	13	1

Que vaut l'hypothèse que cet échantillon provient d'une population normale avec μ = 100 et σ = 15 c.-à-d. que les jeunes criminels ont la même distribution de Q.I. que la population ordinaire? (puisque μ et σ ne sont pas estimés par $\overline{X}$ et s, on se trouve dans le cas du problème précédent (cf. note) et ν = (nombre de termes pour calculer χ^2) $- 1$).

14. Dans le cas du numéro précédent, on peut calculer que $\overline{X} \simeq 97,78$ et que $s \simeq 14,08$. Que vaut l'hypothèse que la moyenne de la population des jeunes adultes-criminels est inférieure à 100?

15. Après un long, périlleux et pénible voyage de retour, Christophe Colomb arrive enfin en Espagne. Pendant ce voyage, à chaque jour, il se désennuyait en rêvant à la fortune colossale qu'allait lui donner les bons et magnanimes souverains d'Espagne. Il notait ces évaluations successives dans son journal de bord. Les évaluations correspondant aux 88 derniers jours de voyage, une fois compilées, donnent l'histogramme de la figure 12.17, pour lequel $\overline{X} \simeq 26,6$ et $s \simeq 9,7$.

12.11.

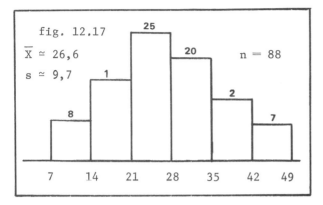

fig. 12.17
$\overline{X} \simeq 26,6$
$s \simeq 9,7$
$n = 88$

Ces montants sont ex-
primés en ferdinands-
or, bien entendu! Na-
turellement! Comme de
raison! Ben voyons!
Et ce sont des en-
tiers.

Et pourtant, (destin
cruel et imprévisi-
ble!) Christophe ne
recevra "pas un rond". L'histoire est incapable d'expliquer une telle
ingratitude. Le malheureux Christophe mourut pauvre et aigri par un tel
revers du destin (soupir de mélancolie!) La variable aléatoire X: "une
évaluation au hasard que Christophe aurait pu faire de sa fortune futu-
re, pendant le retour", pourrait-elle être une variable distribuée d'a-
près la loi normale?

ÉPILOGUE

¡¡¡OOUPPÏÏÏE! C'EST FÏNÏ!

Note du comité de lecture: Mais non, ce n'est que le début... (régression multiple, analyse de variance, techniques d'échantillonnage, analyse factorielle, analyse discriminante, ...)

TABLES STATISTIQUES

TABLE 1. DISTRIBUTION BINOMIALE

$$P(X = x) = b(x;n,p)$$

p ⟩ 0,50

n	x	0,05	0,10	0,15	0,20	0,25	0,30	0,35	0,40	0,45	0,50
1	0	0,9500	0,9000	0,8500	0,8000	0,7500	0,7000	0,6500	0,6000	0,5500	0,5000
	1	0,0500	0,1000	0,1500	0,2000	0,2500	0,3000	0,3500	0,4000	0,4500	0,5000
2	0	0,9025	0,8100	0,7225	0,6400	0,5625	0,4900	0,4225	0,3600	0,3025	0,2500
	1	0,0950	0,1800	0,2550	0,3200	0,3750	0,4200	0,4550	0,4800	0,4950	0,5000
	2	0,0025	0,0100	0 0225	0,0400	0,0625	0,0900	0,1225	0,1600	0,2025	0,2500
3	0	0,8574	0,7290	0,6141	0,5120	0,4219	0,3430	0,2746	0,2160	0,1664	0,1250
	1	0,1354	0,2430	0,3251	0,3840	0,4219	0,4410	0,4436	0,4320	0,4084	0,3750
	2	0,0071	0,0270	0,0574	0,0960	0,1406	0,1890	0,2389	0,2880	0,3341	0,3750
	3	0,0001	0,0010	0,0034	0,0080	0,0156	0,0270	0,0429	0,0640	0,0911	0,1250
4	0	0,8145	0,6561	0,5220	0,4096	0,3164	0,2401	0,1785	0,1296	0,0915	0,0625
	1	0,1715	0,2916	0,3685	0,4096	0,4219	0,4116	0,3845	0,3456	0,2995	0,2500
	2	0,0135	0,0486	0,0975	0,1536	0,2109	0,2646	0,3105	0,3456	0,3675	0,3750
	3	0,0005	0,0036	0,0115	0,0256	0,0469	0,0756	0,1115	0,1536	0,2005	0,2500
	4	0,0000	0,0001	0,0005	0,0016	0,0039	0,0081	0,0150	0,0256	0,0410	0,0625
5	0	0,7738	0,5905	0,4437	0,3277	0,2373	0,1681	0,1160	0,0778	0,0503	0,0312
	1	0,2036	0,3280	0,3915	0,4096	0,3955	0,3602	0,3124	0,2592	0,2059	0,1562
	2	0,0214	0,0729	0,1382	0,2048	0,2637	0,3087	0,3364	0,3456	0,3369	0,3125
	3	0,0011	0,0081	0,0244	0,0512	0,0879	0,1323	0,1811	0,2304	0,2757	0,3125
	4	0,0000	0,0004	0,0022	0,0064	0,0146	0,0284	0,0488	0,0768	0,1128	0,1562
	5	0,0000	0,0000	0,0001	0,0003	0,0010	0,0024	0,0053	0,0102	0,0185	0,0312
6	0	0,7351	0,5314	0,3771	0,2621	0,1780	0,1176	0,0754	0,0467	0,0277	0,0156
	1	0,2321	0,3543	0,3993	0,3932	0,3560	0,3025	0,2437	0,1866	0,1359	0,0938
	2	0,0305	0,0984	0,1762	0,2458	0,2966	0,3241	0,3280	0,3110	0,2780	0,2344
	3	0,0021	0,0146	0,0415	0,0819	0,1318	0,1852	0,2355	0,2765	0,3032	0,3125
	4	0,0001	0,0012	0,0055	0,0154	0,0330	0,0595	0,0951	0,1382	0,1861	0,2344
	5	0,0000	0,0001	0,0004	0,0015	0,0044	0,0102	0,0205	0,0369	0,0609	0,0938
	6	0,0000	0,0000	0,0000	0,0001	0,0002	0,0007	0,0018	0,0041	0,0083	0,0156
7	0	0,6983	0,4783	0,3206	0,2097	0,1335	0,0824	0,0490	0,0280	0,0152	0,0078
	1	0,2573	0,3720	0,3960	0,3670	0,3115	0,2471	0,1848	0,1306	0,0872	0,0547
	2	0,0406	0,1240	0,2097	0,2753	0,3115	0,3177	0,2985	0,2613	0,2140	0,1641
	3	0,0036	0,0230	0,0617	0,1147	0,1730	0,2269	0,2679	0,2903	0,2918	0,2734
	4	0,0002	0,0026	0,0109	0,0287	0,0577	0,0972	0,1442	0,1935	0,2388	0,2734
	5	0,0000	0,0002	0,0012	0,0043	0,0115	0,0250	0,0466	0,0774	0,1172	0,1641
	6	0,0000	0,0000	0,0001	0,0004	0,0013	0,0036	0,0084	0,0172	0,0320	0,0547
	7	0,0000	0,0000	0,0000	0,0000	0,0001	0,0002	0,0006	0,0016	0,0037	0,0078
8	0	0,6634	0,4305	0,2725	0,1678	0,1001	0,0576	0,0319	0,0168	0,0084	0,0039
	1	0,2793	0,3826	0,3847	0,3355	0,2670	0,1977	0,1373	0,0896	0,0548	0,0312
	2	0,0515	0,1488	0,2376	0,2936	0,3115	0,2965	0,2587	0,2090	0,1569	0,1094
	3	0,0054	0,0331	0,0839	0,1468	0,2076	0,2541	0,2786	0,2787	0,2568	0,2188
	4	0,0004	0,0046	0,0185	0,0459	0,0865	0,1361	0,1875	0,2322	0,2627	0,2734
	5	0,0000	0,0004	0,0026	0,0092	0,0231	0,0467	0,0808	0,1239	0,1719	0,2188
	6	0,0000	0,0000	0,0002	0,0011	0,0038	0,0100	0,0217	0,0413	0,0703	0,1094
	7	0,0000	0,0000	0,0000	0,0001	0,0004	0,0012	0,0033	0,0079	0,0164	0,0312
	8	0,0000	0,0000	0,0000	0,0000	0,0000	0,0001	0,0002	0,0007	0,0017	0,0039

TABLE 1. (SUITE)

n	x	0,05	0,10	0,15	0,20	0,25	0,30	0,35	0,40	0,45	0,50
							p				
9	0	0,6302	0,3874	0,2316	0,1342	0,0751	0,0404	0,0277	0,0101	0,0046	0,0020
	1	0,2985	0,3874	0,3679	0,3020	0,2253	0,1556	0,1004	0,0605	0,0339	0,0176
	2	0,0629	0,1722	0,2597	0,3020	0,3003	0,2668	0,2162	0,1612	0,1110	0,0703
	3	0,0077	0,0446	0,1069	0,1762	0,2336	0,2668	0,2716	0,2508	0,2119	0,1641
	4	0,0006	0,0074	0,0283	0,0661	0,1168	0,1715	0,2194	0,2508	0,2600	0,2461
	5	0,0000	0,0008	0,0050	0,0165	0,0389	0,0735	0,1181	0,1672	0,2128	0,2461
	6	0,0000	0,0001	0,0006	0,0028	0,0087	0,0210	0,0424	0,0743	0,1160	0,1641
	7	0,0000	0,0000	0,0000	0,0003	0,0012	0,0039	0,0098	0,0212	0,0407	0,0703
	8	0,0000	0,0000	0,0000	0,0000	0,0001	0,0004	0,0013	0,0035	0,0083	0,0176
	9	0,0000	0,0000	0,0000	0,0000	0,0000	0,0000	0,0001	0,0003	0,0008	0,0020
10	0	0,5987	0,3487	0,1969	0,1074	0,0563	0,0282	0,0135	0,0060	0,0025	0,0010
	1	0,3151	0,3874	0,3474	0,2684	0,1877	0,1211	0,0725	0,0403	0,0207	0,0098
	2	0,0746	0,1937	0,2759	0,3020	0,2816	0,2335	0,1757	0,1209	0,0763	0,0439
	3	0,0105	0,0574	0,1298	0,2013	0,2503	0,2668	0,2522	0,2150	0,1665	0,1172
	4	0,0010	0,0112	0,0401	0,0881	0,1460	0,2001	0,2377	0,2508	0,2384	0,2051
	5	0,0001	0,0015	0,0085	0,0264	0,0584	0,1029	0,1536	0,2007	0,2340	0,2461
	6	0,0000	0,0001	0,0012	0,0055	0,0162	0,0368	0,0689	0,1115	0,1596	0,2051
	7	0,0000	0,0000	0,0001	0,0008	0,0031	0,0090	0,0212	0,0425	0,0746	0,1172
	8	0,0000	0,0000	0,0000	0,0001	0,0004	0,0014	0,0043	0,0106	0,0229	0,0439
	9	0,0000	0,0000	0,0000	0,0000	0,0000	0,0001	0,0005	0,0016	0,0042	0,0098
	10	0,0000	0,0000	0,0000	0,0000	0,0000	0,0000	0,0000	0,0001	0,0003	0,0010
11	0	0,5688	0,3138	0,1673	0,0859	0,0422	0,0198	0,0088	0,0036	0,0014	0,0005
	1	0,3293	0,3835	0,3248	0,2362	0,1549	0,0932	0,0518	0,0266	0,0125	0,0054
	2	0,0867	0,2131	0,2866	0,2953	0,2581	0,1998	0,1395	0,0887	0,0513	0,0269
	3	0,0137	0,0710	0,1517	0,2215	0,2581	0,2568	0,2254	0,1774	0,1259	0,0806
	4	0,0014	0,0158	0,0536	0,1107	0,1721	0,2201	0,2428	0,2365	0,2060	0,1611
	5	0,0001	0,0025	0,0132	0,0388	0,0803	0,1231	0,1830	0,2207	0,2360	0,2256
	6	0,0000	0,0003	0,0023	0,0097	0,0268	0,0566	0,0985	0,1471	0,1931	0,2256
	7	0,0000	0,0000	0,0003	0,0017	0,0064	0,0173	0,0379	0,0701	0,1128	0,1611
	8	0,0000	0,0000	0,0000	0,0002	0,0011	0,0037	0,0102	0,0234	0,0462	0,0806
	9	0,0000	0,0000	0,0000	0,0000	0,0001	0,0005	0,0018	0,0052	0,0126	0,0269
	10	0,0000	0,0000	0,0000	0,0000	0,0000	0,0000	0,0002	0,0007	0,0021	0,0054
	11	0,0000	0,0000	0,0000	0,0000	0,0000	0,0000	0,0000	0,0000	0,0002	0,0005
12	0	0,5404	0,2824	0,1422	0,0687	0,0317	0,0138	0,0057	0,0022	0,0008	0,0002
	1	0,3413	0,3766	0,3012	0,2062	0,1267	0,0712	0,0368	0,0174	0,0075	0,0029
	2	0,0988	0,2301	0,2924	0,2835	0,2323	0,1678	0,1088	0,0639	0,0339	0,0161
	3	0,0173	0,0852	0,1720	0,2362	0,2581	0,2397	0,1954	0,1419	0,0923	0,0537
	4	0,0021	0,0213	0,0683	0,1329	0,1936	0,2311	0,2367	0,2128	0,1700	0,1208
	5	0,0002	0,0038	0,0193	0,0532	0,1032	0,1585	0,2039	0,2270	0,2225	0,1934
	6	0,0000	0,0005	0,0040	0,0155	0,0401	0,0792	0,1281	0,1766	0,2124	0,2256
	7	0,0000	0,0000	0,0006	0,0033	0,0115	0,0291	0,0591	0,1009	0,1489	0,1934
	8	0,0000	0,0000	0,0001	0,0005	0,0024	0,0078	0,0199	0,0420	0,0762	0,1208
	9	0,0000	0,0000	0,0000	0,0001	0,0004	0,0015	0,0048	0,0125	0,0277	0,0537
	10	0,0000	0,0000	0,0000	0,0000	0,0000	0,0002	0,0008	0,0025	0,0068	0,0161
	11	0,0000	0,0000	0,0000	0,0000	0,0000	0,0000	0,0001	0,0003	0,0010	0,0029
	12	0,0000	0,0000	0,0000	0,0000	0,0000	0,0000	0,0000	0,0000	0,0001	0,0002

TABLE 1. (SUITE)

n	x	0,05	0,10	0,15	0,20	0,25	P 0,30	0,35	0,40	0,45	0,50
13	0	0,5133	0,2542	0,1209	0,0550	0,0238	0,0097	0,0037	0,0013	0,0004	0,0001
	1	0,3512	0,3672	0,2774	0,1787	0,1029	0,0540	0,0259	0,0113	0,0045	0,0016
	2	0,1109	0,2448	0,2937	0,2680	0,2059	0,1388	0,0836	0,0453	0,0220	0,0095
	3	0,0214	0,0997	0,1900	0,2457	0,2517	0,2181	0,1651	0,1107	0,0660	0,0349
	4	0,0028	0,0277	0,0838	0,1535	0,2097	0,2337	0,2222	0,1845	0,1350	0,0873
	5	0,0003	0,0055	0,0266	0,0691	0,1258	0,1803	0,2154	0,2214	0,1989	0,1571
	6	0,0000	0,0008	0,0063	0,0230	0,0559	0,1030	0,1546	0,1968	0,2169	0,2095
	7	0,0000	0,0001	0,0011	0,0058	0,0186	0,0442	0,0833	0,1312	0,1775	0,2095
	8	0,0000	0,0000	0,0001	0,0011	0,0047	0,0142	0,0336	0,0656	0,1089	0,1571
	9	0,0000	0,0000	0,0000	0,0001	0,0009	0,0034	0,0101	0,0243	0,0495	0,0873
	10	0,0000	0,0000	0,0000	0,0000	0,0001	0,0006	0,0022	0,0065	0,0162	0,0349
	11	0,0000	0,0000	0,0000	0,0000	0,0000	0,0001	0,0003	0,0012	0,0036	0,0095
	12	0,0000	0,0000	0,0000	0,0000	0,0000	0,0000	0,0000	0,0001	0,0005	0,0016
	13	0,0000	0,0000	0,0000	0,0000	0,0000	0,0000	0,0000	0,0000	0,0000	0,0001
14	0	0,4877	0,2288	0,1028	0,0440	0,0178	0,0068	0,0024	0,0008	0,0002	0,0001
	1	0,3593	0,3559	0,2539	0,1539	0,0832	0,0407	0,0181	0,0073	0,0027	0,0009
	2	0,1229	0,2570	0,2912	0,2501	0,1802	0,1134	0,0634	0,0317	0,0141	0,0056
	3	0,0259	0,1142	0,2056	0,2501	0,2402	0,1943	0,1366	0,0845	0,0462	0,0222
	4	0,0037	0,0349	0,0998	0,1720	0,2202	0,2290	0,2022	0,1549	0,1040	0,0611
	5	0,0004	0,0078	0,0352	0,0860	0,1468	0,1963	0,2178	0,2066	0,1701	0,1222
	6	0,0000	0,0013	0,0093	0,0322	0,0734	0,1262	0,1759	0,2066	0,2088	0,1833
	7	0,0000	0,0002	0,0019	0,0092	0,0280	0,0618	0,1082	0,1574	0,1952	0,2095
	8	0,0000	0,0000	0,0003	0,0020.	0,0082	0,0232	0,0510	0,0918	0,1398	0,1833
	9	0,0000	0,0000	0,0000	0,0003	0,0018	0,0066	0,0183	0,0408	0,0762	0,1222
	10	0,0000	0,0000	0,0000	0,0000	0,0003	0,0014	0,0049	0,0136	0,0312	0,0611
	11	0,0000	0,0000	0,0000	0,0000	0,0000	0,0002	0,0010	0,0033	0,0093	0,0222
	12	0,0000	0,0000	0,0000	0,0000	0,0000	0,0000	0,0001	0,0005	0,0019	0,0056
	13	0,0000	0,0000	0,0000	0,0000	0,0000	0,0000	0,0000	0,0001	0,0002	0,0009
	14	0,0000	0,0000	0,0000	0,0000	0,0000	0,0000	0,0000	0,0000	0,0000	0,0001
15	0	0,4633	0,2059	0,0874	0,0352	0,0134	0,0047	0,0016	0,0005	0,0001	0,0000
	1	0,3658	0,3432	0,2312	0,1319	0,0668	0,0305	0,0126	0,0047	0,0016	0,0005
	2	0,1348	0,2669	0,2856	0,2309	0,1559	0,0916	0,0476	0,0219	0,0090	0,0032
	3	0,0307	0,1285	0,2184	0,2501	0,2252	0,1700	0,1110	0,0634	0,0318	0,0139
	4	0,0049	0,0428	0,1156	0,1876	0,2252	0,2186	0,1792	0,1268	0,0780	0,0417
	5	0,0006	0,0105	0,0449	0,1032	0,1651	0,2061	0,2123	0,1859	0,1404	0,0916
	6	0,0000	0,0019	0,0132	0,0430	0,0917	0,1472	0,1906	0,2066	0,1914	0,1527
	7	0,0000	0,0003	0,0030	0,0138	0,0393	0,0811	0,1319	0,1771	0,2013	0,1964
	8	0,0000	0,0000	0,0005	0,0035	0,0131	0,0348	0,0710	0,1181	0,1647	0,1964
	9	0,0000	0,0000	0,0001	0,0007	0,0034	0,0116	0,0298	0,0612	0,1048	0,1527
	10	0,0000	0,0000	0,0000	0,0001	0,0007	0,0030	0,0096	0,0245	0,0515	0,0916
	11	0,0000	0,0000	0,0000	0,0000	0,0001	0,0006	0,0024	0,0074	0,0191	0,0417
	12	0,0000	0,0000	0,0000	0,0000	0,0000	0,0001	0,0004	0,0016	0,0052	0,0139
	13	0,0000	0,0000	0,0000	0,0000	0,0000	0,0000	0,0001	0,0003	0,0010	0,0032
	14	0,0000	0,0000	0,0000	0,0000	0,0000	0,0000	0,0000	0,0000	0,0001	0,0005
	15	0,0000	0,0000	0,0000	0,0000	0,0000	0,0000	0,0000	0,0000	0,0000	0,0000
16	0	0,4401	0,1853	0,0743	0,0281	0,0100	0,0033	0,0010	0,0003	0,0001	0,0000
	1	0,3706	0,3294	0,2097	0,1126	0,0535	0,0228	0,0087	0,0030	0,0009	0,0002
	2	0,1463	0,2745	0,2775	0,2111	0,1336	0,0732	0,0353	0,0150	0,0056	0,0018

TABLE 1. (SUITE)

		p									
n	x	0,05	0,10	0,15	0,20	0,25	0,30	0,35	0,40	0,45	0,50
16	3	0,0359	0,1423	0,2285	0,2463	0,2079	0,1465	0,0888	0,0468	0,0215	0,0085
	4	0,0061	0,0514	0,1311	0,2001	0,2252	0,2040	0,1553	0,1014	0,0572	0,0278
	5	0,0008	0,0137	0,0555	0,1201	0,1802	0,2099	0,2008	0,1623	0,1123	0,0667
	6	0,0001	0,0028	0,0108	0,0550	0,1101	0,1649	0,1902	0,1903	0,1604	0,1222
	7	0,0000	0,0004	0,0045	0,0197	0,0524	0,1010	0,1524	0,1889	0,1969	0,1746
	8	0,0000	0,0001	0,0009	0,0055	0,0197	0,0487	0,0923	0,1417	0,1812	0,1964
	9	0,0000	0,0000	0,0001	0,0012	0,0058	0,0185	0,0442	0,0840	0,1318	0,1746
	10	0,0000	0,0000	0,0000	0,0002	0,0014	0,0056	0,0167	0,0392	0,0755	0,1222
	11	0,0000	0,0000	0,0000	0,0000	0,0002	0,0013	0,0049	0,0142	0,0337	0,0667
	12	0,0000	0,0000	0,0000	0,0000	0,0000	0,0002	0,0011	0,0040	0,0115	0,0278
	13	0,0000	0,0000	0,0000	0,0000	0,0000	0,0000	0,0002	0,0008	0,0029	0,0085
	14	0,0000	0,0000	0,0000	0,0000	0,0000	0,0000	0,0000	0,0001	0,0005	0,0018
	15	0,0000	0,0000	0,0000	0,0000	0,0000	0,0000	0,0000	0,0000	0,0001	0,0002
	16	0,0000	0,0000	0,0000	0,0000	0,0000	0,0000	0,0000	0,0000	0,0000	0,0000
17	0	0,4181	0,1668	0,0631	0,0225	0,0075	0,0023	0,0007	0,0002	0,0000	0,0000
	1	0,3741	0,3150	0,1893	0,0957	0,0426	0,0169	0,0060	0,0019	0,0005	0,0001
	2	0,1575	0,2800	0,2673	0,1914	0,1136	0,0581	0,0260	0,0102	0,0035	0,0010
	3	0,0415	0,1556	0,2359	0,2393	0,1893	0,1245	0,0701	0,0341	0,0144	0,0052
	4	0,0076	0,0605	0,1457	0,2093	0,2209	0,1868	0,1320	0,0796	0,0411	0,0182
	5	0,0010	0,0175	0,0668	0,1361	0,1914	0,2081	0,1849	0,1379	0,0875	0,0472
	6	0,0001	0,0039	0,0236	0,0680	0,1276	0,1784	0,1991	0,1839	0,1432	0,0944
	7	0,0000	0,0007	0,0065	0,0267	0,0668	0,1201	0,1685	0,1927	0,1841	0,1484
	8	0,0000	0,0001	0,0014	0,0084	0,0279	0,0644	0,1143	0,1606	0,1883	0,1855
	9	0,0000	0,0000	0,0003	0,0021	0,0093	0,0276	0,0611	0,1070	0,1540	0,1855
	10	0,0000	0,0000	0,0000	0,0004	0,0025	0,0095	0,0263	0,0571	0,1008	0,1484
	11	0,0000	0,0000	0,0000	0,0001	0,0005	0,0026	0,0090	0,0242	0,0525	0,0944
	12	0,0000	0,0000	0,0000	0,0000	0,0001	0,0006	0,0024	0,0081	0,0215	0,0472
	13	0,0000	0,0000	0,0000	0,0000	0,0000	0,0001	0,0005	0,0021	0,0068	0,0182
	14	0,0000	0,0000	0,0000	0,0000	0,0000	0,0000	0,0001	0,0004	0,0016	0,0052
	15	0,0000	0,0000	0,0000	0,0000	0,0000	0,0000	0,0000	0,0001	0,0003	0,0010
	16	0,0000	0,0000	0,0000	0,0000	0,0000	0,0000	0,0000	0,0000	0,0000	0,0001
	17	0,0000	0,0000	0,0000	0,0000	0,0000	0,0000	0,0000	0,0000	0,0000	0,0000
18	0	0,3972	0,1501	0,0536	0,0180	0,0056	0,0016	0,0004	0,0001	0,0000	0,0000
	1	0,3763	0,3002	0,1704	0,0811	0,0338	0,0126	0,0042	0,0012	0,0003	0,0001
	2	0,1683	0,2835	0,2556	0,1723	0,0958	0,0458	0,0190	0,0069	0,0022	0,0006
	3	0,0473	0,1680	0,2406	0,2297	0,1704	0,1046	0,0547	0,0246	0,0095	0,0031
	4	0,0093	0,0700	0,1592	0,2153	0,2130	0,1681	0,1104	0,0614	0,0291	0,0117
	5	0,0014	0,0218	0,0787	0,1507	0,1988	0,2017	0,1664	0,1146	0,0666	0,0327
	6	0,0002	0,0052	0,0316	0,0816	0,1436	0,1873	0,1941	0,1655	0,1181	0,0708
	7	0,0000	0,0010	0,0091	0,0350	0,0820	0,1376	0,1792	0,1892	0,1657	0,1214
	8	0,0000	0,0002	0,0022	0,0120	0,0376	0,0811	0,1327	0,1734	0,1864	0,1669
	9	0,0000	0,0000	0,0004	0,0033	0,0139	0,0386	0,0794	0,1284	0,1694	0,1855
	10	0,0000	0,0000	0,0001	0,0008	0,0042	0,0149	0,0385	0,0771	0,1248	0,1669
	11	0,0000	0,0000	0,0000	0,0001	0,0010	0,0046	0,0151	0,0374	0,0742	0,1214
	12	0,0000	0,0000	0,0000	0,0000	0,0002	0,0012	0,0047	0,0145	0,0354	0,0708
	13	0,0000	0,0000	0,0000	0,0000	0,0000	0,0002	0,0012	0,0045	0,0134	0,0327
	14	0,0000	0,0000	0,0000	0,0000	0,0000	0,0000	0,0002	0,0011	0,0039	0,0117

TABLE 1. (SUITE)

n	x	0,05	0,10	0,15	0,20	0,25	0,30	0,35	0,40	0,45	0,50
							p				
	15	0,0000	0,0000	0,0000	0,0000	0,0000	0,0000	0,0000	0,0002	0,0009	0,0031
	16	0,0000	0,0000	0,0000	0,0000	0,0000	0,0000	0,0000	0,0000	0,0001	0,0006
	17	0,0000	0,0000	0,0000	0,0000	0,0000	0,0000	0,0000	0,0000	0,0000	0,0001
	18	0,0000	0,0000	0,0000	0,0000	0,0000	0,0000	0,0000	0,0000	0,0000	0,0000
19	0	0,3774	0,1351	0,0456	0,0144	0,0042	0,0011	0,0003	0,0001	0,0000	0,0000
	1	0,3774	0,2852	0,1529	0,0685	0,0268	0,0093	0,0029	0,0008	0,0002	0,0000
	2	0,1787	0,2852	0,2428	0,1540	0,0803	0,0358	0,0138	0,0046	0,0013	0,0003
	3	0,0533	0,1796	0,2428	0,2182	0,1517	0,0869	0,0422	0,0175	0,0062	0,0018
	4	0,0112	0,0798	0,1714	0,2182	0,2023	0,1491	0,0909	0,0467	0,0203	0,0074
	5	0,0018	0,0266	0,0907	0,1636	0,2023	0,1916	0,1468	0,0933	0,0497	0,0222
	6	0,0002	0,0069	0,0374	0,0955	0,1574	0,1916	0,1844	0,1451	0,0949	0,0518
	7	0,0000	0,0014	0,0122	0,0443	0,0974	0,1525	0,1844	0,1797	0,1443	0,0961
	8	0,0000	0,0002	0,0032	0,0166	0,0487	0,0981	0,1489	0,1797	0,1771	0,1442
	9	0,0000	0,0000	0,0007	0,0051	0,0198	0,0514	0,0980	0,1464	0,1771	0,1762
	10	0,0000	0,0000	0,0001	0,0013	0,0066	0,0220	0,0528	0,0976	0,1449	0,1762
	11	0,0000	0,0000	0,0000	0,0003	0,0018	0,0077	0,0233	0,0532	0,0970	0,1442
	12	0,0000	0,0000	0,0000	0,0000	0,0004	0,0022	0,0083	0,0237	0,0529	0,0961
	13	0,0000	0,0000	0,0000	0,0000	0,0001	0,0005	0,0024	0,0085	0,0233	0,0518
	14	0,0000	0,0000	0,0000	0,0000	0,0000	0,0001	0,0006	0,0024	0,0082	0,0222
	15	0,0000	0,0000	0,0000	0,0000	0,0000	0,0000	0,0001	0,0005	0,0022	0,0074
	16	0,0000	0,0000	0,0000	0,0000	0,0000	0,0000	0,0000	0,0001	0,0005	0,0018
	17	0,0000	0,0000	0,0000	0,0000	0,0000	0,0000	0,0000	0,0000	0,0001	0,0003
	18	0,0000	0,0000	0,0000	0,0000	0,0000	0,0000	0,0000	0,0000	0,0000	0,0000
	19	0,0000	0,0000	0,0000	0,0000	0,0000	0,0000	0,0000	0,0000	0,0000	0,0000
20	0	0,3585	0,1216	0,0388	0,0115	0,0032	0,0008	0,0002	0,0000	0,0000	0,0000
	1	0,3774	0,2702	0,1368	0,0576	0,0211	0,0068	0,0020	0,0005	0,0001	0,0000
	2	0,1887	0,2852	0,2293	0,1369	0,0669	0,0278	0,0100	0,0031	0,0008	0,0002
	3	0,0596	0,1901	0,2428	0,2054	0,1339	0,0716	0,0323	0,0123	0,0040	0,0011
	4	0,0133	0,0898	0,1821	0,2182	0,1897	0,1304	0,0738	0,0350	0,0139	0,0046
	5	0,0022	0,0319	0,1028	0,1746	0,2023	0,1789	0,1272	0,0746	0,0365	0,0148
	6	0,0003	0,0089	0,0454	0,1091	0,1686	0,1916	0,1712	0,1244	0,0746	0,0370
	7	0,0000	0,0020	0,0160	0,0545	0,1124	0,1643	0,1844	0,1659	0,1221	0,0739
	8	0,0000	0,0004	0,0046	0,0222	0,0609	0,1144	0,1614	0,1797	0,1623	0,1201
	9	0,0000	0,0001	0,0011	0,0074	0,0271	0,0654	0,1158	0,1597	0,1771	0,1602
	10	0,0000	0,0000	0,0002	0,0020	0,0099	0,0308	0,0686	0,1171	0,1593	0,1762
	11	0,0000	0,0000	0,0000	0,0005	0,0030	0,0120	0,0336	0,0710	0,1185	0,1602
	12	0,0000	0,0000	0,0000	0,0001	0,0008	0,0039	0,0136	0,0355	0,0727	0,1201
	13	0,0000	0,0000	0,0000	0,0000	0,0002	0,0010	0,0045	0,0146	0,0366	0,0739
	14	0,0000	0,0000	0,0000	0,0000	0,0000	0,0002	0,0012	0,0049	0,0150	0,0370
	15	0,0000	0,0000	0,0000	0,0000	0,0000	0,0000	0,0003	0,0013	0,0049	0,0148
	16	0,0000	0,0000	0,0000	0,0000	0,0000	0,0000	0,0000	0,0003	0,0013	0,0046
	17	0,0000	0,0000	0,0000	0,0000	0,0000	0,0000	0,0000	0,0000	0,0002	0,0011
	18	0,0000	0,0000	0,0000	0,0000	0,0000	0,0000	0,0000	0,0000	0,0000	0,0002
	19	0,0000	0,0000	0,0000	0,0000	0,0000	0,0000	0,0000	0,0000	0,0000	0,0000
	20	0,0000	0,0000	0,0000	0,0000	0,0000	0,0000	0,0000	0,0000	0,0000	0,0000

TABLE 2. DISTRIBUTION DE POISSON

$$p(x;\ \lambda)$$

					λ					
x	0,1	0,2	0,3	0,4	0,5	0,6	0,7	0,8	0,9	1,0
0	0,9048	0,8187	0,7408	0,6703	0,6065	0,5488	0,4966	0,4493	0,4066	0,3679
1	0,0905	0,1637	0,2222	0,2681	0,3033	0,3293	0,3476	0,3595	0,3659	0,3679
2	0,0045	0,0164	0,0333	0,0536	0,0758	0,0988	0,1217	0,1438	0,1647	0,1839
3	0,0002	0,0011	0,0033	0,0072	0,0126	0,0198	0,0284	0,0383	0,0494	0,0613
4	0,0000	0,0001	0,0002	0,0007	0,0016	0,0030	0,0050	0,0077	0,0111	0,0153
5	0,0000	0,0000	0,0000	0,0001	0,0002	0,0004	0,0007	0,0012	0,0020	0,0031
6	0,0000	0,0000	0,0000	0,0000	0,0000	0,0000	0,0001	0,0002	0,0003	0,0005
7	0,0000	0,0000	0,0000	0,0000	0,0000	0,0000	0,0000	0,0000	0,0000	0,0001

					λ					
x	1,1	1,2	1,3	1,4	1,5	1,6	1,7	1,8	1,9	2,0
0	0,3329	0,3012	0,2725	0,2466	0,2231	0,2019	0,1827	0,1653	0,1496	0,1353
1	0,3662	0,3614	0,3543	0,3452	0,3347	0,3230	0,3106	0,2975	0,2842	0,2707
2	0,2014	0,2169	0,2303	0,2417	0,2510	0,2584	0,2640	0,2678	0,2700	0,2707
3	0,0738	0,0867	0,0998	0,1128	0,1255	0,1378	0,1496	0,1607	0,1710	0,1804
4	0,0203	0,0260	0,0324	0,0395	0,0471	0,0551	0,0636	0,0723	0,0812	0,0902
5	0,0045	0,0062	0,0084	0,0111	0,0141	0,0176	0,0216	0,0260	0,0309	0,0361
6	0,0008	0,0012	0,0018	0,0026	0,0035	0,0047	0,0061	0,0078	0,0098	0,0120
7	0,0001	0,0002	0,0003	0,0005	0,0008	0,0011	0,0015	0,0020	0,0027	0,0034
8	0,0000	0,0000	0,0000	0,0001	0,0001	0,0002	0,0003	0,0005	0,0006	0,0009
9	0,0000	0,0000	0,0000	0,0000	0,0000	0,0000	0,0001	0,0001	0,0001	0,0002

					λ					
x	2,1	2,2	2,3	2,4	2,5	2,6	2,7	2,8	2,9	3,0
0	0,1225	0,1108	0,1003	0,0907	0,0821	0,0743	0,0672	0,0608	0,0550	0,0498
1	0,2572	0,2438	0,2306	0,2177	0,2052	0,1931	0,1815	0,1703	0,1596	0,1494
2	0,2700	0,2681	0,2652	0,2613	0,2565	0,2510	0,2450	0,2384	0,2314	0,2240
3	0,1890	0,1966	0,2033	0,2090	0,2138	0,2176	0,2205	0,2225	0,2237	0,2240
4	0,0992	0,1082	0,1169	0,1254	0,1336	0,1414	0,1488	0,1557	0,1622	0,1680
5	0,0417	0,0476	0,0538	0,0602	0,0668	0,0735	0,0804	0,0872	0,0940	0,1008
6	0,0146	0,0174	0,0206	0,0241	0,0278	0,0319	0,0362	0,0407	0,0455	0,0504
7	0,0044	0,0055	0,0068	0,0083	0,0099	0,0118	0,0139	0,0163	0,0188	0,0216
8	0,0011	0,0015	0,0019	0,0025	0,0031	0,0038	0,0047	0,0057	0,0068	0,0081
9	0,0003	0,0004	0,0005	0,0007	0,0009	0,0011	0,0014	0,0018	0,0022	0,0027
10	0,0001	0,0001	0,0001	0,0002	0,0002	0,0003	0,0004	0,0005	0,0006	0,0008
11	0,0000	0,0000	0,0000	0,0000	0,0000	0,0001	0,0001	0,0001	0,0002	0,0002
12	0,0000	0,0000	0,0000	0,0000	0,0000	0,0000	0,0000	0,0000	0,0000	0,0001

					λ					
x	3,1	3,2	3,3	3,4	3,5	3,6	3,7	3,8	3,9	4,0
0	0,0450	0,0408	0,0369	0,0344	0,0302	0,0273	0,0247	0,0224	0,0202	0,0183
1	0,1397	0,1304	0,1217	0,1135	0,1057	0,0984	0,0915	0,0850	0,0789	0,0733
2	0,2165	0,2087	0,2008	0,1929	0,1850	0,1771	0,1692	0,1615	0,1539	0,1465
3	0,2237	0,2226	0,2209	0,2186	0,2158	0,2125	0,2087	0,2046	0,2001	0,1954
4	0,1734	0,1781	0,1823	0,1858	0,1888	0,1912	0,1931	0,1944	0,1951	0,1954

TABLE 2. (SUITE)

x	λ 3,1	3,2	3,3	3,4	3,5	3,6	3,7	3,8	3,9	4,0
5	0,1075	0,1140	0,1203	0,1264	0,1322	0,1377	0,1429	0,1477	0,1522	0,1563
6	0,0555	0,0608	0,0662	0,0716	0,0771	0,0826	0,0881	0,0936	0,0989	0,1042
7	0,0246	0,0278	0,0312	0,0348	0,0385	0,0425	0,0466	0,0508	0,0551	0,0595
8	0,0095	0,0111	0,0129	0,0148	0,0169	0,0191	0,0215	0,0241	0,0269	0,0298
9	0,0033	0,0040	0,0047	0,0056	0,0066	0,0076	0,0089	0,0102	0,0116	0,0132
10	0,0010	0,0013	0,0016	0,0019	0,0023	0,0028	0,0033	0,0039	0,0045	0,0053
11	0,0003	0,0004	0,0005	0,0006	0,0007	0,0009	0,0011	0,0013	0,0016	0,0019
12	0,0001	0,0001	0,0001	0,0002	0,0002	0,0003	0,0003	0,0004	0,0005	0,0006
13	0,0000	0,0000	0,0000	0,0000	0,0001	0,0001	0,0001	0,0001	0,0002	0,0002
14	0,0000	0,0000	0,0000	0,0000	0,0000	0,0000	0,0000	0,0000	0,0000	0,0001

x	λ 4,1	4,2	4,3	4,4	4,5	4,6	4,7	4,8	4,9	5,0
0	0,0166	0,0150	0,0136	0,0123	0,0111	0,0101	0,0091	0,0082	0,0074	0,0067
1	0,0679	0,0630	0,0583	0,0540	0,0500	0,0462	0,0427	0,0395	0,0365	0,0337
2	0,1393	0,1323	0,1254	0,1188	0,1125	0,1063	0,1005	0,0948	0,0894	0,0842
3	0,1904	0,1852	0,1798	0,1743	0,1687	0,1631	0,1574	0,1517	0,1460	0,1404
4	0,1951	0,1944	0,1933	0,1917	0,1898	0,1875	0,1849	0,1820	0,1789	0,1755
5	0,1600	0,1633	0,1662	0,1687	0,1708	0,1725	0,1738	0,1747	0,1753	0,1755
6	0,1093	0,1143	0,1191	0,1237	0,1281	0,1323	0,1362	0,1398	0,1432	0,1462
7	0,0640	0,0686	0,0732	0,0778	0,0824	0,0869	0,0914	0,0959	0,1002	0,1044
8	0,0328	0,0360	0,0393	0,0428	0,0463	0,0500	0,0537	0,0575	0,0614	0,0653
9	0,0150	0,0168	0,0188	0,0209	0,0232	0,0255	0,0280	0,0307	0,0334	0,0363
10	0,0061	0,0071	0,0081	0,0092	0,0104	0,0118	0,0132	0,0147	0,0164	0,0181
11	0,0023	0,0027	0,0032	0,0037	0,0043	0,0049	0,0056	0,0064	0,0073	0,0082
12	0,0008	0,0009	0,0011	0,0014	0,0016	0,0019	0,0022	0,0026	0,0030	0,0034
13	0,0002	0,0003	0,0004	0,0005	0,0006	0,0007	0,0008	0,0009	0,0011	0,0013
14	0,0001	0,0001	0,0001	0,0001	0,0002	0,0002	0,0003	0,0003	0,0004	0,0005
15	0,0000	0,0000	0,0000	0,0000	0,0001	0,0001	0,0001	0,0001	0,0001	0,0002

x	λ 5,1	5,2	5,3	5,4	5,5	5,6	5,7	5,8	5,9	6,0
0	0,0061	0,0055	0,0050	0,0045	0,0041	0,0037	0,0033	0,0030	0,0027	0,0025
1	0,0311	0,0287	0,0265	0,0244	0,0225	0,0207	0,0191	0,0176	0,0162	0,0149
2	0,0793	0,0746	0,0701	0,0659	0,0618	0,0580	0,0544	0,0509	0,0477	0,0446
3	0,1348	0,1293	0,1239	0,1185	0,1133	0,1082	0,1033	0,0985	0,0938	0,0892
4	0,1719	0,1681	0,1641	0,1600	0,1558	0,1515	0,1472	0,1428	0,1383	0,1339
5	0,1753	0,1748	0,1740	0,1728	0,1714	0,1697	0,1678	0,1656	0,1632	0,1606
6	0,1490	0,1515	0,1537	0,1555	0,1571	0,1584	0,1594	0,1601	0,1605	0,1606
7	0,1086	0,1125	0,1163	0,1200	0,1234	0,1267	0,1298	0,1326	0,1353	0,1377
8	0,0692	0,0731	0,0771	0,0810	0,0849	0,0887	0,0925	0,0962	0,0998	0,1033
9	0,0392	0,0423	0,0454	0,0486	0,0519	0,0552	0,0586	0,0620	0,0654	0,0688

TABLE 2. (SUITE)

x	λ									
	5,1	5,2	5,3	5,4	5,5	5,6	5,7	5,8	5,9	6,0
10	0,0200	0,0220	0,0241	0,0262	0,0285	0,0309	0,0334	0,0359	0,0386	0,0413
11	0,0093	0,0104	0,0116	0,0129	0,0143	0,0157	0,0173	0,0190	0,0207	0,0225
12	0,0039	0,0045	0,0051	0,0058	0,0065	0,0073	0,0082	0,0092	0,0102	0,0113
13	0,0015	0,0018	0,0021	0,0024	0,0028	0,0032	0,0036	0,0041	0,0046	0,0052
14	0,0006	0,0007	0,0008	0,0009	0,0011	0,0013	0,0015	0,0017	0,0019	0,0022
15	0,0002	0,0002	0,0003	0,0003	0,0004	0,0005	0,0006	0,0007	0,0008	0,0009
16	0,0001	0,0001	0,0001	0,0001	0,0001	0,0002	0,0002	0,0002	0,0003	0,0003
17	0,0000	0,0000	0,0000	0,0000	0,0000	0,0001	0,0001	0,0001	0,0001	0,0001

x	λ									
	6,1	6,2	6,3	6,4	6,5	6,6	6,7	6,8	6,9	7,0
0	0,0022	0,0020	0,0018	0,0017	0,0015	0,0014	0,0012	0,0011	0,0010	0,0009
1	0,0137	0,0126	0,0116	0,0106	0,0098	0,0090	0,0082	0,0076	0,0070	0,0064
2	0,0417	0,0390	0,0364	0,0340	0,0318	0,0296	0,0276	0,0258	0,0240	0,0223
3	0,0848	0,0806	0,0765	0,0726	0,0688	0,0652	0,0617	0,0584	0,0552	0,0521
4	0,1294	0,1249	0,1205	0,1162	0,1118	0,1076	0,1034	0,0992	0,0952	0,0912
5	0,1579	0,1549	0,1519	0,1487	0,1454	0,1420	0,1385	0,1349	0,1314	0,1277
6	0,1605	0,1601	0,1595	0,1586	0,1575	0,1562	0,1546	0,1529	0,1511	0,1490
7	0,1399	0,1418	0,1435	0,1450	0,1462	0,1472	0,1480	0,1486	0,1489	0,1490
8	0,1066	0,1099	0,1130	0,1160	0,1188	0,1215	0,1240	0,1263	0,1284	0,1304
9	0,0723	0,0757	0,0791	0,0825	0,0858	0,0891	0,0923	0,0954	0,0985	0,1014
10	0,0441	0,0469	0,0498	0,0528	0,0558	0,0588	0,0618	0,0649	0,0679	0,0710
11	0,0245	0,0265	0,0285	0,0307	0,0330	0,0353	0,0377	0,0401	0,0426	0,0452
12	0,0124	0,0137	0,0150	0,0164	0,0179	0,0194	0,0210	0,0227	0,0245	0,0264
13	0,0058	0,0065	0,0073	0,0081	0,0089	0,0098	0,0108	0,0119	0,0130	0,0142
14	0,0025	0,0029	0,0033	0,0037	0,0041	0,0046	0,0052	0,0058	0,0064	0,0071
15	0,0010	0,0012	0,0014	0,0016	0,0018	0,0020	0,0023	0,0026	0,0029	0,0033
16	0,0004	0,0005	0,0005	0,0006	0,0007	0,0008	0,0010	0,0011	0,0013	0,0014
17	0,0001	0,0002	0,0002	0,0002	0,0003	0,0003	0,0004	0,0004	0,0005	0,0006
18	0,0000	0,0001	0,0001	0,0001	0,0001	0,0001	0,0001	0,0002	0,0002	0,0002
19	0,0000	0,0000	0,0000	0,0000	0,0000	0,0000	0,0000	0,0001	0,0001	0,0001

x	λ									
	7,1	7,2	7,3	7,4	7,5	7,6	7,7	7,8	7,9	8,0
0	0,0008	0,0007	0,0007	0,0006	0,0006	0,0005	0,0005	0,0004	0,0004	0,0003
1	0,0059	0,0054	0,0049	0,0045	0,0041	0,0038	0,0035	0,0032	0,0029	0,0027
2	0,0208	0,0194	0,0180	0,0167	0,0156	0,0145	0,0134	0,0125	0,0116	0,0107
3	0,0492	0,0464	0,0438	0,0413	0,0389	0,0366	0,0345	0,0324	0,0305	0,0286
4	0,0874	0,0836	0,0799	0,0764	0,0729	0,0696	0,0663	0,0632	0,0602	0,0573
5	0,1241	0,1204	0,1167	0,1130	0,1094	0,1057	0,1021	0,0986	0,0951	0,0916
6	0,1468	0,1445	0,1420	0,1394	0,1367	0,1339	0,1311	0,1282	0,1252	0,1221
7	0,1489	0,1486	0,1481	0,1474	0,1465	0,1454	0,1442	0,1428	0,1413	0,1396
8	0,1321	0,1337	0,1351	0,1363	0,1373	0,1382	0,1388	0,1392	0,1395	0,1396
9	0,1042	0,1070	0,1096	0,1121	0,1144	0,1167	0,1187	0,1207	0,1224	0,1241
10	0,0740	0,0770	0,0800	0,0829	0,0858	0,0887	0,0914	0,0941	0,0967	0,0993
11	0,0478	0,0504	0,0531	0,0558	0,0585	0,0613	0,0640	0,0667	0,0695	0,0722

TABLE 2. (SUITE)

x	λ 7,1	7,2	7,3	7,4	7,5	7,6	7,7	7,8	7,9	8,0
12	0,0283	0,0303	0,0323	0,0344	0,0366	0,0388	0,0411	0,0434	0,0457	0,0481
13	0,0154	0,0168	0,0181	0,0196	0,0211	0,0227	0,0243	0,0260	0,0278	0,0296
14	0,0078	0,0086	0,0095	0,0104	0,0113	0,0123	0,0134	0,0145	0,0157	0,0169
15	0,0037	0,0041	0,0046	0,0051	0,0057	0,0062	0,0069	0,0075	0,0083	0,0090
16	0,0016	0,0019	0,0021	0,0024	0,0026	0,0030	0,0033	0,0037	0,0041	0,0045
17	0,0007	0,0008	0,0009	0,0010	0,0012	0,0013	0,0015	0,0017	0,0019	0,0021
18	0,0003	0,0003	0,0004	0,0004	0,0005	0,0006	0,0006	0,0007	0,0008	0,0009
19	0,0001	0,0001	0,0001	0,0002	0,0002	0,0002	0,0003	0,0003	0,0003	0,0004
20	0,0000	0,0000	0,0001	0,0001	0,0001	0,0000	0,0001	0,0001	0,0001	0,0002
21	0,0000	0,0000	0,0000	0,0000	0,0000	0,0000	0,0000	0,0000	0,0001	0,0001

x	λ 8,1	8,2	8,3	8,4	8,5	8,6	8,7	8,8	8,9	9,0
0	0,0003	0,0003	0,0002	0,0002	0,0002	0,0002	0,0002	0,0002	0,0001	0,0001
1	0,0025	0,0023	0,0021	0,0019	0,0017	0,0016	0,0014	0,0013	0,0012	0,0011
2	0,0100	0,0092	0,0086	0,0079	0,0074	0,0068	0,0063	0,0058	0,0054	0,0050
3	0,0269	0,0252	0,0237	0,0222	0,0208	0,0195	0,0183	0,0171	0,0160	0,0150
4	0,0544	0,0517	0,0491	0,0466	0,0443	0,0420	0,0398	0,0377	0,0357	0,0337
5	0,0882	0,0849	0,0816	0,0784	0,0752	0,0722	0,0692	0,0663	0,0635	0,0607
6	0,1191	0,1160	0,1128	0,1097	0,1066	0,1034	0,1003	0,0972	0,0941	0,0911
7	0,1378	0,1358	0,1338	0,1317	0,1294	0,1271	0,1247	0,1222	0,1197	0,1171
8	0,1395	0,1392	0,1388	0,1382	0,1375	0,1366	0,1356	0,1344	0,1332	0,1318
9	0,1256	0,1269	0,1280	0,1290	0,1299	0,1306	0,1311	0,1315	0,1317	0,1318
10	0,1017	0,1040	0,1063	0,1084	0,1104	0,1123	0,1140	0,1157	0,1172	0,1186
11	0,0749	0,0776	0,0802	0,0828	0,0853	0,0878	0,0902	0,0925	0,0948	0,0970
12	0,0505	0,0530	0,0555	0,0579	0,0604	0,0629	0,0654	0,0679	0,0703	0,0728
13	0,0315	0,0334	0,0354	0,0374	0,0395	0,0416	0,0438	0,0459	0,0481	0,0504
14	0,0182	0,0196	0,0210	0,0225	0,0240	0,0256	0,0272	0,0289	0,0306	0,0324
15	0,0098	0,0107	0,0116	0,0126	0,0136	0,0147	0,0158	0,0169	0,0182	0,0194
16	0,0050	0,0055	0,0060	0,0066	0,0072	0,0079	0,0086	0,0093	0,0101	0,0109
17	0,0024	0,0026	0,0029	0,0033	0,0036	0,0040	0,0044	0,0048	0,0053	0,0058
18	0,0011	0,0012	0,0014	0,0015	0,0017	0,0019	0,0021	0,0024	0,0026	0,0029
19	0,0005	0,0005	0,0006	0,0007	0,0008	0,0009	0,0010	0,0011	0,0012	0,0014
20	0,0002	0,0002	0,0002	0,0003	0,0003	0,0004	0,0004	0,0005	0,0005	0,0006
21	0,0001	0,0001	0,0001	0,0001	0,0001	0,0002	0,0002	0,0002	0,0002	0,0003
22	0,0000	0,0000	0,0000	0,0000	0,0001	0,0001	0,0001	0,0001	0,0001	0,0001

x	λ 9,1	9,2	9,3	9,4	9,5	9,6	9,7	9,8	9,9	10
0	0,0001	0,0001	0,0001	0,0001	0,0001	0,0001	0,0001	0,0001	0,0001	0,0000
1	0,0010	0,0009	0,0009	0,0008	0,0007	0,0007	0,0006	0,0005	0,0005	0,0005
2	0,0046	0,0043	0,0040	0,0037	0,0034	0,0031	0,0029	0,0027	0,0025	0,0023
3	0,0140	0,0131	0,0123	0,0115	0,0107	0,0100	0,0093	0,0087	0,0081	0,0076
4	0,0319	0,0302	0,0285	0,0269	0,0254	0,0240	0,0226	0,0213	0,0201	0,0189

TABLE 2. (SUITE)

x	λ									
	9,1	9,2	9,3	9,4	9,5	9,6	9,7	9,8	9,9	10
5	0,0581	0,0555	0,0530	0,0506	0,0483	0,0460	0,0439	0,0418	0,0398	0,0378
6	0,0881	0,0851	0,0822	0,0793	0,0764	0,0736	0,0709	0,0682	0,0656	0,0631
7	0,1145	0,1118	0,1091	0,1064	0,1037	0,1010	0,0982	0,0955	0,0928	0,0901
8	0,1302	0,1286	0,1269	0,1251	0,1232	0,1212	0,1191	0,1170	0,1148	0,1126
9	0,1317	0,1315	0,1311	0,1306	0,1300	0,1293	0,1284	0,1274	0,1263	0,1251
10	0,1198	0,1210	0,1219	0,1228	0,1235	0,1241	0,1245	0,1249	0,1250	0,1251
11	0,0991	0,1012	0,1031	0,1049	0,1067	0,1083	0,1098	0,1112	0,1125	0,1137
12	0,0752	0,0776	0,0799	0,0822	0,0844	0,0866	0,0888	0,0908	0,0928	0,0948
13	0,0526	0,0549	0,0572	0,0594	0,0617	0,0640	0,0662	0,0685	0,0707	0,0729
14	0,0342	0,0361	0,0380	0,0399	0,0419	0,0439	0,0459	0,0479	0,0500	0,0521
15	0,0208	0,0221	0,0235	0,0250	0,0265	0,0281	0,0297	0,0313	0,0330	0,0347
16	0,0118	0,0127	0,0137	0,0147	0,0157	0,0168	0,0180	0,0192	0,0204	0,0217
17	0,0063	0,0069	0,0075	0,0081	0,0088	0,0095	0,0103	0,0111	0,0119	0,0128
18	0,0032	0,0035	0,0039	0,0042	0,0046	0,0051	0,0055	0,0060	0,0065	0,0071
19	0,0015	0,0017	0,0019	0,0021	0,0023	0,0026	0,0028	0,0031	0,0034	0,0037
20	0,0007	0,0008	0,0009	0,0010	0,0011	0,0012	0,0014	0,0015	0,0017	0,0019
21	0,0003	0,0003	0,0004	0,0004	0,0005	0,0006	0,0006	0,0007	0,0008	0,0009
22	0,0001	0,0001	0,0002	0,0002	0,0002	0,0002	0,0003	0,0003	0,0004	0,0004
23	0,0000	0,0001	0,0001	0,0001	0,0001	0,0001	0,0001	0,0001	0,0002	0,0002
24	0,0000	0,0000	0,0000	0,0000	0,0000	0,0000	0,0000	0,0001	0,0001	0,0001

x	λ									
	11	12	13	14	15	16	17	18	19	20
0	0,0000	0,0000	0,0000	0,0000	0,0000	0,0000	0,0000	0,0000	0,0000	0,0000
1	0,0002	0,0001	0,0000	0,0000	0,0000	0,0000	0,0000	0,0000	0,0000	0,0000
2	0,0010	0,0004	0,0002	0,0001	0,0000	0,0000	0,0000	0,0000	0,0000	0,0000
3	0,0037	0,0018	0,0008	0,0004	0,0002	0,0001	0,0000	0,0000	0,0000	0,0000
4	0,0102	0,0053	0,0027	0,0013	0,0006	0,0003	0,0001	0,0001	0,0000	0,0000
5	0,0224	0,0127	0,0070	0,0037	0,0019	0,0010	0,0005	0,0002	0,0001	0,0001
6	0,0411	0,0255	0,0152	0,0087	0,0048	0,0026	0,0014	0,0007	0,0004	0,0002
7	0,0646	0,0437	0,0281	0,0174	0,0104	0.0060	0,0034	0,0018	0,0010	0,0005
8	0,0888	0,0655	0,0457	0,0304	0,0194	0,0120	0,0072	0,0042	0,0024	0,0013
9	0,1085	0,0874	0,0661	0,0473	0,0324	0,0213	0,0135	0,0083	0,0050	0,0029
10	0,1194	0,1048	0,0859	0,0663	0,0486	0,0341	0,0230	0,0150	0,0095	0,0058
11	0,1194	0,1144	0,1015	0,0844	0,0663	0,0496	0,0355	0,0245	0,0164	0,0106
12	0,1094	0,1144	0,1099	0,0984	0,0829	0,0661	0,0504	0,0368	0,0259	0,0176
13	0,0926	0,1056	0,1099	0,1060	0,0956	0,0814	0,0658	0,0509	0,0378	0,0271
14	0,0728	0,0905	0,1021	0,1060	0,1024	0,0930	0,0800	0,0655	0,0514	0,0387
15	0,0534	0,0724	0,0885	0,0989	0,1024	0,0992	0,0906	0,0786	0,0650	0,0516
16	0,0367	0,0543	0,0719	0,0866	0,0960	0,0992	0,0963	0,0884	0,0772	0,0646
17	0,0237	0,0383	0,0550	0,0713	0,0847	0,0934	0,0963	0,0936	0,0863	0,0760
18	0,0145	0,0256	0,0397	0,0554	0,0706	0,0830	0,0909	0,0936	0,0911	0,0844
19	0,0084	0,0161	0,0272	0,0409	0,0557	0,0699	0,0814	0,0887	0,0911	0,0888
20	0,0046	0,0097	0,0177	0,0286	0,0418	0,0559	0,0692	0,0798	0,0866	0,0888
21	0,0024	0,0055	0,0109	0,0191	0,0299	0,0426	0,0560	0,0684	0,0783	0,0846
22	0,0012	0,0030	0,0065	0,0121	0,0204	0,0310	0,0433	0,0560	0,0676	0,0769
23	0,0006	0,0016	0,0037	0,0074	0,0133	0,0216	0,0320	0,0438	0,0559	0,0669
24	0,0003	0,0008	0,0020	0,0043	0,0083	0,0144	0,0226	0,0328	0,0442	0,0557

TABLE 2. (SUITE)

x	λ 11	12	13	14	15	16	17	18	19	20
25	0,0001	0,0004	0,0010	0,0024	0,0050	0,0092	0,0154	0,0237	0,0336	0,0446
26	0,0000	0,0002	0,0005	0,0013	0,0029	0,0057	0,0101	0,0164	0,0246	0,0343
27	0,0000	0,0001	0,0002	0,0007	0,0016	0,0034	0,0063	0,0109	0,0173	0,0254
28	0,0000	0,0000	0,0001	0,0003	0,0009	0,0019	0,0038	0,0070	0,0117	0,0181
29	0,0000	0,0000	0,0001	0,0002	0,0004	0,0011	0,0023	0,0044	0,0077	0,0125
30	0,0000	0,0000	0,0000	0,0001	0,0002	0,0006	0,0013	0,0026	0,0049	0,0083
31	0,0000	0,0000	0,0000	0,0000	0,0001	0,0003	0,0007	0,0015	0,0030	0,0054
32	0,0000	0,0000	0,0000	0,0000	0,0001	0,0001	0,0004	0,0009	0,0018	0,0034
33	0,0000	0,0000	0,0000	0,0000	0,0000	0,0001	0,0002	0,0005	0,0010	0,0020
34	0,0000	0,0000	0,0000	0,0000	0,0000	0,0000	0,0001	0,0002	0,0006	0,0012
35	0,0000	0,0000	0,0000	0,0000	0,0000	0,0000	0,0000	0,0001	0,0003	0,0007
36	0,0000	0,0000	0,0000	0,0000	0,0000	0,0000	0,0000	0,0001	0,0002	0,0004
37	0,0000	0,0000	0,0000	0,0000	0,0000	0,0000	0,0000	0,0000	0,0001	0,0002
38	0,0000	0,0000	0,0000	0,0000	0,0000	0,0000	0,0000	0,0000	0,0000	0,0001
39	0,0000	0,0000	0,0000	0,0000	0,0000	0,0000	0,0000	0,0000	0,0000	0,0001

TABLE 3. LOI NORMALE CENTRÉE REDUITE

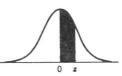

0 z

z	0,00	0,01	0,02	0,03	0,04	0,05	0,06	0,07	0,08	0,09
0,0	0,0000	0,0040	0,0080	0,0120	0,0160	0,0199	0,0239	0,0279	0,0319	0,0359
0,1	0,0398	0,0438	0,0478	0,0517	0,0557	0,0596	0,0636	0,0675	0,0714	0,0753
0,2	0,0793	0,0832	0,0871	0,0910	0,0948	0,0987	0,1026	0,1064	0,1103	0,1141
0,3	0,1179	0,1217	0,1255	0,1293	0,1331	0,1368	0,1406	0,1443	0,1480	0,1517
0,4	0,1554	0,1591	0,1628	0,1664	0,1700	0,1736	0,1772	0,1808	0,1844	0,1879
0,5	0,1915	0,1950	0,1985	0,2019	0,2054	0,2088	0,2123	0,2157	0,2190	0 2224
0,6	0,2257	0,2291	0,2324	0,2357	0,2389	0,2422	0,2454	0,2486	0,2517	0,2549
0,7	0,2580	0,2611	0,2642	0,2673	0,2703	0,2734	0,2764	0,2794	0,2823	0,2852
0,8	0,2881	0,2910	0,2939	0,2967	0,2995	0,3023	0,3051	0,3078	0,3106	0,3133
0,9	0,3159	0,3186	0,3212	0,3238	0,3264	0,3289	0,3315	0,3340	0,3365	0,3389
1,0	0,3413	0,3438	0,3461	0,3485	0,3508	0,3531	0,3554	0,3577	0,3599	0,3621
1,1	0,3643	0,3665	0,3686	0,3708	0,3729	0,3749	0,3770	0,3790	0,3810	0,3830
1,2	0,3849	0,3869	0,3888	0,3907	0,3925	0,3944	0,3962	0,3980	0,3997	0,4015
1,3	0,4032	0,4049	0,4066	0,4082	0,4099	0,4115	0,4131	0,4147	0,4162	0,4177
1,4	0,4192	0,4207	0,4222	0,4236	0,4251	0,4265	0,4279	0,4292	0,4306	0,4319
1,5	0,4332	0,4345	0,4357	0,4370	0,4382	0,4394	0,4406	0,4418	0,4429	0,4441
1,6	0,4452	0,4463	0,4474	0,4484	0,4495	0,4505	0,4515	0,4525	0,4535	0,4545
1,7	0,4554	0,4564	0,4573	0,4582	0,4591	0,4599	0,4608	0,4616	0,4625	0,4633
1,8	0,4641	0,4649	0,4656	0,4664	0,4671	0,4678	0,4686	0,4693	0,4699	0,4706
1,9	0,4713	0,4719	0,4726	0,4732	0,4738	0,4744	0,4750	0,4756	0,4761	0,4767
2,0	0,4772	0,4778	0,4783	0,4788	0,4793	0,4798	0,4803	0,4808	0,4812	0,4817
2,1	0,4821	0,4826	0,4830	0,4834	0,4838	0,4842	0,4846	0,4850	0,4854	0,4857
2,2	0,4861	0,4864	0,4868	0,4871	0,4875	0,4878	0,4881	0,4884	0,4887	0,4890
2,3	0,4893	0,4896	0,4898	0,4901	0,4904	0,4906	0,4909	0,4911	0,4913	0,4916
2,4	0,4918	0,4920	0,4922	0,4925	0,4927	0,4929	0,4931	0,4932	0,4934	0,4936
2,5	0,4938	0,4940	0,4941	0,4943	0,4945	0,4946	0,4948	0,4949	0,4951	0,4952
2,6	0,4953	0,4955	0,4956	0,4957	0,4959	0,4960	0,4961	0,4962	0,4963	0,4964
2,7	0,4965	0,4966	0,4967	0,4968	0,4969	0,4970	0,4971	0,4972	0,4973	0,4974
2,8	0,4974	0,4975	0,4976	0,4977	0,4977	0,4978	0,4979	0,4979	0,4980	0,4981
2,9	0,4981	0,4982	0,4982	0,4983	0,4984	0,4984	0,4985	0,4985	0,4986	0,4986
3,0	0,4987	0,4987	0,4987	0,4988	0,4988	0,4989	0,4989	0,4989	0,4990	0,4990

TABLE 4. SEUILS DE t

Pour les intervalles de confiance		REMARQUE	Pour les tests d'hypothèses		
Taille de l'échantillon	Valeur de t		Taille de l'échantillon	Seuil de 5%	Seuil de 1%
6	2,6		6	2,0150	3,3649
7	2,5		7	1,9432	3,1427
8	2,4	PETITS	8	1,8946	2,9980
9	2,3	ECHANTILLONS	9	1,8595	2,8965
10	2,3		10	1,8331	2,8214
11	2,2	IL FAUT	11	1,8125	2,7638
12	2,2	SUPPOSER	12	1,7959	2,7181
13	2,2	QUE LA	13	1,7823	2,6810
14	2,2	POPULATION	14	1,7709	2,6503
15	2,2	EST	15	1,7613	2,6245
16	2,1	NORMALE!	16	1,7531	2,6025
17	2,1		17	1,7459	2,5835
- -	- -		18	1,7396	2,5669
- -	- -		19	1,7341	2,5524
- -	- -		20	1,7291	2,5395
- -	- -		21	1,7247	2,5280
- -	- -		22	1,7207	2,5177
- -	- -		23	1,7171	2,5083
- -	- -		24	1,7139	2,4999
- -	- -		25	1,7109	2,4922
- -	- -		26	1,7081	2,4851
- -	- -		27	1,7056	2,4786
28	2,1		28	1,7033	2,4727
29	2,1		29	1,7011	2,4671
30	2	GRANDS	30	1,645	2,33
31	2	ECHANTILLONS	31	1,645	2,33
- -	-		- -	- - - -	- - -
- -	-	POPULATION	- -	- - - -	- - -
- -	-	QUELCONQUE	- -	- - - -	- - -
- -	-		- -	- - - -	- - -

TABLE 5. TABLE DE LA TRANSFORMATION DE FISHER

$$r' = \frac{1}{2} \ln \frac{1+r}{1-r}$$

r	r'	r	r'	r	r'	r	r'
0,00	0,000	0,25	0,255	0,50	0,549	0,75	0,973
0,01	0,010	0,26	0,266	0,51	0,563	0,76	0,996
0,02	0,020	0,27	0,277	0,52	0,576	0,77	1,020
0,03	0,030	0,28	0,288	0,53	0,590	0,78	1,045
0,04	0,040	0,29	0,299	0,54	0,604	0,79	1,071
0,05	0,050	0,30	0,310	0,55	0,618	0,80	1,099
0,06	0,060	0,31	0,321	0,56	0,633	0,81	1,127
0,07	0,070	0,32	0,332	0,57	0,648	0,82	1,157
0,08	0,080	0,33	0,343	0,58	0,662	0,83	1,188
0,09	0,090	0,34	0,354	0,59	0,678	0,84	1,221
0,10	0,100	0,35	0,365	0,60	0,693	0,85	1,256
0,11	0,110	0,36	0,377	0,61	0,709	0,86	1,293
0,12	0,121	0,37	0,388	0,62	0,725	0,87	1,333
0,13	0,131	0,38	0,400	0,63	0,741	0,88	1,376
0,14	0,141	0,39	0,412	0,64	0,758	0,89	1,422
0,15	0,151	0,40	0,424	0,65	0,775	0,90	1,472
0,16	0,161	0,41	0,436	0,66	0,793	0,91	1,528
0,17	0,172	0,42	0,448	0,67	0,811	0,92	1,589
0,18	0,182	0,43	0,460	0,68	0,829	0,93	1,658
0,19	0,192	0,44	0,472	0,69	0,848	0,94	1,738
0,20	0,203	0,45	0,485	0,70	0,867	0,95	1,832
0,21	0,213	0,46	0,497	0,71	0,887	0,96	1,946
0,22	0,224	0,47	0,510	0,72	0,908	0,97	2,092
0,23	0,234	0,48	0,523	0,73	0,929	0,98	2,298
0,24	0,245	0,49	0,536	0,74	0,950	0,99	2,647

TABLE 6. TAILLE D'ÉCHANTILLON POUR ESTIMER r

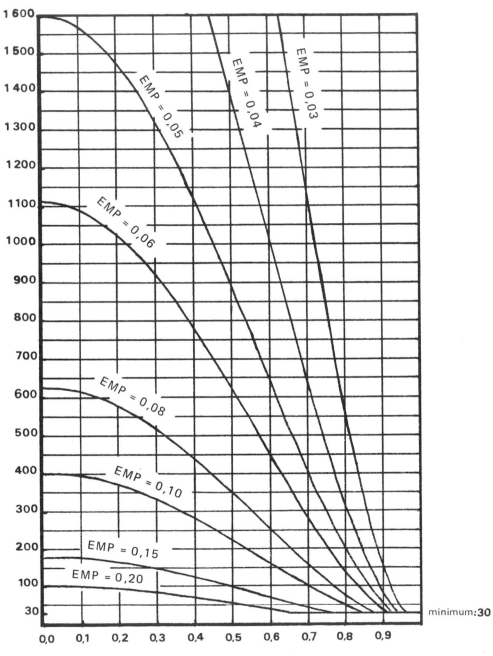

TABLE 7. LES SEUILS DE χ^2_ν

Degrés de liberté ν	Seuil de 5%	Seuil de 1%
1	3,8414	6,6349
2	5,9914	9,2103
3	7,8147	11,3449
4	9,4877	13,2767
5	11,0705	15,0863
6	12,5916	16,8119
7	14,0671	18,4753
8	15,5073	20,0902
9	16,9190	21,6660
10	18,3070	23,2093
11	19,6751	24,7250
12	21,0261	26,2170
13	22,3621	27,6883
14	23,6848	29,1413
15	24,9958	30,5779
16	26,2962	31,9999
17	27,5871	33,4087
18	28,8693	34,8053
19	30,1435	36,1908
20	31,4104	37,5662
21	32,6705	38,9321
22	33,9244	40,2894
23	35,1725	41,6384
24	36,4151	42,9798
25	37,6525	44,3141
26	38,8852	45,6417
27	40,1133	46,9630
28	41,3372	48,2782
29	42,5569	49,5879
30	43,7729	50,8922
40	55,7585	63,6907
50	67,5048	76,1539
60	79,0819	88,3794
70	90,5312	100,425
80	101,879	112,329
90	113,145	124,116
100	124,342	135,807

INDEX ALPHABÉTIQUE

(sections et pages)

RÉPONSES AUX PROBLÈMES

CHAPITRE 2

Section 2.6

1. a) fréquences: 1-1-1-1-5-4-8-13-2-6   b) 5-15-25-...-95

2. a) fréquences: 1-1-0-1-6-6-1-11-10-5   b) 15-25-35-...-105

3. a) fréquences: 1-9-17-14-10-2   b) milieux: 147,5-152,5-157,5-...-172,5

4.   fréquences: 2-1-4-6-16-7-6   milieux: 7,5-22,5-37,5-...-97,5

5.   valeurs: 17-18-...-22   fréquences: 1-3-8-19-7-2

6.   valeurs: 17-18-...-22   fréquences: 1-4-17-17-6-3

7. a) fréquences: 2-4-5-5-2-4-2   b) milieux: 4,7-5,6-6,5-7,4-8,3-9,2-10,1

8. a) fréquences: 3-7-4-8-11-7   b) frontières: 38-43-48-53-58-63-68

9. a) f: 1-4-6-5-3-2   b) milieux: 15-19-23-27-31-35

10. a) f: 3-5-8-6-7-6-5

11. a) f: 10-15-3-2-2-3   b) milieux: 3-7-11-15-19-23

12.   f: 2-11-13-12-9-3-2

CHAPITRE 3

Section 3.1.6

1. a) $\overline{X} = 19,6667$ b) $\overline{X} = 19,85$

2. $\overline{X} \simeq 35,39$ EMP $= 0,43$

3. $\overline{X} = 4,2143$

4. $\overline{X} = 147,0678$

5. a) $\overline{X} \simeq 162,5349$ b) $\overline{X} \simeq 162,14$ c) erreur $= 0,39$ alors que EMP $= 1,32$

6. a) $\overline{X} \simeq 65,7143 - 0,5 = 65,2143$ b) $\overline{X} = 64,2143$ c) erreur $= 1,0$ alors que EMP $= 0,891$

7. $\overline{X} \simeq 64,9048 - 0,5 = 64,4048$ et l'erreur est $0,1905$

8. $\overline{X} \simeq 78,3333 - 0,5 = 77,8333$ erreur $= 0,8333$ alors que EMP $= 0,891$

Section 3.2.3

1. a) Md $= 55$ b) $\overline{X} = 53,5333$

2. a) Md $= 78,4$ b) $\overline{X} = 77,78095$

3.   Md $= 14,5$

4.   Md $= 69,5$

5. a) $\overline{X} = 10,68$ b) Md $= 4$

Section 3.5

1. a) milieux: $15,5 - 20,5 - 25,5 - \ldots - 45,5$ f: $8 - 9 - 5 - 3 - 2 - 0 - 1$ b) $\overline{X} \simeq 23$ EMP $= 0,55$

c) Md ≃ 21,3   d) Md = 21,18

2. a) Md ≃ 77,5   b) Md ≃ 78,4

3. a) Md ≃ 159,85   b) Md ≃ 159

4. a) f: 5-8-9-7-2-2-2   b) $\overline{X}$ ≃ 14,3   c) EMP = 0,39   d) Md ≃ 14   e) Md = 12

5. a) f: 9-51-114-188-271-158-34-5   b) $\overline{X}$ ≃ 29,246 − 0,5 ≃ 28,75   c) EMP = 0,08

   d) Md ≃ 29,78   e) Md = 29

6. a) $\overline{X}$ ≃ 17,3   b) Md ≃ 18,3

7. b) $\overline{X}$ = 15,7674   c) Md = 17

8. b) $\overline{X}$ = 9,439   c) Md = 8

9. Md ≃ 25, $\overline{X}$ un peu plus grand

10. a) $\overline{X}$ = 1,9375   b) Md = 2

11. b) $\overline{X}$ = 65,429   c) Md = 70

12. b) $\overline{X}$ = 15,8293   c) Md = 16

13. Md ≃ 37,5   et $\overline{X}$ plus petit

14. a) $\overline{X}$ ≃ 98,31   b) EMP = 0,54   c) Md ≃ 98,3

CHAPITRE 4

Section 4.5

1. s = 1,0513   (étendue ÷ 6) = 1,1667

2. a) s = 1,0785   b) (étendue ÷ 6) = 1,1667

3. s = 9,7293

4. $s = 11,6157$

5. $s = 5,8293$

6. $s = 16,8144$

7. a) $s = 1,4907$ b) on devine que $s \simeq 1,6$ cf. règle 3, section 4.3.7

8. a) $s = 1,6972$ b) règle 2, section 4.3.7 donne $s \simeq 1,7$

9. a) $s \simeq 21,23$ b) on devine que $s \simeq 23$ ou 24 avec la règle 3

10. a) $s \simeq 20,1$ b) règle 3 donne $s \simeq 23$ ou 24

11. a) $s \simeq 12$ b) on devine que $s > 9,33$

12. a) $s <$ (étendue $\div$ 6) $= 7,5$ b) $s \simeq 5,75$

13. a) on devine que $s \simeq 5,92$ règle 3   b) $s \simeq 5,25$

14. (étendue $\div$ 6) $= 12$ et $s \simeq 13,92$

CHAPITRE 5

Section 5.1.6

1. examen final: 21 sur 25   total: 76 sur 100

2. examen final: 23 sur 25   total: 88 sur 100

3. 25   85   5   50   15   35   75   65   95

4. 96   25   71   4   46   54   88   13   71   25   38   71

5. 22   26   29   32   35

6. 4   6   11

7. a) $C_{72} \simeq 58,7$ b) rang centile de 26 $\simeq 14$

8. a) $C_{35} \approx 39,8$ b) rang centile de 48 $\approx$ 49
9. a) $Q_3 \approx 36,5$ b) rang centile de 27 $\approx$ 42
10. a) $D_6 \approx 32,1$ b) rang centile de 43 $\approx$ 91

Section 5.2.4

1. $Z_x = 0,40$ $Z_y = 0,6667$ $Z_z = 1,2857$ meilleur en math
2. $Z_x = 1,75$ $Z_y = 1,743$ à peu près équivalentes
3. a) $Z_x = -1,1458$ $Z_y = -0,4163$ plus mauvais dans les études qu'en politique,
    un futur député!   b) $Z = -3,23$ un cancre authentique!
4. $Z_x = 0,6909$ $Z_y = 1,0909$
5. Pour la session, $Z = -1,838$ et son résultat sera 12
6. Pour la session, $Z = 0,8088$ et son résultat serait 18

Section 5.3.4

1.

Stanines	données					
1	13,74					
2	14,36	16,64				
3	17,11	17,54	17,60			
4	17,66	17,72	18,65	19,44	19,73	
5	20,09	20,85	21,17	21,19	21,60	21,82
6	23,14	23,55	25,06	26,14	26,55	

Stanines	données		
7	30,24	30,35	30,68
8	36,62	37,16	
9	45,47		

2.

Stanines	données						
1	15,02						
2	15,78	16,50	16,51				
3	16,69	16,77	18,11	18,96			
4	19,47	19,57	20,11	20,60	20,70	21,53	
5	22,07	22,85	22,91	23,10	23,70	23,78	24,00

Stanines	données					
6	24,38	25,24	25,98	26,55	26,64	27,05
7	27,07	27,24	27,62	27,75		
8	29,71	30,02	34,59			
9	36,60					

3.

Stanines	données							
1	3	10						
2	20	39	40					
3	41	44	45	45				
4	55	55	56	60	60	60		
5	64	64	65	68	69	70	70	70

Stanines	données						
6	71	71	71	73	74	75	75
7	76	76	79	83	85		
8	90	91	94				
9	95	95	95				

Ce n'est pas la seule solution possible

4.

Stanines	données								Stanines
1	15 25	85	85	85	85	89	90	90	94	6
2	45 50 50		95	95	95	95	95	96	99	7
3	54 55 59 59				100	100	100	100		8
4	60 60 65 65 65					100	100			9
5	75 80 80 84 84 84 84									

Ce n'est pas la seule solution possible

Section 5.4

1. $Z_x = -0,6008$ donne un résultat de 16 sur 25 également

2. $Z_x = 0,34889$ donnerait un résultat de 21 sur 25 également

3.

Rangs centiles	3	9	16	22	28	34	41	47	53	59	69	78	84	91	97
Cotes standards	-1,95	-1,84	-,77	-,72	-,44	-,32	-,10	-,04	,13	,30	,58	,58	,80	,97	1,25 1,59
Stanines	2	3	3	4	4	5	5	5	5	6	6	6	7	7	8

4.

Rangs centiles	3	9	16	25	25	34	41	47	53	59	66	72	78	84	91	97
Cotes standards	-1,53	-1,44	-1,05	-0,92	-0,92	-0,70	-0,44	0,003	0,22	0,62	0,66	0,84	0,92	1,14	1,23	1,36
Stanines	2	3	3	4	4	5	5	5	5	6	6	6	7	7	8

5. $Z = 3,333$

CHAPITRE 6

Section 6.1.7

1. $r = 0,755$

2. $r = -0,9763$

3. $r = 0,292$ faible; mais le nuage de points montre que les points sont presque tous sur la courbe d'équation $y = x^2 - 10$. Donc forte corrélation non linéaire

4. $r = -0,8185$

5. $r = 0,809$

6. $r = 0,5607$

Section 6.2.4

1. $y = 11,1429 + 2,4405x$ On peut prévoir une vente d'environ 33

2. $y = 0,0364 + 3,1391x \simeq 3,14x \simeq \pi x$

3. $y = 0,2569 + 0,5851x$ Si $x = 51$, la valeur correspondante est $y = 30$

4. $y = 17639,058 - 942,0546x$;   à $x = 13,75$ correspond $y = 4685,81$

Section 6.3

1. a) $r = 0,939$ b) $y \simeq 1,2319x$ c) $31,91 \simeq 32$ e) $y \simeq 32 \pm 5$

2. a) $y = 3,0158 + 1,1069x$ b) $y = 10,76$ c) $y \simeq 11 \pm 3$

3. $y = 812,743 - 18,705x$ a) $y \simeq 682$ b) $x \simeq 10$

4. a) r = 1   b) y = 3x − 10   tous les points sont sur cette droite

5.   r = 0,59

6.   r = 0,194

7.   r = 0,951

8. a) y = 8,0093 + 0,03204x   b) 12(0,03204) = 0,38448   c) y = 9,195
   d) r = 0,853

9.   y = 3,2617 + 0,3843x

CHAPITRE 7

Section 7.1.6

1. $p = 0,01949$

2. $p = \dfrac{73}{183} = 0,39891$

3. a) $0,25$ b) $\dfrac{1}{13} = 0,07692$ c) $\dfrac{4}{13} = 0,30769$

4. a) $\dfrac{1}{6}$ b) $\dfrac{1}{2}$ c) $\dfrac{1}{3}$

5. $p = 0,32$

6. $p = 0,913333$

7. M.B. pense que la probabilité de sa victoire est moindre que $\dfrac{3}{8}$, c.-à-d. $0,375$

8. $\dfrac{4}{11} = 0,363636$

Section 7.2.6

1. a) $\dfrac{436}{2\ 749}$ $0,1586$ b) $0,2314$ c) $0,33299$

2. a) Dans l'hypothèse équiprobable, P(quelqu'un de 1ère ou fille de 3e) $0,52346$ qui est proche de $\dfrac{1}{2}$ b) $0,57621$ c) $0,77483$

3. a) $\{P1,P2,P3,P4,P5,P6,F1,F2,\ldots,F6\}$ b) $0,50$ c) $0,25$
    d) $0,75$ e) $0,833333$

4. a) $0,02893$ b) $0,03313$ c) $0,030246$

5. a) $0,24$ b) $0,58$

6. $0,180983$

7. $0,60$

8. $0,0666667$

Section 7.3.5

1. $0,0333333$

2. $0,05$

3. $0,0012414$

4.   0,40441

5.   a)   0,12384   b)   0,004128

6.   0,205078

7.   a)   3 024 trajets possibles   b)   0,444444

8.   0,065026

Section 7.4.6

1.   0,063333

2.   0,526316

3.   0,8181818

4.   0,5925

5.   0,9863

6.   0,96552

7.   0,27

8.   0,50562

9.   0,068

CHAPITRE 8

Section 8.2.4

1.   a)   Ch(X) = {1,2,3,4,5,6,7}   b)   f(1) $f(7) = \frac{1}{12}$

f(2) $f(3) = f(4) = f(5) = f(6) = \frac{2}{12}$

c)

d) $\frac{1}{2}$

```
          2/12 _____ 2/12
   1/12 /                    \  1/12
      /                        \
     o                          o
     0  1  2  3  4  5  6  7  8
```

2.   a) et b)

e) $\frac{5}{13} = 0,384615$

```
      |
   4/13 |
      |
   1/13 |                         1/13
      |
      0  1  2  3  4  5  6  7  8  9  10 11
```

3. a) et b)

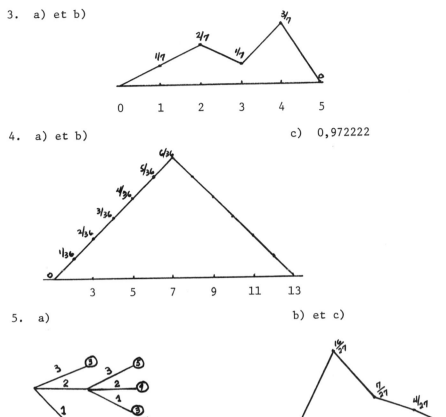

0   1   2   3   4   5

4. a) et b)   c) 0,972222

3   5   7   9   11   13

5. a)   b) et c)

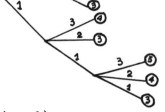

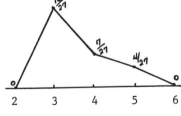

2   3   4   5   6

6. a) et b)

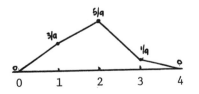

0   1   2   3   4

7. a) k = 0,10   b)   c)   0,40

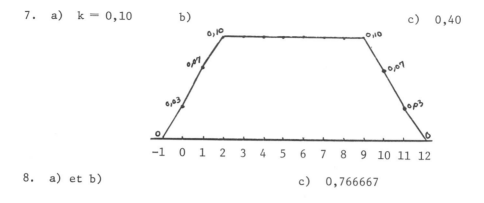

8. a) et b)   c)   0,766667

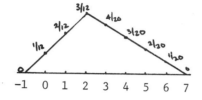

Section 8.3.4

1. a)   27.11111   b)   0,98765   c) $\left(\dfrac{\text{étendue}}{6}\right)^2 \simeq 1$ c'est convenable

2. a)   9,4   b)   1,94   c) $\left(\dfrac{\text{étendue}}{6}\right)^2 \simeq 1,36$ c'est convenable

3.   E(X) = 1,98828 ≃ 2

4. a)   14,03   b)   v(z) = 4,8491   alors que $\left(\dfrac{\text{étendue}}{6}\right)^2 \simeq 2,8$ cf. no 11,
                                                      section 4.5, p.98

5. a) $f(5) = \dfrac{12}{31}$ $f(6) = f(7) = \dfrac{6}{31}$ $f(8) = \dfrac{4}{31}$ $f(9) = \dfrac{3}{31}$

    b)   6,35484   c)   1,84183   d)   0,22581

6. a)   μ = 1,5   et $\sigma^2 \simeq 0,7$ b)   1,5

    c)   0,75   d)   0,875

7. a)   μ ≃ 7,7   et $\sigma^2 \simeq 5,9$ b)   7,56

    c)   4,1464   d)   0,43 et non 0,42 car P(X > 14) = 0,01

8. a)   5,68421   b)   1,42659   c)   0,23684

9. a)   μ ≃ 9   et $\sigma^2 \simeq 5,44$ b)   f(10) = 0,12   f(11) = 0,10

         f(12) = 0,08   f(13) = 0,06   f(14) = 0,04   f(15) = 0,02

c) 9,32   d) 5,8176   e) 0,24

CHAPITRE 9

Section 9.1.4

1. a) 0,2076   b) 0,6786   c) 0,0042   d) 2
   e) 1,5
2. a) 0,1762   b) 0,2588   c) 0,4362   d) 0,5638
   e) 1,8   f) 1,44
3. a) 0,1719   ce qui est une bonne performance sans être vraiment rare
   b) 0,6496   ce qui n'a rien de surprenant
4. a) 0,6329   b) 0,8220

Section 9.2.6

1. a) 0,8   b) 0,0474
2. a) 10   b) 0,2084
3.   0,0136
4.   0,0996
5.   0,1680
6.   0,2240
7.   0,2240
8.   0,0141
9. a) 0,8187   b) 0,9988
10.   0,8264

Section 9.3

1. a) 0,26927   b) 0,25046
2. a) 0,2985   b) 0,1954
3. a) 0,1992   b) 0,2036
4. a) 0,1266   b) 0,12595
5. a) 0,00359   b) 0,1680
6.   0,0333
7.   0,1408

CHAPITRE 10

Section 10.3.4

1. a) 0,4934   b) 0,4394   c) 0,9639   d) 0,0096
   e) environ 0,00
2. a) 0,4738   b) 0,3686   c) 0,6153   d) 0,6985
   e) 0,0262
3.   0,6223
4.   0,0228
5. a) $\mu = 15$ et $\sigma = 4$ b) 0,1056
6. a) $\mu = 5,45$ et $\sigma = 1,26$ b) 0,0078
7. a) $\overline{X} = 64,7368$ et donc $\mu = 65$ b) 0,0571
        $s = 22,9849$ et donc $\sigma = 23$

Section 10.4.3

1. 0,7142
2. 0,5841
3. 452 ou 453 personnes
4. environ 15 étudiants
5. petit : 227 costumes
   médium : 673 costumes
   grand : 530 costumes

Section 10.5.4

1. 0,0096 c'est très rare dans le contexte ordinaire
2. 0,242
3. 0,9797
4. 0,7535
5. environ 100%
6. 0,1038

Section 10.6

1. a) 0,6302   b) 0,3209   c) 0,2743
2. a) 0,8577   b) 0,5695   c) 0,265 ou 0,2389 selon que
   l'on prenne l'approximation
   par la Poisson ou par la
   normale.
3.   0,0582
4.   0,2090
5.   0,0668
6.   0,0329 c'est rare
7. a) $\mu = 6$ et $\sigma = 2/3$ b) 0,0228
8. a) $\mu = 2,75$ h. et $\sigma = 0,077778$ b) 0,0985
9.   0,0436

CHAPITRE 11

Section 11.2.4

1. a) $\mu \simeq 2,3 \pm 1,09$
   b) Population normale. La forme du polygone est en cloche, ce qui
   rend cette hypothèse raisonnable.
2. a) $\mu \simeq 3,7 \pm 1,4$ b) Population normale
3. a) $\mu \simeq 163,5 \pm 3,5$ b) $n \simeq 436$. C'est beaucoup
4. a) $\mu \simeq 67,5 \pm 2,0$ b) $n \simeq 292$
5. a) $\mu \simeq 5,2 \pm 1,6$ b) $n \simeq 11$
6. a) $\mu \simeq 16 \pm 2,9$ b) $n \simeq 18$
7. $s \simeq 26,667$ et $n \simeq 114$
8. a) $s \simeq 1,1667$ b) $n \simeq 25$ c) Population normale

Section 11.3.4

1. a) $p \simeq 0,17 \pm 0,08$ b) $n \simeq 155$
2. a) $p \simeq 0,743 \pm 0,035$ b) $n \simeq 1\ 911$
3. a) $n \simeq 400$ b) $p \simeq 0,704 \pm 0,058$

4. a) n ≃ 256   b) p ≃ 0,86 ± 0,05
5. a) n ≃ 934   b) p ≃ 0,094 ± 0,020

Section 11.4.4

1. a) 0,18 < r < 0,71 et r ≃ 0,49   b) n ≃ 57
2. a) 0,48 < r < 0,84 et r ≃ 0,70   b) n ≃ 101
3. a) n ≃ 162   b) 0,24 < r < 0,57 et r ≃ 0,42
    c) n ≃ 271
4. a) n ≃ 99   b) 0,35 < r < 0,70 et r ≃ 0,55
    c) n ≃ 85
5. a) -0,89 < r < -0,66 et r ≃ -0,80 b) n ≃ 572
6. a) -0,65 < r < -0,28 et r ≃ -0,48 b) n ≃ 657
7.   Non. Tout ce qu'on peut dire, c'est que probablement:
        -0,05 < r < 0,57

Section 11.5

1.   Si r ≃ 0, n ≃ 1 601. Si r ≃ 0,12, n ≃ 1 555. Comme tout le
        monde sait qu'il ne faut pas croire ce qu'affirme un permanent
        syndical, on peut considérer que n ≃ 1 555 (Hi! Hi! Prière de
        me casser la jambe en-dessous du genou S.V.P.!
2. $s \simeq \dfrac{30 - 10}{3} = 6,66667$ et n ≃ 178
3. a) n ≃ 400   b) n ≃ 310   c) n ≃ 389   d) n ≃ 400
4.   μ ≃ 8,63 ± 0,24
5.   μ ≃ 3,5 ± 3,2. Population normale
6.   p ≃ 0,163 ± 0,037
7.   p ≃ 0,805 ± 0,124
8. a) 0,18 < r < 0,53   non suffisant car il se peut que r ≥ 0,50
    b) n ≃ 298
9.   μ ≃ 19 ± 3,4

CHAPITRE 12

Section 12.2.5

1. a) H_1: "Moi grand devin! Capable deviner la bonne carte à chaque fois!"

    b) H_0: "Je n'en crois rien."

    c) Seuil de 5% = 3   seuil de 1% = 5

2. a) H_1: "J'atteins la cible bien plus souvent que 80% du temps."

    b) H_0: "80% du temps, pour toi, c'est déjà beau!"

    c) Seuil de 5% = 14   seuil de 1% = 21

3. a) H_1: "Ma nouvelle moulée fait engraisser les cochons plus rapidement."

    b) H_0: "Mon oeil!"

    c) Il devrait constituer deux groupes de cochons: l'un nourri avec la nouvelle moulée, l'autre avec la nourriture ordinaire. Après un certain temps, il pourra comparer les poids moyens des deux groupes. Cf. section 12.6.1

4. a) H_1: "Le commérage est plus efficace que les média..."

    b) H_0: "Meu non! Tu exagères!"

    c) Il suffirait de lancer une rumeur le matin et de contrôler le soir, par un sondage, comment les gens l'ont appris.

5. a) H_1: "Plus un homme a les pieds longs, plus il est socialement équilibré!"

    b) H_0: "Aie! Là! Ca commence à faire!"

    c) On choisit un grand échantillon d'hommes et on compare la longueur de leurs pieds avec leur quotient d'équilibre social.

6. a) H_1: "Les "martiens" sont plus agressifs que les autres."

    b) H_0: "Moi, je ne suis pas né en mars, et pourtant... GRRRR!"

    c) Constituer deux groupes, l'un constitué de "martiens", l'autre de non "martiens". Comparer leur niveau d'agressivité si cela est possible.

7. a) H_1: "Avec ma méthode, les enfants lisent mieux..."

    b) H_0: "Tiens! Encore un drôle qui a des livres à vendre..."

    c) Former des classes pilotes qui essayent la nouvelle méthode dans les mêmes conditions que les classes ordinaires. Vérifier la facilité de lecture régulièrement pendant plusieurs années.

8. a) H_1: "Avec ma méthode, c'est extraordinaire comme ça fond!"

b) H_0: "Cours donc jusqu'en Chine pour voir si j'y suis!"

c) Constituer deux groupes comparables, l'un se fait maigrir avec la nouvelle méthode, l'autre de diverses autres façons. Comparer après un certain temps...

Section 12.3.4

1. $x_5 = 4$ Expérience non convaincante. On ne peut rejeter H_0: "$p = \frac{1}{4}$"

2. $x_5 = 1$ $x_1 = 0$

3. $x_5 = 4$ $x_1 = 5$ Puisque X = 4, on rejette H_0: "$p = \frac{1}{5}$" pour accepter H_1: "$p > \frac{1}{5}$", mais avec réserve.

4. $x_5 = 15$ Avec 14 succès, on ne peut rejeter H_0: "$p = 0,70$"

5. $x_5 = 11$ et $x_1 = 12$. S'il gagne plus de 12 fois, dégaine!

6. $x_5 = 33$ $x_1 = 36$. Si X = 39, cela est une preuve valable que $p > \frac{1}{4}$ chez les fumeurs.

7. $x_5 = 0$ et x_1 n'existe pas. Avec X = 1, cela ne prouve pas que $p < \frac{1}{30}$

8. $x_5 = 2$ et $x_1 = 0$. On peut conclure avec réserve que $p < \frac{1}{200}$

9. $P(X \geq 5) = 0,00200 < 0,01 \Rightarrow$ événement très, très rare qui amène le rejet de H_0. Sors encore ton "gun"!

Section 12.4.3

1. U = 2,4 qui est entre les deux seuils. On accepte avec réserve que $\mu > 170$. HYP: population normale.

2. U = 1,2628 < seuil de 5%. Aucune raison de rejeter H_0:"$\mu = 28,7$" HYP: distribution normale des quotients intellectuels.

3.   n = 18 $\Rightarrow$ U = 2,5456 < seuil de 1% = 2,5669

    n = 19 $\Rightarrow$ U = 2,6153 > seuil de 1% = 2,5524   Donc il faudrait

    n = 19

4. n = 38

5. U = 1,703 entre les deux seuils. On accepte $\mu < 24\ 000$ mais avec réserve

6. U = 1,9997 entre les deux seuils. On accepte $\mu > 57$ mais avec réserve. HYP: population normale.

7. U = 4,8435. On accepte que $\mu < 6$

8. $U = 5$. On accepte que $\mu > 2,37$ si population normale.

Section 12.5.3

1. $\overline{X} = 18,5$ $s = 11,4338$ $U = 6,054$ On accepte que l'augmentation moyenne $\mu > 0$, si population normale

2. $\overline{X} = 7,3$ $s = 3,19896$. $U = 7,2163$ On accepte que $\mu > 0$ si population normale

3. $U = 3,2093$. On accepte que $\mu > 150$

4. $U = 1,2976 <$ seuil de 5% $= 1,645$. Aucune raison de rejeter H_0: différence nulle. L'efficacité n'est pas démontrée.

Section 12.6.3

1. $n = 64$

2. $U = 3,5024$. On accepte que $\mu_1 > \mu_2$

3. $U = 3,9968$. On accepte que $\mu_1 > \mu_2$

4. $U = 0,4899$. Aucune raison de rejeter H_0: "$\mu_1 = \mu_2$"

5. $U = 1,1321$. Aucune raison de rejeter H_0: "$\mu_1 = \mu_2$"

6. $U = 1,1099$. Aucune raison de rejeter H_0: "$\mu_1 = \mu_2$". Aucune raison sérieuse de suspecter qui que ce soit.

Section 12.7.3

1. $U = 1,543$. Aucune raison de rejeter H_0: "$p_1 = p_2$". L'efficacité du sérum n'est pas démontrée

2. $U = 2,3784$. On rejette H_0 et l'efficacité du sérum est démontrée.

3. $U = 1,991$. On doit accepter avec réserve que $p_A > p_B$, c.-à-d. que la proportion de pièces parfaites est supérieure chez A.

4. $U = 1,098$. Aucune raison de rejeter H_0: "$p_1 = p_2$". Valeur du traitement non prouvée.

5. $U = 1,809$. On accepte que $p_A > p_B$ avec réserve.

6. $U = 1,192$. Aucune raison de rejeter H_0: "$p_A = p_B$"

Section 12.8.5

1. $\chi^2 = 7,9682$ $\nu = 4$. Aucune raison de rejeter H_0: "population normale"

2. f_t: 8,67 16,99 17,45 9,90 $\chi^2 = 1,3316$ $\nu = 1$ Aucune raison de rejeter la normalité.

3. $\chi^2 = 22,1628$ $\nu = 3$. On rejette H_0: "les catégories sont équiprobables".

4. $\chi^2 = 7,5844$ $\nu = 2$. On rejette l'équiprobabilité avec réserve.

5. $\chi^2 = 27,03$ $\nu = 3$. On rejette H_0: "difficulté égale dans les 5 catégories.

6. $\chi^2 = 43,80$ $\nu = 6$. On rejette H_0: "même proportion" avec réserve.

7. f_t: 107,02 64,21 23,77 $\chi^2 = 10,44$ $\nu = 1$. Il faut rejeter H_0: "Les étudiants sont des poissons!"

8. f_t: 15,62 23,43 17,57 13,38 $\chi^2 = 0,7696$ $\nu = 2$. Aucune raison de rejeter l'hypothèse H_0: "population poissonnienne".

9. f_t: 22,31 33,47 25,10 12,55 6,57 $\chi^2 = 1,2030$ $\nu = 3$. Aucune raison de rejeter l'hypothèse poissonnienne.

10. $\chi^2 = 3,3662$ $\nu = 3$. Aucune raison de rejeter H_0: "normalité".

11. $\chi^2 = 4,0432$ $\nu = 4$. Aucune raison de rejeter la normalité.

Section 12.9.3

1. $\chi^2 = 0,00165$ $\nu = 1$. Aucune raison de rejeter H_0: "indépendance".

2. $\chi^2 = 20,0254$ $\nu = 2$. On doit rejeter H_0 et affirmer qu'il y a un lien entre la scolarité et le type d'école préférée. Les gens à faible scolarité préfèrent des écoles plus traditionnelles.

3. $\chi^2 = 5,1652$ $\nu = 4$. Aucune raison de rejeter H_0: "indépendance".

4. $\chi^2 = 11,5922$ $\nu = 4$. On rejette H_0 avec réserve. On peut affirmer avec réserve que le chômage touche plus dûrement les ouvriers les moins spécialisés.

Section 12.10.3

1. $U = 0,67$ Aucune raison de rejeter H_0: "échantillon aléatoire".

2. $U = 3,499$ Il faut rejeter H_0 et dire que cet échantillon n'était pas vraiment aléatoire.

3. $U = 3,3498$ Il faut rejeter H_0. Les objets défectueux ont une certaine tendance à se regrouper.

4. $U = 0,9784$ Aucune raison de rejeter H_0: "échantillon aléatoire".

Section 12.11

1. f_t: ... 14,36 6,68 $\chi^2 = 0,9232$ $\nu = 2$.   Aucune raison de rejeter la normalité.

2. $U = 2,1654$. On accepte H_1: "$\mu_1 > \mu_2$" avec réserve.

3. $x_5 = 3$. Un $X = 4$ n'est pas assez petit pour amener le rejet de H_0: "$p = \frac{1}{4}$".

4. $\chi^2 = 0,4830$ $\nu = 2$. On ne peut pas rejeter H_0: "normalité".

5. $\chi^2 = 9,125$ $\nu = 2$. On doit rejeter H_0: "même probabilité" avec réserve.

6. $U = 0,0502$. Aucune raison de rejeter H_0: "échantillon aléatoire".

7. $\chi^2 = 19,4132$ $\nu = 3$. On rejette H_0: "indépendance" des deux variables.

8. $\chi^2 = 5,7668$ $\nu = 2$. Aucune raison de rejeter H_0: "indépendance".

9. f_t: 11,65 34,96 52,42 52,42 39,31 23,59 11,79 7,86
$\chi^2 = 14,3997$ $\nu = 6$. On rejette H_0: "population poissonnienne" avec réserve.

10. $U = 2,0963$. On peut affirmer que $p_1 > p_2$ avec réserve.

11. $\chi^2 = 6,182$.   Aucune raison de rejeter H_0: "même proportion".

12. $\chi^2 = 5,6432$. Aucune raison de rejeter H_0: "naissances au hasard". Donc le hasard explique très bien cette distribution: nul besoin de recourir aux influences astrales!

13. f_t: 8,40 25,38 62,05 97,42 98,09 66,33 38,33 $\chi^2 = 24,5936$ $\nu = 6$ Il faut rejeter H_0: "les jeunes criminels ont la même distribution des Q.I. que le monde ordinaire".

14. $U = 3,1376$. On accepte que $\mu < 100$.

15. $\chi^2 = 0,8669$ $\nu = 3$. Aucune raison de rejeter H_0: "normalité".

Imprimé
sur les presses
de l'Imprimerie Saint-Patrice Inc.
de Trois-Rivières
pour
les Éditions SMG